经济与全球化丛书

本书得到教育部人文社会科学重点研究基地重大项目
“后危机时代的跨国公司投资、国际资本流动趋势与我国外资政策”（批准号：12JJD790048）支持与资助
特此致谢

国际贸易、FDI 对中国劳动力市场的影响

周 申 李可爱 易 苗 主编

南开大学出版社
天 津

图书在版编目(CIP)数据

国际贸易、FDI对中国劳动力市场的影响 / 周申,李可爱,易苗主编. —天津:南开大学出版社,2013.6
(经济与全球化丛书)
ISBN 978-7-310-04182-4

Ⅰ.①国… Ⅱ.①周…②李…③易… Ⅲ.①国际贸易—影响—劳动力市场—研究—中国②对外投资—直接投资—影响—劳动力市场—研究—中国 Ⅳ.①F249.212

中国版本图书馆CIP数据核字(2013)第100886号

南开大学出版社出版发行
出版人:孙克强
地址:天津市南开区卫津路94号 邮政编码:300071
营销部电话:(022)23508339 23500755
营销部传真:(022)23508542 邮购部电话:(022)23502200
*
天津市蓟县宏图印务有限公司印刷
全国各地新华书店经销
*
2013年6月第1版 2013年6月第1次印刷
230×155毫米 16开本 23.75印张 2插页 339千字
定价:48.00元

如遇图书印装质量问题,请与本社营销部联系调换,电话:(022)23507125

前　言

随着经济开放的深化，迅速增长的国际贸易、FDI 已经对我国劳动力市场产生了显著影响。这种影响不仅体现在开放对我国劳动力市场的就业、工资等均衡变量的作用，而且反映在国际贸易、FDI 对我国劳动力市场的发展演进、制度变迁等多个层次和方面所产生的效应。正是在这一背景下，本书从理论和实证层面深入系统地研究国际贸易、FDI 对我国劳动力市场的影响。具体包括：国际贸易、FDI 对我国劳动力市场中各类劳动供求的影响；国际贸易、FDI 对我国工资和收入分配的影响；国际贸易、FDI 的发展对我国劳动力流动和劳动力市场一体化的影响；国际贸易、FDI 的发展对我国劳动力市场制度变迁的影响。最后在总结和借鉴各国政策经验的基础上，根据本书相关的研究结论提出了具有针对性的系统政策建议，使得成果兼具了较为重要的理论价值与现实意义。

本书分为如下六篇：第一篇为“中国改革开放以来劳动力市场的变化及国际贸易、FDI 的发展”，为后续研究提供基础性的支持。本篇包括第一章至第三章，第一章是“中国改革开放以来劳动力市场的变化”，第二章是“中国对外开放进程中国际贸易、FDI 的发展”，第三章是“国际贸易、FDI 与劳动力市场的联系”。这部分研究深入分析了我国经济开放中对外贸易和直接投资发展的特征以及劳动力市场的制度特征；剖析了改革开放以来我国国际贸易和 FDI 的总量、结构、方式及其发展变迁的趋势，FDI 与国际贸易的关系（尤其是 FDI 对国际贸易总量、结构和方式的影响），以及我国改革开放以来劳动力市场本质性的制度特点和变化趋势；探讨了国际贸易、FDI 对我国劳动力市场施加影响的渠道和领域，为本书的后续研究提供了较为坚实的支持。

第二篇为“国际贸易、FDI 的发展对我国劳动力流动和劳动力市场一体化的影响”，从理论和经验两个层面分析了国际贸易、FDI 对我国劳动力流动的影响，进而探讨了经济开放对我国劳动力市场一体化的影响。本篇包括第四章至第七章：第四章、第五章分别建立了国际贸易、FDI 影响我国劳动流动的理论模型并进行数值模拟，从理论上深入探讨了经济开放对我国跨区域劳动力流动的作用；第六章对国际贸易、FDI 影响我国劳动流动的具体渠道和程度进行了经验检验；第七章则展开国际贸易、FDI 对我国劳动力市场一体化影响的理论与经验分析。

第三篇为“国际贸易、FDI 的发展对我国劳动资源的需求和供给的影响”，系统分析了国际贸易、FDI 对我国就业的影响，外商直接投资企业与我国本土企业争夺熟练劳动资源的状况，以及国际贸易、FDI 对我国劳动供给的影响。本篇包括第八章至第十一章：第八章从理论和经验上系统分析了国际贸易规模和结构变化对我国熟练劳动、非熟练劳动就业总量和结构的影响；第九章分析了 FDI 对我国就业的影响及其局限性；第十章分析了 FDI 与我国本土企业在熟练劳动资源使用上的竞争性，以及由此可能对我国产业结构和国际分工地位的影响；第十一章较为深入地探讨了国际贸易、FDI 的发展对我国劳动资源供给的影响。

第四篇为“国际贸易、FDI 的发展对我国收入分配的影响”，分别从行业间工资收入差距、不同类型劳动工资收入差距以及劳动收入份额三个角度展开研究。本篇包括第十二章至第十四章：第十二章分析了国际贸易、FDI 对我国行业间劳动工资收入差异的影响；第十三章探究了国际贸易对我国熟练工人和非熟练工人工资差距的效应；第十四章则从理论和实证角度研究了国际贸易对我国劳动收入份额的作用。

第五篇为“国际贸易、FDI 的发展对我国劳动力市场制度变迁的影响”，主要考察了国际贸易、FDI 对我国劳动力市场制度特征和劳动需求弹性等劳动力市场重要参数的作用，以及国际贸易、FDI 的发展对我国劳动力市场灵活性与稳定性的影响。本篇包括第十五章至第十七章：第十五章在回顾改革开放以来我国劳动力市场制度变化的基础上，重点分析了国际贸易、FDI 的发展对我国劳动力市场制度的影响；第十六章则系统深入地探讨了国际贸易、FDI 的发展对我国劳动力市场需求弹性的作用；第十七章结合具体案例，分析了国际贸易、FDI 的发展对我国劳动力市场灵活性与稳定性的影响。

第六篇为“政策建议”，在本书各章节研究结论的基础上，进一步借鉴其他国家的经验教训，就我国如何更好地运用贸易政策、外资政策、劳动力市场的相关政策、产业政策、宏观经济政策和教育政策等在促进对外开放的同时，培育和完善我国劳动力市场、增进就业、维护社会公平、优化产业结构、促进经济发展提出了系统的政策建议。本篇包括第十八章至第十九章：第十八章为“各国在劳动力市场面临开放冲击下的政策经验分析”，为中国在经济开放背景下应对冲击的相关政策提供借鉴；第十九章为“针对我国的政策建议”，主要从贸易政策与引资政策、劳动力市场的相关政策、宏观经济政策、产业政策、教育政策、收入分配政策等方面提出了全面、系统、具有针对性和可操作性的政策建议。

本书各篇的作者分别为：第一篇周申、曾罡，第二篇易苗、周申，第三篇李可爱、周申、张亮，第四篇周申、李可爱、杨红彦，第五篇周申、李洪云、吴萍萍、李可爱、王舒鸿；第六篇曾罡、刘睿、武汉祥、王舒鸿、周申。全书由周申、李可爱总审定。参加本书写作的还有唐时达、李方、鲁洁、鞠然、龚雪娇等。

国际贸易、FDI 对我国劳动力市场影响的研究是一项较为前沿的新研究课题，而且随着时间的推移一些新的现象和问题还将不断显现出来，本书的研究成果是对我国改革开放以来直至我们研究期限内国际贸易、FDI 对我国劳动力市场影响的分析探讨，这决定了我们的研究成果还是一个较为初步、探索性的研究，加之笔者水平的局限性，本书难免存在不妥之处，恳请学界同仁给予批评指正。

目　录

第一篇　中国改革开放以来劳动力市场的变化及国际贸易、FDI的发展

改革开放以来，我国劳动力市场在以市场化取向为核心的改革推动下，发生了深刻的变化，其市场化进程也在不断加快。与此同时，国际贸易、FDI 的规模也在不断扩大，而且二者之间通过总量、结构和方式等相互影响。要素市场与对外开放之间的互动关系引起越来越多学者的关注，作为要素市场重要组成部分的劳动力市场，近年来的变化及其与国际贸易、FDI 的互动关系成为我们研究所关注的一个重点。

第一章　中国改革开放以来劳动力市场的变化

我国改革开放以来，商品市场和要素市场在以市场化取向为核心的改革推动之下，逐渐产生了深刻的变化。劳动力市场作为我国要素市场的重要组成部分，也发生了深刻的变化。本章将从劳动力市场的政策改革和制度演变、劳动力市场一体化进程与劳动力流动性变化、劳动力市场配置资源的效率——灵活性与稳定性等三个方面进行分析。

第一节　中国改革开放以来劳动力市场的政策改革与制度演变

改革开放之初，虽然我国各项制度建设开始启动，但以劳动力市场为核心的要素市场发展明显滞后于商品市场。1992 年邓小平南巡讲话开启了中国改革开放的崭新阶段，党的十四大明确提出我国经济体制改革的目标是建立社会主义市场经济体制。2001 年加入世界贸易组织对我国改革产生了重要的外部推动力，劳动力市场化进程亦随之加快。本节将改革开放以来的中国劳动力市场政策改革和制度演变分三个阶段加以考察：改革开放之初至 1991 年为第一阶段，1992 年至 2000 年为第二阶段，2001 年至今为第三阶段。

一、改革开放之初至 1991 年的中国劳动力市场

新中国成立至改革开放前，我国劳动资源配置长期以来一直依靠行

政指令。改革开放后，劳动力市场初步建立并逐渐发展。

首先是劳动力流动方面的变化。改革开放前，我国农村普遍存在劳动人口过剩和土地资源不足的矛盾，但由于户籍制度和农村人力资本水平较低的限制，农村劳动力流动很少。改革开放初期，土地经营制度的改革解放了长期被束缚的剩余劳动力，行业间收入的巨大差距成为农村劳动力向非农业转移的主要动力。十一届三中全会后，劳动力“统包统配”的就业管理体制逐渐被打破，国企改革拉开城市劳动力市场发展的序幕。劳动力自由流动、自谋职业的市场运行机制和政府控制的行政调节机制开始出现并存现象。随之劳动力流动的束缚逐步放松，劳动力流动有所加快。要求劳动力市场建设和加快劳动力市场化配置的呼声也逐渐增强。

在工资收入和劳动保障方面，1979 年中共十一届四中全会通过《关于加快农业发展若干问题的决定》（以下简称《决定》），提出按劳分配、多劳多得的社会主义分配原则，农村开始实行家庭联产承包责任制，农民收入与生产经营成果直接联系，从根本上改变了过去集体统一经营时收入与个人贡献脱钩的状况，极大地调动了农民的生产积极性。1984 年至 1991 年经济体制改革的重点由农村转向城市，国有企业的职工工资与企业经济效益挂钩，并建立以职务工资为主的结构工资和正常的晋级增资制度，并开始将住房、保险等纳入福利制度范围，迈出收入分配制度改革的步伐，国有企业工资与效益挂钩，激发了国有企业活力，提高了职工的积极性，有助于推动市场经济体制改革的发展。

这一时期劳动力市场开始突破传统的统包统配和固定工资制度，探索劳动制度改革，在部分地区试点劳动合同制并赋予企业一定的工资自主决定权。约束劳动力流动的制度开始放松，为劳动力市场的进一步发展奠定了基础。

二、1992 年至 2000 年的中国劳动力市场

1992 年，伴随邓小平视察南方的重要谈话和党的十四大决策，我国的经济体制改革进入一个新阶段，劳动领域的各项改革发展也取得了新成绩。1993 年后我国首次提出“劳动力市场”的概念，《决定》指出：“当

前培育市场体系的重点是发展金融市场、劳动力市场、房地产市场、技术市场和信息市场等。”①“改革劳动制度，逐步形成劳动力市场。我国劳动力充裕是经济发展的优势，同时也存在着就业压力，要把开发利用和合理配置人力资源作为发展劳动力市场的出发点。广开就业门路，更多地吸纳城镇劳动力就业。鼓励和引导农村剩余劳动力逐步向非农产业转移以及劳动力地区间的有序流动。发展多种就业形式，运用经济手段调节就业结构，形成用人单位和劳动者双向选择、合理流动的就业机制。”②我国开始以劳动力市场作为人力资源配置的基础手段，实行积极的劳动力市场政策，培育和发展劳动力市场。

这一时期，国家加快了劳动法制建设，积极构筑劳动法律体系，1995年1月1日开始实施《劳动法》。1994年至2000年劳动立法工作进展迅速，相继发布多条法律法规促进劳动力市场发育。③

劳动力流动及相关政策方面，这一时期，中国经济开始进入高速增长阶段，非国有企业尤其是沿海乡镇企业以及各种开发区的发展对农村劳动力需求增强，大批农村剩余劳动力开始转移，出现新一轮的民工潮。政府对剩余劳动力资源开发和开拓就业渠道持积极态度，由过去控制盲目流动转向鼓励、引导及实行宏观调控下的有序流动。该阶段针对劳动力流动和经济发展情况，国家及时出台相关政策，具体的政策、法规和文件我们将在第十四章进一步论述。这一时期国家对劳动力转移的政策，在态度上发生了积极的变化。从颁布的法令法规来看，意在引导农村剩余劳动力在宏观调控下有序流动。但由于国有企业改革造成下岗职工过多，对城镇就业形成压力，地方政府出于保护当地城镇职工的目的，对进城务工的农村劳动力也进行了一些限制。

在工资分配方面，全国实行各种形式的工资总额与经济效益挂钩制度，进一步落实企业的工资分配自主权，开展国企岗位技能工资制。为确保职工基本劳动报酬，1994年起各劳动部门制定本地区最低工资标

① 中共中央文献研究室编：《十四大以来重要文献选编》（上），人民出版社1996年版，第528页。
② 中共中央文献研究室编：《十四大以来重要文献选编》（上），人民出版社1996年版，第528页。
③ 具体的立法情况将在第十五章中详细论述。

准，改进和完善动态调控弹性劳动工资计划；贯彻落实工资控制线办法，加强对工资过高行业、垄断性行业工资收入的调控；基本建立最低工资保障制度；探索建立工资指导线、实行集体协商确定工资水平等新的工资决定机制和调控方式并扩大试点范围；稳步推进企业经营者年薪制试点并规范对企业经营者工资收入的管理，从而进一步加强对企业工资内外收入的监督检查。

社会保障方面，从1992年开始，养老保险社会统筹逐步扩大，养老金计发办法改革的试点成功，为深化劳动、工资制度改革，实现劳动力的全社会流动创造了条件；继工伤保险制度、医疗保险、妇女生育保险等制度改革试点之后，1995年开始指导和推动各地区养老保险实行社会统筹与个人账户相结合的改革试点工作。

在劳动关系的调整与管理方面，根据《劳动法》的规定，各级劳动部门积极推行劳动合同制度，开展签订集体合同的试点工作，劳动争议处理制度的组织建设得到加强，劳动争议结案率有较大提高。1996年全国城镇企业实现了全面建立劳动合同制度的目标，劳动监察工作取得新的进展，劳动争议处理机制进一步完善，各地积极推进、完善劳动争议仲裁三方机制工作，建立健全仲裁委员会及其工作制度。截至2000年底，全国城镇企业签订劳动合同的人数为10 705万人。全年各地报送劳动保障部门审核通过的集体合同24万份，涉及职工6 400多万人。全年各级劳动仲裁委员会审理结案13万件，结案率为92.3%，此外，各级劳动仲裁委员会还以非立案的方式调解处理劳动争议7.2万件。

三、2001年至今的中国劳动力市场

这一时期中国城市劳动力市场科学化、规范化、现代化建设试点工作取得进展，劳动力市场信息网络初步建成，2003年劳动力市场信息网络初步建成，全国共有108个城市实现了市内联网，92个城市实现了按季度发布职业供求分析报告。

在有关劳动力流动的政策方面，该阶段的政策法令大多是围绕农村劳动力问题出台的，从2000年提出改革城乡分割体制开始，2001年的一系列文件提出改革户籍制度、破除地区封锁、坚持城乡统筹、促进城

镇化发展、促进进城农民与城市融合的要求和措施。2003 年农民工问题的出现加速了国家政策调整的步伐，在消除就业歧视、追讨拖欠工资、改善进城农民劳动权益等方面做了很多努力，2006 年围绕农民工就业环境改善、农民工权益保障、改善农民工劳动关系、实现城乡平等的就业制度等问题出台了近十部法律。[①]在合理引导农村剩余劳动力有序转移的同时，改革的重点已经开始转向转移过程中的公平融合、城乡劳动力市场一体化建设、消除歧视及保障流动劳动力的合法权益等方面。

在工资收入和劳动保障制度方面，积极推进企业工资收入分配的宏观调控体系建设和工资决定机制改革，2003 年全国已有 31 个省（区、市）建立最低工资保障制度，22 个省（区、市）制定小时最低工资标准，29 个省（区、市）建立工资指导线制度，124 个大中城市发布劳动力市场工资指导价位，18 个大中城市发布行业人工成本，29 万多家企业建立工资集体协商制度。2008 年国务院办公厅转发《关于义务教育学校实施绩效工资指导意见》，进一步推进事业单位工资制度改革，规范公务员津贴补贴，采取多种措施基本解决国有企业工资历史拖欠问题。全年共有 28 个省份发布工资指导线，20 个省份调整最低工资标准。同时，社会保障制度不断完善，各项社会保险覆盖范围继续扩大，参保人数和基金规模持续增长。

在劳动关系协调方面，2006 年全国地级以上城市普遍建立了协调劳动关系的三方机制，年末全国已建立三方协调组织约 8 030 个，2007 年末三方协调组织已建立 10 702 个。2010 年继续推进农民工签订劳动合同“春暖行动”，促进用人单位与劳动者依法签订并履行劳动合同的进程，劳动合同签订率稳步提高。

---

① 资料来源：《中国劳动经济蓝皮书（2009）》。

第二节　劳动力流动与我国劳动力市场的一体化进程

改革开放以来，我国劳动力流动不断增强，这是伴随着劳动力市场政策改革和制度演变发生的，同时也是我国劳动力市场一体化不断提高的重要反映。

一、我国劳动力的跨区域流动

改革开放以来，我国劳动力流动规模日益扩大，但劳动力流动显著上升的趋势是从 20 世纪 90 年代中期开始的。从表 1.1 的数据可以看出，1982～1987 年我国劳动力流动的规模仅为 3 053.3 万人，而至 2009 年已经上升到 2.11；而 1987～1995 年间劳动力流动并没有显著的变化，直到 1995 年以后才出现了明显的增长趋势。我国跨省流动的人口从 1990～1995 年的 2 076.9 万上升至 2000～2005 年的 4 779 万，整体规模翻了一倍。

表 1.1　中国劳动力流动规模（单位：万人）

劳动力流动年限	劳动力流动规模	省际劳动力流动规模
1982～1987	3 053.3	-
1985～1990	3 412.8	-
1990～1995	3 642.6	2 076.9
1995～2000	13 122.4	4 242
2000～2005	14 735	4 779
2008	20 100	-
2009	21 100	-

资料来源：全国 1990 年、2000 年人口普查和 1987 年、1995 年、2005 年 1%人口抽样调查、《中国人口发展报告 2010》。

表 1.2 显示，中部地区省份劳动力流向东部地区的劳动力比重由 1990～1995 年的 71.52%上升到 2000～2005 年的 90.95%，西部地区省份劳动力流向东部地区的劳动力比重由 1990～1995 年的 58.29%上升到

2000～2005 年的 85.5%，而东部地区劳动力地区内部迁移的比重由 1990～1995 的 63.46%上升到 2000～2005 的 70.54%。

表 1.2　1990～2005 中国省际劳动力流动的地区分布（单位：%）

迁出地＼迁入地		东部地区	中部地区	西部地区	合计
东部地区	1990～1995	63.46	22.83	13.70	100
	1995～2000	68.34	17.84	13.82	100
	2000～2005	70.54	17.95	11.52	100
中部地区	1990～1995	71.52	16.72	11.75	100
	1995～2000	83.53	8.56	7.90	100
	2000～2005	90.95	5.01	4.04	100
西部地区	1990～1995	58.29	13.56	28.15	100
	1995～2000	70.12	06.92	22.95	100
	2000～2005	85.50	06.83	7.67	100
全部迁入	1990～1995	65.09	17.30	17.62	100
	1995～2000	76.24	9.74	14.02	100
	2000～2005	83.92	9.09	7.00	100

资料来源：全国 2000 年人口普查和 1995 年、2005 年 1%人口抽样调查。

根据国家人口计生委的数据①，2009 年全国流动人口约为 2.11 亿，在跨省流动中，跨省流入的人口，广东占 28.6%，浙江占 24%，江苏占 11.1%，上海占 8.8%，北京占 7.9%，福建占 3.2%，六省市跨省流入人口占全国总数的 83.6%；跨省流出的人口，安徽占 14.8%，河南占 12.8%，四川占 13.5%，湖南占 8.4%，湖北占 7.8%，贵州占 7.1%，江西占 6.4%，江苏占 5.7%，重庆占 4.3%，广西占 4.1%，十省市跨省流出人口占全国总数的 84.9%。2010 年全国流动人口约为 2.21 亿，在跨省流动中，跨省流入的人口，广东占 30.6%，浙江占 23.6%，江苏占 9.7%，上海占 9.5%，北京占 9.1%，福建占 4.3%，六省市跨省流入人口占全国总数的 86.8%；跨省流出的人口，安徽占 15.9%，河南占 8.8%，四川占 14.8%，湖南占 10.1%，湖北占 7.7%，贵州占 7.6%，六省跨省流出人口占全国总数的

① 数据来自《中国人口发展报告 2010》。

64.9%。

从上面的分析可以看出，我国跨区域劳动力流动的地区分布呈现出两个特点：一是地区之间的省际劳动力流动表现为中、西部地区人口向东部地区流动；二是地区内部的省内劳动力流动表现为东部地区内部之间的流动。总体上说，劳动力流动的目标地区是东部地区，而且流入东部地区的人口与各地区迁出的人口相比呈逐年上升的趋势。

二、中国劳动力市场的一体化

根据我们利用1987年至2006年数据所进行研究的成果，得出了如下的主要结论：第一，在区域劳动市场一体化方面，我国各区域劳动力市场一体化进程不同，华北、华东、华南等经济相对发达和开放的区域劳动力市场一体化的程度更深，而且劳动力市场一体化程度较深的区域往往有一个或两个省市作为该区域劳动力市场的中心区。对全国性劳动力市场一体化的测度显示，中、东部之间的劳动力市场一体化程度最深，西、中部之间次之，西、东部之间再次。第二，经济开放对我国区域劳动力市场一体化的程度和趋势具有显著的促进作用，开放促进我国劳动力市场一体化的主要途径是，降低或消除劳动力迁移过程中的各种障碍性因素，推进劳动市场调整速度上升、一体化程度增加，促进我国商品市场的整合与开放，进而推进我国地区劳动力市场的开放，加快劳动市场调整速度。

有关中国劳动力市场的一体化，我们将在本书的第七章进行更加深入、细致和系统的分析。

第三节 市场化取向的改革下我国劳动力市场的稳定性与灵活性

对于劳动力市场灵活性与稳定性的定义，学界有不同的观点。本书认为，劳动力市场的灵活性是指劳动力市场在受到冲击时通过工资、劳动力需求和劳动力供给等途径迅速调整以恢复到均衡状态的能力。劳动力市场的灵活性与决定结构性失业的制度因素有一定关联。灵活的劳动力市场也往往是存在高就业和低结构性失业率的劳动力市场。劳动力市场灵活性既有内部与外部之分，也有数量与功能之分。“内部”是指同一企业中的工作转换，“外部”是指劳动力在不同企业间的流动；“数量”是指工人数量的变动，“功能”是指工人职位的变动。通常劳动力市场灵活性可分为外部数量灵活性，外部功能灵活性，内部数量灵活性，内部功能灵活性。

劳动力市场的稳定性分为就业稳定性、雇佣稳定性、收入稳定性与综合稳定性。“就业稳定性”是指劳动者的职位能够长期保持，这需要通过一国的就业保护制度来实现；“雇佣稳定性”是指即使在失业的情况下劳动者也能迅速找到新工作；“收入稳定性”是指劳动者在失业的情况下可以维持基本生活水平的可能性；“综合稳定性”是指保障劳动者履行家庭和社会责任的稳定性。实践中，劳动力市场的稳定性主要是从工人角度出发，是指工人工作的稳定程度。

我们的研究结果表明，随着市场化取向的改革在要素市场领域的不断深化，以及劳动力市场制度建设的不断完善，我国劳动力市场的灵活性与稳定性都有了明显的增强，但仍存在较大的改进余地。具体主要表现在：我国劳动力市场的灵活性以牺牲劳动者就业稳定性为代价，保证了企业用工的灵活性，使得劳动力市场能够更快地达到均衡，但是失业保障机制的不完善使得劳动者的收入稳定性难以得到保障，同时积极的劳动力市场政策未得到有效的实施，许多工人失业后难以受到职业培训，再就业补贴、创业补贴没有起到有效的激励作用，劳动者再就业渠道受阻。这些因素导致劳动力离开市场，反过来制约了劳动力市场的灵活性，是产生近年“用工荒”的重要原因。结果，企业不能正常生产，进一步损害工人就业稳定性和收入稳定性。我们认为“用工荒”现象是劳动力市场外部数量灵活性、失业保障机制、积极劳动力市场政策不能有效配合的市场表现，或者说是我国劳动力市场的稳定性与灵活性非良性互动的体现。对于开放对我国劳动力市场灵活性与稳定性及其互动关系的影响，本书第十七章将进行深入分析。

第二章　中国对外开放进程中国际贸易、FDI 的发展

改革开放三十余年来，我国已成为世界经济中举足轻重的大国，国际贸易和 FDI 在我国经济发展中发挥着重要的作用。从贸易规模来看，到 2010 年我国贸易规模达到了 1978 年的 144 倍，世界排名上升至第二位。从贸易结构来看，中国的贸易有如下特征：加工贸易占了我国贸易的半壁江山；贸易产品结构进一步优化，以出口工业制成品为主；贸易对象主要是东亚的周边国家和地区以及欧洲和北美的发达国家与地区；主要集中在我国的东部沿海地区。国际贸易对我国的经济发展有着正面的促进作用，促进了生产率的提高，增加了福利水平，减小了城乡收入差距，但可能加大地区收入差距。在利用外资方面，我国 1986 年的实际外商投资额为 22 亿美元，而目前已接近 1000 亿美元，我国利用外资结构有如下特征：来源地区主要为我国港台、日本、韩国、美国以及维尔京群岛等；接受外资的地区主要为东部沿海地区；从股权结构来看，独资企业发展迅速；从行业结构来看，主要分布在制造业和服务业。总的来说，FDI 促进了我国的经济增长，但对相关行业的发展和就业的影响取决于具体的情况。作为对外经济往来的两种主要形式，贸易自由化促进了 FDI 的发展，而 FDI 也通过总量、结构与方式等途径影响着国际贸易，二者存在一定的替代关系，但主要是互补的关系。

第一节　中国改革开放以来国际贸易的迅速发展

一、贸易规模

改革开放以来，我国对外贸易的发展令世人所瞩目。特别是自从2001 年入世以来，我国出口年均增长进入历史上发展最快的阶段，成为名副其实的贸易大国。1978 年至 2010 年这 33 年间，我国对外贸易总量从 206.4 亿美元增加到 29 727.6 亿美元，相当于 1978 年的 144 倍，年均增长 16.8%，世界排名从第 29 位上升到第 2 位。其中，出口从 97.5 亿美元增加到 15 779.3 亿美元，相当于 1978 年的 161.8 倍，年均增长 17.2%，进口从 108.9 亿美元增加到 13 948.3 亿美元，相当于 1978 年的 128.1 倍，年均增长 16.4%（见表 2.1）。由于受国际金融危机的影响，2009 年我国的进出口与 2008 年相比都出现了大幅度下滑，2010 年，我国国际贸易便出现了反弹，达到了历史新高。

表 2.1　中国货物贸易进出口总额　　　　单位：亿美元

年份	进出口总额	出口总额	进口总额
1978	206.4	97.5	108.9
1980	381.4	181.2	200.2
1985	696.0	273.5	422.5
1990	1 154.4	620.9	533.5
1991	1 357.0	719.1	637.9
1992	1 655.3	849.4	805.9
1993	1 957.0	917.4	1 039.6
1994	2 366.2	1 210.1	1 156.1
1995	2 808.6	1 487.8	1 320.8
1996	2 898.8	1 510.5	1 388.3
1997	3 251.6	1 827.9	1 423.7

续表

年份	进出口总额	出口总额	进口总额
1998	3 239.5	1 837.1	1 402.4
1999	3 606.3	1 949.3	1 657.0
2000	4 742.9	2 492.0	2 250.9
2001	5 096.5	2 661.0	2 435.5
2002	6 207.7	3 256.0	2 951.7
2003	8 509.9	4 382.3	4 127.6
2004	11 545.5	5 933.2	5 612.3
2005	14 219.1	7 619.5	6 599.5
2006	17 604.0	9 689.4	7 914.6
2007	21 737.3	12 177.8	9 559.5
2008	25 632.6	14 306.9	11 325.6
2009	22 075.4	12 016.1	10 059.2
2010	29 727.6	15 779.3	13 948.3

数据来源：根据 1996～2011 年《中国统计年鉴》和海关总署统计数据整理。

注：本表 1978 年为外贸业务统计数，1980 年起为海关进出口统计数。

二、贸易结构

（一）贸易方式结构

中国的贸易可分为加工贸易和一般贸易两个组成部分。加工贸易是进口原材料和零部件，利用我国的劳动力进行组装生产，再进行出口的贸易方式。从整体上来看，贸易方式的变动大体上可以分为三个阶段：第一阶段是 1979～1992 年，一般贸易占主导地位，但其占比呈下降趋势；第二阶段是 1993～2001 年，加工贸易占优势地位，且其占比呈上升趋势；第三阶段是 2002～2009 年，加工贸易仍占优势地位，但其占比呈下降趋势，而一般贸易占比则表现出上升趋势，两者差距不断缩小，2009 年分别为 47.6%和 45.4%，已经非常接近，如图 2.1 所示：

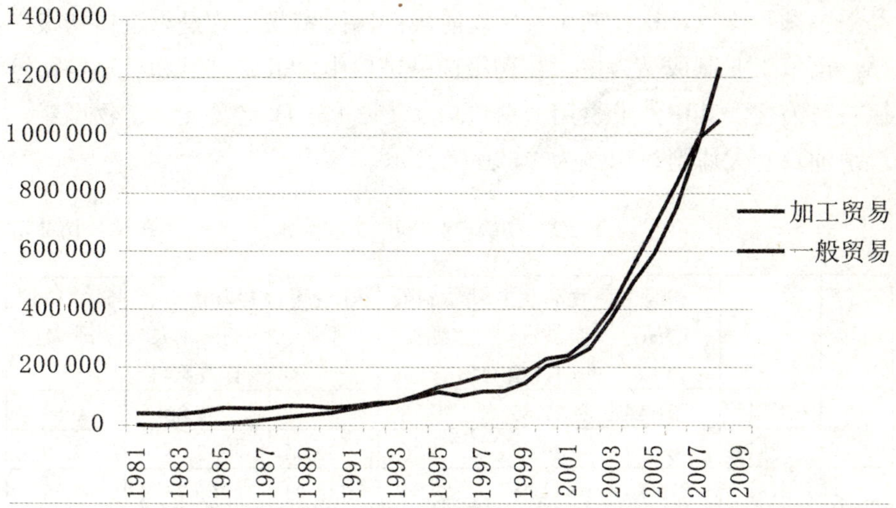

图2.1　加工贸易、一般贸易发展趋势图

资料来源：根据国家统计局网站数据整理。

（二）贸易产品结构

改革开放三十余年来，我国已从一个以出口初级产品为主的国家发展为世界工业品制造和出口中心之一。1980 年，初级产品出口占我国出口的比重为 50.3%，工业制成品占总出口的比重为 49.7%。2010 年，我国初级产品出口的金额为 816.86 亿美元，占总出口的比重为 5.2%。工业制成品出口的金额为 14 960.69 亿美元，占总出口的 94.8%。其中，机电类出口已经成为我国最大出口门类，根据中国统计年鉴的数据，2010 年，机械及运输设备的出口金额为 7 802.69 亿美元，占总出口的 49.4%。

1980 年，我国初级产品进口金额为 69.59 亿美元，占我国进口的比重为 34.8%，工业制成品进口金额为 130.58 亿美元，占总进口的比重为 65.2%。随着经济的发展，初级产品和工业制成品的进口都出现了高速增长，工业制成品的进口增长更快。2010 年，工业制成品的金额为 9 623.94 亿美元，占总进口的比重为 68.9%。其中，运输及机械设备进口金额为 5 494.21 亿美元，占总进口的比重为 39.3%。2010 年初级产品进口金额为 4 338.50 亿美元，占总进口的比重为 31.1%，远远超出了出口初级商品的金额和比重，这反映了我国现阶段的国际贸易模式是以进口初级产品，出口工业制成品为主。在初级商品进口中，以矿产品和石油等初级原材料为主，其中，非食用原料进口额为 2 121.11 亿美元，矿物燃料、润滑油及有关原料进口额为 1 890 亿美元。

表 2.2 初级产品进出口金额 单位：亿美元

年份		初级产品	食品及主要供食用的动、植物	饮料及烟类	非食用原料	矿物燃料、润滑油及有关原料	动、植物油脂及蜡
1980	出口	91.14	29.85	0.78	17.11	42.80	0.60
	进口	69.59	29.27	0.36	35.54	2.03	2.39
2010	出口	816.86	411.48	19.06	116.03	266.73	3.55
	进口	4 338.50	215.70	24.28	2 121.11	1 890.00	87.40

数据来源：2011 年《中国统计年鉴》和海关总署统计数据。

表 2.3 工业制成品进出口金额 单位：亿美元

年份		工业制成品	化学品及有关产品	轻纺产品、橡胶制品矿冶产品及其制品	机械及运输设备	杂项制品	未分类的其他商品
1980	出口	90.05	11.20	39.99	8.43	28.36	2.07
	进口	130.58	29.09	41.54	51.19	5.42	3.34
2010	出口	14 960.69	875.72	2 491.08	7 802.69	3 776.52	14.68
	进口	9 623.94	1 497.00	1 312.78	5 494.21	1 135.60	184.35

数据来源：2011 年《中国统计年鉴》和海关总署统计数据。

（三）贸易对象结构

改革开放首先实现了我国对外贸易市场结构的根本性转变，即从计划经济时期以社会主义国家和一些友好国家为主，逐渐发展到与全球的多数国家，特别是全球主要经济体进行贸易往来，这反映了我国国民经济融入国际经济主流的空间变化过程。

根据《中国对外贸易三十年》的数据，1984 年，中国大陆最大的贸易伙伴为日本，贸易额为 314 亿美元，其中对日出口为 119.5 亿美元，占我国出口的 20.6%，自日本进口 194.5 亿美元，占我国进口的 31.3%；第二大贸易伙伴为中国香港，贸易额为 221.6 亿美元，其中对香港出口为 153.9 亿美元，占我国出口的比重为 26.5%，自香港进口为 67.7 亿美元，占我国进口的 10.9%；第三大贸易伙伴为美国，贸易额为 145.5 亿美元，其中对美出口为 53.8 亿美元，占我国出口的比重为 9.3%，自美国进口 91.7 亿美元，占我国进口的比重为 14.8%。

2010 年，我国的贸易伙伴达到 220 多个，与世界上几乎所有国家和地区都有贸易往来。与 1984 年相同，2010 年，中国大陆的三大贸易伙伴仍然为美国、日本和中国香港，然而三者的位次有一些变动。最大贸易伙伴是美国，贸易额为 3 853.9 亿美元，占我国总贸易量的 13%，其中对美出口为 2 833 亿美元，占我国总出口的比重为 17.96%，进口为 1 021 亿美元，占我国总进口的比重为 7.3%，我国对美国的贸易存在巨额的顺差。第二大贸易伙伴为日本，贸易额为 2 977.8 亿美元，其中对日出口为 1 210.4 亿美元，占我国总出口的比重为 7.6%，进口为 1 767 亿美元，占我国总进口的比重为 13%。第三大贸易伙伴为中国香港，贸易额为 2 305.6 亿美元，其中出口为 2 183 亿美元，占中国大陆总出口的 13.8%，进口为 123 亿美元，对香港的贸易主要以中国经香港出口的转口贸易为主，所以出口与进口贸易额相差悬殊。值得注意的是，改革开放初期与中国大陆几乎没有贸易往来的韩国和中国台湾，到 2010 年已分别成为中国大陆的第四大和第五大贸易伙伴。中韩贸易额为 2 071 亿美元，其中对韩出口为 687.7 亿美元，进口为 1 383 亿美元。中国大陆与中国台湾间的贸易额为 1 454 亿美元，其中出口为 297 亿美元，进口为 1 157 亿美元。

根据商务部网站的数据，1983 年中国对亚洲出口 296.4 亿美元，占我国总出口的比重为 67.6%，从亚洲进口为 171.6 亿美元，占我国总进口的比重为 40.7%；对欧洲出口为 73.4 亿美元，占我国总出口的比重为 16.7%，从欧洲进口为 105.9 亿美元，占我国总进口的比重为 25.1%；对北美出口为 38.1 亿美元，占我国总出口的比重为 8.7%，从北美进口为 86.1 亿美元，占我国总进口的比重为 20.4%；对拉丁美洲的出口为 10.5

亿美元，占我国总出口的比重为 2.4%，从拉丁美洲的进口为 29.6 亿美元，占我国总进口的比重为 7.0%；对大洋洲的出口为 4.3 亿美元，占我国总出口的比重为 1.0%，自大洋洲的进口为 16 亿美元，占我国总进口的比重为 3.8%；对非洲的出口为 15.6 亿美元，占我国总出口的比重为 3.6%，自非洲的进口为 8.2 亿美元，所占比重为 1.9%。

2010 年，中国与亚洲的进出口贸易额为 15 669.1 亿美元，出口为 7 319.5 亿美元，进口为 8 349.6 亿美元，其占我国贸易额的比重为 52.7%，占我国总出口的比重为 46.4%，占我国总进口的比重为 60%；与非洲的贸易额为 1 270.4 亿美元，出口为 599 亿美元，进口为 671 亿美元，所占比重分别为 4.3%、3.8%、4.8%。与欧洲的贸易额为 5 731 亿美元，出口为 3 552 亿美元，进口为 2 178.7 亿美元，所占比重分别为 19.27%、22.5%、15.6%；与拉丁美洲的贸易额为 1 836.4 亿美元，出口为 918 亿美元，进口为 918.4 亿美元，所占比重分别为 6.17%、5.81%、6.58%；与北美洲的贸易额为 4 229 亿美元，出口为 3 058 亿美元，进口为 1 171 亿美元，所占比重分别为 14.22%、19.38%、8.38%；与大洋洲及太平洋群岛的贸易额为 990.3 亿美元，出口为 330.2 亿美元，进口为 660.1 亿美元，所占比重分别为 3.32%、2.09%、4.73%。

从区域分布来看，这些年来中国的贸易往来主要集中在亚洲特别是东亚地区，此外，欧洲和北美洲的贸易往来也处于比较重要的地位。对亚洲的出口份额在不断下降，从 1983 年的 67.6%下降为 2010 年的 29.82%，但从亚洲进口的份额却出现了上升，从 1983 年的 40.7%上升到了 2010 年的 42%。而对欧洲和北美却出现了进口份额下降和出口份额上升的局面，其中对北美的出口占我国总出口的份额从 1983 年的 8.7%上升为 2010 年的 19.38%，进口占我国总进口的份额从 1983 年的 20.4%下降为 2010 年的 8.38%；其中对欧洲的出口占我国总出口的份额从 1983 年的 16.7%上升为 2010 年的 22.5%，进口占我国总进口的份额从 1983 年的 25.1%下降为 2010 年的 15.6%。

表 2.4　2010 年我国同主要国家（地区）海关货物进出口总额（单位：万美元）

国别（地区）	进出口总额	出口总额	进口总额
总　计	**297 399 832**	**157 775 432**	**139 624 401**
亚　洲	**156 691 107**	**73 195 484**	**83 495 623**
中国香港	23 056 247	21 830 205	1 226 042
印度	6 176 120	4 091 496	2 084 625
印度尼西亚	4 275 028	2 195 357	2 079 672
日本	29 777 959	12 104 349	17 673 610
中国澳门	226 435	214 080	12 355
马来西亚	7 424 884	2 380 204	5 044 680
菲律宾	2 776 223	1 154 026	1 622 197
沙特阿拉伯	4 319 549	1 036 644	3 282 905
新加坡	5 707 598	3 234 723	2 472 875
韩国	20 711 512	6 876 626	13 834 885
泰国	5 293 702	1 974 108	3 319 594
越南	3 008 608	2 310 154	698 454
中国台湾	14 541 314	2 967 449	11 573 865
非　洲	**12 704 602**	**5 995 405**	**6 709 196**
欧　洲	**57 305 809**	**35 518 797**	**21 787 012**
比利时	2 214 185	1 430 211	783 974
英国	5 007 223	3 876 704	1 130 519
德国	14 230 840	6 804 718	7 426 122
法国	4 475 684	2 765 139	1 710 546
意大利	4 514 624	3 113 944	1 400 680
荷兰	5 618 320	4 970 423	647 897
西班牙	2 441 210	1 817 572	623 638
瑞典	1 161 672	570 886	590 786
瑞士	2 007 039	303 115	1 703 924
俄罗斯	5 553 311	2 961 207	2 592 104
拉丁美洲	**18 363 967**	**9 179 803**	**9 184 164**
巴西	6 258 587	2 446 050	3 812 538
墨西哥	2 476 012	1 787 265	688 747

续表

国别（地区）	进出口总额	出口总额	进口总额
北美洲	**42 291 973**	**30 584 271**	**11 707 703**
加拿大	3 713 988	2 221 613	1 492 375
美国	38 538 529	28 328 655	10 209 873
大洋洲及太平洋群岛	**9 903 469**	**3 301 671**	**6 601 798**
澳大利亚	8 834 232	2 722 026	6 112 205
新西兰	652 741	276 450	376 292
国别（地区）不详	**138 905**		**138 905**

数据来源：2011 年《中国统计年鉴》。

（四）进出口贸易的地区结构

我国改革开放在区域经济发展上呈现出明显的阶段性特征，我国贸易的地区分布非常不平衡，东部沿海地区为我国贸易的主体地区，1994 年，东部沿海地区出口占全国出口的 81.2%，2001 年上升至 86.6%，2007 年继续攀升至 88.2%。

按照地区来看，2010 年，华北地区的进出口占全国的 9.75%，东北地区的进出口占全国的 4.39%，华东地区的进出口占全国的 51.5%，中南地区的进出口占全国的 31.12%，西南地区的进出口占全国的 1.77%，西北地区的进出口占全国的 1.47%。

1994 年，全国进出口贸易量最大的省份是广东，其进出口总额为 1 112 亿美元，占了全国进出口总量的 47%。处于第二位的是上海，其进出口总额为 201 亿美元，占全国的份额为 8.49%。处于第三位的是江苏，其进出口总额为 133 亿美元，占全国的份额为 5.62%。第四位为福建，其进出口总额为 121 亿美元，占全国的份额为 5.11%。第五位是北京，其进出口总额为 119 亿美元，占全国的份额为 5.03%。排行居于前列的省市都位于东部沿海地区。广东占全国贸易量的比重接近一半，这反映了广东在中国改革开放进程中的先锋作用。

2010 年，全国进出口贸易量最大的省份仍是广东，其进出口总额为 8 340 亿美元，占了全国进出口总量的 28.04%。处于第二位的是江苏，其进出口总额为 4 988 亿美元，占全国的份额为 16.77%。处于第三位的是上海，其进出口总额为 3 654 亿美元，占全国的份额为 12.28%。第四位为浙江，其进出口总额为 2 873 亿美元，占全国的份额为 9.66%。第五位是四川，其进出口总额为 2 629 亿美元，占全国的份额为 8.83%。排行居于前列的省份仍然是东部沿海省市。然而，广东一省独大的局面有所改变，其进出口贸易额占全国的份额从 1994 年的 47%下降为 28.04%，其他东部沿海省份的地位有所提高。

表 2.5　2010 年各地区按经营单位所在地分货物进出口总额（单位：万美元）

地　区	进出口	出　口	进　口
全　国	**297 399 832**	**157 775 432**	**139 624 401**
北　京	11 069 440	3 071 739	7 997 701
天　津	9 161 184	3 777 104	5 384 080
河　北	6 205 240	2 797 361	3 407 879
山　西	1 385 985	674 098	711 888
内蒙古	1 168 203	435 699	732 504
辽　宁	9 529 180	4 294 283	5 234 898
吉　林	1 702 313	450 650	1 251 663
黑龙江	1 833 902	850 565	983 337
上　海	36 544 330	17 325 476	19 218 854
江　苏	49 878 258	28 144 865	21 733 393
浙　江	28 725 008	20 094 364	8 630 644
安　徽	2 338 008	1 092 705	1 245 302
福　建	11 054 966	6 661 874	4 393 092
江　西	2 095 316	1 180 726	914 590
山　东	22 516 027	11 030 066	11 485 962
河　南	2 001 529	1 219 428	782 100
湖　北	2 602 903	13 90 998	1 211 904
湖　南	1 560 837	857 759	703 078
广　东	83 400 617	46 717 701	36 682 916
广　西	1 954 881	652 451	1 302 430
海　南	1 037 055	216 204	820 851

续表

地　区	进出口	出　口	进　口
重　庆	1 182 931	699 445	483 487
四　川	2 629 637	1 240 290	1 389 346
贵　州	345 836	201 561	144 275
云　南	1 033 256	510 789	522 467
西　藏	58 947	53 797	5 150
陕　西	1 170 366	563 479	606 888
甘　肃	738 809	127 497	611 312
青　海	81 807	31 765	50 042
宁　夏	256 731	155 225	101 506
新　疆	2 136 330	1 255 468	880 863

数据来源：根据2011年《中国统计年鉴》整理。

三、国际贸易对我国经济发展的影响

（一）国际贸易对经济增长和福利水平的影响

1978～2008年间，中国经济保持了年均约9.80%的增长率，对外贸易贡献了相当一部分份额。国际贸易可以通过需求拉动经济增长，通过出口可以带动相关的投资，林毅夫和李永军（2001）的研究结果表明，20世纪90年代以来，出口增长10%的同时推动中国经济增长1%。

国际贸易可以通过供给促进经济增长，其中主要是通过促进我国的技术进步和生产率的提高来实现的。从进口的角度，由于发达国家处于技术进步的前沿，与发达国家开展进口贸易能够获得具有先进技术的商品，通过效仿学习，能够提高我国的技术水平。通过进口贸易能够获取更多的中间资本投入品，这能够进一步推动我国企业的专业化分工，提高我国的生产率水平。从出口的角度，我国企业参与到对世界各国的出口中去，不断学习和积累经验，通过干中学的效应提高生产率水平。

国际贸易还可以通过其他一些途径提高我国的福利水平。从规模经济的角度来看，通过国际贸易，我国企业可以拥有更大规模的市场，可充分利用规模经济，降低生产成本和产品价格。从产品种类的角度来看，通过国际贸易，可供我国消费者选择的产品种类和数量增加了，这提高了我国的福利水平。从促进竞争的角度来看，随着中国经济走向开放，国外的产品也进入到中国市场中来，中国市场的竞争随之增加了，这能够降低中国市场的垄断程度，从而能降低产品售价，有利于消费者。

（二）国际贸易对产业发展的影响

我国现阶段是一个劳动资源特别是非熟练劳动资源充裕的国家，根据 H-O 理论，现阶段我国的比较优势产业是劳动密集型的行业。我国出口产品大多是劳动密集型商品或是资本、技术密集型行业的劳动密集型产品。有一种担忧是国际贸易不利于我国的产业结构升级，将导致我国的产业被锁定在比较低端的劳动密集型行业。然而，比较优势本身并不是一成不变的，而是随着经济的发展而变动的。我国的储蓄率和投资率保持在极高的水平，这将不断增加我国的资本存量，资本会变得越来越充裕，资本密集型产业也将会成为我国具有比较优势的产业。同样，随着我国对教育的投入不断增加，国民的教育水平不断上升，以及通过边干边学不断积累相应的经验，我国的人力资本存量也在不断增加，熟练劳动密集型的行业也将成为我国具有比较优势的行业。因此，国际贸易并不会阻碍我国的产业升级。相反，通过贸易能够引进具有先进水平的技术，这样还能够起到促进我国产业升级的作用。

（三）国际贸易对我国就业与收入分配的影响

从就业的角度来看，由工业出口所带动的就业量随着我国出口的增长而上升，入世以后出口所带动的就业增加速度明显上升，对全国就业的重要性也随之提高。根据第八章的测算，1993 年至 2007 年间，我国工业产品出口带动的非熟练劳动就业由 1 614.6 万人增至 6 146.5 万人，增长了 2.8 倍，带动的熟练劳动就业由 102.74 万人增加到 618.82 万人，增长了 5 倍。工业出口的就业效应偏向于熟练劳动。贸易结构变动导致我国贸易带动的非熟练劳动就业下降达 1 682.11 万人，而熟练劳动就业减少仅 37.36 万人，二者之比高达 45 倍。同期我国工业部门非熟练劳动与熟练劳动的就业量之比最大仅 14.25 倍，显然整个贸易结构变化对就业结构的影响与出口结构变化类似，具有使就业结构偏向熟练劳动的效应。

从收入分配的角度来看，由于我国的比较优势在于劳动密集型行业，国际贸易带动了劳动密集型行业的扩张。这些劳动密集型行业吸纳了大量的农村剩余劳动力，提高了他们的收入水平。考虑到农村剩余劳动力原本属于低收入群体，国际贸易的发展在一定程度上降低了收入分配的差距。然而，从将劳动力划分为熟练劳动力和非熟练劳动力来看，根据第十三章的估计，国际贸易具有扩大我国工业部门熟练劳动与非熟练劳动工资差距的效应，从这个角度来看国际贸易又在一定程度上加大了我国的收入分配差距。但从空间分布来看，由于我国的外向型企业主要都集中在东部沿海，国际贸易的扩张带动相应的产业集聚在东部沿海地区，国际贸易可能加大我国的地区间收入差距。

第二节　中国改革开放以来利用外资的迅速发展

一、我国利用外资规模的增长

中国FDI的发展起源于改革开放政策，在20世纪80年代中期，对合资企业限制规定条款的修改进一步促进了其增长，但在80年代，外商直接投资金额仍保持在较低的水平，1986年的外商直接投资金额为22.44亿美元，进入90年代以来，得益于中国法律政策的不断改善和对外商股权结构限制的放松，外商直接投资开始迅速增长，自1993年起，外商投资已经成为中国最大的外来资本来源，到90年代中期，外国直接投资达到每年400多亿美元，由于2001年中国加入WTO以及商业法规的完善，FDI在华迎来再次高速发展，在2008年，实际利用外资额已达到923.95亿美元，在2009年，由于受到国际金融危机的影响，这一数字略有下降，为900.33亿美元。

自1994年，中国一直是仅次于美国的世界第二大FDI流入国，并一直为发展中国家第一。2002年的数据显示，中国首次超过美国，成为世界上年度FDI流入最多的国家。

表 2.6　我国 FDI 使用情况表（项目单位：个　金额单位：亿美元）

年　　份	合同利用外资额		实际使用外资额
	外商直接投资项目	外商直接投资金额	外商直接投资金额
1979～1984	3 724	97.5	
1985	3 073	63.33	
1986	1 498	33.3	22.44
1987	2 233	37.09	23.14
1988	5 945	52.97	31.94
1989	5 779	56.00	33.92
1990	7 273	65.96	34.87
1991	12 978	119.77	43.66
1992	48 764	581.24	110.08
1993	83 437	1 114.36	275.15
1994	47 549	826.8	337.67
1995	37 011	912.82	375.21
1996	24 556	732.76	417.26
1997	21 001	510.03	452.57
1998	19 799	521.02	454.63
1999	16 918	412.23	403.19
2000	22 347	623.8	407.15
2001	26 140	691.95	468.78
2002	34 171	827.68	527.43
2003	41 081	1 150.69	535.05
2004	43 664	1 534.79	606.3
2005	44 001	1 890.65	603.25
2006	41 473	1 937.27	630.21
2007	37 871		747.68
2008	27 514		923.95
2009	23 435		900.33
2010	27 406		1 057.30

资料来源：国家统计局网站数据和 infobank 数据库。

二、我国利用外资结构的变化

（一）外资来源国家的结构变化

改革开放至今进入中国的 FDI 来自亚洲、欧洲、美洲和大洋洲等世界上几乎所有的地区，但主要来自亚洲的中国香港、日本、韩国、新加坡、中国台湾，欧洲的英国、法国、德国、意大利、荷兰、西班牙，以及美洲的美国、加拿大、英属维尔京群岛等国家和地区。

20 世纪 80 年代，进入中国的 FDI 主要来源于中国港澳、日本及美国等少数几个国家和地区，其中港澳台投资约占 80%左右。80 年代中期以前港澳台商投资大多投资于来料加工和来件装配，1988～1991 年周边新兴工业化国家和地区向我国转移的劳动密集型产业以进料加工为主。

20 世纪 90 年代以后，随着中国和韩国恢复邦交关系、新加坡 FDI 和中国台湾 FDI 进入增加，以及欧美跨国公司大规模进入，出现了 FDI 来源地多元化的趋势。但就全部统计数据来看，进入中国大陆的 FDI 仍旧主要来源于中国香港、日本、美国、韩国、新加坡、中国台湾、维尔京群岛等国家和地区。这期间单纯效率导向型投资减少，各跨国企业偏好于产业的纵向一体化投资，并且高技术产业投资增长明显。

表 2.7　主要国家对我国的外商直接投资　　　　单位：万美元

国别（地区）	外商直接投资	
年份	2008	2009
总计	9 239 544	9 003 267
亚洲	5 634 512	6 062 289
中国香港	4 103 640	4 607 547
印度	8 805	5 520
日本	365 235	410 497
中国澳门	58 161	81 471
马来西亚	24 696	42 874
新加坡	443 529	360 484
韩国	313 532	270 007
中国台湾	189 868	188 055

续表

国别（地区）	外商直接投资	
年份	2008	2009
非洲	166 788	130 969
欧洲	545 937	551 771
英国	91 401	67 902
德国	90 049	121 657
法国	58 775	65 365
意大利	49 326	35 168
荷兰	86 216	74 128
西班牙	20 890	30 285
瑞典	13 917	32 712
瑞士	24 259	30 169
俄罗斯	5 997	3 177
拉丁美洲	2 090 344	1 468 433
巴巴多斯	125 520	55 754
巴西	3 879	5 248
开曼群岛	314 497	258 189
维尔京群岛	1 595 384	1 129 858
北美洲	395 780	367 672
加拿大	54 328	86 177
美国	294 434	255 499
百慕大	46 898	25 771
大洋洲及太平洋岛屿	316 987	252 877
澳大利亚	40 707	39 437
萨摩亚	254 975	202 003
其他	89 196	169 256

数据来源：2009 年和 2010 年《中国统计年鉴》。

（二）接受外资地区的结构变化

东部沿海地区是我国经济相对发达的地区，也是我国实行对外开放最早的地区。中央率先在东部沿海地区实行招商引资的优惠政策，改善投资环境，并且其邻近港、澳、台地区，交通便利，这一地区一直以来是外商直接投资最多的地区。至今，东部地区总共吸收外商直接投资占我国利用外商直接投资总额的80%左右。其中广东省是FDI最早进入中国的地区，也是最重要的地区之一，1979年，中国实际利用FDI共计3 157万美元，其中进入广东省的FDI为3 074万美元，占中国年度实际利用FDI总额的97.37%。此后这一比例虽然随着其他省份进入而逐年下降，到2010年降至16%左右，但仍是第二大投资目的地；同时，投资于江苏省的外资不断上升，从2003年开始超过广东，至2010年已占全部FDI的18.8%左右，是我国最大的FDI流入省份；辽宁、上海、山东、北京、天津、海南等省份也不断追赶。

由于相对较低的经济发展水平和相对落后的基础设施，以及人力资源东流，中西部地区外商投资相当匮乏。1997年以来，国务院通过制定一系列鼓励和引导措施，促进外商增加对中西部地区的直接投资。中西部地区具有较大的自然资源和人力资源优势，投资环境正在逐步改善。同时，中西部地区具有门类齐全的工业基础、大批高素质低成本的劳动力、巨大的潜在市场，都对外商直接投资产生了强大的吸引力。因此，随着国家政策的扶持和自身投资环境的不断改善，从90年代中期开始，外商对中西部地区的直接投资明显增加。截至2010年，中西部地区实际利用外商直接投资额占全国总额为17.4%，而1979年至1990年只有6%。

（三）利用外资的股权结构的变化

在改革开放初期到20世纪90年代前期，基于政策限制和不稳定风险因素考虑，合资一直是外商直接投资的主要股权形式。但自国家放松FDI股权结构管制后，法律法规不断完善，外商独资企业逐年增加，到1997年下半年，中国新批准外资项目中独资项目数量开始超过合资项目数量；此后，新批准独资项目数量一直多于合资项目。从1998年起，中国合同利用外资的金额中，外商独资企业一直多于合资企业，实际使用外资金额自2000年起超过合资企业。近几年一些新的投资形式，如兼并和收购也快速增长。从发展趋势来看，进入中国的新批独资企业在数量和金额上都越来越多地超过合资企业。根据《中国统计年鉴》的数据，

2010 年外商直接投资实际使用金额为 1 057.35 亿美元，其中外商独资企业为 809.75 亿美元，合资经营企业为 224.98 亿美元，合作经营企业为 16.16 亿美元，外商投资股份制企业为 6.46 亿美元，可见目前外商独资企业是最重要的股权形式。

（四）外商投资的行业结构的变化

1979 年至 2009 年，进入中国的 FDI 主要投入到了中国的制造业部门和服务业部门，进入中国农林牧渔部门的 FDI 占中国年度实际利用 FDI 的比重一直在 2%以下。

1999 年至 2009 年，进入中国制造业部门的 FDI 占中国年度实际利用 FDI 流量总额的比重显示出先上升后下降的趋势：1999 年至 2004 年，此比重从 1999 年的 56%逐年上升到了 2004 年的 71%；2005 年至 2008 年，这一指标呈现出逐年下降的趋势，在 2008 年下降到了 46%。在 2009 年重新小幅上升。2010 年，进入中国制造业部门的 FDI 占中国年度实际利用 FDI 流量总额的比重为 47%，接近 2007 年时的水平，但仍旧低于 1999 年至 2007 年期间的所有年份。图 2.2 显示了 1997～2009 年 FDI 的产业分布：

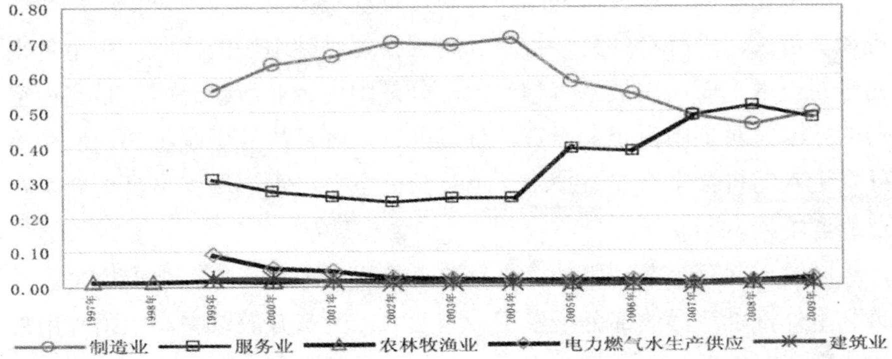

图 2.2　FDI 的产业分布

资料来源：根据国家统计局网站数据整理。

2004 年至 2009 年，进入中国服务业部门的 FDI 占中国年度实际利用 FDI 流量总额的比重在总体上显示出稳步上升的趋势：2004 年至 2008

年，此比重从 2004 年的 25%逐年上升到了 2008 年的 51%，首次超过了制造业部门；2009 年，中国服务业部门实际利用 FDI 的比重有所下降，占中国当年实际利用 FDI 的比重为 48%。

在服务业各部门中，FDI 主要集中在房地产业和社会服务业，中国金融业实际利用 FDI 的变动很大。2005 年，金融业实际利用 FDI 占中国年度实际利用 FDI 的比重突然增加到了 17%；在 2005 年以前，金融业实际利用 FDI 占中国年度实际利用 FDI 的比重基本上可以忽略不计。2008 年，金融业实际利用 FDI 占中国年度实际利用 FDI 的比重恢复到了 15%，2009 年，受国际金融危机影响，这一数据直线下降到了 5%左右。

三、利用外资对我国经济发展的影响

（一）FDI对我国经济增长的影响

首先，FDI 加速了我国资金积累，推动了我国经济增长。我国是一个发展中国家，投资需求和消费需求增长快，国内有效资金供应不足，利用外资是弥补国内资金供需缺口的一条主要渠道。所以，吸收和利用外商直接投资，可以使我国现有资金存量增加，加速资本的形成，大大提高我国的投资水平。

FDI 也可以通过技术外溢的形式，推动我国企业技术进步，从而促进经济增长。进行对外直接投资的跨国公司进驻中国的同时，必定带来先进的技术，而这些技术有相当一部分是国内企业所缺乏的，是国内空白的技术。对于国内企业而言，外资的进入既是挑战更是机遇，应利用外资进入的机会学习先进技术，填补国内空白技术，增强自身与外资企业的竞争力。

同时，国有企业利用外资进行自身重组、改造，从客观上提出了扩大利用外资以获得一部分增量资金的要求。改革开放以来，中国利用外资实现了对现有企业进行改造。三十年来通过举办中外合资合作企业，带动了大量国有企业、集体企业的技术改造，培养了一大批技术人才和新型经营管理人才，加速了企业经营机制的转换和资产重组，同时还形成了上海大众、康佳、TCL 等一大批现代名牌企业。

需要注意的是，因为中国吸收的 FDI 多属加工贸易，附加值较低，价值链较短，并且由于加工贸易出口的商品，其技术产权多属发达国家的跨国公司，所以出口商品的利润大部分回流至发达国家，对中国经济发展的直接贡献比较有限。

（二）FDI对产业发展的影响

FDI 能把国外先进技术带到中国，加快中国产业技术发展，并可能实现“后发优势”，实现产业结构的跨越式升级。发达国家通过 FDI 向发展中国家转移本国具有垄断优势的产业，主要是资本密集型或技术密集型产业，加快中国产业结构从资源密集型和劳动密集型向资本密集型和技术密集型升级的步伐。但同时 FDI 对中国产业结构的负面影响也是不容忽视的：一是外商对中国的 FDI 主要集中在第二产业，技术含量低，对促进我国高科技产业发展的作用比较有限；二是伴随着 FDI 而来的还有并购风险，加入 WTO 以来，以并购方式进入中国的 FDI 规模呈现明显的上升趋势，外资专门选择中国产业龙头企业作为并购重点，利用国企改制和地方国有产权改革的时机，加速并购步伐，进而影响中方相关产业的发展；第三，根据相关研究结果我们初步认为，FDI 可能对我国内资企业熟练劳动具有一定程度的争夺，对我国就业结构产生不利影响，从而不利于我国产业结构升级。

（三）FDI对中国就业的影响

一般认为 FDI 会改进东道国的就业问题，增加就业人口，即外商在中国投资建厂和经营直接增加就业人数，或者是外商投资可能带动国内相关产业的发展从而促进产业链上的就业，也即“就业创造”。但是从另外一个方面考虑，外资带来的增加的就业人口也有可能来自因外资进入而破产的国内同类企业，或者是来自其他行业的转移。所以在评价 FDI 是否促进国内就业的问题上要客观考虑真正带来的就业人数的增加是否大于国内同类企业失业的人数和其他行业就业转移的人数。此外，值得我国更多关注的是 FDI 对我国劳动力市场制度变迁、就业结构变动、劳动需求弹性以及劳动收入份额等影响，这对于我国整个劳动力市场发展、国民福利改善和国民经济发展具有重要意义。

第三节　我国国际贸易发展与利用外资的互动关系

一、国际贸易发展对 FDI 的促进作用

从发展经验上看，世界上大部分国家都是从贸易领域开始逐渐推进开放和经济自由化的。通过贸易自由化的改革，这些国家日益融入国际经济体系，进而推动金融等其他领域的开放。一个开放的经济环境是一个相对稳定的发展环境，而一个经济自由化的国内经济基础是 FDI 收益较为安全的条件。因此，一个开放、宽松的经济环境是吸引 FDI 的必要条件。FDI 的涌入又促进了这些国家贸易等领域的进一步开放。可以说，国际贸易的高涨是 FDI 涌入的重要诱因，FDI 的活跃是国际贸易进一步发展的推进器。

贸易对经济的间接影响也可促进 FDI 增长。商品出口国能够通过发展对外贸易积累资本，为向外直接投资奠定基础；相应地，商品进口国可能以该种进口商品为载体引入知识、技术、文化、观念等，促进本国产业结构升级和提升生产效率，进口不但可以满足而且可以培养消费者对进口商品的需求，而需求扩大到一定程度就会要求商品实现当地化生产和销售，再发展到一定程度又可能导致出口或对外投资。这样同时存在投资的动力和引力，必然引起 FDI 大量增加。在这里，国际贸易也同时起着调整直接投资产业结构和地理结构的作用。

二、FDI 对我国对外贸易发展的影响

理论上，对外直接投资对贸易可能产生替代效应或互补效应。国内学者利用我国相关数据做了很多实证分析，普遍认为 FDI 对我国贸易发展具有促进作用。从总量上，特别是 20 世纪 90 年代初期以来，外商投资企业日益活跃的贸易活动是中国对外贸易的主要增长点，其进出口额占全国进出口总额的比重不断上升。外资企业对中国进出口数量的贡献十分突出，根据国研网的统计数据，2010 年，外商投资企业出口占总出口的 54.6%，外商投资企业进口占总进口的 53.9%。外资企业不仅促进

了全国的进出口增长，而且弥补了内资企业此前的出口滑坡和进口不振。由此可见，没有外资企业较强的外向拓展能力和惊人的进出口绩效，我国完全可能难以实现对外贸易的高速增长（谢冰，2000）。

表 2.8　2010 年 1 至 12 月进出口商品贸易方式企业性质总值表（单位：亿美元）

贸易方式	合计	国有企业	外商投资企业				集体企业	其他
			小计	中外合作	中外合资	外商独资		
出口	15 779.3	2 343.6	8 623.1	164.8	2 376.0	6 082.3	498.6	4 314.1
进口	13 948.3	3 875.5	7 380.0	73.8	2 094.5	5 211.7	349.4	2 343.4

资料来源：根据国研网数据整理。

改革开放以来，我国对外贸易结构随着政策出台和经济发展有了很大调整，同时 FDI 的大量流入，进一步促进了贸易结构的调整（这里的“贸易结构”是指狭义上的行业或产品结构）。改革之初我国贸易结构发展相对缓慢，此后我国贸易结构变动逐渐加快，服务贸易比重开始上升，到 20 世纪 80 年代末基本完成了出口商品结构由以初级产品为主向以制成品为主的转变，第一产业出口占总出口比重由 1985 年的 45.68%下降为 1990 年的 23.44%；20 世纪 90 年代以后，工业制成品所占比重稳步攀升，2008 年我国货物贸易中初级产品和工业制成品所占比重进一步转变为 5.4%和 94.6%，工业制成品成为中国出口贸易的绝对主导产品。

我国出口贸易结构飞速转变及优化时期，也正是 FDI 迅猛增长的时期，可以看到出口结构变化与 FDI 流入存在明显的伴随现象，在出口结构转变中，机电产品、服装纺织和皮革、文化用品、家用电器、塑料及金属制品和电子通信设备等行业出口的迅速增长发挥了重要的作用，而这些行业也正是外资进入较密集，且外资企业出口比重高的行业。我国的进口商品结构，也随着 FDI 的流入逐步发生了变化。1980～1985 年期间，初级产品进口占商品进口比重下降 22.4%，而工业制成品进口占商品进口总额比重则呈上升趋势，五年期间上升了 22.4%。1985～2008 年期间，初级产品进口占商品进口总额比重由 1985 年的 12.4%上升到 2008 年的 32%；工业制成品进口占商品进口总额比重则由 1985 年的 87.6%下降到2008年的68%。进口商品结构变化，在很大程度上是由于FDI大量流入第二产业，出口导向的外资企业促使原材料进口增加，而一部分原需进口的工业制成品实现国内生产，FDI在一定程度上促进了进口商品结构的变化。

随着中国加入WTO，FDI在服务业的比重也逐渐增长，20世纪初中期，这一比重为25%左右，自2005年后快速上升，到2009年其比重已达到48%，极大地促进了服务业贸易的发展。

从20世纪90年代开始，65%以上的来华FDI都投资于制造业，其中大部分都从事出口产品生产。这些外商直接投资多来自亚洲地区，虽然近些年比重在下降，但仍然在60%以上，并且多数是效益寻求性的（对中国低成本劳动力的偏好）。FDI使得跨国企业可以分割生产过程，将生产的不同阶段和部门实现跨国运营。外资企业在劳动力相对富裕的中国先进口原材料或中间产品，然后进行加工，最后将加工后的产品出口。垂直化的生产整合，使得外商直接投资企业加工贸易额占我国的70%以上。另一方面，从改革开放初期一直到21世纪初，中国政府对于出口导向型的外资企业给予税收等优惠政策，同时要求其在中国生产产品的一定比例必须用于出口以保持“外汇平衡”，这样的政策无疑鼓励了外商直接投资在中国进行进出口贸易，并极大地促进了加工贸易的发展。

近年来，中国经济不断发展和外资企业在华“溢出效应”以及中国政府对非高科技外商企业优惠政策的取消等，使得外资企业加工贸易的发展步伐有所放慢。一些学者指出，随着中国国内技术改善，一些高端出口产品的零件开始由国内提供，可能产生抑制加工贸易并在一定程度上促进一般贸易的效应，从而改变中国原有贸易方式，可见，FDI对中国贸易方式具有较为重要的影响。

第三章 国际贸易、FDI与劳动力市场的联系

第一节 国际贸易、FDI与劳动力市场的关系

国际贸易的发展和引进 FDI 与一国劳动力市场具有较为密切的联系。我们认为，国际贸易、FDI 除了会对一个国家的劳动力市场供求关系产生影响从而与该国劳动力市场均衡变量产生重要联系之外，还会对一国劳动力的流动和劳动力市场一体化产生影响，对劳动需求弹性与劳动力市场的稳定性和灵活性等重要特征产生影响，此外还将在中长期内对劳动力市场的制度产生较为明显的作用。

一、国际贸易、FDI与劳动力市场一体化的关系

我们认为，国际贸易、FDI 首先可能通过影响我国区域劳动力市场内部和区域劳动力市场之间劳动力迁移过程中的障碍性因素，主要包括地理障碍、交通障碍、信息障碍和制度障碍等因素，对劳动力市场一体化产生影响。中国经济改革开放之后，各个地区和区域之间商品市场的交流和合作频繁，带来了交通的便利和信息的顺畅，原来严格的户籍政策也在一定程度上出现了松动，推动了劳动力的跨地区流动，有利于劳动力市场一体化程度的提高。其次，国际贸易、FDI 还可能导致国内各地区的劳动力市场对本地区以外的劳动供需敏感性增加，从而促进我国劳动力市场的整合和一体化进程。

二、国际贸易、FDI与劳动力市场均衡变量的关系

在改革开放进程中，作为一个转型发展中的大国，我国在非熟练劳动丰裕和非熟练劳动密集型产品生产上具有比较优势的同时，某些类型的熟练劳动也相对丰裕和廉价，因而在某些技能劳动密集型产品上也具有显在或潜在的比较优势。这样在依据比较优势发展国际贸易的过程中，将对我国熟练劳动、非熟练劳动等各类劳动需求产生较为重要的影响，并影响到劳动在我国国民收入中所占的份额。FDI 的流入同样会对我国熟练劳动和非熟练劳动需求产生影响，同时 FDI 流入通过影响我国贸易的结构和方式，会间接对其劳动需求产生效应。

国际贸易、FDI 带来的劳动需求改变会进而导致在我国出现各类劳动供给的变化（FDI 企业的人员培训和贸易的外溢效应是导致劳动供给结构变化的一个原因），各类劳动供给的变动将带来的我国劳动禀赋的变动和人力资本积累的变化。通过影响各类劳动的需求与供给，国际贸易、FDI 将对劳动力市场上的各类劳动的就业、收入等均衡变量产生作用，并对劳动力市场均衡的变动产生深远影响。

与此同时，FDI 流入可能导致其对我国本土企业产生的劳动资源竞争效应并进而对我国产业结构和在国际分工中的地位产生影响：某些 FDI 流入对我国技能劳动的需求与我国国内企业存在明显的竞争性，且由于跨国公司雄厚的资金实力使其容易在稀缺劳动资源竞争中获得优势，这可能导致我国企业缺乏足够的技能劳动资源，并由此产生对本土产业结构和在国际分工中地位的不利影响（国内产业由于缺乏技能劳动而放弃自主研发和创新，将主要精力放在参与产品生产的加工工序从而导致在国际分工中地位和产业结构的低级化）。

三、国际贸易、FDI与劳动力市场制度变迁的联系

国际贸易、FDI 与劳动力市场的制度变迁也有较为密切的联系。从较为直接的影响看，外资的进入打破了中国劳动力市场上国有企业垄断的局面，外资企业的市场化聘用制度促进了我国劳动力市场雇佣制度的完善和劳动力流动，外资企业的工资制度促进了国内劳动力价格市场化发展，其工资制度的基本原则是劳动者的工资水平与其绩效挂钩，这给

我国企业的薪酬体系建设带来很多可供借鉴的理念和方法，对我国工资制度发展的影响也随内外资企业竞争与合作的深入而增强。同时，国际贸易、FDI 的不断发展要求商品市场、要素市场相关法规制度与市场化要求相一致，推动了我国劳动力市场的政策调整与制度变迁。

从较为间接的影响看，国际贸易、FDI 在我国的迅速发展推动我国加入了国际劳工组织（ILO）和世界贸易组织（WTO）等国际组织，国际劳工组织（ILO）通过国际劳工公约在世界范围内推行国际劳工准则，世界贸易组织（WTO）则通过社会条款推动国际劳工标准与贸易挂钩。中国作为国际社会和世界贸易组织的成员，必须以积极的态度应对国际组织在劳动者权益保护和劳动标准等方面的规定，这成为我国劳动力市场制度变迁较为重要的外部推动力。

四、国际贸易、FDI 与劳动力市场需求弹性及灵活性、稳定性的关系

（一）国际贸易、FDI 与劳动力市场需求弹性

国际贸易、FDI 对劳动力市场需求弹性具有重要的影响。贸易开放度可以通过两个渠道影响劳动力市场需求弹性。第一，贸易开放度提高将使本国厂商获取进口中间投入品的种类增加、成本降低，从而对国内劳动要素产生更强的替代性。生产要素替代弹性上升将导致行业劳动需求弹性提高。第二，更为自由的国际贸易将会增大国内各行业最终产品的需求弹性，根据希克斯—马歇尔要素需求定律，这将进而提高行业劳动的需求弹性。劳动要素需求弹性增加具有三个重要影响：首先，在外生冲击导致劳动需求曲线发生某一幅度的垂直移动时，较高的劳动需求弹性将带来较大的工资和就业波动[①]；其次，劳动需求弹性提高将导致非工资劳动成本（例如工薪税）由雇主向劳方转移，劳动者将承担更大份额的非工资劳动成本。第三，在具有超额利润的行业和厂商中，较高的劳动需求弹性意味着劳动者在分享垄断租金的谈判中地位下降。即使国际贸易所导致的国内劳动价格变化很小，国际贸易仍可通过改变该国劳动需求弹性造成其劳动力市场的压力。

① 波动在工资和就业之间的分配将取决于劳动供给弹性。

FDI 的大量流入首先在我国产生了明显的竞争促进效应，外资企业在我国市场上生产和销售产品，使我国消费者可选择的产品品种和数量增加，从而提高了最终产品市场的需求弹性。FDI 的进入使得跨国公司营运中的大量要素流动过程延伸到我国，我国境内企业能够获取的国外生产要素和进口中间产品种类增加、成本降低，并有可能带来技术的改变，致使本国生产函数发生变化，并推动劳动力与其他要素之间的替代弹性升高。因此，与贸易相似，FDI 也可能产生明显的提高我国劳动力市场的需求弹性的效应。

（二）国际贸易、FDI与劳动力市场灵活性、稳定性的关系

国际贸易、FDI 使得企业面临日益加剧的竞争压力，传统的正规就业不仅使企业的劳动力成本相对较高，削弱了企业的竞争力，而且企业不能很快对市场变化作出反应。全球化带来更为细致的国际劳动分工，不少企业将核心业务留在本企业，将非核心业务外包出去，外包等形式的出现推动了灵活就业这一方式的快速发展。全球化也是一个产业转移的过程，部分发达国家将制造业转移到发展中国家，发展中国家自身也在进行产业转型，重点发展相对高附加值、吸纳就业人数更多的服务业，这带来了多样化和更加不确定性的劳动力需求。另外，以 FDI、国际贸易迅速发展为标志的全球化的过程也可以说是资本主导的全球化的过程。资本处于相对强势地位。在资本的压力下，一国不得不放松劳动力市场的管制，放松就业保护立法，从而可能导致工人谈判地位和能力被削弱，合同制工人、临时工、自由职业者增多。全球化带来的非正规就业日益增多，增加了劳动力市场的灵活性，同时劳动者的就业稳定性有所削弱。

第二节　本篇结论

一、改革开放以来我国劳动力市场发生了深刻变化

改革开放以来，我国的劳动力市场作为要素市场的重要组成部分在以市场化取向为核心的改革推动下发生了深刻的变化。这主要体现在劳

动力市场的改革与制度演变、劳动力流动与我国劳动力市场的一体化进程和市场化取向与我国劳动力市场的稳定性与灵活性等几个方面。

我国的劳动资源由改革开放前依靠行政指令配置发展到改革开放后主要依靠劳动力市场配置，相关的法律法规如《劳动法》、劳动力流动相关政策、工资分配制度、社会保障制度和劳动关系协调机制等逐步建立和完善，劳动力市场逐步朝着科学化、规范化和现代化的方向发展。

随着劳动力流动的加强，我国劳动力市场一体化的程度不断提高。我们利用1987年至2006年的数据进行研究所得到的成果，可以归纳为如下两个主要结论：第一，在区域劳动力市场一体化方面，我国各区域劳动力市场一体化进程不同，在华北、华东、华南等经济相对发达、开放的区域，劳动力市场一体化的程度更深，而且劳动力市场一体化程度较深的区域往往有一个或两个省市作为该区域劳动力市场的中心区，对全国性劳动力市场一体化的测度显示，中、东部之间的劳动力市场一体化程度最深，西、中部之间次之，西、东部之间再次之；第二，经济开放对我国区域劳动力市场一体化的程度和趋势具有显著的促进作用，开放促进我国劳动力市场一体化的主要途径是，降低或消除劳动力迁移过程中的各种障碍性因素，推进劳动市场调整速度上升、一体化程度增加，促进我国商品市场的整合与开放，进而推进我国地区劳动力市场的开放，加快劳动力市场调整速度。

随着市场化取向的改革在要素市场领域的不断深化，以及劳动力市场制度建设的不断完善，我国劳动力市场的灵活性与稳定性都有了明显的增强，但仍存在较大的改进余地。我们以牺牲劳动者就业稳定性为代价保证了企业用工的灵活性，但是由于失业保障机制的不完善和积极的劳动力市场政策实施的不利，劳动者再就业仍存在很多障碍，使得劳动力离开劳动力市场，这又反过来制约了劳动力市场的灵活性。我们认为“用工荒”现象是劳动力市场外部数量灵活性、失业保障机制、积极劳动力市场政策不能有效配合的市场表现，或者说是我国劳动力市场的稳定性与灵活性非良性互动的体现。

二、改革开放以来我国国际贸易和 FDI 经历了迅速的发展

国际贸易和 FDI 在我国经济发展中发挥着重要的作用。从贸易规模来看，2010 年我国贸易规模为 1978 年的 144 倍，位居世界第二。从贸易结构来看，加工贸易占贸易总量的一半以上；贸易产品结构进一步优化，以出口工业制成品为主；贸易对象主要是东亚的周边国家和地区以及欧洲和北美的发达国家与地区；出口企业主要集中在我国的东部沿海地区。国际贸易对我国的经济发展有着正面的促进作用，促进了生产率的提高，增加了福利水平，减小了城乡收入差距，但可能加大了地区收入差距。在利用外资方面，我国 1986 年的实际外商投资额为 22 亿美元，而目前已接近 1 000 亿美元；我国利用外资来源地区主要为我国港台地区、日本、韩国、美国以及维尔京群岛等；接受外资的地区主要为东部沿海地区；从股权结构来看，独资企业发展迅速；从行业结构来看，主要分布在制造业和服务业。

总的来说，FDI 促进了我国的经济增长，但对相关行业的发展和就业的影响取决于具体的情况。作为对外经济往来的两种主要形式，贸易自由化促进了 FDI 的发展，而 FDI 也通过总量、结构与方式等途径影响着国际贸易，二者存在一定的替代关系，但主要是互补的关系。

三、国际贸易和 FDI 与我国劳动力市场存在密切联系并通过多个渠道产生了多方面的影响

国际贸易的发展和引进 FDI 与一国劳动力市场具有较为密切的联系。我们认为，首先，国际贸易、FDI 可以通过外溢效用、人员培训、提升教育回报等途径影响我国劳动禀赋和人力资本积累，进而影响我国劳动力供给，同时通过对生产规模和生产结构的影响对我国劳动力需求产生了重要的作用，还有可能通过竞争效应与我国本土企业争夺熟练劳动资源，上述国际贸易、FDI 对我国的劳动力市场供求的影响会进而对我国劳动力市场均衡变量和均衡状态产生重要的效应。其次，国际贸易、FDI 可以通过影响我国区域劳动力市场内部和区域劳动力市场之间劳动力迁移过程中的障碍性因素对劳动力市场一体化产生影响。再次，国际

贸易、FDI 可以通过替代效应和产出效应两条机制对劳动需求弹性产生影响，并通过竞争效应促使劳动力市场在稳定性和灵活性等方面作出相应的调整。此外，国际贸易、FDI 还将在中长期内对劳动力市场的制度产生较为明显的作用。

第二篇　国际贸易、FDI 的发展对我国劳动力流动和劳动力市场一体化的影响

在经济开放条件下，我国发生了国际贸易、FDI、产业、人口在东部沿海地区集聚的现象，对外开放、产业集聚与劳动力流动引起高度关注。有观点认为，国际贸易和 FDI 等开放因素促进了产业和人口在东部沿海地区的集聚；区域产业集聚有促进当地吸收 FDI 的作用；经济开放和产业集聚均对劳动力流动具有促进的作用。鉴于前面学者的研究和启发，我们将从理论和经验层面深入探讨对外开放与劳动力流动之间的关系，并进一步分析经济开放对劳动力市场一体化进程的作用。

第四章　国际贸易、FDI 影响我国劳动力流动的理论模型

自 1978 年实行对外开放政策以后，我国的进出口贸易、外商直接投资水平都出现了显著的增长。不论是发展对外贸易还是吸引外商投资，沿海地区都具有天然的地理优势，特别是在 1992 年邓小平南巡之后，某些沿海城市和地区更是获得了政策上的优惠和支持。大量的投资者和制造商选择在我国的东部沿海地区投资建厂，许多互相关联的产业慢慢地在东部沿海地区集聚，而中西部地区的某些产业则出现了一定的萎缩，沿海地区与内陆地区经济发展水平之间的差距也随之不断扩大，沿海地区的收入水平和就业程度都显著高出内陆地区。

需求方面，持续扩充的集聚产业需要劳动力要素的支撑；供给方面，受到收入高、就业机会多的吸引，我国的劳动力大规模地向沿海发达地区流动（包括地区之间的流动和地区内部的流动，本章着重研究前者），给沿海地区的集聚产业提供了丰富的劳动力资源，从而促进了产业的进一步集聚。供需两方面的作用使得我国劳动力流动规模日益扩大，从 1982 年的 657 万人上升至 2010 年的 2.21 亿人。

这一时期，劳动力流动的流向和形式都发生了很大的变化：劳动力流动的宏观流向发生逆转，中西部人口密集的省份全部成为主要的净迁出省份，如安徽、江西、河南、湖北、湖南、四川等，而沿海省份则成为主要的净迁入省份，如广东、北京、上海、浙江等地，延续数百年的

向北方迁移转换为向东南沿海迁移；劳动力向稀疏地区进行开发性流动转变为向人口稠密地区集聚性流动；劳动力流动的类型和机制发生了显著变化，市场导向的劳动力流动成为劳动力流动的主要来源。改革开放以来我国劳动力流动规模和特征的不断变化给我国社会经济生活带来了越来越大的影响。

在中国经济开放背景下，东、中西部的经济开放条件和经济发展上的巨大差异，造成了产业特别是制造业在东部沿海地区的大量集聚，东部优越的地理区位、丰富又廉价的劳动力资源以及在技术、资金上的优势，使化工、电子通信、机械等技术密集型的行业发展相当快，在东部地区形成制造业集聚。东部沿海地区发生的产业集聚又使得沿海和内地的经济发展水平差距加大，地区之间的收入水平差距加大，而地区之间的劳动力流动则是中国东部产业集聚过程的一个关键因素。

那么，中国的经济开放、产业集聚与劳动力流动这三者之间如何互相作用，形成了这样具有中国特色的经济发展格局？本章旨在建立一个研究这三者互相影响的理论模型，特别关注经济开放因素在东部产业集聚过程中对我国劳动力流动的影响机制和效果。

第一节　模型建立所依据的经验事实

一、经济开放与产业集聚

（一）中国产业集聚的现状

1. 我国产业集聚的形成方式

我国产业集聚的形成主要有以下几种形成方式。

（1）大型工业基地。大型工业基地的形成往往呈现辐辏式产业集聚，是区域生产综合体理论的具体实践。

（2）科技园区和开发区。政府对科技园区和开发区的优惠政策推动了产业集聚区域的发展。自1991年国务院批准第一批高新区以来，高新区的发展速度很快。在个别省份的经济中，高新区对GDP的贡献占据很大的份额。

（3）特色经济区。一些有地方特色和传统的地区经济逐步发展形成特色经济区，从而成为产业集聚区。

2. 我国产业集聚的主要特征

改革开放以来，我国东部沿海地区凭借区域发展倾斜政策以及在FDI和对外贸易方面的地理优势，始终保持在较高的经济增长水平上，增长速度不仅超越中西部地区，而且其在我国经济总体上的重要程度也越来越突出，主要年份东部与中西部地区经济发展水平（GDP）及占全国的比重如表 4.1 所示。

表 4.1 我国主要区域经济发展状况

年 份	1990	1995	1998	2000	2001
东部地区（亿元）	9 905.9	33 939.5	48 114.4	57 739.8	63 624.4
中西部地区（亿元）	8 642.0	24 538.6	30 230.8	31 663.8	43 141.9
东部地区占全国比重（%）	53.4	58.0	61.4	64.6	59.6
中西部地区占全国比重（%）	46.6	42.0	38.6	35.4	40.4
年 份	2003	2006	2008	2009	2010
东部地区（亿元）	82 018.5	141 736.5	196 376.6	219 646.1	260 057.8
中西部地区（亿元）	53 520.6	89 316.8	130 843.2	145 657.6	176 984.2
东部地区占全国比重（%）	60.5	61.3	60.0	60.1	59.5
中西部地区占全国比重（%）	39.5	38.7	40.0	39.9	40.5

资料来源：根据《新中国五十年统计资料汇编》和 1991 年、1996 年、1999 年、2001 年和 2002 年《中国统计年鉴》计算得出。

从表 4.1 可以看出，在 2000 年以前东部沿海地区 12 个省市[①]占全国 GDP 的比重呈稳步增加的趋势，从 1990 年的 53.4%到 1995 年的 58%，上升了 4.6 个百分点，而从 1995 年到 2000 年的 64.6%更是上升了 6.6 个

① 东部地区指的是：北京、天津、河北、辽宁、上海、江苏、山东、浙江、福建、广东、广西、海南；中部地区：吉林、黑龙江、河南、山西、湖北、湖南、安徽、江西；西部地区：云南、贵州、四川、重庆、内蒙古、陕西、甘肃、青海、宁夏、新疆、西藏。

百分点，随着改革开放的深入，随着经济的增长，东部沿海地区在全国经济总量的比重呈现递增的速度。而2000年以后，随着我国西部大开发战略的逐步实施，外资和内资都积极向中西部欠发达地区注入，2001年东部地区的GDP的绝对值虽有很大的增长，但是在全国整体经济总量中的比重却有所下降，中西部地区的比重有所上升，从2000年到2001年增长了5个百分点，而中国加入WTO之后，2003年东部地区经济增长在全国的比重仍继续上升，增加到60.5%。这种增长的趋势一直保持到2009年，由于国际金融危机的影响，东部地区的经济增长速度有所下降，2010年其经济在全国的份额略有下降，为59.5%。

东部和中西部之间在经济发展和GDP总量上的差异有很多原因，其中一个主要原因就是东部和中西部之间产业布局的差异，产业布局在地理上的差异是东部和中西部地区差距的形成原因之一。产业布局的区域间不均衡，导致产业在东部沿海地区的集聚，如表4.2所示。

表4.2 东部和中西部地区主要工业行业总产值占全国比重（%）

行业	东部		中西部	
	企业数	总产值	企业数	总产值
煤炭工业	18.67	37.06	81.33	62.94
石油和天然气开采业	22.61	40.20	77.38	59.80
黑色金属矿采选业	56.75	63.11	43.25	36.89
有色金属矿采选业	28.20	43.97	71.81	56.03
食品加工业	53.71	68.02	46.29	31.98
食品制造业	60.26	67.43	39.74	32.57
饮料制造业	48.68	59.96	51.32	40.04
烟草加工业	26.13	36.16	73.87	63.84
纺织业	78.73	83.19	21.26	16.81
造纸及纸制品业	67.36	76.90	32.64	23.10
石油加工及炼焦业	48.25	66.36	51.75	33.64
化学原料及化学制品业	66.10	72.56	33.89	27.44
医药制造业	52.87	62.11	47.13	37.89

续表

行　业	东　部		中西部	
	企业数	总产值	企业数	总产值
化学纤维制造业	84.27	82.59	15.73	17.41
非金属矿物制品业	55.58	66.88	44.42	33.12
黑色金属冶炼及压延加工业	55.53	66.07	44.46	33.92
有色金属冶炼及压延加工业	56.53	49.89	43.47	50.11
金属制品业	81.95	87.88	18.05	12.12
普通机械制造业	75.76	82.23	24.24	17.77
专业设备制造业	68.61	74.36	31.39	25.64
交通运输设备制造业	66.21	58.66	33.79	41.34
电气机械及器材制造业	80.96	86.16	19.04	13.84
电子及通信设备制造业	86.18	92.19	13.82	7.81
仪器仪表及文化办公机械制造业	79.96	87.01	20.04	12.99

资料来源：根据《2003 年中国工业经济统计年鉴》数据计算得到。

表 4.2 中所列的 4 个采掘业和 20 个制造业中，东部地区企业数量占全国企业数目的比例按大小排序如表 4.3 所示。

表 4.3　东部地区企业数量占全国企业数目的比例按大小排序

（1）	高于 80%：	电气机械及器材制造业、化学纤维制造业、金属制品业、电子及通信设备制造业
（2）	高于 70%：	仪器仪表及文化办公机械制造业、纺织业、普通机械制造业
（3）	高于 60%：	专业设备制造业、造纸及纸制品业、交通运输设备制造业、化学原料及化学制品业、食品制造业
东部地区行业产值占全国行业产值的比例按大小排序为		
（1）	高于 80%：	电子及通信设备制造业、金属制品业、仪器仪表及文化办公机械制造业、电气机械及器材制造业、纺织业、化学纤维制造业、普通机械制造业
（2）	高于 70%：	造纸及纸制品业、专业设备制造业、化学原料及化学制品业
（3）	高于 60%：	食品加工业、食品制造业、非金属矿物制品业、石油加工及炼焦业、黑色金属冶炼及压延加工业、黑色金属矿采选业、医药制造业

东部地区按照行业数量和行业产值占全国同类行业比重接近 80%的都是制造类部门，这些行业基本都是劳动力要素密集度较高的行业，改革开放以后我国实施的以出口为导向的战略以及东部地区的地理优势，使得企业快速的向东部的这些行业集聚。

总的来说，我国现阶段东部与中西部的经济开放条件和经济发展上的巨大差异，造成了产业特别是制造业在东部沿海地区的大量集聚。东部优越的地理区位、丰富又廉价的劳动力资源以及在技术、资金上的优势，使化工、电子通信、机械等技术密集型的行业发展相当快，在东部地区形成制造业集聚。

（二）外商直接投资与产业集聚

这实际上涉及两个方面的问题：一是跨国公司的境外投资行为对产业集聚的影响；二是集聚经济效应对 FDI 区位选择行为的影响。

1. FDI 流入与产业集聚

改革开放以来，跨国公司对中国的 FDI 逐年增加（见表 4.4），跨国公司对中国的直接投资具有显著的地域性特征，也就是说，在吸收外商直接投资上，东部地区远远领先于中西部地区。

表 4.4　中国主要年份 FDI 东部集聚情况（实际利用外资额）单位：万美元（%）

年份	1996	1997	1998	2000	2002	2003	2004
全国 FDI	4 187 971	4 490 109	4 528 389	4 033 289	5 247 126	5 294 028	6 052 098
东部 FDI	3 686 958	3 855 930	3 949 012	3 541 115	4 587 460	4 580 478	5 239 339
中西部 FDI	501 013	634 179	579 377	492 174	659 666	713 550	812 759
东部 FDI 占比	88	85.9	87.2	87.8	87.4	86.5	86.6
中西部 FDI 占比	12	14.1	12.8	12.2	12.6	13.5	13.4
年份	2005	2006	2007	2008	2009	2010	
全国 FDI	6 032 469	6 302 100	7 476 800	9 239 500	9 003 300	10 573 500	
东部 FDI	5 393 344	5 692 200	6 563 700	7 834 000	7 758 900	8 985 500	
中西部 FDI	639 125	609 900	913 100	1 405 500	1 244 400	1 588 000	
东部 FDI 占比	89.4	90.3	87.8	84.8	86.2	85.0	
中西部 FDI 占比	10.6	9.7	12.2	15.2	13.8	15.0	

资料来源：根据《新中国五十年统计资料汇编》和 1997～2005 年《中国统计年鉴》计算得出。

经济全球化的发展使得跨国公司参与东道国产业集聚的现象越来越普遍，引发了经济学者对外资影响产业集聚的效果进行研究。

Enight（2000）对香港金融的案例分析研究说明了香港的外资企业与当地集聚是相互依赖的关系，金融跨国巨头贡献了先进的技术和管理经验，促进集群中的知识外溢，完善了当地的产业链。Lilach Nachum 和 David Keeble（2003）通过论述伦敦传媒业中外资企业的子公司面临着全球及地区双重的影响，说明了外资企业在将全球网络与地区联系起来的过程中作用于集聚，提高了集聚区域的竞争力。

Jansen（1995）发现，通过各产业之间的联系，FDI 能够刺激国内集聚部门的增长。这种产业联系既包括前向联系，如为当地集聚企业提供中间投入，也包括后向联系，如从当地购买投入品。FDI 导致的诱导性要素需求将对国内部门产生多方面的推动，由此对国内产出和就业增长产生乘数和加速作用。

国内学者中有代表性的研究者有郑江淮、高春亮等（2004），他们发现了 FDI 企业与本土企业的联动关系，本土企业在联动中通过技术学习，能够积累起自主创新的能力，为产业集聚效应扩大和技术升级带来了机遇。

盖文启、王缉慈（1999）通过考察北京中关村 IT 产业集群的发展历程所进行的经验研究证明，英特尔、微软等跨国公司起到了重大作用。梁琦（2004）对外商直接投资与产业集聚的关系进行了实证研究，结果显示，FDI 能推动电气机械及器材制造业的地方产业集聚。

赵伟、张萃（2007）从一般层面和行业层面，以空间集聚与制造业增长之间的逻辑联系为前提，分别实证地考察了中国制造业空间集聚中的 FDI 因素，结果表明，FDI 对我国制造业空间集聚影响较显著。

2. 产业集聚与 FDI 的区位选择

总体上，最近关于产业集聚与外商直接投资区位选择的研究主要有两个特点：一是在研究方法上理论性文献不多，以实证分析为主；二是在运用数据进行实证分析时，越来越重视行业层面数据。例如，Braunerhjelm 和 Svensson（1998）根据 1974～1990 年瑞典单个跨国企业以及他们在18个国家制造业工厂获得的数据，证实了区位产业集聚在很大程度上吸引了瑞典的外商直接投资。

Barren和Pain认为产业集聚可以吸引大量的外国投资，在欧洲大陆形成的经济“聚集中心”是影响美国对FDI区位决策的重要因素，而且通过FDI形成的国际间技术和知识的转移可以极大地促进东道国经济的发展。

国内学者中，吴丰（2001）研究外商直接投资的集聚效应和中国吸引FDI的新取向，从结构化的集聚效应分析框架透视了FDI区位选择的因素，认为产业集聚因素对在华FDI中起到了重要作用。范剑勇发现，外资会选择东部沿海地区作为它们投资的首选，从产业集聚的角度看，东部沿海地区人口集中、交通便利，具备形成制造业的前后向联系的优势以便扩大市场规模；更重要的是东部沿海地区便于与国外相关产业的上下游联系，接近国外消费市场，有利于形成制造业与国外的联系。

魏后凯采用系统的数据和计量模型方法，探讨了国外制造业在华投资的区位决定。研究显示欧美日韩在华制造业的投资区位选择上具有很强的相似性。产业集聚效应的存在是影响外商在华直接投资区位选择最重要的因素。

（三）贸易自由化与产业集聚

由表4.5可知，我国东部区域进出口额在全国进出口额中所占的比重在90%左右，且呈现逐年上升的趋势，这说明我国的对外贸易表现出高度的不均衡发展态势，而且这种不均衡的程度还在加深。

表4.5　中国主要年份进出口贸易东部集聚情况　单位：亿美元（%）

年份	1996	1997	1998	1999	2000	2001	2002	2003
全国进出口额	2 899.0	3 252.0	3 240.0	3 606.0	4 743.0	5 097.0	6 208.0	8 510.0
东部进出口额	2 578.1	2 933.4	2 935.9	3 276.1	4 324.4	4 652.0	5 704.5	7 813.6
中西部进出口额	320.6	318.1	304.5	330	418.4	444.4	503.1	696.2
东部进出口额占比	88.9	90.2	90.6	90.8	91.2	91.3	91.9	91.8
中西部进出口额占比	11.1	9.8	9.4	9.2	8.8	8.7	8.1	8.2

续表

年份	2004	2005	2006	2007	2008	2009	2010	
全国进出口额	11 546.0	14 219.0	17 604.0	21 737.0	25 633.0	22 075.0	29 740.0	
东部进出口额	10 626.1	13 112.5	16 346.5	20 025.0	23 343.7	20 242.4	27 041.0	
中西部进出口额	919.3	1 106.5	1 257.5	1 712.2	2 288.8	1 832.9	2 699.0	
东部进出口额占比	92.0	92.2	92.9	92.1	91.1	91.7	90.9	
中西部进出口额占比	8.0	7.8	7.1	7.9	8.9	8.3	9.1	

资料来源：根据《新中国五十年统计资料汇编》和 1997～2004 年《中国统计年鉴》计算得出。

对外贸易与产业集聚已有的经验事实远没有 FDI 与产业集聚的经验事实成果那么丰富。而探讨得比较系统和深入的仍然在新经济地理学范围，根据新经济地理学的观点，一个国家就整体而言，随着贸易自由化的深入，将会出现企业空间的极端化，但在各个区位上，随着生产专业化的出现，会带来特定产业的集聚。

不同地区经济发展的差距与不同地区产业的空间布局关系密切，产业的空间布局与国际贸易的发展关系又十分密切。国际贸易对产业空间布局的影响很早就被研究贸易理论的经济学家所关注。俄林（2008）在《区际贸易与国际贸易》一书中阐述道，国际贸易对区域经济的发展有影响，国际贸易与经济地理应该融为一体。新贸易理论从不完全竞争和规模报酬递增的假设出发，通过外部经济和垄断竞争模型，揭示了产业内贸易、产业集聚和区域中心—外围结构的成因以及发展贸易和区域经济一体化的好处，提出了增强产业与区域竞争优势的战略性贸易政策。

藤田昌久、克鲁格曼等人更为详细地研究讨论了贸易自由化对一国内部经济地理的影响，并构建了中心—外围模型和国际模型。新经济地理经济学的分析表明，国际贸易可以导致内部经济地理的重新组织，它既在总体上促使制造业活动变得更加分散，同时又促使一些产业发生聚集，促使形成产业集聚区域。

Krugman 和 Livas Elizondo（1996）认为，墨西哥贸易自由化前后产业区位的改变和集聚中心的转移，是一个区域经济如何调整以适应经济开放和贸易自由化的典型案例。墨西哥在 20 世纪 80 年代之前一直是封闭的，其制造业大多聚集在首都墨西哥城附近一带。但是从 1985 年开始，该国与美国结成了北美自由贸易区，对外贸易逐步开放，实施贸易自由化政策。相应地，其产业集聚中心也从中部的墨西哥城转移到了与美国邻近的北部地区。

是什么原因造成了墨西哥经济贸易中心的转移呢？在封闭条件下，尽管工资水平高、租金高，但是为什么厂商仍然愿意把厂址设在墨西哥城？根据新地理经济学的解释，其中重要的原因是产业的前后向联系和规模经济。但 Krngman 和 Livas Elizondo（1996）认为，这一论证必须满足两个条件：一是开始时处于封闭经济中，二是存在规模经济。而那时的墨西哥城正好符合这两个条件，所以他们认为墨西哥城的产业集聚中心是政府进口替代产业政策的产物。

但是，墨西哥加入北美自由贸易区之后，墨西哥城成为生产中心已不再可能。当经济从封闭走向开放时，某一区位上充分集聚的初始稳定均衡会被分散的稳定均衡所取代。而事实也证明墨西哥进口替代的贸易政策转变为贸易自由化政策之后，墨西哥城的重要性相对下降了，产业的集聚中心明显转移到了与美国相邻的北部地区。

在中国，在 1978 年改革开放以后外向型经济的发展过程中，东部地区天然的地理位置优势不仅使本地区的企业更容易接近国际市场，而且使中西部地区的一些产业也受到利润的吸引迁到东部地区，提高了东部产业集聚水平。东部地区的福利水平提高了，但中西部地区却进一步边缘化了。

从经验上来说，人们普遍认为，无论是外商直接投资还是贸易的自由化，经济开放对产业集聚的作用都是正面促进的。

二、经济开放和劳动力流动

如图 4.1 所示，根据国家人口计生委的最新数据[①]，2008 年全国流动人口约为 2.01 亿。在跨省流动中，跨省流入的人口，广东占 28.4%，浙江占 19%，江苏占 14.7%，上海占 7.4%，北京占 6.4%，福建占 4.2%，六省市跨省流入人口占全国总数的 80.1%；跨省流出的人口，安徽占

① 数据来源：《中国人口发展报告 2010》。

15.7%，河南占 13.5%，四川占 11.1%，湖南占 8.3%，湖北占 7.8%，贵州占 6.9%，六省跨省流出人口占全国总数的 63.3%。

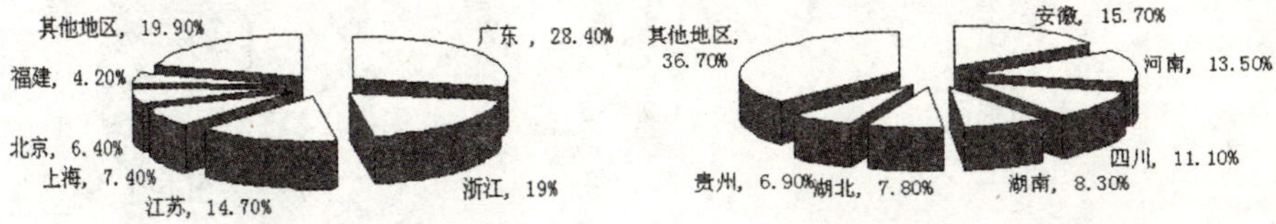

跨省流入人口分布　　　　跨省流出人口分布

图 4.1　2008 年中国迁入地省份和迁出地省份的劳动力流动

如图 4.2，2009 年全国流动人口约为 2.11 亿。在跨省流动中，跨省流入的人口，广东占 28.6%，浙江占 24%，江苏占 11.1%，上海占 8.8%，北京占 7.9%，福建占 3.2%，六省市跨省流入人口占全国总数的 83.6%；跨省流出的人口，安徽占 14.8%，河南占 12.8%，四川占 13.5%，湖南占 8.4%，湖北占 7.8%，贵州占 7.1%，江西占 6.4%，江苏占 5.7%，重庆占 4.3%、广西占 4.1%，十省市跨省流出人口占全国总数的 84.9%。

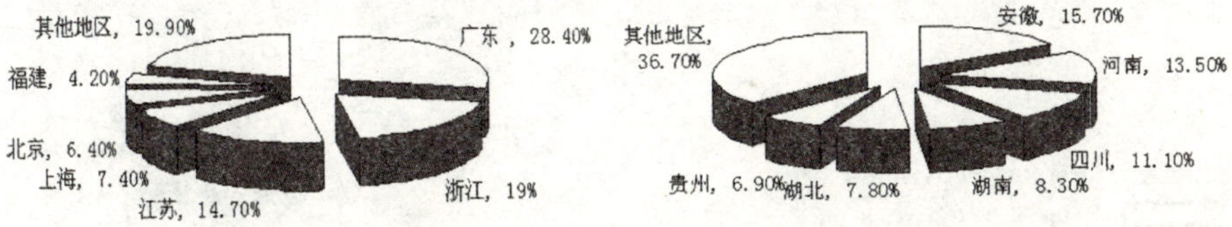

跨省流入人口分布　　　　跨省流出人口分布

图 4.2　2009 年中国迁入地省份和迁出地省份的劳动力流动

图 4.3 中更加显著地表明：劳动力流动的箭头主要由内陆地区指向沿海地区，且表示流动规模的箭头越来越宽，说明流动规模逐年递增。这说明我国跨区域劳动力流动的地区分布呈现出两个特点：一是地区之间的省际劳动力流动表现为中、西部地区人口向东部地区流动；二是地区内部的省内劳动力流动表现为东部地区内部之间的流动。总体上说，劳动力流动的目标地区是东部地区，而且流入东部地区人口占各地区迁出人口的比重呈逐年上升趋势。

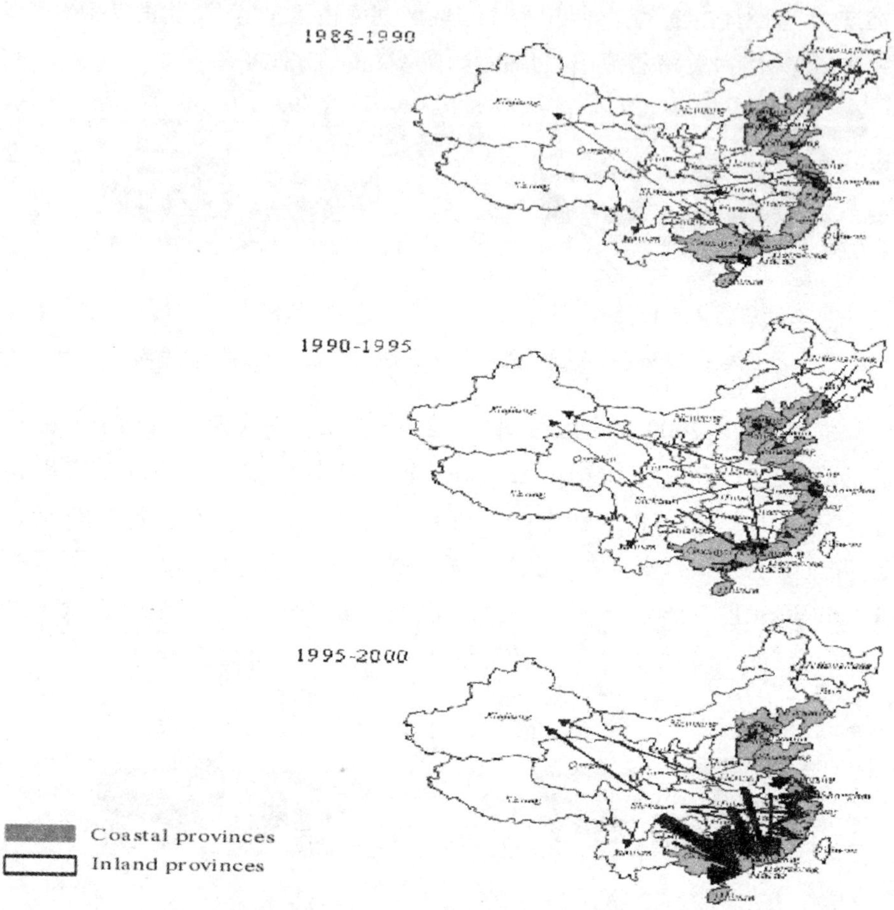

图 4.3　中国 1985～2000 跨省劳动力流动

资料来源：Nong Zhu（2002）根据人口普查资料绘制；箭头的宽窄大约代表相应劳动力流动的规模。

Andrew（2004）简明地说明了全球化影响劳动力流动的机制：全球化可能带来一国经济地理上和行业上的发展不均衡，较开放的地区和行业会比欠开放的地区和行业发展得更快更好，而劳动力总是从低工资、差工作环境的地区和行业向高工资、好工作环境的地区和行业流动。Poncet 和 Zhu（2003）分析了全球化对国内劳动力迁移的影响，工资和就业机会的不同迫使中国剩余劳动力迁徙到更为发达的东部地区，全球化加强了东部沿海地区吸纳劳动力的能力，同时降低了沿海地区劳动力发生跨省流动的可能性；一旦劳动力选择离开家乡，他们倾向于迁移到较为开放的省份。

杨云彦、徐映梅和向书坚（2003）认为早期大量外商直接投资（FDI）主要面向国际市场，区位优势使得早期的 FDI 高度集中于东部沿海地区；经济全球化会带来经济活动空间分布的不均衡性，促使人才、资金、技术等生产要素向优势地区集中，致使就业岗位的空间分布不平衡，引起劳动力向发达地区流动。周申和易苗（2010）从劳动力流动的角度得出经济开放对我国区域劳动力市场一体化的程度和趋势具有显著促进作用，其主要机制是降低或消除劳动力迁移过程中的各种障碍性因素，推进我国地区劳动力市场的开放等。

然而，全球化不仅带来劳动力流向东部地区，也有可能导致劳动力回流到中西部地区。王德文、蔡昉和高文书（2005）从全球化的角度解释了“用工荒”现象，认为中国加入 WTO 之后出口高速增长，激烈的市场竞争改变了中国地区之间的相对优势。随着内陆地区在经济上快速追赶沿海地区，内陆地区出现了非农就业机会上升和低劳动成本优势，导致沿海地区劳动力向内陆地区回流的现象。

三、产业集聚和劳动力流动

对于产业集聚和劳动力流动关系研究得最多的还是新经济地理学理论，该理论认为空间是产业发展的载体和生产要素流动的场所，而区域产业集聚和区域经济差异形成过程中的一个重要变量就是劳动力流动。

关于新经济地理学中产业集聚与劳动力流动之间的互动关系，国外研究者大致认为，产业集聚与劳动力流动之间存在正向的反馈促进关系。Faini（1996）在规模报酬递增条件下建立了一个两区域模型，说明劳动力流动会使经济发生产业集聚。Puga（1999）认为，随着交通成本的不断下降，在规模报酬递增、劳动力自由流动以及企业间的前后向联系等因素下，产业会出现集聚趋势，且劳动力向工资较高的产业集中区域流动会进一步加速产业的集聚程度。如果没有劳动力的自由流动，即使交通成本很低，产业发生集聚也不太容易。

在新经济地理学理论的基础上，国际上对产业集聚和劳动力流动关系的研究结果表明，产业在某一区域的集聚会引起其他区域劳动力向这一区域的集聚，同时劳动力的集中又会进一步促进产业的集聚。而区域之间交通成本的降低会进一步加速这种集聚。

对于劳动力流动如何影响区域的产业集聚，国内学者并没有得出统一的结论。一些学者认为，中国中西部内陆地区劳动力向东部沿海地区流动，促进了东部沿海地区制造业的集聚。大部分研究者都认为，劳动力的跨区域流动促进了产业的进一步集聚。范剑勇等人（2004）和敖荣军（2005）认为产业集聚程度和劳动力流动的关系是一种正向的自我反馈机制：沿海地区的产业集聚会带动中西部地区的劳动力跨区域流动，而中西部地区的劳动力向东部地区流动又会引发沿海地区的进一步产业集聚。杨云彦、朱金生（2003）研究得出：改革开放以来，随着我国经济对外开放程度不断加深，特别是 FDI 水平的提高，沿海地区相对于内陆地区的地理优势得到充分体现，以劳动密集型产业和高新技术产业为主的制造业发展迅速，从而吸引了大批劳动力向沿海地区流动。陈晓红、李武珍（2009）分析了影响劳动力跨区域流动的内在原因，对外开放因素、规模经济因素和地区因素对劳动力的跨区域流动都有着重要的影响。

还有少数研究者如陈仲常、臧新运（2006）认为劳动力的跨区域流动对我国产业在空间上集聚的作用不大，认为支持东部地区工业化快速发展的劳动力增量主要来源于东部地区自身农村劳动力转移，而中、西部跨区域流动的农民工仅是东部地区工业集聚吸纳劳动力的一种补充。

第二节　理论模型

一、一般均衡的新经济地理模型

（一）模型的假定

为了描述中国开放以后经济集聚过程中的劳动力流动现象，我们构建了一个一般均衡的新经济地理模型。我们设置了三个区域，分别是区域 1、区域 2 和区域 0。区域 1 和区域 2 是一个国家的两个区域，区域 1 为沿海地区，更靠近其他国家，区域 2 为内陆地区，相对于区域 1 更远离其他国家，区域 0 为除了这个国家以外的区域，我们称为区域 ROW（the Rest Of the World）。内陆地区（区域 2）必须穿越沿海地区（区域 1）才能与区域 ROW 发生贸易。区域 1 和区域 2 有着相同的要素禀赋、偏好和技术，为了简化，区域 ROW 在模型里是一个进出口市场。因为区域 1 和区域 2 在经济结构上是对称的，每一个部门涉及的方程形式都是类似的，所以我们只需写出一个区域的方程，以区域 1 为例。

我们一共有三种要素，分别是农业部门劳动力（L_A），城市制造业部门劳动力（L_M），城市中间产品部门劳动力（L_S）。区域 1 和区域 2 的农业部门劳动力是相同的，而且不能在区域之间流动，而两个区域城市制造业部门劳动力和中间产品部门劳动力初始数量是相同的，而且在区域间可以自由流动。这些劳动力将会被三个部门加以利用，分别是：农业部门，生产农产品；城市制造业部门，生产最终产品；城市中间产品部门，生产不同的中间产品和服务以供给城市制造业部门，这些部门不仅包括中间生产，还包括经营管理、研发、财务、市场营销、广告、人事、培训、法律服务、管理咨询、贸易服务、设计等，这些都是为城市制造业部门所服务的。

区域 1 和区域 2 又分为城市和农村。农村只有农业部门，而城市有制造业部门和中间产品部门。区域 ROW 生产和出口中间产品[①]，只进口最终产品而不生产最终产品。这个国家的区域 1 和区域 2 都从区域 ROW 进口中间产品，也都向区域 ROW 出口最终产品。没有国际之间的要素流动，也就是说，区域 ROW 的劳动力只能在区域 ROW，而不能进入区域 1 和区域 2。

国家内部（区域 1 和区域 2）之间的贸易是有运输成本的，而国际贸易（区域 1、区域 2 和区域 ROW 之间的贸易）是有贸易成本的，沿海地区与区域 ROW 贸易只有贸易成本，而内陆地区与区域 ROW 发生

① 这里的出口不仅包括贸易出口，也包括跨国公司内部的贸易转移。

贸易除了支付贸易成本外还要支付运输成本。按照惯例，我们采用冰山假设来处理这两类成本。T 和 τ 分别是运输成本和贸易成本参数，$T \geqslant 1$，$\tau \geqslant 0$。一般情况下，$\tau \geqslant 1$，而当该国不仅完全实行自由贸易政策，还对进口和出口进行财政补贴的时候，$\tau<1$。当 T 单位的产品和服务在区域 1 和区域 2 之间运输，只有 1 单位到达目的地，而运输过程中 $T-1$ 单位的产品和服务被消耗（像冰山一样融化）；当 τ 单位的产品和服务在国际之间贸易，只有 1 单位到达目的地，而运输过程中 $\tau-1$ 单位的产品和服务被消耗。参数 T 和 τ 越小，越容易到达目的地。所以，我们把 $1/T$ 和 $1/\tau$ 分别代表国内运输的便利程度和国际贸易的开放程度。

（二）消费者行为

我们假设经济体内所有的消费者都符合下面这个相同的效用函数：

$$u=[a_{11}^{(\delta-1)/\delta}+a_{21}^{(\delta-1)/\delta}]^{(1-\upsilon)\ \delta/(\delta-1)}\ [m_{11}^{(\sigma-1)/\sigma}+m_{21}^{(\sigma-1)/\sigma}]^{\upsilon\ \sigma/(\sigma-1)} \tag{4.1}$$

式中 a_{11} 和 m_{11} 分别是消费者消费本区域农业部门产品和城市制造业部门产品的数量，a_{21} 和 m_{21} 分别是消费者消费另外一个区域农业部门产品（农产品）和城市制造业部门产品（制成品）的数量。

上式中农产品和制成品都为区域特定产品，尽管区域 1 和区域 2 在技术上是相同的，本地产品和外地产品还是不能够完全替代的，但我们可以假定它们的替代弹性较大。①

每一个消费者 j 的预算约束为：

$$P_{A1}a_{11}+(P_{A2}T)a_{21}+P_{M1}m_{11}+(P_{M2}T)m_{21}=W_{\mathrm{j}} \tag{4.2}$$

式中 P_{A1}、P_{A2}、P_{M1}、P_{M2} 分别表示区域 1 农产品的价格、区域 2 农产品的价格、区域 1 制成品的价格、区域 2 制成品的价格。

（三）生产者行为

1. 农业部门

为了简化，农业部门只使用农业劳动力来生产农产品，并且一个单位的农业劳动力生产一个单位的农产品，生产函数为：

$$A_1=L_{A1} \tag{4.3}$$

① 这种技术起源于 Armington（1969），现在已广泛用于一般均衡模型。

式中 A_1 为区域 1 农产品的产出，L_{A1} 为用于该产出的劳动力数量。

2. 城市部门

城市有两个部门：制造业部门和中间产品部门。制成品的生产需要用到城市制造业劳动力 L_{M1}，不同种类的中间产品 S。借用 Ethier（1982）的方程形式，我们构建城市制造业部门的生产函数如下：

$$M_1 = L_{M1}^{1-\alpha}\{[\sum_{j=1}^{N} S_j^{(\phi-1)/\phi}]^{\phi/(\phi-1)}\}^{\alpha} \tag{4.4}$$

式中 M_1 为区域 1 制成品的产出，L_{M1} 为用于该制成品产出的劳动力数量。$\sum_{j=1}^{N} S_j$ 为用于生产该制成品中间产品的数量，N 为中间产品的种类，这些中间产品来自区域 1、区域 2 和区域 ROW。

该生产函数对于 L 和 S 的总投入是规模收益不变的，然而对于用于生产的中间产品的不同种类是规模收益递增的，参数 φ 为不同种类中间产品之间的替代弹性，表示规模收益的程度，φ 越大中间产品之间的替代弹性越大，表明存在许多中间产品厂商生产同类同质的产品，规模收益的程度越小，$\varphi>1$。中间产品和服务对于空间经济集聚有着非常重要的作用。

中间产品部门生产使用的是城市中间产品部门劳动力，相对于城市制造业部门劳动力，中间产品劳动力熟练程度较高，我们可以视为熟练劳动力。我们假定所有区域的中间产品生产使用相同的生产函数，一个生产中间产品代表企业的生产函数为：

$$D_{S1}=(1/b)l_{S1}-a/b \tag{4.5}$$

式中 D_{S1} 是这个中间产品代表企业的产出，a 为固定投入系数，b 为边际投入系数，l_{S1} 是用于该中间产品生产的中间产品部门劳动力的数量。

（四）迁移行为

首先，我们来说明“近视迁移”和“远视迁移”的概念。近视迁移是指迁移者在考虑迁移决定的时候只考虑短期或瞬时的因素，而远视迁移是指迁移者在考虑迁移决定的时候以远期或长期效用最大化为目标。

下面我们分别写出近视迁移和远视迁移的迁移函数。

1. 近视迁移的迁移函数

在标准的“中心一外围”模型中，劳动力的迁移函数是这样的：

$$\dot{S}_L=(\omega-\bar{\omega})S_L$$

$$S_L\equiv L/L^w$$

$$\omega=W/P$$

$$\bar{\omega}=S_L\omega+(1-S_L)\omega^*$$

式中，S_L是区域1人口占区域1和区域2总人口的比重，ω是区域1的实际工资，$\bar{\omega}$是区域1和区域2的平均实际工资。经过转换，可以得到下式：

$$\dot{S}_L=(\omega-\omega^*)S_L(1-S_L) \tag{4.6}$$

上式两边同时乘以L^w，我们得到：

$$\dot{L}=(\omega-\omega^*)L(1-L/L^w) \tag{4.7}$$

式（4.7）中，迁移者是以实际工资差距作为迁移的主要因素，而没有考虑到迁移成本的因素，我们将引进一个公共交通部门来加入迁移成本变量。

公共交通部门类似于中国的铁道部，它的主要作用是促进交通的便利性，而不以盈利为目的，它的利润函数为：

$$\pi=P_tM_i-d+\beta/\tau \tag{4.8}$$

式中P_t表示区域1和区域2之间公共交通的价格，M_i为区域1和区域2之间的劳动力的迁移数量，d为公共交通部门的固定成本，β/τ是政府对公共交通部门的补贴，政府的补贴由β和τ决定，β为补贴系数，反映的是政府对公共交通的支持程度，$1/\tau$反映的是这个国家的经济开放程度，我们假定一个国家的经济越开放越愿意给予如公共交通这样的基础设施以财政补贴，从而促进区域之间的联系，加快国家的经济发展，政府对公共交通部门的补贴与$1/\tau$成正比。

由于公共交通部门是一个公益部门，不以盈利为目的，所以利润为零，即：

$$\pi=P_tM_i-d+\beta/\tau=0$$

解出公共交通的价格决定函数：

$$P_t=(d-\beta/\tau)/M_i \tag{4.9}$$

劳动力的迁移不仅与实际工资差距成正比，还与交通成本成反比，劳动力的近视迁移函数修改为：

$$\dot{L}=(\omega-\omega^{*})L(1-L/L^{w})/P_t \tag{4.10}$$

相应地，中间产品劳动力和制成品劳动力的近视迁移函数可以写为：

$$\dot{L}_{S1}=(\omega_{S1}-\omega_{S2})L_{S1}(1-L_{S1}/L_S^w)/P_t \tag{4.11}$$

$$\dot{L}_{M1}=(\omega_{M1}-\omega_{M2})L_{M1}(1-L_{M1}/L_M^w)/P_t \tag{4.12}$$

式中 ω_{S1}、ω_{S2}、ω_{M1}、ω_{M2} 分别表示区域 1 中间产品劳动力的实际工资、区域 2 中间产品劳动力的实际工资、区域 1 制成品劳动力的实际工资、区域 2 制成品劳动力的实际工资。L_{S1}、L_S^w、L_{M1}、L_M^w 分别表示区域 1 的中间产品劳动力数量、区域 1 和区域 2 的中间产品总劳动力数量、区域 1 的制成品劳动力数量、区域 1 和区域 2 的制成品总劳动力数量。

2. 远视迁移的迁移函数

远视迁移与近视迁移不同，不以瞬时变量为最终决定因素，而是以长期效用最大化为最终目标。参照 Baldwin（2001）的函数形式，我们将用下面的方法来构建远视迁移函数。

假定在区域 1 和区域 2 的经济体内有 N_h 个同质家庭①，每个家庭有 L_S^w/N_h 单位的中间产品劳动力（熟练劳动力）和 L_M^w/N_h 单位的制成品劳动力（非熟练劳动力）。每一个家庭都有规避风险的规划，每个家庭中分别有 L_{iS} 单位的中间产品劳动力和 L_{iW} 单位的制成品劳动力在区域 1 工作，而剩下的 L_S^w/N_h-L_{iS} 单位的中间产品劳动力和 L_M^w/N_h-L_{iW} 单位的制成品劳动力在区域 2 工作。每个家庭的长期总效用函数可以写为：

$$\int_{s=t}^{\infty}\mathrm{e}^{-\rho(s-t)}U(s)\,\mathrm{d}s \tag{4.13}$$

① 笔者认为同质家庭假设在中国是适用的，我们可以采用新劳动迁移经济学来解释。实际上，中国沿海地区移民比重还是比较高的，有的可能是新移民有的可能是老移民，这些老移民虽然离开故乡很多年，但大部分人都保持着与内地原来家庭的联系。新老移民行为可看作是为了规避风险而让家庭成员分布到不同地方的做法。

式中 ρ 为贴现率，贴现率越大，表示家庭成员的耐心程度越小。

迁移行为是一项消耗成本的行为，不仅包括交通成本，还包括拥塞成本和心理成本，因此成本因素是家庭长期迁移行为的一个很重要因素，我们需要细致地来考察。

拥塞成本指的是如果转到迁入地的人口太多，那么迁入地的拥塞将会给人们带来许多的生活成本和心理成本，比如拥塞会带来高涨的房价、环境的污染，等等。按照惯例，拥塞成本与迁移人口的平方成正比。

至于迁移的心理成本，我们主要考虑“集体欢迎效应”（Welcoming Committee Effect）和“老传统效应”（Old Folks Effect）。集体欢迎效应是指迁移的人口总是一群一群的，如果已经有老乡前往目的地，那么人们更愿意跟随而去，好像迁入地有人集体欢迎一样。这就表示，迁入地相同类型的迁出地劳动力越多，迁移者的心理成本越低。老传统效应指的是，一般来说，同一个区域同种类型的劳动力，先发生迁移的一定是观念比较超前的，他们更愿意改变现状，迁移到远方，而留到最后的往往都是观念比较守旧的人，他们迁移的心理成本比较高。也就是说，迁出地相同类型的劳动力越少，那么迁移者的心理成本越高。

我们将沿用近视迁移函数中的公共交通价格 P_t 来作为迁移的交通成本。

为了准确地描述迁移的“集体欢迎效应”和“老传统效应”，我们假定迁移成本与同类型劳动力在迁入地的数量成正比，与同类型劳动力在迁出地的数量成反比。因此，中间产品劳动力的拥塞成本、集体欢迎效应和老传统效应的表达式分别为 $\gamma_0 m_{iS}^2/2$、$1/L_{iS}$、$1/(L_S^w/N_h-L_{iS})$，制成品劳动力的拥塞成本、集体欢迎效应和老传统效应的表达式分别为 $\gamma_0 m_{iM}^2/2$、$1/L_{iM}$、$1/(L_M^w/N_h-L_{iM})$。我们假设迁移者将上一期劳动力迁移的数量作为对迁移趋势的预测，也就是说，如果上一期的劳动力迁移规模较大而且为正，那么这一期的迁移者会认为劳动力在近期会以一个较大的规模发生正向流动，增加迁移的拥塞成本。由此假定迁移的拥塞系数 γ_0 是滞后期迁移总数的函数：$\gamma_{0t}=c_1+c_2M_{i(t-1)}$，$c_1>0$，$c_2>0$。三个部分的乘积成为迁移的心理成本。

结合式（4.12）和迁移成本，我们不难得到一个代表性家庭的最佳迁移行为。每个家庭为了最大化收益现值，将会合适地分配在区域 1 和区域 2 工作的劳动力：

$$\max\int_0^{\infty} e^{-\rho t}\{(L_{iS}\omega_{S1}+L_{iM}\omega_{M1})+[(L_S^w/N_h-L_{iS})\ \omega_{S2}+(L_M^w/N_h-L_{iM})\ \omega_{M2}]$$
$$-P_t\,(m_{iS}+m_{iM})-[(\gamma_0 m_{iS}^2)/(2L_{iS}(L_S^w/N_h-L_{iS}))]$$
$$-[(\gamma_0 m_{iM}^2)/(2L_{iM}(L_M^w/N_h-L_{iM}))]\}\,dt$$

$$m_{iS}=\dot{L}_{iS}$$
$$m_{iM}=\dot{L}_{iM}. \tag{4.14}$$

动态方程组包含了各种形式的迁移，包括迁移者回迁和再次迁移的可能性。以上是区域 1 的方程组，区域 2 和区域 ROW 的方程组可以参照区域 1 用类似方法得出。

二、模型的均衡

整个经济体的均衡分为短期均衡和长期均衡，短期均衡不考虑迁移函数，认为流动要素的空间分布是给定的，在这种情况下考察内生变量的决定。长期均衡则要考虑迁移函数，此时劳动力数量是状态变量，长期均衡是指人口迁移处于稳定状态，也就是$\dot{L}_{S1}$ 和$\dot{L}_{M1}$ 等于零时，L_{S1} 和 L_{M1} 处于何种状态的问题。

（一）短期均衡

1. 消费者效用最大化

同样地，由于区域 2 有着和区域 1 类似的方程形式，我们只给出区域 1 方程的求解过程。

消费者决定消费农产品和制成品的数量在预算约束式（4.2）下以达到效用最大化式（4.1）：

$$u=[a_{11}^{(\delta-1)/\delta}+a_{21}^{(\delta-1)/\delta}]^{(1-\upsilon)\ \delta/(\delta-1)}\ [m_{11}^{(\sigma-1)/\sigma}+m_{21}^{(\sigma-1)/\sigma}]^{\upsilon\ \sigma/(\sigma-1)}$$

$$\text{s.t. } P_{A1}a_{11}+(P_{A2}T)a_{21}+P_{M1}m_{11}+(P_{M2}T)m_{21}=W_j$$

对效用函数右边取自然对数，得到：

$$u=(1-\upsilon)\ \delta/(\delta-1)\ln[a_{11}^{(\delta-1)/\delta}+a_{21}^{(\delta-1)/\delta}]+\upsilon\sigma/(\sigma-1)\ln[m_{11}^{(\sigma-1)/\sigma}+m_{21}^{(\sigma-1)/\sigma}]$$

拉格朗日函数为

$$L = u - \lambda[P_{A1}a_{11} + (P_{A2}T)a_{21} + P_{M1}m_{11} + (P_{M2}T)m_{21} - W_j]$$

由一阶条件，我们可以得到：

$$\frac{\partial L}{\partial a_{ij}} = 0,\quad \frac{\partial L}{\partial m_{ij}} = 0,\quad \frac{\partial L}{\partial \lambda} = 0 \qquad (i, j = 1, 2)$$

解出 $\bar{a}_{11}$，$\bar{a}_{21}$，$\bar{m}_{11}$，$\bar{m}_{21}$：

$$\bar{a}_{11} = \frac{W_j(1-\upsilon)P_{A1}^{-\delta}}{P_{A1}^{1-\delta} + (P_{A2}T)^{1-\delta}}$$

$$\bar{a}_{21} = \frac{W_j(1-\upsilon)(P_{A2}T)^{-\delta}}{P_{A1}^{1-\delta} + (P_{A2}T)^{1-\delta}}$$

$$\bar{m}_{11} = \frac{W_j(1-\upsilon)P_{M1}^{-\delta}}{P_{M1}^{1-\delta} + (P_{M2}T)^{1-\delta}}$$

$$\bar{m}_{21} = \frac{W_j(1-\upsilon)(P_{M2}T)^{-\delta}}{P_{M1}^{1-\delta} + (P_{M2}T)^{1-\delta}}$$

区域 1 生产的制成品有三个方面的需求：区域 1、区域 2（包含运输成本）和区域 ROW（包含贸易成本）：

$$M_1 = \upsilon P_{M1}^{\sigma} Q_{M1}^{\sigma-1} E_1 + \upsilon(P_{M1}T)^{-\sigma} Q_{M2}^{\sigma-1} E_2 T + (P_{M1}\tau)^{-\sigma} Q_{M0}^{\sigma-1} E_0 \tau \qquad (4.15)$$

式中 M_1 是区域 1 生产制成品的总需求，P_{M1} 是 M_1 的价格，Q_{M1}、Q_{M2}、Q_{M0} 分别是区域 1、区域 2 和区域 ROW 的制成品价格参数，E_1、E_2、E_0 分别是区域 1、区域 2 和区域 ROW 的居民收入：

$$Q_{Mi}^{1-\sigma} = P_{Mi}^{\sigma} + (P_{Mj}T)^{1-\sigma},\quad Q_{Ai}^{1-\sigma} = P_{Ai}^{\delta} + (P_{Aj}T)^{1-\delta} \qquad (i,\ j=1,\ 2,\ i \neq j)$$

$$Q_{M0}^{1-\sigma} = (P_{M1}\tau)^{1-\sigma} + (P_{M2}T\tau)^{1-\sigma}$$

$$E_i = W_{Ai}L_{Ai} + W_{Si}L_{Si} + W_{Mi}L_{Mi} \qquad (i=1,\ 2)$$

$$E_0 = n_{S0}P_{S0}D_{S0}$$

式中 P_{M2} 是 M_2 的价格，W_A 是农产品劳动力的名义工资，W_S 是中间产品劳动力的名义工资，W_M 是制成品劳动力的名义工资，i、j 表示区域；n_{S0} 表示区域 ROW 中间产品的种类数，P_{S0} 表示区域 ROW 中间产品的价格，D_{S0} 表示区域 ROW 代表性中间产品企业的产量。

区域 1 生产的农产品有两个方面的需求：区域 1、区域 2（包含运输成本）：

$$A_1=(1-\upsilon)P_{A1}^{-\delta}Q_{A1}^{\delta-1}E_1+(1-\upsilon)(P_{A1}T)^{-\delta}Q_{A2}^{\delta-1}E_2T \tag{4.16}$$

式中 A_1 是区域 1 生产农产品的总需求，P_{A1}、P_{A2} 是 A_1、A_2 的价格。Q_{A1}、Q_{A2} 分别是区域 1、区域 2 农产品的价格参数。

下面我们来求区域 1 的价格指数：

$$U_{\max}=[\bar{a}_{11}^{(\delta-1)/\delta}+\bar{a}_{21}^{(\delta-1)/\delta}]^{(1-\upsilon)\ \delta/(\delta-1)}\ [\bar{m}_{11}^{(\sigma-1)/\sigma}+\bar{m}_{21}^{(\sigma-1)/\sigma}]^{\upsilon\ \sigma/(\sigma-1)}$$
$$=\upsilon^{\upsilon}(1-\upsilon)^{1-\upsilon}[P_{M1}^{1-\sigma}+(P_{M2}T)^{1-\sigma}]^{\upsilon/(\sigma-1)}\ [P_{A1}^{1-\delta}+(P_{A2}T)^{1-\delta}]^{(1-\upsilon)/(\delta-1)}W_j$$

所以区域 1 的价格指数为：

$$P_1=[P_{M1}^{1-\sigma}+(P_{M2}T)^{1-\sigma}]^{\upsilon/(\sigma-1)}\ [P_{A1}^{1-\delta}+(P_{A2}T)^{1-\delta}]^{(1-\upsilon)/(\delta-1)}$$
$$=(Q_{M1}^{1-\sigma})^{\upsilon/(\sigma-1)}(Q_{A1}^{1-\sigma})^{(1-\upsilon)/(\delta-1)} \tag{4.17}$$

2. 生产者利润最大化

（1）制造业部门利润最大化

制造业部门的生产函数

$$M_1=L_{M1}^{1-\alpha}\{[\sum^{N}S_j^{(\varphi-1)/\varphi}]^{\varphi/(\varphi-1)}\}^{\alpha}$$

其中：

$$[\sum^{N}S_j^{(\varphi-1)/\varphi}]^{\varphi/(\varphi-1)}=[n_{S1}S_1^{(\varphi-1)/\varphi}+n_{S2}S_2^{(\varphi-1)/\varphi}+n_{S0}S_0^{(\varphi-1)/\varphi}]^{\varphi/(\varphi-1)}$$

式中 n_{S1}、n_{S2}、n_{S0} 分别表示区域 1、区域 2 和区域 ROW 的中间产品厂商数目，由于一个厂商只生产一种类型的中间产品，n_{S1}、n_{S2}、n_{S0} 又分别表示区域 1、区域 2 和区域 ROW 的中间产品种类数；S_1、S_2、S_0 分别表示生产 M_1 中来自区域 1、区域 2 和区域 ROW 的中间产品数量。

制造业生产厂商的利润最大化为：

$$\max[P_{M1}M_1-WX]$$
$$W=[W_{M1},\ P_{S1},\ P_{S2}T,\ P_{S0}\tau]$$
$$X=[L_{M1},\ S_1,\ S_2,\ S_0]$$

由一阶条件，得：

$$W_{M1}=P_{M1}\frac{\partial M_1}{\partial L_{M1}}$$

$$P_{S1}=P_{M1}\frac{\partial M_1}{\partial S_1}$$

$$P_{S2}T = P_{M1}\frac{\partial M_1}{\partial S_2}$$

$$P_{S0}\tau = P_{M1}\frac{\partial M_1}{\partial S_0}$$

由上可以得出：

$$W_{M1}L_{M1} = (1-\alpha)P_{M1}M_1 \tag{4.18}$$

$$S_1 = \frac{\alpha n_{S1}P_{M1}M_1}{P_{S1}[n_{S1} + n_{S2}(V_{1,2}/T)^{\varphi-1} + n_{S0}(V_{1,0}/\tau)^{\varphi-1}]}$$

$$S_2 = \frac{\alpha n_{S2}P_{M1}M_1}{P_{S2}T[n_{S1}(V_{2,1}T)^{\varphi-1} + n_{S2} + n_{S0}(V_{2,0}T/\tau)^{\varphi-1}]}$$

$$S_0 = \frac{\alpha n_{S0}P_{M1}M_1}{P_{S0}\tau[n_{S1}(V_{0,1}\tau)^{\varphi-1} + n_{S2}(V_{0,2}\tau/T)^{\varphi-1} + n_{S0}]}$$

$$V_{i,j} = \frac{P_{Si}n_{Sj}}{P_{Sj}n_{Si}}(i,j=0,1,2)$$

对于区域 1 的一个中间产品厂商代表，它生产的中间产品有两个去处：区域 1、区域 2（包含运输成本），所以它的总需求为：

$$D_{S1} = S_1 + \frac{\alpha n_{S1}P_{M2}M_2}{P_{S1}T[n_{S1} + n_{S2}(V_{1,2}T)^{\varphi-1} + n_{S0}(V_{1,0}/\tau)^{\varphi-1}]} \tag{4.19}$$

对于区域 ROW 的一个中间产品厂商代表，它生产的中间产品有两个去处：区域 1（包含贸易成本）、区域 2（包含贸易成本和运输成本），所以它的总需求为：

$$D_{S0} = S_0 + \frac{\alpha n_{S0}P_{M2}M_2}{P_{S0}T\tau[n_{S1}(V_{0,1}\tau)^{\varphi-1} + n_{S2}(V_{0,2}T\tau)^{\varphi-1} + n_{S0}]} \tag{4.20}$$

（2）中间产品部门利润最大化

在中间产品部门，垄断竞争使得厂商边际收益等于边际成本：

$$P_{S1}(1-1/\sigma) = W_{S1}b \tag{4.21}$$

垄断竞争会使公司利润为零：

$$P_{S1}D_{S1} = W_{S1}l_{S1} \tag{4.22}$$

又

$l_{S1}=a+b\,D_{S1}$

所以，中间产品厂商的数目是由其特定生产要素的禀赋决定：

$$n_{S1}=L_{S1}/l_{S1} \tag{4.23}$$

（3）农业部门利润最大化

农业部门是一个完全竞争部门，其零利润条件为：

$$P_{A1}A_1=W_{A1}L_{A1} \tag{4.24}$$

3. 标准化过程

为了简化方程组，我们将采用一些合适的计量单位来标准化整个方程组。

在农业部门，我们令 $P_{A1}=W_{A1}=1$。

在中间产品部门，我们令 $a=1/\sigma$，$b=(1-1/\sigma)$，由（4.21）可得 $P_{S1}=W_{S1}$，由（4.22）可得：$D_{S1}=l_{S1}$，代入（4.5）可得 $D_{S1}=l_{S1}=1$，代入（4.23）得 $n_{S1}=L_{S1}$。

把标准化后的结果代入区域 1、区域 2 和区域 ROW 的方程组，可以得到以下九个联立方程组：

$$M_1=\upsilon P_{M1}^{\sigma}Q_{M1}^{\sigma-1}E_1+\upsilon(P_{M1}T)^{-\sigma}Q_{M2}^{\sigma-1}E_2T+(P_{M1}\tau)^{-\sigma}Q_{M0}^{\sigma-1}E_0\tau \tag{4.25}$$

$$M_2=\upsilon P_{M2}^{\sigma}Q_{M2}^{\sigma-1}E_2+\upsilon(P_{M2}T)^{-\sigma}Q_{M1}^{\sigma-1}E_1T+(P_{M2}\tau T)^{-\sigma}Q_{M0}^{\sigma-1}E_0\tau T \tag{4.26}$$

$$A_1=(1-\upsilon)E_1/(1+T^{1-\delta})+(1-\upsilon)E_2/(1+T^{\delta-1}) \tag{4.27}$$

$$A_2=(1-\upsilon)E_2/(1+T^{1-\delta})+(1-\upsilon)E_1/(1+T^{\delta-1}) \tag{4.28}$$

$$1=\frac{\alpha L_{S1}P_{M1}M_1}{W_{S1}[L_{S1}+L_{S2}(V'_{1,2}/T)^{\varphi-1}+L_{S0}(V'_{1,0}/\tau)^{\varphi-1}]}+\frac{\alpha L_{S1}P_{M2}M_2}{W_{S1}T[L_{S1}+L_{S2}(V'_{1,2}T)^{\varphi-1}+L_{S0}(V'_{1,0}/\tau)^{\varphi-1}]} \tag{4.29}$$

$$1=\frac{\alpha L_{S2}P_{M2}M_2}{W_{S2}[L_{S1}(V'_{2,1}/T)^{\varphi-1}+L_{S2}+L_{S0}(V'_{2,0}/T\tau)^{\varphi-1}]}+\frac{\alpha L_{S2}P_{M1}M_1}{W_{S2}T[L_{S1}(V'_{2,1}T)^{\varphi-1}+L_{S2}+L_{S0}(V'_{2,0}T/\tau)^{\varphi-1}]} \tag{4.30}$$

$$1=\frac{\alpha L_{S0}P_{M1}M_1}{P_{S0}\tau[L_{S1}(V^{"}_{0,1}\tau)^{\varphi-1}+L_{S2}(V^{"}_{0,2}\tau/T)^{\varphi-1}+L_{S0}]}+\frac{\alpha L_{S0}P_{M2}M_2}{P_{S0}\tau T[L_{S1}(V^{"}_{0,1}\tau)^{\varphi-1}+L_{S2}(V^{"}_{0,2}T\tau)^{\varphi-1}+L_{S0}]} \tag{4.31}$$

$$W_{M1}L_{M1}=(1-\alpha)P_{M1}M_1 \tag{4.32}$$

$$W_{M2}L_{M2}=(1-\alpha)P_{M2}M_2 \tag{4.33}$$

这九个方程组中有九个变量：P_{M1}、P_{M2}、M_1、M_2、W_{M1}、W_{M2}、W_{S1}、W_{S2}、W_{S0}、P_{S0}。由于这九个联立方程组没有解析解，我们后面将通过数值模拟求数值解。

（二）长期均衡

1. 近视迁移的长期均衡条件

由式（4.11）、式（4.12）给出的近视人口迁移函数，我们可以发现，要使$\dot{L}_{S1}=0$，$\dot{L}_{M1}=0$，有两种类型的长期均衡：一是内点解，也就是$0<L_{S1}<L_S^w$，$0<L_{M1}<L_M^w$时的状态，这时劳动力在他们的居住地享受相同水平的效用，也就是$\omega_{S1}=\omega_{S2}$，$\omega_{M1}=\omega_{M2}$；二是中心—外围解，也就是$L_{S1}=0$，$L_{M1}=0$或$L_{S1}=L_S^w$，$L_{M1}=L_M^w$。在这两种情况下不会发生劳动力区域间流动的条件，我们称之为近视迁移长期均衡的条件，该条件可以由下面的式子表述：

$$\omega_{S1}=\omega_{S2},\ \omega_{M1}=\omega_{M2}，当\ 0<L_{S1}<L_S^w,\ 0<L_{M1}<L_M^w;$$
$$L_{S1}=0,\ L_{M1}=0\ 或\ L_{S1}=L_S^w,\ L_{M1}=L_M^w \tag{4.34}$$

值得说明的是，以上是整个经济系统的长期均衡条件，也有可能中间产品部门和制成品部门分别在不同时间达到长期均衡条件。为描述长期均衡，我们必须解出区域1和区域2的劳动力分布的区位条件，也就是L_{S1}，L_{M1}为何状态。但是，实际工资水平必须通过联立方程组得到，而此方程组没有解析解，我们只能通过后面的数值模拟得到人口和产业的集聚或分散情况。

2. 远视迁移的长期均衡条件

首先，我们要求解式（4.14）的动态最优化问题，写出哈密顿函数：

$$H=(L_{iS}\omega_{S1}+L_{iM}\omega_{M1})+[(L_S^w/N_h-L_{iS})\omega_{S2}+(L_M^w/N_h-L_{iM})\omega_{M2}]-$$

$$P_t(m_{iS}+m_{iM})-[(\gamma_0 m_{iS}^2)/(2L_{iS}(L_S^w/N_h-L_{iS}))]+\lambda_1 m_{iS}+\lambda_2 m_{iM}$$

式中 λ_1 和 λ_2 是协状态变量，分别表示 m_{iS} 和 m_{iM} 的影子价格（资产价值）。

求解式（4.14）的三个必要条件为：

（1）$\dfrac{\partial H}{\partial m_{iS}}=0$，$\dfrac{\partial H}{\partial m_{iM}}=0$；

（2）$\dot{\lambda}_1=\rho\lambda_1-\dfrac{\partial H}{\partial L_{iS}}$，$\dot{\lambda}_2=\rho\lambda_2-\dfrac{\partial H}{\partial L_{iM}}$；

（3）$\lim\limits_{t\to\infty}\lambda_1 m_{iS}=0$，$\lim\limits_{t\to\infty}\lambda_1 m_{iM}=0$。

由（1）可得：

$$m_{iS}=\frac{(\lambda_1-P_t)L_{iS}(L_S^w/N_h-L_{iS})}{\gamma_0}$$

$$m_{iM}=\frac{(\lambda_2-P_t)L_{iM}(L_M^w/N_h-L_{iM})}{\gamma_0}$$

由（2）可得：

$$\dot{\lambda}_1=\rho\lambda_1-(\omega_{S1}-\omega_{S2})-\frac{(\lambda_1-P_t)^2}{2\gamma_0}(2L_{iS}-L_S^w/N_h)$$

$$\dot{\lambda}_2=\rho\lambda_2-(\omega_{M1}-\omega_{M2})-\frac{(\lambda_2-P_t)^2}{2\gamma_0}(2L_{iM}-L_M^w/N_h)$$

又　$L_{iS}=L_{S1}/N_h$

$L_{iM}=L_{M1}/N_h$

$\gamma_0=\gamma/N_h$

代入上式：

$$\dot{L}_{S1}=(\lambda_1-P_t)L_{S1}(L_S^w-L_{S1})/\gamma \tag{4.35}$$

$$\dot{L}_{M1}=(\lambda_2-P_t)L_{M1}(L_M^w-L_{M1})/\gamma \tag{4.36}$$

满足

$$\dot{\lambda}_1=\rho\lambda_1-(\omega_{S1}-\omega_{S2})-\frac{(\lambda_1-P_t)^2}{2\gamma}(2L_{S1}-L_S^w) \tag{4.37}$$

$$\dot{\lambda}_2 = \rho\lambda_2 - (\omega_{M1} - \omega_{M2}) - \frac{(\lambda_2 - P_t)^2}{2\gamma}(2L_{M1} - L_M^w) \tag{4.38}$$

满足式（4.35）～式（4.38）使得式（4.35）＝0 和式（4.36）＝0 为远视迁移的长期均衡条件。以上是整个经济系统的长期均衡条件，也有可能中间产品部门和制成品部门分别在不同时间达到长期均衡条件。为了获得区域 1 和区域 2 的劳动力分布的区位条件，我们将通过数值模拟来实现。

三、模型的向心力和离心力

（一）模型的向心力分析

产业集聚一般由初始的优势以及自我集聚的回馈机制所产生。我们模型中的区域 1 因为具有初始的地理优势而成为产业集聚的发源地，在规模收益递增的条件和前向、后向循环因果联系的作用之下，区域 1 将会保持领先地位。

经济开放成为区域 1 初始地理优势的触发器。在一个国际贸易经济封闭的情形下，区域 1 和区域 2 是两个完全对称的区域，它们在中间产品部门和制成品部门都拥有相同的初始规模。自我集聚的回馈机制在封闭情形下无法起到作用。然而，经济开放后，国际市场的存在给区域 1 提供了一个巨大的市场优势，区域 1 和区域 2 之间运输成本的存在给区域 1 出口制成品和进口中间产品带来了初始的地理优势，见公式（4.15）：

$$M_1 = \upsilon P_{M1}^{\sigma} Q_{M1}^{\sigma-1} E_1 + \upsilon (P_{M1}T)^{-\sigma} Q_{M2}^{\sigma-1} E_2 T + (P_{M1}\tau)^{-\sigma} Q_{M0}^{\sigma-1} E_0 \tau$$

从而带来了初始的产业集聚。从此，区域 1 和区域 2 对称的地理经济结构被打破，自我集聚的回馈机制开始发挥作用，而经济开放因素也成为这种自我集聚作用发挥的必要条件。

第一，规模收益递增在自我集聚的回馈机制中起到了关键性的作用。中间产品部门生产的规模收益递增，见公式（4.5）：

$$D_{S1} = (1/b)l_{S1} - a/b$$

以及制成品部门所需中间产品种类的规模收益递增，见公式（4.4）：

$$M_1 = L_{M1}^{1-\alpha}\{[\sum_{j=1}^{N} S_j^{(\phi-1)/\phi}]^{\phi/(\phi-1)}\}^{\alpha}$$

都给产业集聚带来了正面的影响。中间产品部门和制成品部门劳动力的流动性对于这种正面的回馈机制非常重要。因为中间产品的种类数目是由中间产品劳动力的数量决定的，见公式（4.23）：

$$n_{S1}=L_{S1}/l_{S1}$$

如果一个区域有更多的中间产品劳动力，那么由于规模收益递增的作用，这个区域将会以更低的价格获得更多的中间产品和中间产品种类。如果中间产品部门生产的规模收益递增（见公式（4.5））以及制成品部门所需中间产品种类的规模收益递增（见公式（4.4））作用足够大的话，在劳动力相对富裕区域的劳动力将会得到更高的工资。高工资又会进一步地吸引更多的劳动力流入这个区域。所以，尽管两个区域初始劳动力禀赋相同，然而一旦对称结构被打破，劳动力的流动就将会促进生产向区域 1 集聚。劳动力从欠发达区域向发达区域的流动成为产业集聚和两极地理经济结构形成的主要力量之一。

第二，需求关联的循环累积因果关系在整个的产业集聚中也起到了正面的作用。当经济系统由封闭到开放时，区域 2 的劳动力开始向区域 1 转移，由

$$E_i=W_{Ai}L_{Ai}+W_{Si}L_{Si}+W_{Mi}L_{Mi}$$

可知，劳动力常常会把自己的收入在工作地点支出，那么区域 1 的市场规模变大而区域 2 的市场规模变小。在存在交通成本和贸易成本，且其他条件都相同的情况下，任何企业都选择市场规模大的区域生产（市场接近效应），因此人口的转移导致“消费支出的转移”，而消费支出的转移又导致“生产活动的转移”。也就是说，消费支出的转移将提高区域 1 企业的销售额，降低区域 2 企业的销售额。在厂商定价的情况下，企业的营业利润与销售额成正比，因此企业倾向于离开区域 2 转入区域 1。上述过程是自我强化的，企业向区域 1 转移，使得区域 2 制成品部门和中间产品部门的就业减少而区域 1 的就业扩大，生产活动的转移将进一步刺激消费支出的转移。如果工资水平不变，那么区域 1 生产的扩大必须要超过消费支出转移规模以满足企业的零利润条件。区域 2 企业转入区域 1 后，企业生产的扩大提供大量的就业机会，劳动力的需求大大超

出区域1原来劳动力的供给，因而生产的转移进一步激励人口的转移。上述的这种机制被称为需求关联的循环累积因果关系。“循环累积”指的是人口转移导致消费支出的转移，消费支出的转移导致生产活动的转移，生产活动的转移反过来又激励人口的转移。“需求关联”是指需求在空间分布上的变化，是上述机制的杠杆。这种机制也叫“后向联系”机制。

第三，另一个向心力的来源是成本关联的循环累积因果关系，即生活成本效应的自我强化过程。劳动力从区域2向区域1转移将扩大区域1劳动力数量而减少区域2劳动力的数量，由公式（4.23）即 $n_{S1}=L_{S1}/l_{S1}$ 和公式（4.4）可知区域1中间产品和制成品的生产将会扩大。由于本地生产的产品在本地市场出售无须支付交通成本，所以在其他条件不变的情况下，生产的转移将降低区域1的生活成本而提高区域2的生活成本（也就是生活成本效应），见公式（4.17）：

$$P_1=[P_{M1}^{1-\sigma}+(P_{M2}T)^{1-\sigma}]^{\upsilon/(\sigma-1)}[P_{A1}^{1-\delta}+(P_{A2}T)^{1-\delta}]^{(1-\upsilon)/(\delta-1)}$$

这种机制也是自我强化的，生活成本反映在价格指数上，区域1生活成本的提高等于提高了区域1的实际工资水平，而区域2生活成本的提高等于降低了区域2的实际工资水平，从迁移函数来看更有利于人口的迁移，不断扩大区域1在整个经济体中所占的经济份额。这种机制我们称为成本关联的循环累积因果关系。“循环累积”指的是人口转移导致生产活动转移，生产活动转移在一定程度上降低了价格指数，价格指数的降低进一步激励劳动力向区域1转移；“成本关联”是指生活成本的变动是上述机制的杠杆。该机制也叫“前向联系”机制。

最后，迁移交通成本递减效应也对模型中向心力的加剧起到了一定的作用。初始状态被打破后，流动劳动力增加，由公式（4.9）

$$P_t=(d-\beta/\tau)/M_i$$

可知流动人口规模的增加使得迁移成本随之下降，由动态迁移方程组可知迁移成本的下降又会导致人口迁移的增加，人口的增加通过需求关联循环累积因果关系、成本关联循环因果关系和规模收益递增的作用使得产业集聚得到加强。

（二）模型的离心力分析

在产业集聚过程中，除了向心力的正向作用之外，还有离心力的反向作用机制。我们的模型中，离心力来自三条途径：本地竞争效应、拥塞成本效应和迁移交通成本递增效应。

本地竞争效应，也叫市场拥挤效应，是促使经济发散的作用力。当区域 1 和区域 2 初始对称的均衡结构被打破后，一部分劳动力向区域 1 转移，扩大了区域 1 中间产品的数量和种类以及制成品数量，减少了区域 2 中间产品的数量和种类以及制成品数量，这种趋势将提高区域 1 企业间争夺消费者的竞争，因而将降低收益。为了保持收支平衡，区域 1 企业将支付较低的名义工资，在其他条件不变的情况下，这种较低的名义工资使得区域 1 比起区域 2 缺乏吸引力，区域 2 的劳动力不会向区域 1 转移。

在远视迁移中，拥塞成本效应来自人口迁移带来的生活拥挤效应。人口过多的地方会带来生活的不便，比如基础设施供应紧张，医疗条件恶化，环境污染加重等，这些由于居住人口过多带来的问题都会阻止未来迁移者的迁移决定。由远视迁移动态迁移方程组可知，拥塞成本不仅是人口迁移数的平方关系，而且拥塞成本还会随着人口迁移数的上升而上升，即

$$(\gamma_{0t}=c_1+c_2M_{i(t-1)})$$

这样的双向作用使得区域 2 向区域 1 的劳动力迁移受到拥塞成本上升的制约，从而有可能遏制产业的集聚过程。

迁移交通成本递增效应是与迁移交通成本递减效应相对的，它对离心力的加剧起到了一定的作用。当由于本地竞争效应或拥塞成本效应，劳动力流动规模呈下降趋势时，迁移交通成本会随着劳动力流动规模的下降而上升，从而进一步妨碍劳动力的流动。区域 1 劳动力增速的减慢甚至回流将会削弱向心力规模收益递增、前向后向联系的作用，达到分散经济的作用。

我们把模型的向心力和离心力归纳如表 4.6。

表 4.6　模型的向心力和离心力

向心力	初始优势	地理环境造成区域 1 更接近于大市场，进出口成本更低，有利于规模的扩大从而形成向心力	
	自我回馈	规模报酬递增	初始优势→劳动力流向区域 1→区域 1 中间产品数量和种类上升→区域 1 中间产品部门和制成品部门扩大生产→规模经济使得区域 1 中间产品企业和制成品企业成本下降收益上升规模进一步扩大→区域 1 增加就业，提高名义工资→劳动力流向区域 1
		需求关联循环因果关系（后向联系机制）	初始优势→劳动力流向区域 1→区域 1 市场需求规模扩大→厂商向区域 1 投资建厂→区域 1 增加就业，提高名义工资→劳动力流向区域 1
		成本关联循环因果关系（前向联系机制）	初始优势→劳动力流向区域 1→区域 1 中间产品数量和种类上升→区域 1 制成品部门生产扩大产品种类增多→区域 1 生活成本下降→区域 1 提高实际工资→劳动力流向区域 1
		迁移交通成本递减	劳动力增加流向区域 1→劳动力流动规模增加（由于前面三种向心力作用）→区域之间交通成本下降→劳动力流向区域 1
离心力	本地竞争		劳动力流向区域 1→厂商向区域 1 投资建厂→区域 1 竞争加剧→区域 1 就业减少名义工资下降→劳动力减少向区域 1 流动
	拥塞成本		劳动力流向区域 1→劳动力流动规模扩大→区域 1 拥塞成本上升→劳动力减少向区域 1 流动
	迁移交通成本递增		劳动力减少流向区域 1→劳动力流动规模减少（由于前面两种离心力作用）→区域之间交通成本上升→劳动力减少向区域 1 流动

由图 4.4 可知，产业集聚的发生是向心力与离心力权衡后的结果，如果向心力>离心力，那么经济的正向自我回馈机制将会促使产业集聚。

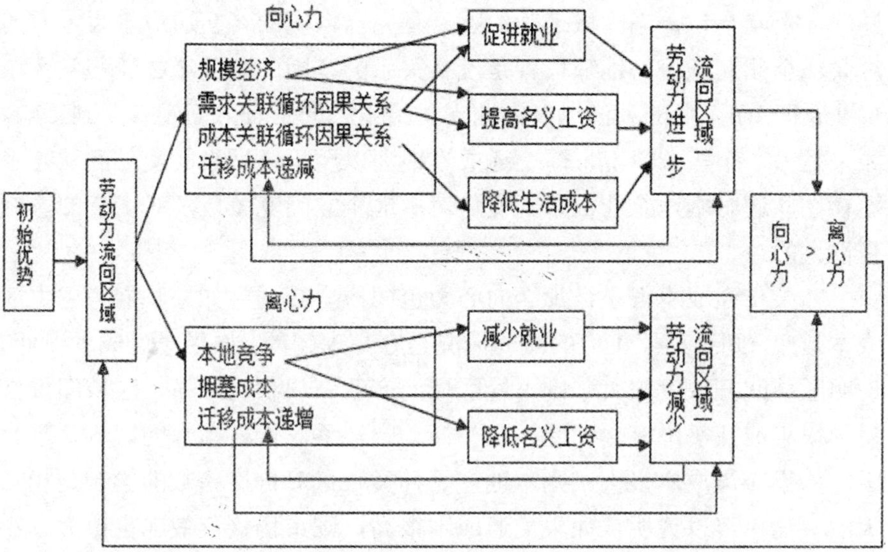

图 4.4　产业集聚和劳动流动的向心力与离心力分析

我们可以发现，规模经济、需求关联循环因果联系和成本关联循环因果联系这三种向心力之间是相互促进集聚的过程，而迁移成本递减效应发挥作用的条件是前三种向心力达到了劳动力流动规模扩大的作用效果，可以理解为一个集聚的加速度作用。同理，迁移成本递增效应发挥作用的条件是前两种离心力达到了劳动力流动规模减小的作用效果。然而，离心力本地竞争和拥塞成本效应之间并不存在互相促进的关系，相反，如果一种离心力起到了减少劳动力流动的效果将会阻碍另一种离心力发挥作用。

另外，我们可以得到：劳动力向区域 1 流动和产业向区域 1 集聚之间是互相促进的关系。

（三）向心力和离心力的决定

如何度量向心力和离心力这两种力量的强度？

区域 1 与区域 2 之间的交通成本是一个重要的决定因素。如果交通成本很小，那么离心力将减弱。例如，如果贸易在区域 1 和区域 2 之间是完全自由的，那么同其他地区企业的竞争与同本地企业的竞争是无差异的，也就是说，当区域之间的贸易是完全自由的（交通成本为零）的时候，企业间竞争与地理位置是没有关系的，因此从区域 2 迁移到区域 1 的企业，在企业的利润以及企业支付给工人的工资方面没有受到影响。如果是另一个极端情况，即交通成本很大以至于区域之间交易活动几乎不存在，这时本地企业数量的变化对本地企业间竞争以及对工资的影响是很大的。

如果交通成本很小，那么向心力也同样会减弱。如果我们考虑生活成本效应，则这种聚集力的减弱情况是容易理解的。如果交通成本很低，说明区域间开放度很大，则不管区域间产业布局状况如何，区域间价格差异很小或几乎没有。因此，生产活动的转移对价格指数的影响几乎为零。如果交通成本很大，则本地产品种类数量对价格指数的影响是相当大的。这也可以说明，如果交通成本很高，则市场接近效应也很大。

区域 1 与区域 ROW 之间贸易成本是另外一个重要的决定因素。如果贸易成本很大，那么跟封闭状态没有什么区别，这个时候区域 1 的地理优势将会消失，向心力会逐步减弱，离心力会逐步增强，对称的均衡经济地理格局可能最终得到恢复。如果贸易成本很小，那么区域 2 与区域 ROW 之间贸易没有很大的障碍，区域 1 的地理优势将得到充分的体现，从而增强向心力。

向心力和离心力的作用大小还受其他因素决定，如规模收益递增的强度、产品之间的替代弹性、政府对公共交通补贴程度，等等。关于向心力和离心力的具体的强弱分析，我们还要借助数值模拟的结果。

四、模型中经济开放对劳动力流动的作用机制

首先，经济开放因素是整个经济集聚过程中的触发器，正是经济开放因素，才让区域 1 具备了地理上的优势，使得区域 1 和区域 2 的对称地理经济格局开始发生变化。同时，经济开放因素又是整个经济集聚过程的必要条件，如果没有经济开放的条件，区域 1 在对外开放方面的地理优势就会丧失，从而影响到市场接近效应的效果，可能因此中断整个集聚过程。而开放条件下劳动力跨区域的流动，无疑是经济集聚过程的重要部分，经济开放因素既是劳动力大规模流动的触发因素，又是保持劳动力持续流动的必要因素。

（一）近视迁移条件下劳动力流动的决定

模型中，经济开放程度的参数是 $1/\tau$，贸易成本 τ 越小经济开放程度越大。首先，我们来分析短期均衡的联立方程组，即公式（4.25）～公式（4.33）。

区域 1 制造业的需求公式（4.25）中含有参数 τ，为了看清楚 τ 在方程中的作用，我们可以把公式（4.25）变化为：

$$M_1 = \upsilon P_{M1}^{\sigma} Q_{M1}^{\sigma-1} E_1 + \upsilon (P_{M1}T)^{-\sigma} Q_{M2}^{\sigma-1} E_2 T + E_0/\{P_{M1}[1+(TP_{M2}/P_{M1})^{1-\sigma}]\}$$

同理，公式（4.26）变化为：

$$M_2 = \upsilon P_{M2}^{\sigma} Q_{M2}^{\sigma-1} E_2 + \upsilon (P_{M2}T)^{-\sigma} Q_{M1}^{\sigma-1} E_1 T + E_0/\{P_{M2}[1+(P_{M1}/(TP_{M2}))^{1-\sigma}]\}$$

由上式可以看出，τ 对 M_1 和 M_2 是没有直接作用的。

公式（4.29）～公式（4.31）中含有 τ，我们无法得到 τ 对这三个方程式的具体影响，但是我们可以得到经济开放参数 τ 首先直接作用于这三个方程式的这些变量：P_{M1}、P_{M2}、W_{S1}、W_{S2}、P_{S0}，然后制成品价格 P_{M1}、P_{M2} 又会影响价格指数 P_1、P_2，P_{M1}、P_{M2}、W_{S1}、W_{S2}、P_{S0} 共同作用通过公式（4.25）～公式（4.28）、公式（4.32）和公式（4.33）影响 M_1、M_2、W_{M1}、W_{M2}、W_{S0}。具体的影响结果我们通过数值模拟来得到。

近视迁移动态微分方程组

$$\dot{L}_{S1} = (\omega_{S1} - \omega_{S2}) L_{S1} (1 - L_{S1}/L_S^w) / P_t$$

$$\dot{L}_{M1} = (\omega_{M1} - \omega_{M2}) L_{M1} (1 - L_{M1}/L_M^w) / P_t$$

在公式（4.11）、公式（4.12）中，劳动力流动的决定因素有四个：交通成本、实际工资差距、迁出地人口占总人口比重、迁入地人口。除了第一个因素负向影响劳动力流动之外，其他三个因素都正向影响劳动力的流动。

首先，由决定交通成本的公式（4.9）即 $P_t = (d - \beta/\tau)/M_i$ 可知，τ 越小表示该区域的开放程度越高，一般地，一个区域的经济越开放越愿意给予如公共交通这样的基础设施以财政补贴，从而促进区域之间的联系加快国家经济的整体协调发展。所以，τ 越小，政府的公共交通补贴越多，从而降低了交通成本，有利于劳动力流动。

其次，实际工资差距由两部分构成：名义工资差距和价格指数差距。τ 较小的时候，区域 1 更容易从区域 ROW 出口制成品和进口中间产品，那么由于规模收益递增的作用，这个区域将会以更低的价格获得更多的中间产品和中间产品种类。如果中间产品部门生产的规模收益递增（见公式（4.5））以及制成品部门所需中间产品种类的规模收益递增（见公式（4.4））作用足够大的话，在劳动力相对富裕区域的劳动力将会得到更高的名义工资。较大的制成品生产规模和较多的中间产品种类使得生活成本效应增强，所以在其他条件不变的情况下，生产的转移将降低区域 1 的生活成本而提高区域 2 的生活成本，生活成本反映在价格指数上也就是降低区域 1 的价格指数而提高区域 2 的价格指数。名义工资差距和价格指数差距的两方面作用，使得 τ 较小的时候区域之间实际工资差距容易增大。然而，并不是说 τ 与实际工资差距是完全的负向关系，随着 τ 的增大，即经济开放程度的减小也有可能使得实际工资差距减小。

再次，迁出地人口占总人口比重和迁入地人口这两者之间是此消彼长的关系。迁入地人口越多，则迁出地人口占总人口比重越小；迁入地人口越少，则迁出地人口占总人口比重越大。由上面的作用力分析我们可以知道，劳动力从区域 2 向区域 1 的流动与产业集聚是互相促进的关系，所以，如果经济开放程度的提高能够促进产业向区域 1 集聚的话，那么迁入地人口将会增加而迁出地人口占总人口比重将会减少。到底哪个因素对劳动力流动影响更大呢？我们发现，这两部分的乘积是 L_{S1}、L_{M1} 的二次函数，即：

$$f_1 = -L_{S1}^2/L_S^w + L_{S1}$$

$$f_2 = -\mathrm{L}_{M1}^2/L_M^w + L_{M1}$$

随着 L_{S1}、L_{M1} 的增大，f_1、f_2 呈现倒 U 型的变化，也就是说随着 L_{S1}、L_{M1} 的增大，f_1、f_2 的值先增大，在 $L_{S1}=L_S^w/2$、$L_{Ml}=L_{\mathrm{M}}^w/2$ 的时候达到顶峰，然后随着 L_{S1}、L_{M1} 的增大，f_1、f_2 的值开始减小。

如果 $L_{S1}=L_{S2}$、$L_{M1}=L_{M2}$，那么 $L_S^w/2=L_{S1}$、$L_M^w/2=L_{M1}$，从均衡结构被打破开始，劳动力从区域 2 向区域 1 流动过程中 f_1、f_2 的值始终是减

小的，对劳动力流动变化速度的决定是负面的作用。

如果 $L_{S1}<L_{S2}$、$L_{M1}<L_{M2}$，那么 $L_S^w/2>L_{S1}$、$L_M^w/2>L_{M1}$，从均衡结构被打破开始，劳动力从区域 2 向区域 1 流动过程中 f_1、f_2 的值先增大再减小，对劳动力流动变化速度的决定的作用先正向后负向。

如果 $L_{S1}>L_{S2}$、$L_{M1}>L_{M2}$，那么 $L_S^w/2<L_{S1}$、$L_M^w/2<L_{M1}$，从均衡结构被打破开始，劳动力从区域 2 向区域 1 流动过程中 f_1、f_2 的值始终是减小的，对劳动力流动变化速度的决定是负面的作用。

（二）远视迁移条件下劳动力流动的决定

由于考虑到家庭长期的效用最大化问题，远视迁移微分方程组

$$\dot{L}_{S1}=(\lambda_1-P_t)L_{S1}(L_S^w-L_{S1})/\gamma \tag{4.35}$$

$$\dot{L}_{M1}=(\lambda_2-P_t)L_{M1}(L_M^w-L_{M1})/\gamma \tag{4.36}$$

$$\dot{\lambda}_1=\rho\lambda_1-(\omega_{S1}-\omega_{S2})-\frac{(\lambda_1-P_t)^2}{2\gamma}(2L_{S1}-L_S^w) \tag{4.37}$$

$$\dot{\lambda}_2=\rho\lambda_2-(\omega_{M1}-\omega_{M2})-\frac{(\lambda_2-P_t)^2}{2\gamma}(2L_{M1}-L_M^w) \tag{4.38}$$

公式（4.35）～公式（4.38）的分析比近视迁移微分方程组的分析要复杂许多。

首先考虑公式（4.35）～公式（4.36）的决定，劳动力流动的规模由四个部分决定：迁移收益（(λ_1-P_t)、(λ_2-P_t)）、迁入地的人口数量（L_{S1}、L_{M1}）、迁出地的人口数量（$(L_S^w-L_{S1})$、$(L_M^w-L_{M1})$）、拥塞成本参数（γ）。除了最后一项拥塞成本参数（γ）与劳动力流动呈负向关系之外，其他三项迁移收益（(λ_1-P_t)、(λ_2-P_t)）、迁入地的人口数量（L_{S1}、L_{M1}）、迁出地的人口数量（$(L_S^w-L_{S1})$、$(L_M^w-L_{M1})$）均与劳动力流动呈正向关系。

第一项迁移收益由两部分构成：一个是协状态变量 λ_1、λ_2，也就是中间产品劳动力和制成品劳动力迁移的资产价值（影子价格）；另一个是公共交通价格 P_t。它们的差为迁移收益，如果迁移收益为正，则起到促进劳动力流动的作用；如果迁移收益为负，则起到则阻碍劳动力流动的作用。协状态变量 λ_1、λ_2 由后面的一对微分方程组决定，我们稍后讨论。

公共交通价格 P_t 主要由政府补贴因子 β、经济开放因子 $1/\tau$ 和劳动力流动数量决定。正如前面讨论的（见公式（4.9）：$P_t=(d-\beta/\tau)/M_i$），政府对公共交通补贴的程度越大（β 越大），经济开放程度越高（τ 越小），越有利于劳动力的流动，特别是这种正向的促进如果足够大的话，将会通过增大公式（4.9）分母进一步减小迁移成本，从而刺激劳动力从区域 2 流向区域 1，形成经济集聚的经济模式。

第二项和第三项的关系类似于近视迁移中迁出地人口占总人口比重与迁入地人口的关系，是一种此消彼长的关系。也就是说，迁入地人口越多，迁出地人口就越少；迁出地人口越少，迁入地人口就越多。同样，劳动力从区域 2 向区域 1 的流动与产业集聚是互相促进的关系，如果经济开放程度的提高能够促进产业向区域 1 集聚的话，那么迁入地人口将会增加，而迁出地人口将会减少。到底哪个因素对劳动力流动影响更大呢？我们发现，这两部分的乘积是 L_{S1}、L_{M1} 的二次函数，即：

$$f_1=-L_{S1}^2+L_S^w L_{S1}$$

$$f_2=-L_{M1}^2+L_M^w L_{M1}$$

随着 L_{S1}、L_{M1} 的增大，f_1、f_2 呈现倒 U 型的变化，也就是说随着 L_{S1}、L_{M1} 的增大，f_1、f_2 的值先增大，在 $L_{S1}=L_S^w/2$、$L_{Ml}=L_M^w/2$ 的时候达到顶峰，然后随着 L_{S1}、L_{M1} 的增大，f_1、f_2 的值开始减小。

如果 $L_{S1}=L_{S2}$、$L_{M1}=L_{M2}$，那么 $L_S^w/2=L_{S1}$、$L_M^w/2=L_{M1}$，从均衡结构被打破开始，劳动力从区域 2 向区域 1 流动过程中 f_1、f_2 的值始终是减小的，对劳动力流动变化速度的决定是负面的作用；

如果 $L_{S1}<L_{S2}$、$L_{M1}<L_{M2}$，那么 $L_S^w/2>L_{S1}$、$L_M^w/2>L_{M1}$，从均衡结构被打破开始，劳动力从区域 2 向区域 1 流动过程中 f_1、f_2 的值先增大再减小，对劳动力流动变化速度的决定的作用先正向后负向；

如果 $L_{S1}>L_{S2}$、$L_{M1}>L_{M2}$，那么 $L_S^w/2<L_{S1}$、$L_M^w/2<L_{M1}$，从均衡结构被打破开始，劳动力从区域 2 向区域 1 流动过程中 f_1、f_2 的值始终是减小的，对劳动力流动变化速度的决定是负面的作用。

第四项拥塞成本参数（γ）不仅是当期劳动力流动数量的平方关系，而且拥塞成本还会随着上一期劳动力流动数量的上升而上升，这样的双向作用使得区域 2 向区域 1 的劳动力流动受到拥塞成本上升的制约，甚至有可能遏制产业的集聚过程。经济开放以后，随着区域 1 和区域 2 的对称地理经济结构被打破，从区域 2 流向区域 1 的劳动力将带来上涨的拥塞成本，势必会影响未来潜在迁移者的迁移决定。

协状态变量 λ_1、λ_2 的微分方程组（4.37）和（4.38）分别决定的是中间产品劳动力和制成品劳动力迁移的资产价值，根据 λ_1、λ_2 在微分方程组（4.35）和（4.36）的地位，我们推测 λ_1、λ_2 越大越有利于劳动力流动。微分方程组（4.37）和（4.38）由三项构成：资产价值与贴现因子的乘积（$\rho\lambda_1$、$\rho\lambda_2$），实际工资差距（($\omega_{S1}-\omega_{S2}$)、($\omega_{M1}-\omega_{M2}$)），其他变量。

第一项中的贴现因子 ρ 反映的是人们对于资金兑现的耐心程度。ρ 值越大，人们耐心程度越小，越希望把资金变现。在此处，由于 λ_1、λ_2 均为大于零的数，所以 ρ 值越大，越有利于 λ_1、λ_2 的增幅变大，也就是说人们对于资金兑现的耐心越小，越促进劳动力流动规模增速的扩大。

第二项为实际工资差距，与近视迁移中实际工资差距的作用不同，实际工资差距没有直接影响劳动力流动，而是通过负向影响 λ_1、λ_2 的增幅来影响劳动力的流动，也就是说实际工资差距越大，λ_1、λ_2 的增幅越小。在经济开放条件下，实际工资差距由向心力和离心力共同作用决定。经济开放程度很高（τ 很小的时候），区域 1 更容易从区域 ROW 出口制成品和进口中间产品，那么由于规模收益递增的作用，这个区域将会以更低的价格获得更多的中间产品和中间产品种类。如果中间产品部门生产的规模收益递增（见公式（4.5））以及制成品部门所需中间产品种类的规模收益递增（见公式（4.4））作用足够大的话，在劳动力相对富裕区域的劳动力将会得到更高的名义工资。较大的制成品生产规模和较多的中间产品种类使得生活成本效应增强，所以在其他条件不变的情况下，生产的转移将降低区域 1 的生活成本而提高区域 2 的生活成本，生活成本反映在价格指数上也就是降低区域 1 的价格指数而提高区域 2 的价格指数。名义工资差距和价格指数差距的两方面作用，使得 τ 较小的时候区域之间实际工资差距容易增大。容易得出，由于经济开放程度很大的时候实际工资差距增大，使得 λ_1、λ_2 的增幅变小，导致劳动力流动规模的增速减缓。然而，并不是说 τ 与实际工资差距是完全的负向关系，随着 τ 的增大，即经济开放程度的减小也有可能使得实际工资差距减小，从而使得 λ_1、λ_2 的增幅变大，导致劳动力流动规模的增速加快。

其他变量变化的情形比较复杂，我们将通过后面数值模拟的结果分析得到。

我们将经济开放条件下的劳动力流动决定归纳如表 4.7。

表 4.7　经济开放条件下劳动力流动的决定

迁移条件	决定因素	对迁移的作用	影响因素
近视迁移	迁移成本	阻碍	经济开放程度越大，政府补贴越大，交通成本越小
	实际工资差距	促进	名义工资越高，物价指数越小，实际工资差距越大
	迁出地人口占总人口比重与迁入地人口的乘积	不确定	如果 $L_{S1} \geq L_{S2}$、$L_{M1} \geq L_{M2}$，从均衡结构被打破开始劳动力从区域 2 向区域 1 流动过程中乘积始终是减小的，对劳动力流动变化速度的决定是负面的作用；如果 $L_{S1} < L_{S2}$、$L_{M1} < L_{M2}$，从均衡结构被打破开始劳动力从区域 2 向区域 1 流动过程中乘积先增大再减小，对劳动力流动变化速度的决定的作用先正向后负向
远视迁移	资本价值	促进	其增幅受到贴现率和实际工资差距制约，贴现率越大、实际工资差距越小，其增幅越大
	迁移成本	阻碍	经济开放程度越大，政府补贴越大，交通成本越小
	迁移收益	不确定	资本价值与迁移成本的差为迁移收益，如果迁移收益为正，则起到促进劳动力流动的作用；如果迁移收益为负，则起到阻碍劳动力流动的作用
	迁出地人口与迁入地人口的乘积	不确定	如果 $L_{S1} \geq L_{S2}$、$L_{M1} \geq L_{M2}$，从均衡结构被打破开始劳动力从区域 2 向区域 1 流动过程中乘积始终是减小的，对劳动力流动变化速度的决定是负面的作用；如果 $L_{S1} < L_{S2}$、$L_{M1} < L_{M2}$，从均衡结构被打破开始劳动力从区域 2 向区域 1 流动过程中乘积先增大再减小，对劳动力流动变化速度的决定的作用先正向后负向
	拥塞成本	阻碍	迁移到区域 1 的人口越多，拥塞成本越大

（三）经济开放对劳动力流动的作用机制

首先，我们来描述经济开放因子 $1/\tau$ 在我们这个新经济地理模型中的影响路径：经济开放因子 $1/\tau$ 会通过进入公式（4.30）、公式（4.31）从而影响短期均衡的变量 P_{M1}、P_{M2}、M_1、M_2、W_{M1}、W_{M2}、W_{S1}、W_{S2}、W_{S0}、P_{S0}，而这些变量又会和经济开放因子 $1/\tau$、贴现因子 ρ、政府公共交通补贴因子 β 一起，共同作用于决定劳动力流动的迁移微分方程组从而影响劳动力流动，改变原来区域 1 和区域 2 的劳动力要素禀赋，重新得到短期均衡的变量再次进入迁移微分方程组……如此反复，直至达到均衡状态，也就是劳动力流动趋于零的时候。

因而，我们可以得到经济开放因素在整个新经济地理模型中对劳动力流动作用的机理。

第一，经济开放条件是整个产业集聚和劳动力发生区域间流动的触发器和必要条件。经济开放因素让区域 1 具备了地理上的优势，使得区域 1 和区域 2 的对称地理经济格局开始发生变化。同时，经济开放因素又是整个经济集聚过程的必要条件，如果没有经济开放的条件，区域 1 在对外开放方面的地理优势就会丧失，从而影响到向心力的作用效果，可能因此中断整个集聚过程。而开放条件下劳动力跨区域的流动，无疑是经济集聚过程的重要部分，经济开放因素既是劳动力大规模流动的触发因素，又是保持劳动力持续流动的必要因素。

第二，经济开放因素会影响短期均衡的过程从而影响劳动力流动的决定因素。首先，经济开放因素通过影响生产商进口中间产品和出口制成品的贸易成本从而影响区域 1 和区域 2 制成品的价格以及区域 1、区域 2 和区域 ROW 中间产品劳动力的名义工资，而这些变量又会影响到其他劳动力流动的决定因素：区域 1 和区域 2 劳动力的名义工资和就业，以及区域 1 和区域 2 的价格指数。

短期均衡过程中，经济开放因素会影响到区域之间实际工资差距，经济开放程度很高的时候，由于向心力的作用强于离心力的作用，区域间实际工资差距会拉大，这种区域间实际工资差距的拉大会刺激劳动力从欠发达的地区向发达地区流动（可以从近视迁移看出），同时这种区域间实际工资差距的拉大会减缓这种劳动力流动的规模（可以从远视迁移看出）。但是，并不是说经济开放与实际工资差距是完全的负向关系，随着 τ 的增大，即经济开放程度的减小，也有可能使得实际工资差距减小，从而影响劳动力的流动规模和劳动力流动规模的增速。

第三，经济开放因素会通过影响公共交通迁移成本直接进入劳动力流动的迁移函数。经济越开放的国家，越愿意把财政资金用于公共交通这样的基础设施建设上，以达到缩小落后地区与发达地区的经济差距，发展整体国家经济的目的，而基础设施的改良无疑有利于公共交通成本的减少，有利于劳动力的跨区域流动。但是，促进劳动力流动是否能够帮助落后地区缩小与发达地区的经济差距呢？还需通过数值模拟得到结果。

第四，由当期短期均衡和迁移函数共同决定的劳动力流动会致使下一期劳动力的区域分布发生变化，又会和经济开放因素一起，影响下一期的短期均衡和迁移函数，从而影响下一期的劳动力流动。也就是说，经济开放会通过影响向心力和离心力的决定影响整个产业集聚过程，从而影响整体劳动力流动的规模和趋势。

我们将通过下面的数值模拟来验证和校正以上的分析和问题。我们将经济开放对劳动力流动的作用机制总结如下，如表 4.8 所示。

表 4.8　经济开放对劳动力流动的作用机制

机制 1	经济开放是产业集聚、劳动力流动的触发器和必要条件
机制 2	经济开放因素会影响短期均衡，从而影响决定劳动力流动的诸多变量，包括就业、名义工资、物价指数
机制 3	经济开放会通过迁移成本直接影响迁移决定
机制 4	经济开放会通过影响向心力和离心力进而影响整个产业集聚过程，从而影响整体劳动力流动的规模和趋势

第五章 国际贸易、FDI 影响我国劳动力流动的数值模拟

在这一章，我们将分别对近视迁移模型和远视迁移模型进行数值模拟分析。考虑到我国农业劳动力较多，而制造业部门非熟练劳动力的数量又多于中间产品部门熟练劳动力的数量，为了模拟中国的情况，我们将区域 1、区域 2 和区域 ROW 的初始要素禀赋设置为：

L_{A1}=400，L_{A2}=400，区域 1 和区域 2 农业部门劳动力；

L_{S1}=100，L_{S2}=100，L_{S0}=320，区域 1、区域 2、区域 ROW 中间产品部门劳动力；

L_{M1}=200，L_{M2}=200，区域 1 和区域 2 制造业部门劳动力。

其他参数设置如下：

σ=3，消费者效用函数中制成品 Armington 替代弹性参数；

δ=5，消费者效用函数中农产品 Armington 替代弹性参数；

υ=0.5，消费者效用函数中制成品的份额；

α=0.5，制造业部门生产函数中间产品要素的份额；

φ=1.68，制造业部门生产函数不同种类中间产品之间的替代弹性；

d=10，公共交通部门的固定成本；

c_1=100，拥塞成本中的固定成本；

c_2=2.5，拥塞成本中的边际成本。

我们选择了较大的产品替代弹性，认为产品在区域之间是无差别的；

在生产函数劳动份额的选取中，我们参照了李稻葵、刘霖林和王红领（2009）中的结果：劳动收入比重大概在 0.5 左右；制造业部门生产函数中不同种类中间产品之间的替代弹性，我们参照了 Puga（1999）的数据；其他参数的数值可能会根据需要发生变化，我们将在后面的数值模拟结果中反映出来。

以下所有数值模拟结果都是根据不同参数设定经济系统从对称经济结构到达到均衡状态的过程。

第一节　近视迁移数值模拟结果分析

一、经济开放对产业集聚的促进作用

在一个两区域的新经济地理模型中，集聚一般使用要素份额或者产出份额来度量。在我们的模型中，因为我们没有用到要素份额这样的变量，我们选择使用区域 1 和区域 2 制成品产出比（M_1/M_2）的变化来反映内陆地区（区域 2）向沿海地区（区域 1）产业集聚的过程。如果 $M_1/M_2>1$ 并且 $\Delta(M_1/M_2)>0$，我们就说发生了内陆地区向沿海地区的产业集聚。

同其他文献一样，我们选用 $1/\tau$ 度量全球化的力量和经济的开放程度。

如图 5.1 所示，x 轴表示的是达到均衡所用的时间 t，y 轴表示的是区域 1 和区域 2 制成品产出之比 M_1/M_2，这三条折线分别表示的是 τ=0.83（实线），τ=2（短虚线）和 τ=10（长虚线）的时候经济系统的均衡过程。由于 $M_1/M_2>1$ 且折线斜率为正，所以以上均为区域 2 向区域 1 的产业集聚过程。从数值上看，实线的均值＞短虚线的均值＞长虚线均值；从斜率上看，实线的斜率略大于短虚线的斜率，短虚线的斜率略大于长虚线的斜率。这说明不论是 M_1/M_2 的数值还是 M_1/M_2 增加的幅度，经济开放程度越高的经济系统，其产业集聚的程度越高，速度越快。

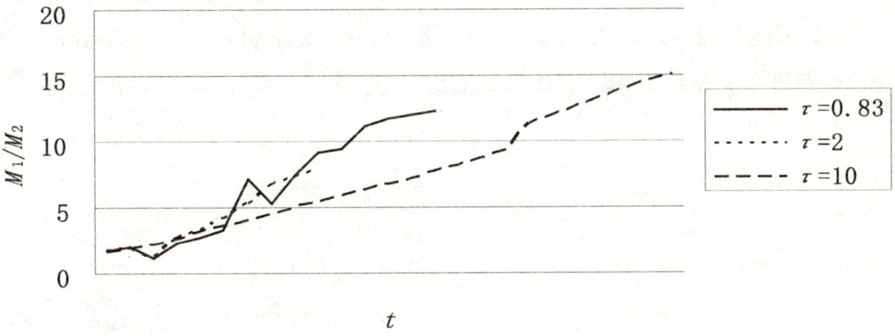

图 5.1　经济开放与产业集聚

产出增加可能来自两个方面：生产效率的提高或生产要素（劳动力和中间产品）投入的扩大，我们可以从均衡过程中人均产出比的变化（见图 5.2）看出，经济开放程度不同的折线轨迹趋于一致，说明在模型中，经济开放因素对区域之间产出比的促进作用不是来自经济开放对生产效率的提高作用，而是来自经济开放因素对生产要素，也就是劳动力和中间产品投入增加的正向作用。

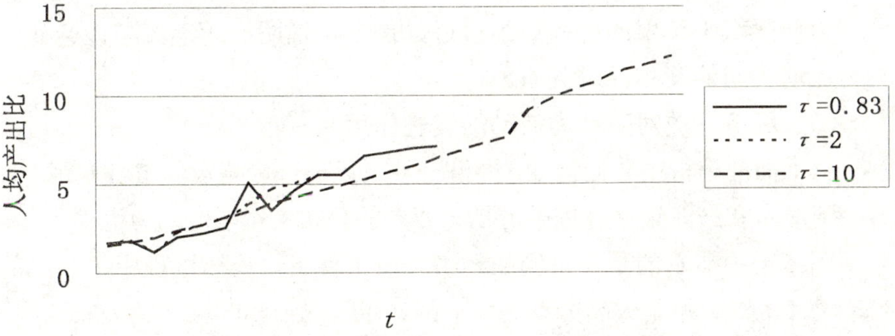

图 5.2　经济开放与人均产出比

经济开放对产业集聚的促进作用说明，经济开放对模型中向心力的正向作用比较强，到底经济开放是通过影响何种向心力来达到促进产业集聚效用的，还需要下面的模拟结果来进一步确定。

如图 5.3 所示，x 轴表示的是达到均衡所用的时间 t，y 轴表示的是区域 1 和区域 2 总人口之比 L_1/L_2，这三条折线分别表示的是 τ=0.83（实线），τ=2（短虚线）和 τ=10（长虚线）的时候经济系统的均衡过程。

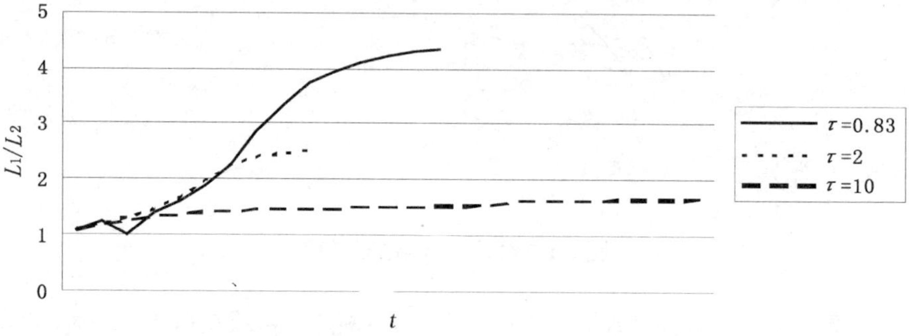

图 5.3　经济开放与人口集聚

与图 5.1 比较可以看出，人口向区域 1 的集聚过程与产业向区域 1 的集聚过程基本保持趋势一致，从实证上证明了前面产业集聚与劳动力流动互相促进的论点。由于图 5.1 表示的是制成品产出区域间之比，把图 5.1 和图 5.3 比较可以发现，制成品产出向区域 1 集聚的过程与制成品劳动力向区域 1 集聚的过程更为接近，进一步说明产业集聚与该产业劳动力流动之间的互相促进关系。

二、经济开放对劳动力流动的促进作用

从上面的分析中我们得知：经济开放可以通过影响实际工资差距、公共交通成本和产业集聚过程中劳动力要素的分布来影响劳动力流动。

图 5.4 中显示的是在不同的经济开放条件下，均衡过程中中间产品劳动力（上图）和制成品劳动力（下图）在区域 1 和区域 2 的分布情况，x 轴表示的是达到均衡所用的时间 t，上图 y 轴表示的是区域 1 和区域 2 中间产品劳动力要素禀赋之比 L_{S1}/L_{S2}，下图 y 轴表示的是区域 1 和区域 2 制成品劳动力要素禀赋之比 L_{M1}/L_{M2}，上图和下图中三条折线分别表示的是 τ=0.83（实线），τ=2（长虚线）和 τ=10（短虚线）的时候经济系统的均衡过程。

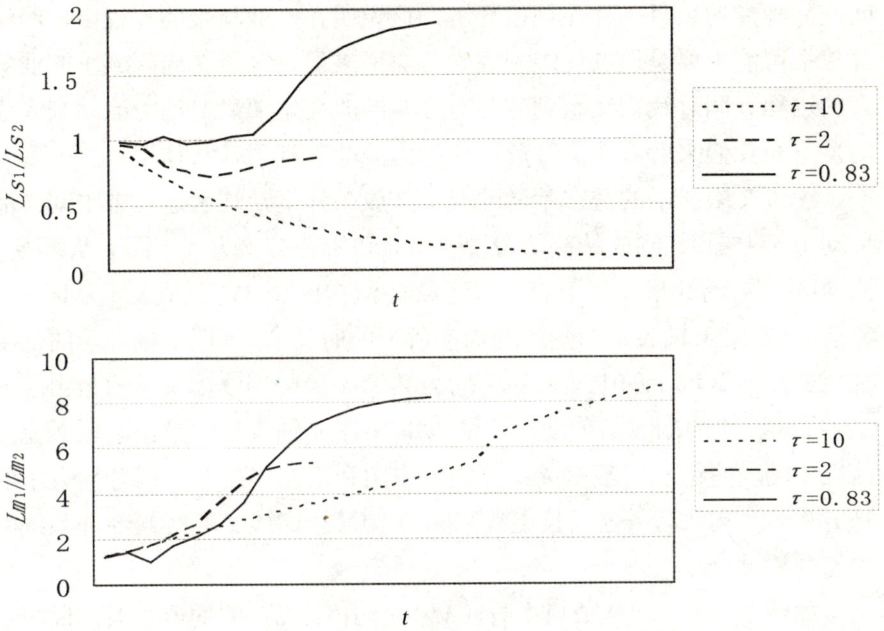

图 5.4　经济开放与劳动力分布

从图中可以看出，均衡过程中，L_{M1}/L_{M2} 数值上要比 L_{S1}/L_{S2} 大，说明制成品劳动力在区域间分布比中间产品劳动力在区域间的分布更为不均衡。当 τ=0.83（经济开放程度较大）时，L_{S1}/L_{S2} 和 L_{M1}/L_{M2} 同时表现为持续增加的过程，但增加的速度由快变慢。然而，经济开放对中间产品劳动力分布的决定比对制成品劳动力分布的决定影响更为剧烈。当经济开放程度变小，即 τ=2 和 τ=10 的时候，L_{M1}/L_{M2} 仍然保持增加的态势，只是受到经济开放程度变小的影响，其斜率变小，增加的速度减缓；而 L_{S1}/L_{S2} 在 τ=2 的时候表现出先下降后上升的过程，在 τ=10 的时候 L_{S1}/L_{S2} 出现完全下降的过程，这说明经济开放对中间产品部门的影响较大。另外，从上一章 $n_1=L_{S1}$，$n_2=L_{S2}$ 可知：中间产品数目和种类由中间产品劳动力决定，所以图 5.4 上图曲线的变化不仅仅代表中间产品劳动力的分布变化，同时也代表中间产品数目和种类区域间差异的变化。而中间产品部门是一个完全规模收益递增的部门，而制成品部门的生产只是在中间产品种类的数目上存在规模经济，这说明在产业集聚的过程中，经济开放很可能主要是通过促进规模收益递增来促进区域2向区域1产业集聚的过程。同时我们注意到劳动力分布的改变是要靠劳动力流动来完成的，下面我们来看看经济开放对劳动力流动起到了什么作用。

图5.5中显示的是在不同的经济开放条件下，均衡过程中中间产品劳动力（上图）、制成品劳动力（中图）和所有劳动力（下图）从区域2流向区域1的数量，正值表示从区域2流向区域1，负值表示从区域1流向区域2。x轴表示的是达到均衡所用的时间t，上图y轴表示的是由区域2流向区域1的中间产品劳动力数量M_{is}，中图y轴表示的是由区域2流向区域1的制成品劳动力数量M_{im}，下图y轴表示的是由区域2流向区域1的所有劳动力数量M_i。上图、中图和下图中三条折线分别表示的是τ=0.83（实线），τ=2（长虚线）和τ=10（短虚线）的时候经济系统的均衡过程。

如图5.5所示，从数值上看，M_{im}的均值比M_{is}的均值要大，说明总体来说制成品劳动力的流动规模要大于中间产品劳动力的流动规模。从上图和中图中不同经济开放条件下M_{is}和M_{im}的趋势和位置来看，经济开放对中间产品熟练劳动力流动的和制成品非熟练劳动力流动的均有不同程度的影响。当τ=0.83（经济开放程度较大）时，M_{is}和M_{im}的数值大多为正，表现出先增大后下降的趋势。当经济开放程度变小，即τ=2和τ=10的时候，M_{im}仍然保持正值先增加后下降的态势，只是受到经济开放程度变小的影响其总体流动规模在变小；而M_{is}在τ=2的时候已经出现负值，表现出从负值上升到正值然后下降到零的过程，在τ=10的时候M_{is}的所有值都为负且表现出先下降后上升的趋势。由于$\mathrm{M_{im}}$占所有劳动力流动的比重较大，下图中M_i的三条折线轨迹和M_{im}的轨迹类似。这说明经济开放对中间产品部门熟练劳动力和制成品部门非熟练劳动力从欠发达的区域2流向发达的集聚区域1具有显著的促进作用，而且经济开放对中间产品部门熟练劳动力流动的影响较大。

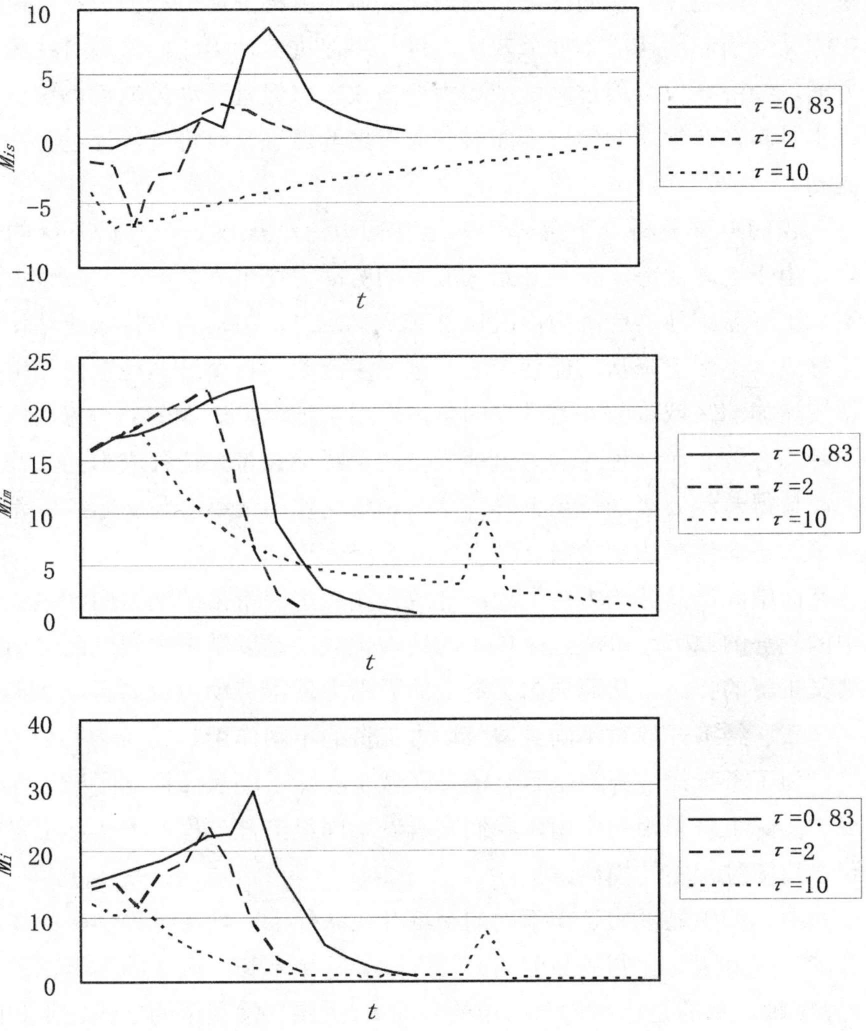

图 5.5　经济开放与劳动力流动

经济开放对劳动力流向集聚区域的这种促进作用是通过经济开放对整个经济系统产业集聚的促进和对迁移行为本身的促进双方面作用的结果。一方面，经济开放对规模经济的促进作用带来了向心力的增强，包括规模经济带来的前向、后向联系机制的增强，使得产业集聚过程速度更快，程度更深，从而促进劳动力向区域1流动，而劳动力流动规模的扩大又会引起迁移成本递减效应，进一步促进劳动力流向区域1；另一方面，经济开放会通过降低劳动力迁移成本来促进劳动力流动，这种促进也是对产业集聚的促进，而对产业集聚的促进又将进一步促进劳动力流动。

我们再来分析一下总体趋势上劳动力流动规模先上升后下降的过程。由于地理优势，在最开始区域1的劳动力还不太多的时候，较大的实际工资差距使得劳动力由区域2流向区域1，劳动力的持续流动使得迁移成本不断下降从而促使劳动力进一步流动，直至这两种正向作用被持续增加的区域1劳动力带来的负向作用所抵消，出现劳动力流动规模下降的态势，而这种劳动力流动规模的下降又会带来迁移成本的上升，从而使得劳动力流动持续下降，这两种负向作用最终会与实际工资差距带来的正向作用达到平衡，使得劳动力停止流动。

而中间产品劳动力由于经济开放程度太小而带来劳动力向区域2集中的趋势的原因，可能是区域1的地理优势不足以带来中间产品劳动力名义工资的提高，从而失去工资上的吸引力使得劳动力流向区域2。

三、经济开放对不同类型劳动力工资的不同作用

为了考量经济开放是否有提升区域1实际工资从而提高区域1和区域2实际工资差距的作用，我们来看看不同经济开放程度下实际工资差距在均衡过程中的模拟结果。

图5.6中显示的是在不同的经济开放条件下，均衡过程中中间产品劳动力（上图）和制成品劳动力（下图）区域1和区域2的实际工资之比，x轴表示的是达到均衡所用的时间t，上图y轴表示的是区域1和区域2中间产品劳动力区域1和区域2的实际工资之比W_{S1}/W_{S2}，下图y轴表示的是区域1和区域2制成品劳动力区域1和区域2的实际工资之比W_{M1}/W_{M2}，上图和下图中三条折线分别表示的是$\tau=0.83$（灰线），$\tau=2$（长虚线）和$\tau=10$（短虚线）的时候经济系统的均衡过程。

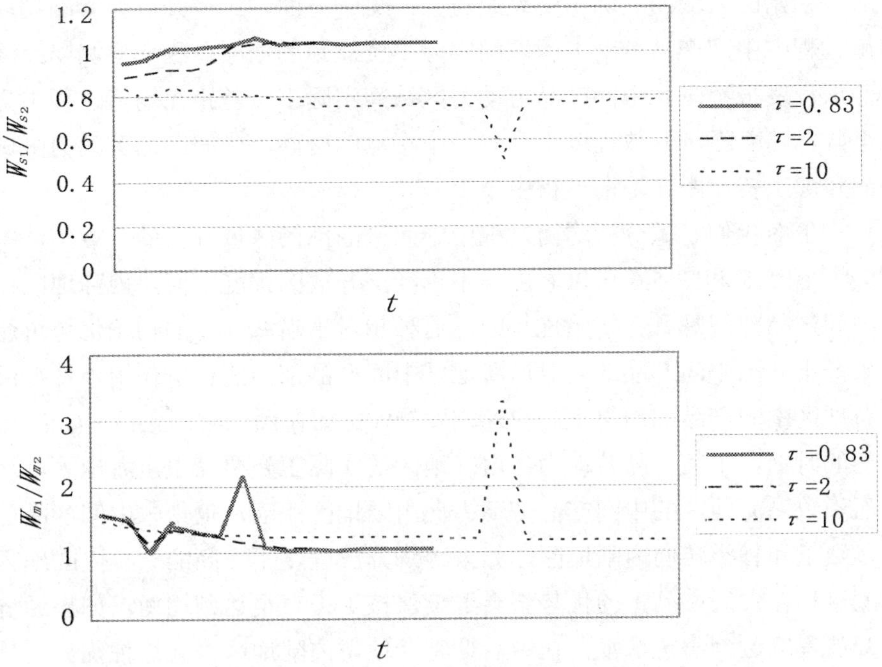

图 5.6　经济开放与实际工资差距

我们先看图 5.6 的下图，除了均衡时间的长短之外，这三条折线的轨迹趋于一致，这说明经济开放因素对区域间制成品劳动力的实际工资差距几乎没有影响。再来看图 5.6 的上图，很明显这三条折线的起始点都在 1 的下方，这说明如果没有集聚的过程，在经济开放条件下的最初短期均衡中，区域 2 中间产品劳动力的实际工资会高于区域 1 中间产品劳动力的实际工资，但是不同的经济开放条件下初始的区域工资差距还是不同，从图中可以看出，$\tau=0.83$ 时的初始实际工资差距＞$\tau=2$ 时的初始实际工资差距＞$\tau=10$ 时的初始实际工资差距，且 $\tau=0.83$ 时和 $\tau=2$ 时的初始实际工资差距在均衡过程出现先上升后趋于平稳的趋势，而 $\tau=10$ 初始实际工资差距在均衡过程始终是下降的。这说明经济开放因素从两方面影响中间产品劳动力区域 1 和区域 2 之间的实际工资差距：一方面，经济开放会影响中间产品劳动力初始的区域间实际工资差距，经济越开放，初始的区域间实际工资差距越大；另一方面，经济开放会影响到均衡过程中中间产品劳动力区域间实际工资差距的增减，我们推测当经济开放程度很小时，中间产品劳动力区域间实际工资差距在均衡过程中会下降，随着经济开放程度上升到一个拐点的时候，中间产品劳动力区域间实际工资差距在均衡过程中会上升。

下面我们着重分析均衡过程中中间产品部门区域分布的特点。从图5.4、图5.5和图5.6可以看出，不论经济开放的程度如何，内陆地区在中间产品部门是具备初始优势的，这种相对于沿海地区的初始优势可能来源于外国中间产品部门对沿海地区中间产品部门的竞争作用，使得沿海地区中间产品部门得不到快速的发展。比如在图5.4（上图）中，在最初的时期，中间产品劳动力在内陆地区的实际工资要高于沿海地区，从而引致沿海地区的中间产品劳动力向内陆地区流动，也带来中间产品更多数量和种类转向内陆地区。如果经济开放程度不太高的话，内陆地区的这种在中间产品上的优势将会继续保持下去直至达到均衡，如果经济开放程度达到一定水平，在中后期将会使得内陆地区丧失这种优势，从而阻碍内陆地区中间产品经济的发展。对于内陆地区的经济发展和缩小内陆与沿海的经济差距，这是具有重要的政策意义的。从国家来说，中央政府应该把握好进出口贸易政策的尺度从而帮助内陆地区保持在中间产品部门上的优势；从内陆地区来说，地方政府应该利用中间产品部门的优势，发展和扶持中间产品部门，达到保持优势或者延缓丧失优势的作用。

目前，在中西部地区，有一些中间产品企业虽然不直接为消费者提供最终产品，但是它们利用自身的优势，在为最终部门提供服务的同时，自身也取得了较大的发展。例如，在中部地区的三一重工和中联重科，这两家企业从事的都是以“工程”为主题的机械装备制造业，包括建筑工程、能源工程、交通工程等基础设施建设工程所需技术装备的研发制造。主导产品为混凝土机械、筑路机械、挖掘机械、桩工机械、起重机械、非开挖施工设备、港口机械、风电设备等产品。又比如在西部地区的东方电气，该公司以大型发电设备、电站工程承包、电站服务以及电控设备、环保设备节能设备为主业，主要产品为电机、锅炉、汽轮机等大型水电、火电、核电、风电、燃机发电设备，包括对这些产品的开发、设计、制造、销售、设备供应及电站工程外包业务。这几家企业虽然位于相对落后的内陆地区，但是它们利用自己在中间产品部门上的优势，不仅仅在全国同行业中处于领先水平，而且也得到了国际同行的认可。[①]

另外，在均衡模拟过程中，制成品劳动力实际工资差距是下降的，而中间产品劳动力实际工资差距前期增长的幅度不大，后期是趋于平稳的，这种趋势和我国改革开放以后沿海地区和内陆地区实际工资差距不断增大的现象有所不符。这是因为，在我们的模型中，每一次均衡过程经济开放因子 τ 是不变的，也就是说经济开放程度在每一次的均衡过程中是一个常量，而我国实际的经济开放程度在改革开放以后很可能是持续增长的，这与模拟的条件是不一样的，由此也可能带来持续增大的规模经济作用从而导致向心力加剧，导致区域间实际工资差距的不断扩大。

四、经济开放与区域间人均收入分配

为了考察经济开放对区域间福利分配的影响，我们将采用名义人均收入比和实际人均收入比作为福利分配的衡量指标，数值模拟结果如图 5.7 所示。

图 5.7 中显示的是在不同的经济开放条件下，均衡过程中的名义人均收入比（上图）和实际人均收入比（下图），x 轴表示的是达到均衡所用的时间 t，上图 y 轴表示的是区域 1 和区域 2 名义人均收入比之比 E_1L_2/E_2L_1，下图 y 轴表示的是区域 1 和区域 2 实际人均收入比之比 $E_1L_2P_2/E_2L_1P_1$，上图和下图中三条折线分别表示的是 τ=0.83（灰线），τ=2（黑波浪线）和 τ=10（实线）的时候经济系统的均衡过程。

从图中可以看出，无论是区域间名义人均收入之比还是区域间实际人均收入之比，经济开放的影响都不明显。这说明产业集聚过程中，经济开放程度的变化对区域间福利分配是没有什么作用的，而中国实际沿

① 2011 年日本地震发生后，日本东京电力公司通过中国外交部向三一重工发出求助函，请求三一重工驰援一台用于高层送水的长臂泵车，通过注水形式给核电站降温，可见三一重工在国际装备制造业的声誉和地位。

海地区与内陆地区人均收入比扩大的情况可能来自经济开放条件本身和一些其他的原因。

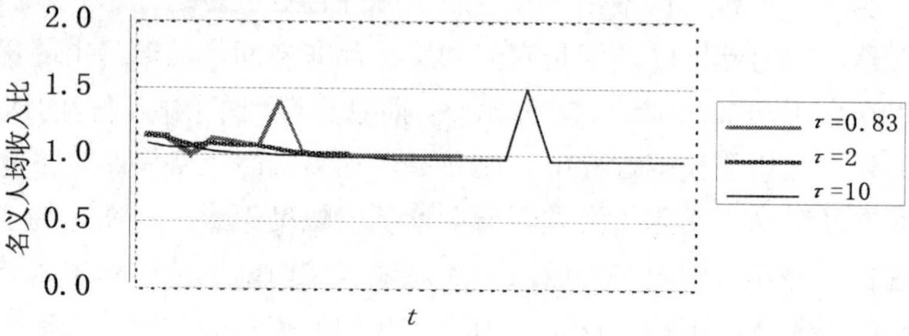

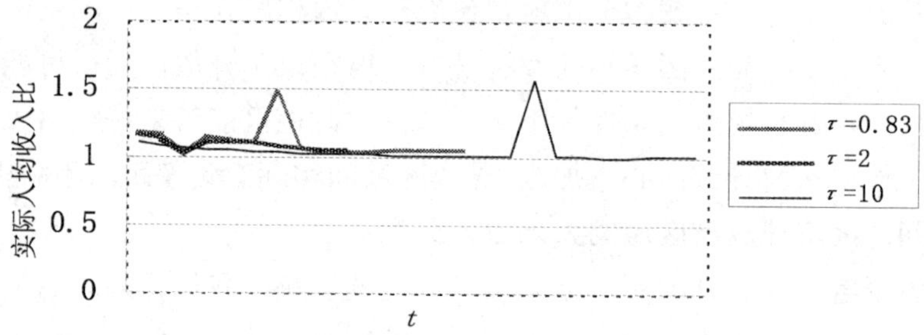

图 5.7　经济开放与区域间福利分配

第二节　远视迁移数值模拟结果分析

与近视迁移者只考虑短期效用最大化不同，在远视迁移条件下，劳动力流动将以家庭长期效用最大化作为迁移的目的。那么，远视迁移条件会对我们的数值模拟带来什么不同的影响呢？我们先来看看经济开放因素对产业集聚和劳动力流动的作用。

一、经济开放对产业集聚的促进作用

如图 5.8 所示，x 轴表示的是达到均衡所用的时间 t，y 轴表示的是区域 1 和区域 2 制成品产出之比 M_1/M_2，这三条折线分别表示的是 τ=0.83（实线），τ=2（短虚线）和 τ=10（点线）的时候经济系统的均衡过程。

由于 $M_1/M_2>1$ 且折线斜率为正，所以以上均为区域 2 向区域 1 的产业集聚过程。从数值上看，实线的均值＞短虚线的均值＞长虚线均值；从斜率上看，实线的斜率略大于短虚线的斜率，短虚线的斜率略大于长虚线的斜率。这说明不论是 M_1/M_2 的数值还是 M_1/M_2 增加的幅度，经济开放程度越高的经济系统，其产业集聚的程度越高速度越快。与近视迁移条件下产业集聚过程有所不同，整个经济系统的产业集聚过程呈现波浪状上升，也就是说产业集聚过程在局部表现出先程度加深后程度下降，再程度加深再程度下降，但是整体上表现为程度加深的过程。

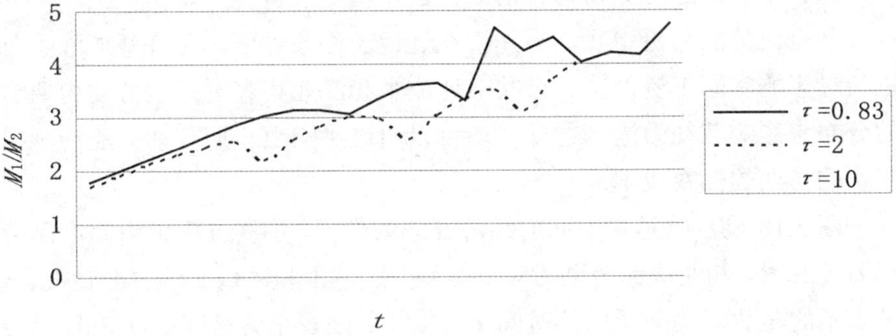

图 5.8　经济开放与产业集聚

下面我们来看看远视迁移条件下均衡过程中区域之间人均产出比的变化。如图 5.9 所示。

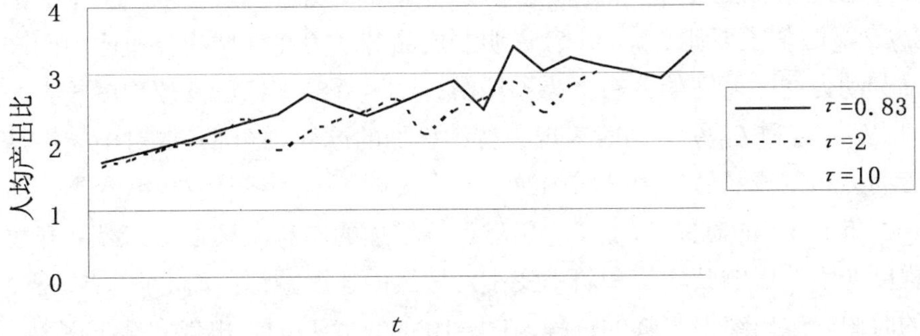

图 5.9　经济开放与人均产出比

与近视迁移条件下的结果不同，远视迁移条件下，经济开放同样会对区域之间人均产出比产生正面影响。这说明在远视迁移条件下，经济开放不仅仅会促进区域 1 生产中劳动力的投入，还可能通过其他途径促进区域 1 生产规模的扩大。

与近视迁移条件得到的结果一致：经济开放对产业集聚具有促进作用，经济开放对模型中向心力的正向作用比较强。然而，经济开放是通过何种途径影响向心力来达到促进产业集聚的效用，还需要下面的模拟结果来进一步确定。

二、经济开放对劳动力流动的促进作用

从上一节的分析中我们得知：在远视迁移条件下，经济开放除了可以通过影响实际工资差距、公共交通成本和产业集聚过程中劳动力要素的分布来影响劳动力流动之外，还可以通过影响上一期劳动力流动规模来影响当期的拥塞成本。

图 5.10 显示的是在不同的经济开放条件下，均衡过程中中间产品劳动力（上图）和制成品劳动力（下图）在区域 1 和区域 2 的分布情况，x 轴表示的是达到均衡所用的时间 t，上图 y 轴表示的是区域 1 和区域 2 中间产品劳动力要素禀赋之比 L_{S1}/L_{S2}，下图 y 轴表示的是区域 1 和区域 2 制成品劳动力要素禀赋之比 L_{M1}/L_{M2}，上图和下图中三条折线分别表示的是 τ=0.83（短虚线），τ=2（长虚线）和 τ=10（实线）的时候经济系统的均衡过程。

这里得到的结果与近视迁移条件下的结果类似：均衡过程中，L_{M1}/L_{M2} 数值上要比 L_{S1}/L_{S2} 大，说明制成品劳动力在区域间分布比中间产品劳动力在区域间的分布更为不均衡。当 τ=0.83（经济开放程度较大）时，L_{S1}/L_{S2} 和 L_{M1}/L_{M2} 同时表现为持续增加的过程。经济开放对中间产品劳动力和制成品劳动力分布的决定均有影响。当经济开放程度变小，即 τ=2 和 τ=10 的时候，L_{M1}/L_{M2} 仍然保持增加的态势，只是受到经济开放程度变小的影响其均值和斜率变小，增加的速度减缓；而 L_{S1}/L_{S2} 在 τ=2 的时候表现出缓慢下降的过程，在 τ=10 的时候 L_{S1}/L_{S2} 出现完全下降到 1 以下的过程，这说明经济开放对中间产品部门的影响较大。中间产品部

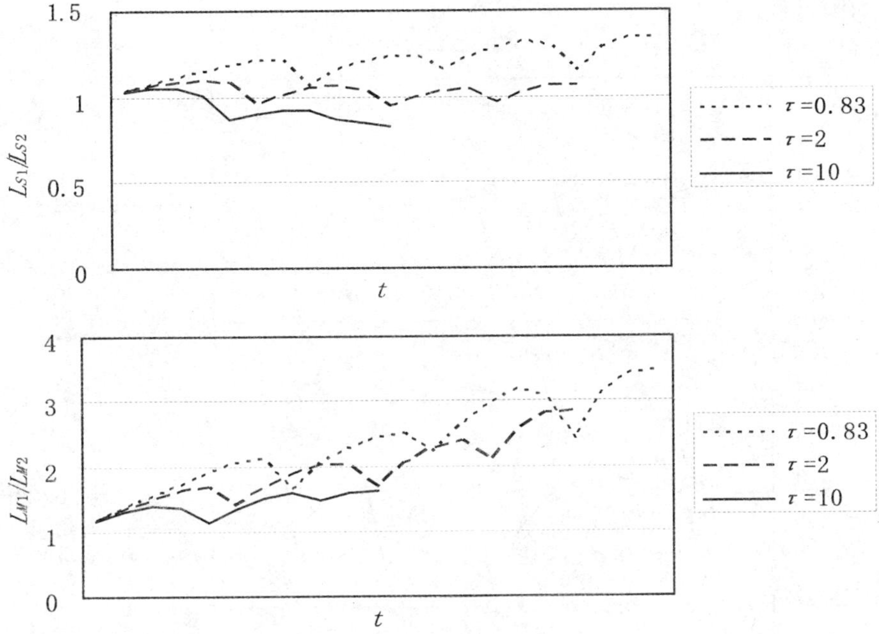

图 5.10　经济开放与劳动力分布

门是一个规模收益递增的部门，而制成品部门的生产只是在中间产品种类的数目上存在规模经济，这说明在远视迁移产业集聚的过程中，经济开放很可能主要是通过促进规模收益递增来促进区域 2 向区域 1 产业集聚的过程。同时我们注意到，劳动力分布的改变是要靠劳动力流动来完成的。下面我们来看看经济开放对劳动力流动起到了什么作用。

图 5.11 中显示的是在不同的经济开放条件下，均衡过程中中间产品劳动力（上图）、制成品劳动力（中图）和所有劳动力（下图）从区域 2 流向区域 1 的数量，正值表示从区域 2 流向区域 1，负值表示从区域 1 流向区域 2。*x* 轴表示的是达到均衡所用的时间 t，上图 *y* 轴表示的是由区域 2 流向区域 1 的中间产品劳动力数量 M_{is}，中图 y 轴表示的是由区域 2 流向区域 1 的制成品劳动力数量 M_{im}，下图 y 轴表示的是由区域 2 流向区域 1 的所有劳动力数量 M_i。上图、中图和下图中三条折线分别表示 τ=0.83（短虚线），τ=2（长虚线）和 τ=10（实线）的时候经济系统的

均衡过程。

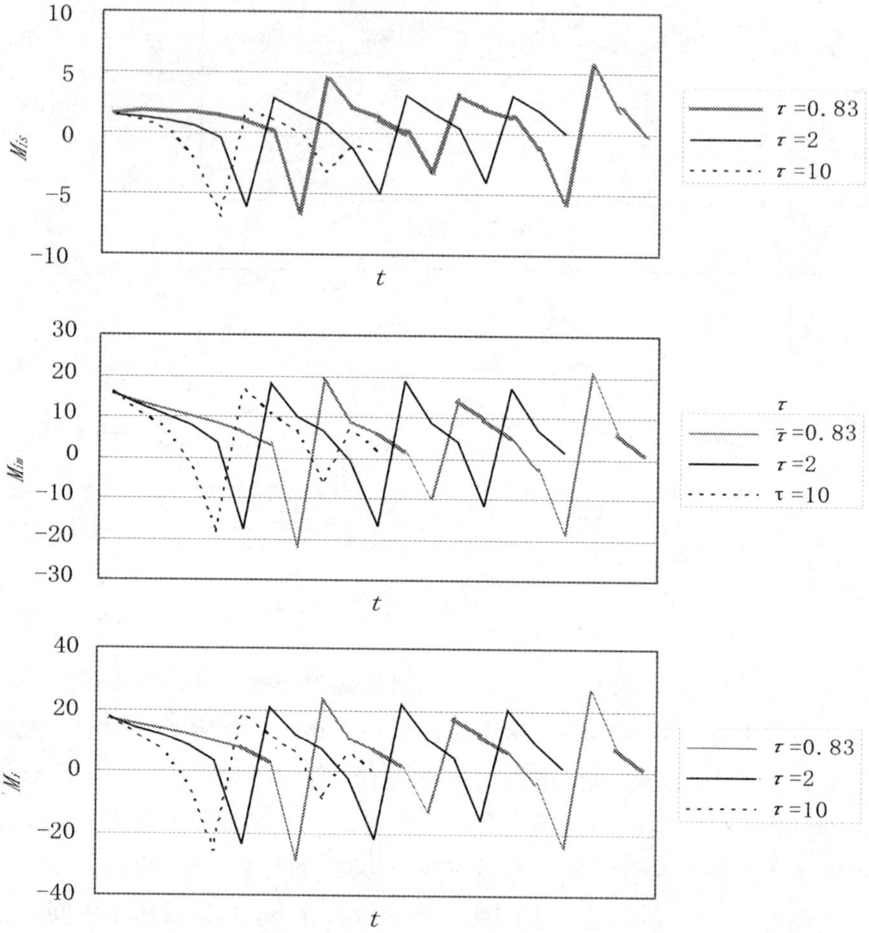

图 5.11　经济开放与劳动力流动

我们首先把图 5.11 的下图与图 5.8 进行比较，可以得到与近视条件下相同的结论，即制成品产业向区域 1 的集聚过程与制成品劳动力向区域 1 的集聚过程基本保持一致，进一步证明了产业集聚和劳动力流动之间的互相促进关系。与近视迁移条件下的劳动力流动情况不同的是，远视条件下劳动力不再单向地往区域 1 流动，而是呈现出双向流动的特征，即劳动力先是由区域 2 向区域 1 流动，流动规模慢慢由大减小，直至劳动力转向区域 2 流动，向区域 2 流动的规模增加到一定程度后减小再回转向区域 1 流动。造成这种远视迁移条件下的劳动力流动呈波浪状变化曲线的原因是什么？根据数值模拟过程的特点，我们推测这是受到拥塞成本 γ 的影响，拥塞成本不仅仅会随着当期劳动力流动的规模上升，而且会因为前一期劳动力流动数目的增加而提升拥塞成本参数，从而进一步加大拥塞成本，影响劳动力的流动，所以当劳动力流动规模上升到一定程度时会受到拥塞成本的阻碍而出现回落。劳动力流动的波浪状变化还延伸到了经济系统的其他方面，如前面提到的产业集聚、劳动力地区分布，还有后面的实际工资差距，等等。从上图和中图中不同经济开放条件下 M_{is} 和 M_{im} 的波峰、波谷来看，τ=0.83 时的波峰＞τ=2 时的波峰＞τ=10 时的波峰，且 M_{is} 表现得更为明显，这说明经济开放对劳动力向区域 1 集聚有正向影响。当 τ=0.83（经济开放程度较大）时，M_{is} 和 M_{im} 的数值为正的时候多，也就是总体上加总表现为区域 1 劳动力规模的扩大；当经济开放程度变小，即 τ=2 和 τ=10 的时候，M_{im} 仍然保持大多数时候为正，只是受到经济开放程度变小的影响其总体均值在变小；而 $\mathrm{M_{is}}$ 在 τ=2 的时候已经出现负值略多于正值，表现出向区域 2 集聚的过程，在 τ=10 的时候 M_{is} 的所有值大多为负。由于 M_{im} 所占所有劳动力流动的比重较大，下图中 M_i 的三条折线轨迹和 M_{im} 的轨迹类似。

这样我们得到与近视迁移条件下类似的结论：经济开放对中间产品部门熟练劳动力和制成品部门非熟练劳动力向区域 1 集聚流动具有显著的促进作用，而且经济开放对中间产品部门熟练劳动力流动的影响较大。

三、经济开放对不同类型劳动力工资的不同作用

为了考量在远视迁移条件下经济开放是否有提升区域 1 实际工资从而提高区域 1 和区域 2 实际工资差距的作用，我们来看看不同经济开放程度下实际工资差距在均衡过程中的模拟结果。

图 5.12 中显示的是远视迁移条件下不同的经济开放程度，均衡过程中中间产品劳动力（上图）和制成品劳动力（下图）区域 1 和区域 2 的实际工资之比，x 轴表示的是达到均衡所用的时间 t，上图 y 轴表示的是

区域 1 和区域 2 中间产品劳动力区域 1 和区域 2 的实际工资之比 W_{S1}/W_{S2}，下图 y 轴表示的是区域 1 和区域 2 制成品劳动力区域 1 和区域 2 的实际工资之比 W_{M1}/W_{M2}，上图和下图中三条折线分别表示的是 τ=0.83（灰线），τ=2（长虚线）和 τ=10（短虚线）的时候经济系统的均衡过程。

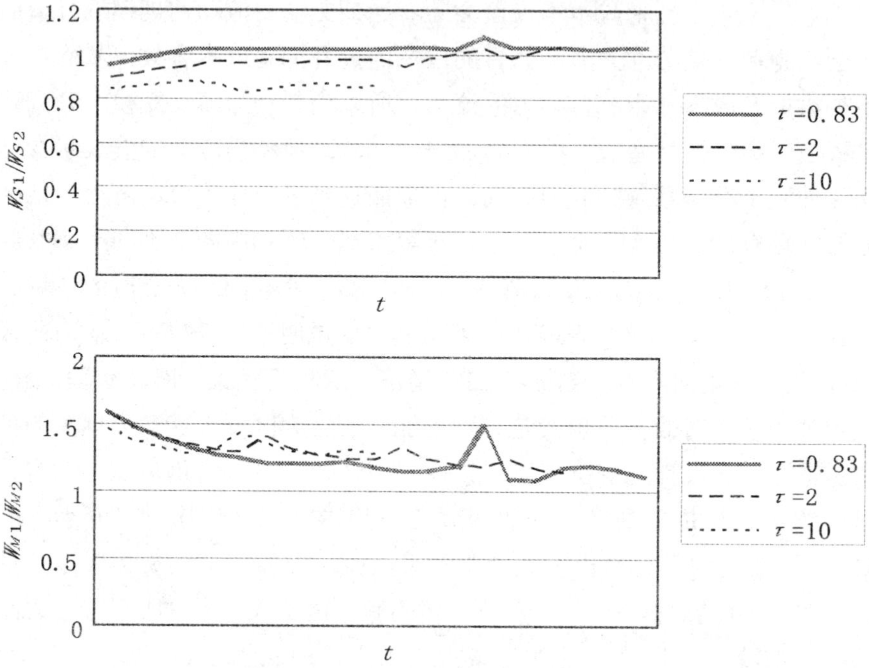

图 5.12 经济开放与实际工资差距

首先，我们得到了与近视迁移相似的结果：在均衡模拟过程中，制成品劳动力实际工资差距是下降的，而中间产品劳动力实际工资差距在经济开放程度较大的时候出现缓慢的上升。

其次，我们注意到图 5.12 上图中，τ=0.83 时的工资差距水平＞τ=2 时的工资差距水平＞τ=10 时的工资差距水平，效果比较明显；而图 5.13 下图中，τ=10 时的工资差距水平＞τ=2 时的工资差距水平＞τ=0.83 时的工资差距水平，效果不太明显。所以，我们的结论是：在远视迁移条件下，经济开放对中间产品劳动力和制成品劳动力区域间实际工资差距的作用不同，经济开放对中间产品劳动力区域间实际工资差距是显著的正向作用，而经济开放对制成品劳动力区域间实际工资差距有较小的负向作用。

四、经济开放与区域间人均收入分配

图 5.13 中显示的是在不同的经济开放条件下，均衡过程中名义人均收入比（上图）和实际人均收入比（下图），x 轴表示的是达到均衡所用的时间 t，上图 y 轴表示的是区域 1 和区域 2 名义人均收入比之比 E_1L_2/E_2L_1，下图 y 轴表示的是区域 1 和区域 2 实际人均收入比之比 $E_1L_2P_2/E_2L_1P_1$，上图和下图中三条折线分别表示的是 τ=0.83（灰线），τ=2（黑波浪线）和 τ=10（实线）的时候经济系统的均衡过程。

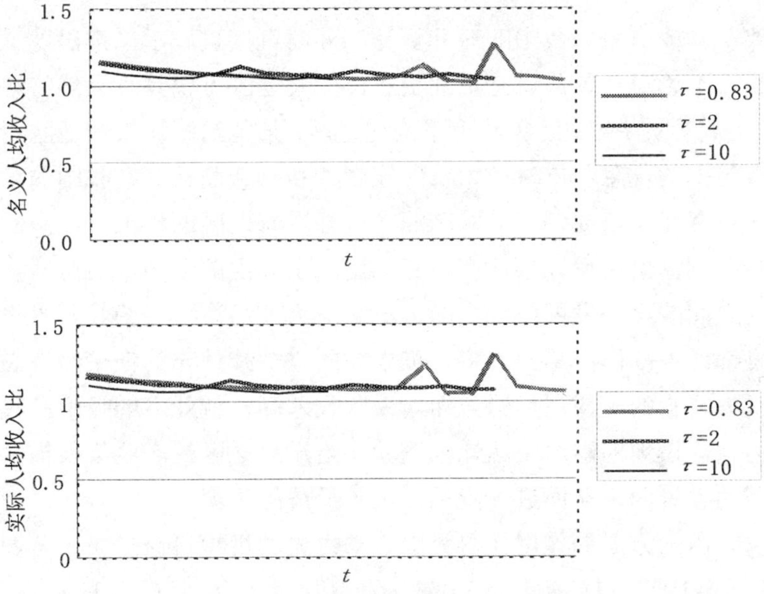

图 5.13　经济开放与区域间福利分配

无论是区域间名义人均收入之比还是区域间实际人均收入之比，三条折线的轨迹都趋于一致，我们得到了与近视迁移条件下类似的结论：经济开放的变化对区域间名义人均收入之比和区域间实际人均收入之比的影响都不明显。

第六章 国际贸易、FDI 影响我国劳动力流动的经验检验

改革开放以来，我国的对外贸易、外商直接投资水平都出现了显著的增长。不论对外贸易还是招商引资，沿海地区不仅具有天然的地理优势，而且特别是在 1992 年邓小平南巡之后，某些沿海城市和地区更是获得了政策上的优惠和支持。大量的投资者和制造商选择在我国的东部沿海地区投资建厂，促进了关联产业在东部沿海地区的集聚，而中西部地区的情况则恰恰相反，某些产业甚至出现了一定的萎缩，沿海地区与内陆地区之间的经济发展差距也随之不断拉大，沿海地区的收入水平和就业程度都比内陆地区高出许多。需求方面，持续扩充的集聚经济必然需要劳动力要素的支撑；供给方面，受到收入高、就业多的吸引，我国的劳动力大规模地向沿海发达地区流动，给沿海地区的产业集聚提供了丰富的劳动力资源，从而进一步地促进了经济的集聚。

供、需两方面的作用使得我国劳动力流动规模日益扩大（见表 6.1、图 6.1），从 1982～1987 年的 3 053.3 万上升至 2010 年的 2.21 亿人，1987 年至 1995 年间劳动力流动没有显著的变化，直到 1995 年以后出现了明显的增长趋势，而邓小平南巡发生在 1992 年，一系列对东部地区的开放政策也在这之后，经济开放政策对劳动力流动可能有着重要的作用。

表 6.1　中国劳动力流动规模（单位：万人）

劳动力流动年限	劳动力流动规模	省际劳动力流动规模
1982～1987	3 053.3	-
1985～1990	3 412.8	-
1990～1995	3 642.6	2 076.9
1995～2000	13 122.4	4 242.0
2000～2005	14 735.0	4 779.0
2008	20 100.0	-
2009	21 100.0	-
2010	22 100.0	

资料来源：全国1990年、2000年人口普查和1987年、1995年、2005年1%人口抽样调查、《中国人口发展报告2010》、《中国人口发展报告2011》。

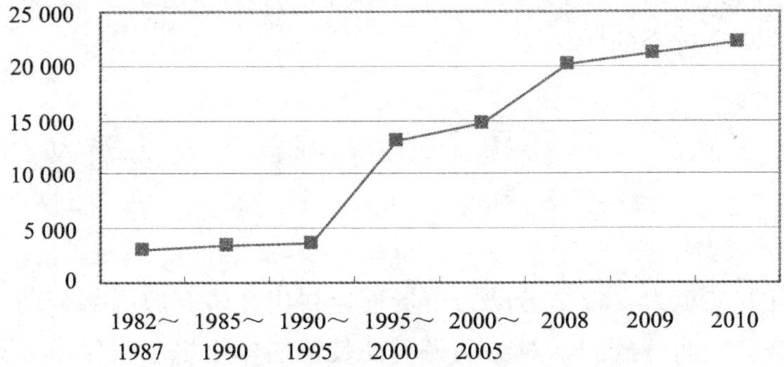

图 6.1　中国 1982～2009 劳动力流动规模

省际流动的人口从1990～1995年的2 076.9万上升至2000～2005年的4 779万。从表6.2可以看出，省际劳动力流动的地区分布呈现出两个特点：一是地区之间的省际劳动力流动表现为中、西部地区人口向东部地区流动；二是地区内部的省内劳动力流动表现为东部地区内部之间的流动。总体上说，劳动力流动的目标地区是东部地区，而且流入东部地区人口占各地区迁出人口的比重呈逐年上升的趋势。

表 6.2 1990～2005 中国省际劳动力流动的地区分布（单位：%）

迁出地＼迁入地		东部地区	中部地区	西部地区	合计	迁出地＼迁入地		东部地区	中部地区	西部地区	合计
东部地区	1990～1995	63.46	22.83	13.70	100	西部地区	1990～1995	58.29	13.56	28.15	100
	1995～2000	68.34	17.84	13.82	100		1995～2000	70.12	6.92	22.95	100
	2000～2005	70.54	17.95	11.52	100		2000～2005	85.50	6.83	7.67	100
中部地区	1990～1995	71.52	16.72	11.75	100	全部迁入	1990～1995	65.09	17.30	17.62	100
	1995～2000	83.53	8.56	7.90	100		1995～2000	76.24	9.74	14.02	100
	2000～2005	90.95	5.01	4.04	100		2000～2005	83.92	9.09	7.00	100

资料来源：全国 2000 年人口普查和 1995 年、2005 年 1%人口抽样调查。

经济开放背景下，我国出现中西部地区劳动力大规模地向东部地区流动的现象。那么，经济开放因素对国内劳动力流动产生了何种作用？经济开放因素是通过什么机制作用于国内劳动力流动的呢？这是本章将要回答的两个核心问题。

第一节　国际贸易、FDI 对我国劳动力流动的影响机制

已有的文献大多依据劳动力市场理论得出经济开放影响劳动力流动的初步结论，而开放因素对劳动力流动具体的作用机制和作用效果还未得到充分的验证。特别是在中国改革开放后新地理经济格局形成过程中，经济开放对劳动力流动的作用离不开区域经济集聚的形成和发展，而新经济地理学给我们提供了一个好的分析框架。

一、国际贸易、FDI 通过促进区域间经济集聚对劳动流动产生作用

我们把中国大陆分为中西部和东部两个区域，将改革开放之前的中国作为初始状态，由于整个国家处于较为封闭的状态，所以两个区域在对外进行贸易和吸纳 FDI 方面基本处于相同的水平。而 1978 年经济开放政策的实施打破了这个区域平衡的状态，东部沿海地区在地理上优于中西部内陆地区发展贸易和吸纳 FDI，1992 年邓小平南巡后在国家政策上又给予东部沿海地区特殊的优惠，进一步扩大了东部和中西部在对外

开放条件上的差异。这种初始的冲击使得两个区域逐步形成新的地理经济格局（见图 6.2）。

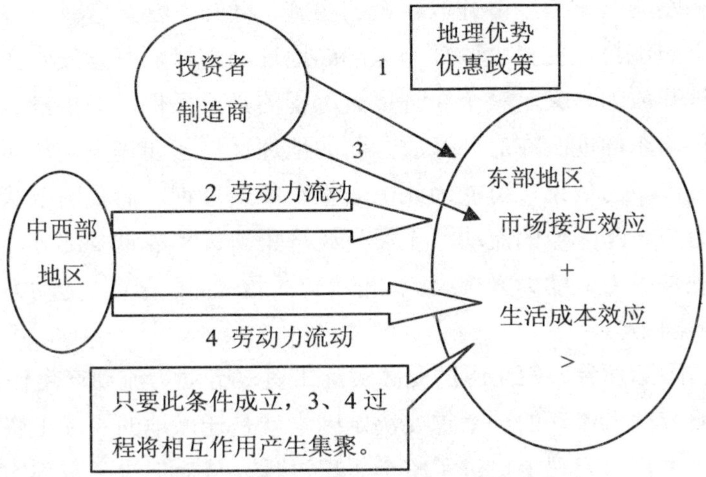

图 6.2　经济开放条件下中国中西部向东部集聚过程

东部沿海地区地理和政策两方面的优势吸引投资者和制造商在此投资建厂，东部生产规模的扩大使当地的劳动力资源供给跟不上，吸引中西部内陆省份的劳动力流入东部地区。劳动力既是生产者也是消费者，东部地区人口的增加使得东部地区的消费市场规模在扩大，加之东部更接近外国消费市场和具备税收等政策上的优惠，东部市场接近效应显现，进一步吸引投资者和制造商在此生产。由于东部企业的增多，对劳动力的需求增大，如果供给满足不了需求的持续增加，名义工资将随之提高。另外，因为生活成本效应，东部当地消费者将支付较低的生活成本。[①]两方面的作用使得东部实际工资提升，加之东部地区企业提供的就业机会较多，这样又进一步吸引中西部省份劳动力流动至东部地区。在市场拥挤效应不足以抵消市场接近效应和生活成本效应的时候，这种生产和人口的集聚过程将会持续。集聚过程中，东部沿海地区的经济得到了极大

① 除了生活成本效应会影响物价之外，其他因素也有可能带来物价的提高，比如迁入地由于人口集聚，房子供不应求，致使房价快速上升，从而引起物价上涨。

的发展，而中西部地区的经济发展相对落后。

在上述的这个集聚过程中，首先，经济开放因素是整个经济集聚过程中的触发器。正是经济开放政策的实施，才让东部地区具备了地理上和政策上的优势，使得中西部和东部的地理经济格局开始发生变化。同时，经济开放因素又是整个经济集聚过程的必要条件，如果没有经济开放的条件，东部地区在对外开放方面的地理优势就会丧失，从而影响到市场接近效应的效果，可能因此中断整个集聚过程。而我国改革开放以来劳动力跨省跨区域的流动，无疑是经济集聚过程的重要部分，经济开放因素既是国内劳动力大规模流动的触发因素，又是保持劳动力持续流动的必要因素。

二、国际贸易、FDI通过提高实际工资对劳动力流动产生作用

影响劳动力流动的一个重要决定因素就是迁入地的实际工资。首先，经济开放因素在宏观上促进了整个集聚过程，从而促进了东部实际工资的提升；其次，国际贸易和FDI在东部的发生将会直接带来增加的劳动力需求，有利于名义工资的提高从而刺激实际工资的增长；再次，外商直接投资有可能拉升当地的实际工资水平，由于外资企业支付了高于市场均衡状态的工资水平，外资企业对当地劳动力市场工资水平会产生重要的影响。FDI对东道国当地企业工资的影响主要通过两种渠道产生：第一种渠道是通过作用于劳动力市场而影响内资企业工资，即伴随着引资规模的扩大，FDI对劳动力市场具有直接的劳动需求冲击，特别是由于外资企业具有较高的技术水平和生产效率，会偏好高质量的劳动力，而技术工人是相对完全就业的，因此对技术工人的大量需求会抬高技术工人的工资水平，与此同时，由于外资企业对相同人力资本禀赋的工人支付了高于内资企业的工资水平，因此会对内资企业产生“工资溢出”效应；第二种渠道是潜在的技术外溢，若FDI企业对内资企业具有显著的正向技术外溢，那么会导致内资企业的技术水平和生产效率提高，进而影响内资企业的工资水平。

三、国际贸易、FDI通过增加就业对劳动流动产生作用

影响劳动力流动的另一个重要决定因素是迁入地的就业情况。同样，

东部沿海地区国际贸易和 FDI 的增长将会带来当地直接增加的就业岗位；另外，由于经济开放带来的集聚效应，不仅仅是贸易企业和 FDI 企业，由于市场接近效应，企业都会倾向于到东部地区来投资建厂，从而增加就业岗位；还有，为生产企业发展服务的第三产业也会因为生产企业的集聚而选择在东部地区发展，比如金融业、物流业等，而第三产业往往是劳动要素比重高的行业，由此带来的就业增加也不可忽视。就业的高度集中和就业岗位的丰富成为劳动力流向东部沿海地区的又一重要原因。

第二节　计量模型、数据和估计方法

一、计量模型推导

为了验证上一部分中国经济开放对国内劳动力流动的作用机制，我们选用 Acora 和 Hewings（2002）分析智利人口迁移过程的模型作为计量模型，此模型的基本逻辑是：劳动力流动是为了获得更好的收入。

模型基于经典的微观理论，一个劳动力的迁移决定由以下潜在迁入地 j 效用最大化问题决定：

$$\mathrm{Max}_{X_j,\ T_j}\ U_j(X_j,\ T_j,\ Z_j) \tag{6.1}$$

预算约束：$I_j = P_x X_j + P_{Tj} T_j$

其中，X_j 表示 j 地区除了迁移者需要的交通以外的商品集合；如果迁移者从迁出地到达地区 j 需要交通的话，T_j 等于 1，否则 T_j 等于 0；Z_j 是一组其他迁移者要考虑到迁移决定的变量。I_j 是劳动者在地区 j 的收入，P_x、P_{Tj} 分别是商品集合和交通的价格。假定 P_{Tj} 是距离的函数，距离越短 P_{Tj} 越大。

一个劳动力从地区 i 到地区 j 的间接效用函数为：

$$V_j = V_j(P_x,\ P_{Tj},\ I_j,\ Z_j) + \varepsilon_j \tag{6.2}$$

其中，ε_j 为随机误差。迁移者比较所有可能迁入地（包括迁出地）的效用值后，选择最大效用的那个地区。一个迁移者从地区 i 迁移到地区 j 的可能性等于：

$$P_{ij}=e^{Vj}/\sum k \quad k=1e^{Vk} \tag{6.3}$$

式中 K 为迁移者所有可能迁移迁入的地区 j 的数目，包括迁出地。

考虑到个人数据的不可得，我们必须把（6.3）式变化成可以用宏观数据的表达式，假设 $\sum_{j=1}^{k}P_{ij}=1$，则（6.3）式两边同时除以 P_{ii}，可得：

$$\ln(P_{ij}/P_{ii})=\ln V_j-\ln V_j=\alpha_0+\alpha_1\ln P_{Tj}+\alpha_2\ln(I_j/I_i)+\alpha_3\ln(Z_j/Z_i) \tag{6.4}$$

其中 α 表示决定间接效用函数变量的系数或者系数向量，变量都取自然对数。

在中国，劳动力的流动的预期效用主要考虑收入和劳动力市场的情况。在后面的经验分析中，我们也考虑了一些其他影响迁移决策的因素，如医疗状况、房价等。

下面将在理论框架指导下，从经验上验证中国经济开放对国内劳动力流动的作用机制：第一，经济开放因素对省际劳动力流动产生了何种作用？第二，经济开放因素作用于国内劳动力流动的三条机制是否存在？

基本的估计方程如下：

$$\begin{aligned}\ln(M_{ij}/M_{ii})=&\alpha_0+\alpha_1\ln(\mathrm{Realwage_j/Realwage_i})+\alpha_2\ln(\mathrm{Distance_{ij}})+\\&\alpha_3\ln(Libal_j/Libal_i)+\alpha_4\ln(Hspri_j/Hspri_i)+\\&\alpha_5\ln(Unemp_j/Unemp_i)+\alpha_6\ln(Medcn_j/Medcn_i)+\\&\alpha_7 Neibor_{ij}+\alpha_8\ln(Open_j/Open_i)+\alpha_9\ln(Agglo_{ij})\end{aligned} \tag{6.5}$$

二、数据及指标

本章经验测度的劳动力流动数据来自全国 2000 年人口普查和 1995 年、2005 年 1%人口抽样调查，铁路距离数据来自《全国铁路主要站间货运里程表》，航空距离数据由“旅行数学网”[①]提供的直线航空距离计算器测得，各省省会到最近港口的距离和省份之间是否相邻由《中国地图》测算得到，其他宏观数据来自中国经济信息网《中国经济统计数据库》的综合年度库以及国研网宏观经济数据库。

全国人口普查和 1%人口抽样调查每隔五年进行一次，因此劳动力

---

① 网址：www.travelmath.com。

流动的数据分为“1990～1995”、“1995～2000”、“2000～2005”几段。数据本身有一些缺陷：第一，在抽样调查中西藏、青海等省份有一些数据缺失，这些缺失数据只能从样本中删除；第二，劳动力流动数据是省份之间的，而无法得到流动人口确切的迁入城市，只能用两个省省会之间的距离代表所有两省之间劳动力流动的距离；第三，无法得到劳动力流动发生的真实年份，人口流动可能发生在五年之内的任何时间点，考虑影响劳动力流动决策的因素有滞后效应，所有解释变量的时间都比劳动力流动数据略为提前一年，即“1990～1994”，“1995～1999”，“2000～2004”；第四，人口普查和抽样调查的方法有所不同，三个时期劳动力流动数据口径可能不一致。

所有数据涵盖中国大陆 31 个省份，由于重庆 1997 年才从四川分离出来成为直辖市，把重庆和四川 1990 年至 2005 年的数据归并为一个省份，取名“川渝”，因此数据总共包括 30 个省。

被解释变量 $\ln(M_{ij}/M_{ii})$：从 i 地迁移到 j 地的人口/从 i 地迁移到 i 地的人口；

综合考虑劳动力流动理论和新经济地理学理论，解释变量的选取如下：

1. $\ln(Realwage_j/Realwage_i)$：迁入地实际工资与迁出地实际工资比值，以此代表公式（6.4）中的 $\ln(I_j/I_i)$，也就是预期收入。各省市实际工资可由 1990 年至 2004 年的年度在岗职工平均工资除以居民消费价格指数求得。

2. $\ln(Distance_{ij})$：迁入地与迁出地之间的距离距离，以此代表公式（6.4）中的 $\ln P_{Tj}$，也就是交通价格，因为 P_{Tj} 是距离的负函数。各省省会之间的距离采用铁路里程，只有海南和西藏为航空距离。

3. $\ln(Libal_j/Libal_i)$：迁入地市场自由化程度与迁出地市场自由化程度的比值。市场自由化程度指标为：城镇非国有固定资产投资与国有固定资产投资的比值。

4. $\ln(Hspri_j/Hspri_i)$：迁入地房价与迁出地房价的比值。房价指标为：商品房销售金额和商品房销售面积的比值。

5. $\ln(Unemp_j/Unemp_i)$：迁入地失业率与迁出地失业率的比值。失业率指标为：城镇登记失业率。

6. $\ln(Medcn_j/Medcn_i)$：迁入地医疗状况与迁出地医疗状况的比值。医疗指标：各省死亡率。

7. $Neibor_{ij}$：虚拟变量，两地地理上是否相邻，相邻为1，不相邻为0；

8. $\ln(Open_j/Open_i)$：迁入地经济开放程度与迁出地经济开放程度的比值，分别采用贸易和FDI两个指标代表经济开放程度：（1）贸易依存度：进出口额/GDP($\ln(Trade_j/Trade_i)$)；（2）FDI比重：FDI/固定资产投资总额($\ln(Fdi_j/Fdi_i)$)；

9. $\ln(Agglo_{ij})$：两地经济集聚程度，指标采用五年迁入地与迁出地GDP比值平均年增长率，绝对数越大，集聚程度越大。集聚指标的选取是参考新经济地理学理论模型模拟结果后得到，一般新经济地理学理论模型模拟集聚的结果是一个坐标图，见图6.3：横轴是时间，纵轴是迁入地制造业产量与迁出地制造业产量的比值，如果是图6.3所示的正斜率，也就是比值有上升的趋势，就视为迁出地向迁入地集聚的过程。

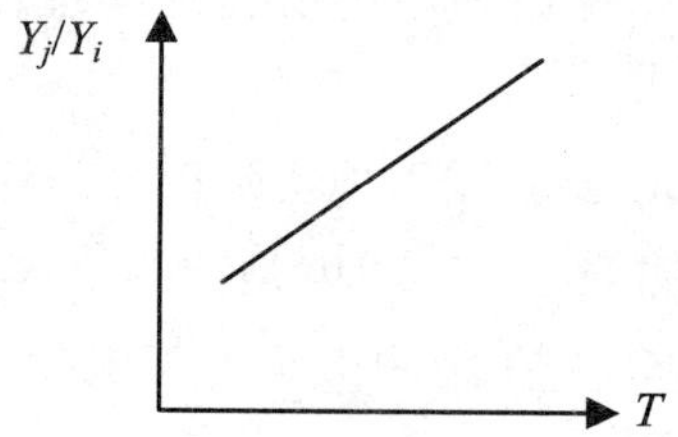

图6.3　集聚的坐标

三、估计方法

Wei 和 Wu（2001）提到，经济开放指标（包括贸易依存度和FDI比重）很可能是一个省经济增长或人口增长的结果，而不仅仅是原因，而新迁入的劳动力是一个省人口增长里的重要部分，也就是说一个省的经济开放指标很可能是内生的。为了克服经济开放指标内生性的问题，我们采用 Frankel 和 Romer（1999）年提出的地理变量工具变量法，其主要思想是，经济开放与地理位置是相关的，而地理位置与经济增长或人口增长关系不大，所以可以用地理变量作为经济开放的工具变量。我们将采用各省省会到最近港口的距离为地理变量指标，作为经济开放指标的工具变量，估计方法选择面板数据的两阶段最小二乘法（2SLS）。

第三节　计量分析结果

一、经验结果及解释

表 6.3　中国经济开放对国内劳动力流动作用实证结果

被解释变量：ln(*Mij/Mii*)									
	工具变量 2SLS 回归								OLS
	1	2	3	4	5	6	7	8	9
经济开放指标	Trade	FDI	Trade	FDI	Trade	FDI	Trade	FDI	NO
ln($Realwage_j$/$Realwage_i$)	-0.06 (-0.20)	0.34** (2.11)	-0.09 (-0.33)	0.38** (2.38)	-0.05 (-0.18)	0.34** (2.18)	-0.86*** (-2.79)	-0.38** (-1.95)	0.27* (1.79)
ln($Distance_{ij}$)	-0.95*** (-13.1)	-0.95*** (-13.1)	-0.89*** (-12.1)	-0.97*** (-13.4)	-0.88*** (-12.1)	-0.82*** (-10.8)	-0.85*** (-11.7)	-0.88*** (-11.4)	-0.95*** (-13.1)
ln($Libal_j$/$Libal_i$)	0.51*** (7.65)	0.45*** (4.63)	0.50*** (7.66)	0.43*** (4.52)	0.50*** (7.76)	0.44*** (4.75)	0.53*** (8.14)	0.45*** (4.81)	0.56*** (10.78)
ln($Hspri_j$/$Hspri_i$)	0.58*** (4.47)	0.56*** (3.93)	0.53*** (4.05)	0.51*** (3.63)	0.57*** (4.48)	0.55*** (4.04)	0.42*** (3.21)	0.43*** (3.07)	0.70*** (7.31)
ln($Unemp_j$/$Unemp_i$)	-0.28*** (-3.9)	-0.27*** (-3.8)	-0.24*** (-3.4)	-0.26*** (-3.7)	-0.28*** (-3.9)	-0.28*** (-3.9)	0.37** (2.53)	0.31** (2.31)	-0.29*** (3.21)
ln($Medcn_j$/$Medcn_i$)	0.77** (2.31)	0.69** (2.22)	0.73** (2.22)	0.70** (2.26)	0.77** (2.39)	0.70** (2.33)	0.69** (2.11)	0.63** (2.07)	0.55* (1.87)
$Neibor_{ij}$	0.83*** (6.84)	0.82*** (6.83)	1.04*** (8.51)	0.94*** (7.84)	0.98*** (7.95)	0.98*** (8.04)	1.08*** (8.66)	0.99*** (8.00)	0.81*** (6.75)
ln($Open_j$/$Open_i$)	0.16(1.35)	0.08 (1.36)	0.15(1.33)	0.08(1.33)					
ln($Agglo_{ij}$)	0.009*** (3.44)	0.007*** (3.53)	0.036*** (4.45)	0.013*** (4.04)	0.009*** (3.64)	0.006*** (3.61)	0.01*** (3.06)	0.003 (1.25)	0.006 (3.43)
ln($Open_j$)					0.319*** (2.65)	0.191*** (3.13)	0.248** (1.97)	0.122* (1.85)	
ln($Open_i$)					0.002 (0.01)	0.031 (0.51)	-0.10 (-0.83)	0.003 (0.05)	
ln($Open_j$/$Open_i$)* ln($Agglo_{ij}$)			0.009*** (3.63)	0.005** (2.39)					
ln($Open_j$/$Open_i$)* ln($Realwage_j$/$Realwage_i$)			0.19** (2.30)	0.26*** (3.94)					

续表

被解释变量：ln(*Mij*/*Mii*)									
	工具变量 2SLS 回归								
	1	2	3	4	5	6	7	8	9
$\ln(Open_j/Open_i)*\ln(Unemp_j/Unemp_i)$			-0.47*** (-6.4)	-0.29*** (-6.5)					
$\ln(Open_j)*\ln(Agglo_{ij})$							0.003 (1.43)	0.002 (1.03)	
$\ln(Open_j)*\ln(Realwage_j/Realwage_i)$							0.70*** (4.57)	0.51*** (4.82)	
$\ln(Open_j)*\ln(Unemp_j/Unemp_i)$							-0.54*** (-4.9)	-0.35*** (-5.0)	
R^2	0.27	0.27	0.28	0.28	0.30	0.32	0.30	0.31	0.27

注：*、**和***分别表示在10%、5%和1%的置信度下通过检验，括号内为 t 值。第一列至第八列是用面板数据工具变量 2SLS 方法估计的四个回归方程，四个回归方程的被解释变量都是 $\ln(M_{ij}/M_{ii})$，因为经济开放指标采用了贸易和 FDI 两种指标，所以一共得到八个结果。第一、二列是方程（6.5）的回归结果，为了得到经济开放对国内劳动力流动作用机制的结果，第三、四列我们分别在方程（6.5）的基础上加入了经济开放与两地集聚程度、实际工资比值、失业率比值的交叉项，而第五列至第八列与前四列的区别是经济开放指标不再是两地的比值，而是分别考虑迁入地和迁出地的经济开放程度，分别得到迁入地经济开放因素与迁出地经济开放因素对国内劳动力流动作用效果。第九列用面板数据 OLS 方法估计了解释变量里没有经济开放指标的回归结果。

第一列经济开放指标采用的是贸易指标。实际工资差距是劳动力流动决策的决定性因素，未来的收益差距大部分由此体现，我们预期实际工资差距系数应该显著为正，即两地实际工资差距越大，劳动力越有流动的可能性，而该系数很不显著，这样的结果与我们的预期是不相符的，可能的原因是该解释变量与其他某个解释变量相关性较高，导致本来应该显著的系数变得不显著了。第九列的回归方程去除贸易变量之后，实际工资差距系数由不显著变为显著为正，由此可推出实际工资差距的产生很可能是对外贸易的结果，所以两者之间依赖程度很高，由此影响了实际工资系数的显著性。①

两地之间的距离系数显著为负，说明距离越远劳动力越有流动的可能性。距离，不仅仅是地理上的距离，也隐含两地语言、文化差距比较

① 除了表 6.3 中给出的 1990～2005 年面板数据结果之外，我们分别对“1990～1995”，“1995～2000”，“2000～2005”三个子时期做了截面数据的工具变量 2SLS 回归，发现对外贸易与实际工资差距的系数总是显著为正，说明对外贸易对实际工资差距产生了显著的正向作用，影响比较大。另外，回归方程中去除实际工资差距变量之后得到的结果和表 6.3 的回归结果基本一致。

大，劳动力都愿意迁移至语言文化与自己家乡相近的地方。

市场自由化程度差距系数显著为正，说明劳动力倾向于流动至市场相对自由的地区，市场自由化程度越高的劳动力市场更容易接纳外来劳工，给予外来劳工相对公平的待遇。

两地房价差距的系数显著为正，跟预期不太相符。本来我们考虑房价是劳动力迁入地生活成本的指标，即房价越高，生活成本越高，进而影响预期收入，阻碍劳动力流动，系数应为负。然而，我们忽略了在一定程度上房价也是一个地区经济发达程度的指标，越是发达的地区，人口越集中，房子的需求越大，再加上一些投资房产的“炒房团”，房价往往被抬得很高，所以该指标系数显著为正，也可以说明劳动力倾向于流动至发达的地区。

失业率差距的系数显著为负，失业率是一个地区就业程度的指标，失业率越大就业情况越差，而劳动力更愿意迁移至就业程度高的地区，所以该系数应为负，结果与预期一致。[①]

医疗水平指标我们采用的是死亡率，考虑到一个地区医疗水平越高死亡率越低，所以按照预期，医疗水平差距的系数应该为负，而回归中该系数显著为正。一个可能的解释是死亡率除了和医疗水平相关以外，还和生活环境的好坏相关，越是发达的地区工业污染越严重，虽然发达地区医疗水平高，但是与污染相对较少的欠发达地区相比，人口的死亡率还是较高。

相邻虚拟变量系数显著为正，相邻的地区不仅距离近，而且语言、文化等生活环境因素也比较相似，亲人朋友也较多，按照劳动力流动的理论，邻近的地区更适合迁移。

贸易差距的系数为正，符合预期，即劳动力倾向于流向经济开放程度较高的地区，但是此系数只是在 17%的水平上显著，说明贸易差距对劳动流动的作用不甚明显。

---

① 从理论分析中我们可以得出就业也是受经济开放影响的一个指标，为什么就业差距没有出现像实际工资差距指标一样不显著的情况？我们分析，失业率差距没有实际工资差距受贸易的影响程度大，还有其他重要因素决定着失业率，所以它与贸易同时存在一个方程里，不会受太大的影响。

两地集聚程度系数显著为正，虽然数值不大，但说明中国的劳动力流动是在集聚的作用下发生的，两地的经济集聚效应会促进两地之间的劳动力流动。

第二列经济开放指标采用的是FDI指标。除实际工资差距之外，其他变量的系数基本与第一列保持一致，实际工资差距系数显著为正说明该变量确实是影响劳动力流动的一个重要因素，而FDI对实际工资的作用不如贸易程度大，所以实际工资差距与FDI差距同时作为解释变量不会对它的显著性有影响。另外，FDI系数比贸易系数要小，说明FDI与对外贸易相比，对劳动力流动的作用较小。

第三列和第四列非交叉项的结果与第一列和第二列的结果差别不大，交叉项的结果分析如下：经济开放差距变量与集聚程度、实际工资差距交叉项的系数显著为正，说明经济开放通过促进集聚和提高实际工资作用于劳动力流动的效果是显著的正向作用；经济开放差距变量与失业率差距交叉项的系数显著为负，说明经济开放通过增加就业作用于劳动力流动的效果是显著的，而且是正向的作用。另外，数值上看，对外贸易差距通过影响就业差距的作用>通过影响实际工资差距的作用>通过影响集聚的作用，FDI差距通过影响就业差距的作用>通过影响实际工资差距的作用>通过影响集聚的作用。

综合第一列至第四列，得到：经济开放差距对劳动力流动的直接作用不太明显，对外贸易差距的作用大于FDI差距的作用效果；而间接作用明显，分别是通过影响集聚程度、实际工资差距和就业差距来作用于劳动力流动，作用大小为，通过影响就业差距的作用>通过影响实际工资差距的作用>通过影响集聚的作用。

第五列至第八列用迁入地和迁出地的经济开放程度代替它们的比值，从第五、六列的结果可以看出，其他系数与前面的结果基本一致，而迁入地经济开放程度的系数显著为正，迁出地经济开放程度的系数不显著，这说明迁入地经济开放因素对劳动力流动的拉力作用明显，而迁出地的经济开放因素的作用不明显。迁入地经济开放因素的交叉项中，与集聚程度的交叉项不显著，这说明集聚的作用是与两地经济开放差距相关的，而单方面迁入地的影响并不会对集聚有太大的作用；迁入地经济开放与实际工资差距、失业率差距的交叉项系数都很显著，分别为正和负，说明迁入地经济开放因素会显著地影响到两地的实际工资差距和就业差距，从而影响到劳动力的流动，而且是显著的正向作用。另外，数值上可以看出迁入地对外贸易的作用大于FDI的作用，而对实际工资的作用大于就业的作用。

二、结论与建议

本篇在劳动力流动理论的基础上，从新经济地理学角度出发，阐明了改革开放以后，在中西部经济向东部集聚的过程中，经济开放因素对国内劳动力流动的作用，并归纳出三条作用机制：经济开放通过促进经济集聚、提高实际工资和增加就业对国内劳动力流动产生作用。运用工具变量2SLS方法对中国1990～2005年面板数据进行实证检验，得出：经济开放对劳动力流动有直接正向作用，但不太显著，对外贸易的作用大于FDI的作用效果；经济开放对劳动力流动的间接正向作用明显，分别是通过影响集聚程度、实际工资差距和就业差距来促进劳动力流动，作用大小为：通过影响就业差距的作用>通过影响实际工资差距的作用>通过影响集聚程度的作用。另外，迁入地经济开放因素会显著地影响到两地的实际工资差距和就业差距，从而促进劳动力的流动，迁入地对外贸易的作用大于FDI的作用，而对实际工资的作用大于就业的作用。

中国经济开放对国内劳动力流动的促进作用是在中西部经济向东部经济集聚过程中发生的，只要集聚的条件不发生改变，我国劳动力大规模地跨区域流动仍然可能持续。对于较为开放的东部沿海迁入地省份，应该为未来大量劳动力流入而带来的生活资源紧张、房屋价格攀升、社会不稳定等问题做好充分的准备和谋划相应的对策；而对于欠开放的中西部内陆迁出地省份，面对劳动力资源的外流，一方面要尽量留住优秀的人才支持本地经济的发展，另一方面也要提升发展对外贸易和吸纳FDI的条件，从根本上扭转人口和生产向东部地区集聚的趋势，从而缩小与东部地区的差距。

第七章　国际贸易、FDI 对我国劳动力市场一体化影响的理论与经验分析

中国 30 年来的改革开放是以市场为取向的，市场一体化发展是反映经济改革成功与否的重要标志之一。商品市场和要素市场一体化是市场一体化的两个基本组成部分，而劳动力市场一体化发展是要素市场一体化的核心之一。我国劳动力市场改革已经进行了近三十年，劳动力的结构布局和行业分配发生了深刻的变化，劳动力的流动得到了显著促进（主要体现在大量劳动力由内陆向沿海省份流动以及农村劳动力不断涌入城市）。改革开放的经验显示，劳动力流动促进了我国经济增长和对外开放，而对外开放也可能通过各种机制促进劳动力的流动。劳动力流动既是劳动力市场的重要调节机制，也是劳动力市场一体化进程中的重要表现，我国劳动力市场一体化与对外开放可能存在着重要的联系。

近年来，国内外出现了较多关于劳动力市场整合、工资差距及收敛性的研究成果，在判断劳动力市场一体化程度时存在以收入或工资是否收敛为依据的倾向。Barro 和 Sala-I-Martin 是研究区域间人均收入收敛性的奠基者，他们将跨国收入收敛的方法应用于一个国家或共同体内各个地区的人均收入收敛研究。研究显示，劳动力自由流动对人均收入条件收敛速度的贡献率达到 1/3 左右，发达国家区域间劳动力市场虽收敛速度较慢，但收敛是显著的。国内外不少学者按照 Barro 和 Sala-I-Martin 的思路检验了改革开放以来中国各省区之间的人均收入收敛情况。杨涛

和盛柳刚用收入收敛模型分析了中国29个城市的面板数据，得到与国际经验不同的结论：中国尽管已有相当规模劳动力流动，但收敛并不显著。林毅夫等人发现，中国1978年以来人均GDP差异在东部、中部和西部地区内部减小，而东中西部地区间的差异却在扩大。都阳和蔡昉考察了地区间的工资趋同性，结果显示全国七大地理区制造业细分行业的名义工资和实际工资水平离差总体上呈现出下降的趋势。

收入收敛视角无法揭示区域劳动力市场间工资、就业的差异及其与区域劳动力流动之间的关系，一些研究转而从迁移角度探讨劳动力市场一体化。Boyer和Hatton建立了一个将国内劳动迁移和劳动力市场一体化相联系的框架考察19世纪末英国劳动力迁移，并运用误差修正模型对英国劳动力市场一体化进行检验，指出一个完美一体化的劳动力市场也可能出现工资率不趋同的情况，劳动的流动性应作为劳动力市场一体化的主要判断指标。Robertson提出了劳动力市场一体化的标准：（1）一国工资变化如何影响邻国工资变化；（2）工资差别回到均衡的速度有多快。在修正Boyer和Hatton误差修正模型的基础上分析了美国与墨西哥劳动力市场一体化，发现尽管两国存在较大的工资差别，但劳动力市场一体化程度在加深，北美自由贸易区之前的美、墨劳动力市场一体化主要是人口迁移的结果。

分析经济开放对劳动力市场一体化影响的文献较为少见。一些文献从开放对劳动力跨区域迁移的影响等方面进行了初步的研究，Poncet和Zhu（2003）分析了全球化对国内劳动力迁移的影响，指出中国改革开放政策使得区域间的收入和就业机会差距扩大，促使大量的劳动力从欠开放地区向开放地区迁移。然而论文未能进一步探讨经济开放通过促进国内省际劳动力迁移对劳动力市场一体化的作用。

上述基于收入收敛视角的研究多表明，近年我国不同省、区的收入差距呈扩大趋势。如果据此作出我国劳动力市场一体化停滞不前甚至倒退的判断，显然与劳动力流动不断增强的现象（及其对劳动力市场一体化的促进）相左而难以解释。同时，开放对劳动力市场一体化的影响在已有文献中也未得到深入考察。因此，在对劳动力市场一体化合理界定、确定适宜判断依据并将开放因素纳入考察的基础上，进一步展开系统研究十分重要。

本章的研究重点为：第一，劳动力市场一体化如何界定？我国区域间及整体上的劳动力市场一体化程度如何，应如何选取更为准确有效的方法进行测算？第二，开放对我国劳动力市场一体化产生了怎样的作用，开放通过哪些机制和途径影响了劳动力市场一体化？

第一节 理论框架

一、劳动力市场一体化的界定

本章借鉴 Robertson 的观点，将“劳动力市场一体化”界定为，某一子劳动力市场的供求关系信息对另一个子劳动力市场均衡产生的作用，包括两个方面：第一，一个子劳动力市场的工资怎样影响另一个子劳动力市场的工资；第二，受到外生冲击后，两个劳动力市场的工资差距回到均衡水平有多快。[①]

二、理论框架

根据本章对劳动力市场一体化的界定，我们在理论框架中一方面要重点考察某一子劳动力市场的供求关系信息对另一市场均衡产生的作用，另一方面还需深入分析开放对上述过程的影响。本理论框架将在 Robertson 模型基础上，引入开放对劳动力市场的两个影响系数 f_1 和 f_2。假设两个地区（子劳动市场）i 和 j 之间存在劳动力流动，i 地区的劳动力供给将会受到 j 地区工资以及本地区当期和滞后期工资差异的影响。同时，i 和 j 组成的较大区域采取了经济开放政策。建立如下包含 i 地区当期工资、滞后期工资以及 j 地区工资的劳动供给函数：

$$L_s^i = \sigma_0 - (1+f_1)\sigma_1 w_t^j + (1-f_2)\sigma_2(w_t^i - \varphi w_{t-1}^i) + \sigma_3 \quad (7.1)$$

式中，L_s^i 表示 i 地区劳动力供给，w^j、w^i 分别表示 j 地区、i 地区的实际

---

① 需要注意的是，本章研究不是判定某个劳动力市场是否一体化，而是其一体化程度是加深还是减弱（或有无一体化的趋势）。

工资。σ_0、σ_1、σ_2、φ、σ_3 为供给函数参数，$\sigma_1>0$，$\sigma_2>0$，其中 σ_1 是 i 地区劳动供给对 j 地区工资的反应系数，j 地区工资上升将导致 i 地区工人迁往 j 地区，两地迁移成本越低，该系数的值越大；σ_2 是 i 地区劳动力供给对本地区当期和滞后期工资差异的反应系数，i 地区劳动力市场对外部信息越敏感，劳动力供给对本地工资的反应系数 σ_2 的值就越小；φ 是 i 地区劳动力供给对滞后一期工资的反应参数。f_1 和 f_2 为开放对劳动力市场的影响系数，$f_1>0$，$1>f_2>0$，且 f_1 和 f_2 是经济开放程度的增函数，f_1 进入函数的方式表明，开放将通过降低劳动力的迁移成本增加一个地区劳动供给对其他地区劳动力市场的敏感度；f_2 进入函数的方式显示，国际贸易、外资流入将促进地区的生产要素市场更加开放，地区劳动力市场之间的信息障碍下降，进而劳动供给对于外部地区信息的反应增强，而对本地工资信息的敏感度有所下降。下标 t 表示相应变量所属的时期，σ_0 是系统外部影响 i 地区劳动力供给的外生冲击参数，最后一项 σ_3 表示一组系统内部与时期无关的对 i 地区劳动力供给产生影响的因素。

类似地，建立如下包含 i 地区当期工资、滞后期工资以及 j 地区滞后期工资的劳动需求函数：

$$L_t^d=\delta_0+(1+f_1)\,\delta_1 w_{t-1}^j-(1-f_2)\delta_2(w_t^i-\gamma w_{t-1}^i)+\delta_3 \qquad (7.2)$$

式中 δ_0、δ_1、δ_2、γ 为需求函数参数，$\delta_1>0$、$\delta_2>0$，其中 δ_1 是 i 地区劳动需求对 j 地区滞后工资的反应系数，j 地区工资上升意味着 i 地区劳动力成本相对降低，i 地区劳动需求会增加，两地劳动力流动障碍减少会导致该系数增大；δ_2 是 i 地区劳动需求对本地区当期和滞后期工资差异的反应系数，i 地区对外部信息越敏感，δ_2 的值就越小；γ 是 i 地区劳动需求对滞后一期工资的反应参数。为了分析的简化，假设劳动需求函数中的开放系数 f_1 和 f_2 与供给函数相同。其他符号的含义与供给函数相同。

从劳动供求函数（7.1）和（7.2）可以看出，j 地区工资越高，i 地区当期和前一期的工资差距越小，i 地区当期劳动需求越大、供给越小。参数 δ_1 和 σ_1 分别体现了劳动力市场中需求方和供给方的流动成本，包括交通成本、制度障碍、信息障碍等所有妨碍劳动迁移因素所导致的成本，是阻止要素价格均等化和劳动力市场一体化的重要障碍，成本越小，两个参数的数值越大。由于这些成本的存在，使得均衡时两地的工资出现差异。当劳动力市场受到冲击时，工资差异将会暂时性地偏离均衡工资差异，但最终仍然将回到均衡点。均衡时劳动力市场需求等于供给，即（7.1）=（7.2），解出 i 地区的当期工资，将其表示为i地区滞后期工资、j 地区当期工资和滞后期工资的函数：

$$w_t^i=(\delta_0-\sigma_0+\delta_3-\sigma_3)/(1-f_2)(\delta_2+\sigma_2)$$
$$+(\delta_2\gamma+\sigma_2\varphi)\, w_{t-1}^i/(\delta_2+\sigma_2)+(1+f_1)\sigma_1\, w_t^j/(1-f_2)(\delta_2+\sigma_2)$$
$$+(1+f_1)\,\delta_1\, w_{t-1}^j/(1-f_2)(\delta_2+\sigma_2) \qquad (7.3)$$

分别用 α_0、e_0、e_1、e_2 表示每一项的参数，将（7.3）式化简为：

$$w_t^i=\alpha_0+e_0 w_{t-1}^i+e_1 w_t^j+e_2\, w_{t-1}^j \qquad (7.4)$$

其中，$\alpha_0=(\delta_0-\sigma_0+\delta_3-\sigma_3)/(1-f_2)(\delta_2+\sigma_2)$，

$e_0=(\delta_2\gamma+\sigma_2\varphi)/(\delta_2+\sigma_2)$，

$e_1=(1+f_1)\sigma_1/(1-f_2)(\delta_2+\sigma_2)$，

$e_2=(1+f_1)\,\delta_1/(1-f_2)(\delta_2+\sigma_2)$

由 $e_0+e_1+e_2=1$[①]，式（7.4）变为

$$w_t^i=\alpha_0+(1-e_1-e_2)w_{t-1}^i+e_1 w_t^j+(1-e_0-e_1)\, w_{t-1}^j$$

整理后可得：

$$\Delta w_t^i=\alpha_0+e_1\,\Delta w_t^j-(e_1+e_2)\,(w_{t-1}^i-w_{t-1}^j) \qquad (7.5)$$

公式（7.5）可以简化为：

$$\Delta w_t^i=\alpha_0+\alpha_1\,\Delta w_t^j+\alpha_2\,(w_{t-1}^i-w_{t-1}^j) \qquad (7.6)$$

其中：

$$\alpha_1=e_1=(1+f_1)\sigma_1/(1-f_2)(\delta_2+\sigma_2) \qquad (7.7)$$

$$\alpha_2=-(e_1+e_2)=-(1+f_1)(\delta_1+\sigma_1)/(1-f_2)(\delta_2+\sigma_2) \qquad (7.8)$$

根据本章对劳动力市场一体化的界定，公式（7.6）可以用来分析以下两个方面内容：第一，公式（7.6）右边第二项 $\alpha_1\,\Delta w_t^j$ 显示，i 地区工

---

① Robertson和Raymond（2000）根据Hendry和Ericsson（1991）对于“长期同质性”（long-run homogeneity）的结论，得出公式（7.4）中的 e_0、e_1、e_2 之和为1，并利用美国和墨西哥的城市数据从经济含义上对此结果进行了估计验证，得到 e_0、e_1、e_2 之和显著地接近于1的经验证据。

资变化会与 j 地区工资变化产生联动效应，α_1 能够衡量 j 地区工资变化对 i 地区工资的影响（文中将其称为冲击参数），如果外来冲击使得 j 地区工资上升，从而引致 i 地区工资上升，那么 $\alpha_1>0$；第二，公式（7.6）右边第三项 $\alpha_2\,(w^i_{t-1}-w^j_{t-1})$描述了受到冲击后 i 和 j 地区工资差异回到均衡的调整过程，α_2 可衡量 i 地区在面临 j 地区冲击时收敛到 i 地区和 j 地区的均衡工资差异的程度和速度（文中将其称为收敛参数），如果 i 地区和 j 地区的工资倾向于收敛到均衡工资差异，那么 $\alpha_2<0$，且 α_2 绝对值越大，收敛速度越快，劳动力市场一体化程度越深。因此，α_2 可视为衡量劳动力市场一体化的主要指标。

由公式（7.8），α_2 为 σ_1、δ_1、σ_2、δ_2、f_1 和 f_2 所决定。当 i 地区和 j 地区之间的劳动迁移成本下降时（σ_1 和 δ_1 值增大），或地区劳动市场更开放、对外部信息更敏感（σ_2 和 δ_2 值减小）时，将导致 α_2 的绝对值上升，促进劳动市场更快调整。结合开放参数 f_1 和 f_2 的假设，从公式（7.8）还可看出，开放从以下方面对区域间劳动力市场一体化产生影响：参数 f_1 的作用体现为，通过降低或消除劳动迁移中的障碍导致 α_2 的绝对值上升，推进劳动力市场一体化程度增加；f_2 的作用体现为，开放促进了商品市场整合与开放，进而推进我国地区劳动力市场开放，导致其对外部的供需敏感性增加，对本地区的供需敏感性减弱，使 α_2 绝对值上升，加快了劳动市场调整速度。此外，公式（7.7）表明，经济开放通过类似渠道还可使 i 地区劳动市场对 j 地区劳动市场受到冲击后产生的工资变动产生更强的联动效应。本章上述理论假说需通过经验研究加以检验和证实。

第二节　经验检验

下面将在理论框架指导下，从两个方面展开经验研究：第一，从实证上测度中国各区域劳动力市场一体化的程度和趋势；第二，分析我国开放中的国际贸易、FDI 等因素对劳动力市场一体化的影响。

一、我国劳动力市场一体化的经验测度

（一）计量方程

为了消除异方差，对公式（7.6）中的实际工资变量取对数，可以将其改写为式（7.9）：

$$\Delta \log w_t^{i,} = \alpha_0 + \alpha_1 \Delta \log w_{j,t} + \alpha_2 \log(w_i/w_j)_{t-1} + \mu_t \qquad (7.9)$$

公式（7.9）为本章测度中国各区域劳动力市场一体化所使用的计量方程。其中的冲击参数 α_1 能够衡量 j 地区工资变化对 i 地区工资的影响；收敛参数 α_2 则可衡量 i 地区在面临 j 地区冲击时收敛到 i 地区和 j 地区的均衡工资差异的程度和速度。根据先前的分析，经验研究将把收敛参数 α_2 作为度量我国区域劳动市场一体化的主要指标。运用最小二乘估计法（OLS）对方程（7.9）进行估计，如果两个地区的劳动力市场存在一体化的趋势，那么参数 α_2 应该显著小于 0，且 α_2 的绝对值越大，说明一体化的程度越深。

（二）数据来源及说明

本章经验测度的数据来自中国经济信息网《中国经济统计数据库》的综合年度库。20 世纪 80 年代中期，中国城市企业开始尝试对用工制度和劳动力要素配置进行改革，推动了此后劳动要素的流动和劳动力市场一体化进程，所以本章将 1987 年至 2006 年作为研究期。各省市实际工资使用 1987 年至 2006 年的年度在岗职工平均工资除以居民消费价格指数得到，东、中、西部的实际工资由区域内各省市实际工资以在岗职工人数为权重加权平均得到。由于重庆 1997 年才从四川分离出去，因此把重庆和四川 1987 年至 2006 年的数据归并到一起，取名“川渝”。

（三）区域划分、区域性劳动力市场一体化与全国性劳动力市场一体化的测度方法

为了测度各区域的劳动力市场一体化状况，我们把全国 31 个省、自治区、直辖市分成六大区域：东北区域（3 省）：黑、吉、辽；华北区域（6 省/市/区）：京、津、冀、鲁、晋、蒙；华东区域（4 省/市）：沪、苏、皖、浙；华南区域（8 省/区）：粤、桂、湘、赣、闽、豫、鄂、琼；西南区域（5 省/市/区）：渝、川、云、贵、藏；西北区域（5 省/区）：陕、

甘、宁、青、新。划分区域的标准主要参考《中国统计年鉴》对中国区域地理划分的标准。考虑到劳动力流动是劳动力市场相互影响和调整的重要表现，在划分区域时参考了省份间人口流动的数据。[①]研究方法上，将区域中的省份两两配对，再参考两省间的劳动流动数据，把人口净流出省份作为 i 地区，净流入省份作为 j 地区，利用公式（7.9）对两省的 α_2 值进行估计，最后通过汇总比较各配对省份的 α_2 值得出该区域劳动力市场一体化状况的结论。例如：在东北区域，存在吉向辽，黑向吉和辽的净人口流出，我们对这三组省份分别利用计量方程（7.9）估计系数 α_1（冲击参数）和 α_2（收敛参数），其他各个区域的估计方法与此相同。

在测度全国整体劳动力市场一体化状况中，将全国分成三个部分：东部（12省/市/区）：京、津、冀、鲁、辽、沪、苏、浙、闽、粤、桂、琼；中部（9省/区）：晋、蒙、吉、黑、皖、赣、豫、鄂、湘；西部（10省/市/区）：渝、川、贵、云、藏、陕、甘、宁、青、新。由于中国的劳动力流动呈现中、西部向东部大规模迁移的特点，所以划分标准完全按照中国区域地理的标准。类似地，研究中将利用公式（7.9）估计东、中、西各部分之间的 α_2 值，最后汇总比较 α_2 值得出全国劳动力市场一体化状况的初步结论。

（四）测度结果

1. 全国六大区域劳动力市场一体化状况

对全国六大区域进行劳动力市场一体化的测度，区域内部劳动力市场一体化的测算结果如下（表7.1～表7.6）。

表7.1　东北区域1987～2006年劳动力市场一体化估测结果

迁出地＼迁入地	辽宁	吉林	黑龙江	辽宁	吉林	黑龙江
	冲击参数 α_1			收敛参数 α_2		
辽宁		0.657 6***	0.897 7***		−0.401 6	−0.360 7**
吉林			0.835 2***			−0.268 5

注：*、**和***分别表示在10%、5%和1%的置信度下通过检验，下表同。

① 数据来源：《中国2000年人口普查资料》（下），第七卷，第1813～1817页。

由表 7.1 可知东北区域冲击参数 α_1 的值均显著大于零，表明东三省劳动力市场间具有明显联系。但本章测算劳动力市场一体化的主要指标（收敛参数 α_2），仅黑龙江到辽宁在 5%的水平上显著，说明该区域受到外生冲击时，回到均衡工资差异的调整速度较慢，整体上劳动力市场一体化程度不深。

表 7.2　华北区域 1987～2006 年劳动力市场一体化估测结果

迁出地 / 迁入地	天津	河北	山西	内蒙古	山东
	冲击参数 α_1				
北京	0.608 7***	0.741 4***	0.567 9***	0.300 1	0.646 6***
天津		0.649 4***	0.512 0**	0.476 4	0.512 8**
河北				0.497 4**	0.898 4***
山西		0.702 9***		1.007 1***	
山东			0.691 6***	0.805 0***	
	收敛参数 α_2				
北京	−0.405 3**	−0.020 3	−0.158 8**	−0.324 2***	−0.106 8
天津		−0.175 7	−0.241 4	−0.334 8***	−0.272 2**
河北				−0.736 8	−0.479 2**
山西		−0.016 2		−0.292 5	
山东			−0.244 2**	−0.358 8**	

根据表 7.2 结果，华北区域大部分的冲击参数 α_1 都显著地大于零，说明华北区域的劳动力市场互相之间联系紧密。华北地区劳动力市场主要有北京、天津两个中心地区，京津两市工资的变化将会引起周边甚至更远地区劳动力市场的相应变化。华北区的收敛参数 α_2 超过 50%显著小于零，表明华北区域的劳动力市场之间相互调整的速度较快。其中京津、鲁冀之间，收敛参数为负且绝对值较大，表示京津、鲁冀之间的劳动力市场一体化程度较高，这与京津、鲁冀地理相邻且交通便利，信息传递也较通畅有关。总体上，华北区域劳动力市场以京津为中心的一体化趋势较为明显。

表 7.3　华东区域 1987～2006 年劳动力市场一体化估测结果

迁出地 / 迁入地	江苏	浙江	安徽	江苏	浙江	安徽
	冲击参数 α_1			收敛参数 α_2		
上海	0.622 1***	0.746 2***	0.390 4**	-0.681 1***	-0.501 1*	-0.293 7***
江苏			0.622 6***			-0.272 8**
浙江	0.548 7***		0.224 5*	-0.299 4***		-0.242 9***

表 7.3 结果显示，华东区域劳动净流入省份集中在上海和浙江这两个劳动力市场的中心省市。表 7.3 的所有估计参数都通过了显著性检验，显示华东区域劳动力市场呈现出以上海、浙江为中心的较明显一体化趋势。上海和浙江经济迅速发展带来的优厚工资和较多工作机会吸引了大批外省劳动力的流入，推进了自身和周边省市的劳动市场相互调整和整合过程，促进了华东区域的劳动力市场一体化。

表 7.4　华南区域 1987～2006 年劳动力市场一体化估测结果

迁出地 / 迁入地	福建	江西	河南	湖北	湖南	广西	海南
	冲击参数						
福建		0.467 1	0.771 3***	0.595 4**	1.058 8		0.814 1**
河南		0.661 7***					
湖北		0.801 3***	0.703 4***				
湖南		0.756 9***	0.702 5***	0.817 4***			
广东	0.823 6***	0.588 8**	0.862 5***	0.871 8***	1.068 3***	1.463 3***	0.852 5**
广西	0.370 3***	0.786 4***	0.705 2***	0.725 2***	0.876 3***		
海南		0.686 4***	0.496 2***	0.533 9***	1.283 5***	0.655 9***	
	收敛参数						
福建		-0.342 8**	-0.569 1	-0.184 2**	-0.288 0		-0.231 2
河南		-1.055 4***					
湖北		-0.197 3	0.087 3				
湖南		-0.274 1	0.012 7	-0.437 6**			
广东	-0.477 2**	-0.371 6***	-0.290 7*	-0.178 6***	-0.205 7***	-0.229 9**	-0.480 6***
广西	0.061 7	-0.306 6	0.019 4	-0.186 2	-0.345 3**		
海南		-0.465 4*	-0.080 7	-0.508 3***	-0.514 8**	-0.834 2***	

由表 7.4 可知，华南区的冲击参数 α_1 数值较大，显著性水平也较高，表明华南区域内的劳动力市场联系非常紧密。收敛参数 α_2 有一半以上都

显著，且这些显著的指标集中于以广东、海南为迁入地的区域。劳动力大规模流入广东是华南区域劳动力市场间相互调整的重要基础，以广东为迁入地的收敛参数 α_2 绝对值较大，且均相当显著，可以判断华南劳动力市场一体化程度很高，且以广东为核心。

表 7.5　西南区域 1987～2006 年劳动力市场一体化估测结果

迁出地／迁入地	川渝	贵州	西藏	川渝	贵州	西藏
	冲击参数 α_1			收敛参数 α_2		
川渝		0.846 3***			-0.023 8	
贵州			1.103 6**			-0.362 2*
云南	0.730 4***	0.658 1***	0.991 3*	-0.147 8	-0.781 5	-0.339 5*
西藏	0.211 7**			-0.181 7		

表 7.6　西北区域 1987～2006 年劳动力市场一体化估测结果

迁出地／迁入地	陕西	甘肃	青海	宁夏	陕西	甘肃	青海	宁夏
	冲击参数 α_1				收敛参数 α_2			
陕西		0.649 0***	0.881 3***			-0.243 8*	-0.582 3	
青海		0.642 1***		0.732 5***		-0.308 5**		0.119 8
宁夏	0.721 5***	0.796 0***			-0.554 5	0.002 4		
新疆	1.106 7***	0.801 9***	1.204 9***	0.876 6***	-0.308 3	-0.442 1**	-0.701 1***	0.183 8

表 7.5 和表 7.6 显示，虽然冲击参数均显著大于零，但大多数的收敛参数不显著，表明西南、西北区域劳动力市场间具有较好的联系，但相互调整的速度慢、能力差，在研究期内一体化程度不深。

对全国六大区域性劳动力市场一体化状况的经验测算结果总体上显示，全国各区域劳动力市场内部之间联系已较为紧密，但华北、华东、华南三个区域劳动力市场一体化程度较深。其中两个重要特征是：第一，我国各区域劳动力市场一体化进程步调不一致，经济越发达、开放程度越高的区域，劳动力市场一体化的程度越深；第二，劳动力市场一体化程度较深的区域往往有一个或两个省市作为该区域劳动力市场的中心地区，呈现出以中心省市为轴的一体化趋势。

2. 全国性劳动力市场一体化的初步测算

在利用公式（7.9）估计全国劳动力市场一体化状况时，没有限于将人口净流出区作为 i 地区，净流入区作为 j 地区，而是考察了东、中、西三大劳动力市场间劳动双向流动的相互影响。测算结果见表 7.7。

表 7.7　全国 1987～2006 年劳动力市场一体化估测结果

迁出地 / 迁入地	西部	中部	东部	西部	中部	东部
	冲击参数 α_1			收敛参数 α_2		
西部		0.994 8***	0.885 5***		-0.007 3	-0.003 5
中部	0.657 3***		1.016 6***	-0.192 2*		-0.166 3
东部	0.632 8***	0.825 6***		-0.128 8**	-0.201 0***	

根据表 7.7，冲击参数均显著大于零且数值较大，说明东中西部劳动力市场之间联系较紧密，这与区域性劳动力市场一体化测算的结果一致。由西到东迁移的收敛参数都显著地小于零（由东到西的迁移的收敛参数则不显著），这与我国人口大规模地由西部内陆地区向东部沿海地区迁移是一致的。在三个显著的收敛参数中，绝对值排序为：中到东的收敛参数大于西到中的收敛参数大于西到东的收敛参数，表明中东部之间的劳动力市场一体化程度最深，西中部之间次之，西东部之间再次之。相邻的两个部分之间劳动力市场互相调节的速度和程度比不相邻的两部分之间快和深。中东部与西中部相比，中东部的收敛参数绝对值更大，显示越是开放和发达的地区，劳动力市场一体化的进程越快、越深。

二、经济开放对我国劳动力市场一体化影响的经验分析

经验测度发现，区域劳动力市场一体化与区域经济开放可能存在一种正向关系。根据理论分析，经济开放将可能使测度劳动力市场一体化的主要指标 α_2 具有显著性，且绝对值有所增大。据此，本章对经济开放对我国劳动力市场一体化影响的经验检验将采取如下思路：先检验国际贸易、FDI 等因素对劳动力市场一体化经验指标 α_2 统计显著性的影响，然后检验经济开放对 α_2 绝对值的影响。

第一步，建立 Probit 模型来检验地区的国际贸易、FDI 等因素对劳

动力市场一体化经验指标 α_2 统计显著性的影响。根据表7.1至表7.6的结果，在将6大区域内部的省份两两配对进行估计的68个 α_2 系数中，其中37个至少能够通过置信度为10%的t检验。计量方程如下：

$$SIG_{ij}=\theta_0+\theta_1 Trade_j+\theta_2 FDI_j+\theta_3 ADJ_{ij}+\theta_4 POPU_i+\theta_5 GDP_{ij}+\mu \qquad (7.10)$$

式中，SIG_{ij} 表示利用计量方程（7.9）估计的1987～2006年 i 和 j 两个省份之间 α_2 系数是否具有统计显著性，如果 α_2 至少能够通过置信度为10%的 t 检验且为负值，SIG_{ij} 取1，否则取0。$Trade_j$、FDI_j 分别表示劳动力净流入的 j 省研究期内平均国际贸易依存度和年平均实际利用外资额（对数值），根据中国的情况，我们假设国际贸易、FDI等开放因素对区域劳动力市场一体化进程的影响主要来自人口净流入省份。$POPU_i$、GDP_{ij} 表示人口净流出的 i 省研究期内年平均人口数（对数值），i、j 两省年平均GDP（i 和 j 省份的年均GDP之和的对数值），ADJ_{ij} 为 i 和 j 两省地理上是否相邻的虚拟变量。由于方程（7.10）的因变量 SIG_{ij} 是取值为0和1的二值变量，解释变量为区域劳动力市场中省份特征，采用二元选择模型中的Probit模型，利用极大似然法进行估计。由于 $Trade_j$ 与 FDI_j 可能存在较强的相关性，因此将贸易和FDI指标分别估计。样本容量为68个，结果见表7.8。

表7.8 经济开放对 α_2 统计显著性影响的Probit模型估计结果

解释变量	方程（1）	方程（2）
$Trade_j$	1.787 7***	
FDI_j		0.458 7**
ADJ_{ij}	0.195 9	0.299 3
$POPU_i$	-0.232 7	-0.272 5
GDP_{ij}	-0.036 5	-0.418 8

第二步，建立Tobit模型对经济开放对劳动力市场一体化经验指标 α_2 绝对值的影响进行估计。本章将表7.1至表7.6中统计显著的37个 α_2 系数取其实际值的绝对值作为被解释变量，而其余不显著的31个 α_2 系

数则将其值取为 0 作为被解释变量，由于被解释变量为受限变量，采用如下的 Tobit 模型进行估计：

$$\text{ABVALUE}_{ij}=\psi_0+\psi_1\text{Trade}_j+\psi_2\text{FDI}_j+\psi_3\text{ADJ}_{ij}+\psi_4\text{POPU}_i+\psi_5\text{GDP}_{ij}+\mu \quad (7.11)$$

式中 ABVALUE_{ij} 为表 7.1 至表 7.6 中 α_2 系数的绝对值，各解释变量的含义与（7.10）式相同。采用 Tobit 模型，利用极大似然法进行参数估计。解释变量 Trade_j 与 FDI_j 代可能存在较强的相关性，回归中将贸易和 FDI 指标分别估计。计量分析的样本容量为 68 个，表 7.9 列出了详细的计量估计结果。

表 7.9　经济开放对 α_2 绝对值影响的 Tobit 模型估计结果

解释变量	方程（1）	方程（2）
Trade_j	0.310 5**	
FDI_j		0.102 9*
ADJ_{ij}	0.012 4	0.048 5
POPU_i	−0.060 8	−0.074 3
GDP_{ij}	−0.021 4	−0.102 4

如表 7.8 和表 7.9 所示，国际贸易、FDI 等经济开放因素对 α_2 的统计显著性和绝对值均具有显著的正向影响。表 7.8 中贸易依存度和 FDI 的估计系数统计显著性达到了 99%和 95%，且系数值均较大，表明劳动力净流入省份研究期内的贸易和利用外资发展对 i 和 j 两个省份间 α_2 系数的统计显著性具有明显的正向影响；表 7.9 的 Tobit 模型估计结果中，贸易依存度的系数为 0.31，FDI 的系数为 0.103，且均能通过显著性检验，表明劳动净流入省份国际贸易发展和外商直接投资流入对促进 i 和 j 两个省份之间 α_2 系数的绝对值提升具有明显的作用。两个模型的估计结果显示，经济开放对我国区域劳动力市场一体化的程度具有显著促进作用。地理相邻对劳动力市场一体化有积极影响，劳动净流出省份人口规模与两个省份的总 GDP 规模均对劳动力市场一体化有一定负面影响，这是由于人口众多、经济规模大的区域劳动力市场整合难度较大，但地理相邻、

人口和GDP规模三个变量的估计系数均不显著。

三、结论与建议

本章从理论和经验上分析了中国劳动力市场一体化及经济开放对劳动力市场一体化进程的作用，研究表明：两个劳动力市场的均衡工资差距在受到外生冲击后回到均衡水平的能力是衡量我国区域劳动力市场一体化的一个较好标准；经济开放对我国区域劳动力市场一体化的程度和趋势具有显著的促进作用，其主要机制是通过降低或消除劳动力迁移过程中的各种障碍性因素推进劳动市场调整速度上升、促进我国商品市场的整合与开放，进而推进我国地区劳动力市场的开放，导致国内各地区劳动力市场对外部的供需敏感性相对增加，对本地区的供需敏感性相对减弱，加快劳动市场调整速度；我国各区域劳动力市场一体化进程不同，华北、华东、华南等区域劳动力市场一体化的程度更深，且往往有一个或两个省市作为区域劳动力市场的中心。全国性劳动力市场一体化的初步经验测度显示，中东部之间的劳动力市场一体化程度最深。经验上所得的结果与该期间内我国省际、区域之间不断增长的大规模人口迁移现象基本相符，在一定程度上解决了先前相关研究中一个颇为令人困扰的问题：作为我国劳动力市场之间相互调整的重要表现——省际、区域之间人口迁移的迅速发展与这些研究中的劳动力市场一体化指标工资收敛的趋势出现了明显的不一致状况。

一体化的劳动力市场对于提高中国经济发展的效率、降低经济发展的成本以及增加经济发展的福利效应都具有重要意义。根据本章的研究结论，我们提出如下几点建议：首先，坚定不移地继续深化对外开放政策，巩固和提升东部地区在经济开放中的巨大成果，通过开放持续推动东部沿海发达地区内部劳动力市场之间的迅速有效调节，促进东部劳动力市场一体化进一步发展。其次，需要重视西部落后地区劳动力市场的开发和扶持。西部地区各省市要通过外部扶持和自身发展相结合，吸收东部劳动力市场一体化发展的经验，缩小与东部地区商品市场和劳动力市场等要素市场发展的差距。根据东部经验，西部可尝试在条件相对成熟的情况下建立几个劳动力市场中心来带动整个区域劳动力市场的发展。再次，加大中部和西部地区的对外开放程度，以开放促进中部和西部地区劳动力市场一体化的发展和深化。中、西部在进一步对外开放中潜力巨大，国际贸易和吸收外资的迅速发展将能有效地带动中西部地区商品市场和劳动力市场的发展。

第三节　本篇结论

改革开放以来，在经济开放条件下，我国发生了国际贸易、FDI、产业、人口在东部沿海地区集聚的现象。大多数学者认为：国际贸易和FDI 等开放因素促进了产业和人口在东部沿海地区的集聚；区域产业集聚有促进当地吸收 FDI 的作用；经济开放和产业集聚均对劳动力流动具有促进的作用。

为了更好地研究经济开放和劳动力流动之间互动关系，我们建立了一个适用于中国情况的理论模型，模型中设置了三个区域，分别是区域 1、区域 2 和区域 0。区域 1 和区域 2 是一个国家的两个区域，区域 1 为沿海地区，更靠近其他国家，区域 2 为内陆地区，相对于区域 1 更远离其他国家，区域 0 为除了这个国家以外的区域，我们称为区域 ROW（the Rest Of the World）。内陆地区（区域 2）必须穿越沿海地区（区域 1）才能与区域 ROW 发生贸易。区域 1 和区域 2 有着相同的要素禀赋、偏好和技术，为了简化，区域 ROW 在模型里是一个进出口市场。

模型中一共有三种要素，分别是农业部门劳动力（L_A），城市制造业部门劳动力（L_M），城市中间产品部门劳动力（L_S）。区域 1 和区域 2 的农业部门劳动力是相同的，而且不能在区域之间流动，而两个区域城市制造业部门劳动力和中间产品部门劳动力初始数量是相同的，而且在区域间可以自由流动。这些劳动力将会被三个部门加以利用，分别是：农业部门，生产农产品；城市制造业部门，生产最终产品；城市中间产品部门，生产不同的中间产品和服务以供给城市制造业部门，这些部门不仅包括中间生产，还包括经营管理、研发、财务、市场营销、广告、人事、培训、法律服务、管理咨询、贸易服务、设计等，这些都是为城市制造业部门所服务的。区域 1 和区域 2 又分为城市和农村。农村只有农业部门，而城市有制造业部门和中间产品部门。区域 ROW 生产和出口中间产品，只进口最终产品而不生产最终产品。这个国家的区域 1 和区域 2 都从区域 ROW 进口中间产品，也都向区域 ROW 出口最终产品。没有国际之间的要素流动，也就是说，区域 ROW 的劳动力只能在区域 ROW，而不能进入区域 1 和区域 2。国家内部（区域 1 和区域 2）之间的贸易是有运输成本的，而国际贸易（区域 1、区域 2 和区域 ROW 之间的贸易）是有贸易成本的，沿海地区与区域 ROW 贸易只有贸易成本，而内陆地区与区域 ROW 发生贸易除了支付贸易成本外还要支付运输成本。按照惯例，我们采用冰山假设来处理这两类成本。T 和 τ 分别是运输成本和贸易成本参数，$T\geqslant1$，$\tau\geqslant0$。一般情况下，$\tau\geqslant1$，而当该国不仅完全实行自由贸易政策，还对进口和出口进行财政补贴的时候，$\tau<1$。当 T 单位的产品和服务在区域 1 和区域 2 之间运输，只有 1 单位到达目的地，而运输过程中 $T-1$ 单位的产品和服务被消耗（像冰山一样融化）；当 τ 单位的产品和服务在国际之间贸易，只有 1 单位到达目的地，而运输过程中 $\tau-1$ 单位的产品和服务被消耗。参数 T 和 τ 越小，越容易到达目的地。所以，我们把 $1/T$ 和 $1/\tau$ 分别代表国内运输的便利程度和国际贸易的开放程度。

与以往模型不同的是，除了心理成本和拥塞成本之外，我们在迁移函数中加入了劳动力流动的迁移成本，这个迁移成本是通过加入一个公共交通部门来反映的，我们假设迁移成本与政府对公共交通的补贴有关，而公共交通的补贴一方面由补贴因子决定，另一方面由经济开放程度来决定。另外，在远视迁移函数中，我们改变了拥塞成本的决定形式，使得拥塞成本的作用更加明显。

通过分析，我们得出模型的向心力包括规模经济、需求关联循环因果联系、成本关联循环因果联系和迁移成本递减效应，离心力包括本地竞争、拥塞成本和迁移成本递增效用。而且，规模经济、需求关联循环因果联系和成本关联循环因果联系这三种向心力之间是相互促进的集聚过程，而迁移成本递减效应发挥作用的条件是前三种向心力达到了劳动力流动规模扩大的作用效果，可以理解为一个集聚的加速度作用。产业集聚的发生是向心力与离心力权衡后的结果，如果向心力>离心力，那么经济的正向自我回馈机制将会促使产业集聚。由此我们得到产业集聚和劳动力流动是互相促进的关系。

而经济开放影响劳动力流动的四条机制为：经济开放是产业集聚、劳动力流动的触发器和必要条件；经济开放因素会影响短期均衡，从而影响决定劳动力流动的诸多变量，包括就业、名义工资、物价指数；经济开放会通过迁移成本直接影响迁移决定；经济开放会通过影响整个产业集聚过程来影响劳动力流动。

通过对模型进行中国情况的数值模拟，我们得到以下两个重要的结论：

第一，经济开放具有促进产业集聚和劳动力流动的作用。具体来说，经济开放对劳动力流向集聚区域的这种促进作用是通过经济开放对整个经济系统产业集聚的促进和对迁移行为本身的促进双方面作用的结果。一方面，经济开放对规模经济的促进作用带来了向心力的增强，包括规模经济带来的前向、后向联系机制的增强，使得产业集聚过程速度更快程度更深，从而促进劳动力向区域 1 流动，而劳动力流动规模的扩大又会引起迁移成本递减效应，进一步促进劳动力流向区域 1；另一方面，经济开放会通过降低劳动力迁移成本来促进劳动力流动，而这种促进也是对产业集聚的促进，促进产业集聚又将进一步促进劳动力流动。

第二，不论经济开放的程度如何，内陆地区在中间产品部门是具备初始优势的，如果经济开放程度不太高的话，内陆地区的这种在中间产品的优势将会继续保持下去直至达到均衡，如果经济开放程度达到一定水平，在中后期将会使得内陆地区丧失这种优势，从而阻碍内陆地区中间产品经济的发展。对于内陆地区的经济发展和缩小内陆与沿海的经济差距，这是具有重要的政策意义的。

对经济开放、产业集聚和劳动力流动的实证研究在前文理论模型和数值模拟的基础上，阐明了改革开放以后，在中西部经济向东部集聚过程中，经济开放因素对国内劳动力流动的作用，并归纳出三条作用机制：经济开放通过促进经济集聚、提高实际工资和增加就业对国内劳动力流动产生作用。

为了克服经济开放指标内生性的问题，我们采用 Frankel 和 Romer（1999）年提出的地理变量工具变量法，其主要思想是，经济开放与地理位置是相关的，而地理位置与经济增长或人口增长关系不大，所以可以用地理变量作为经济开放的工具变量。我们将采用各省省会到最近港口的距离为地理变量指标，作为经济开放指标的工具变量，估计方法选择面板数据的两阶段最小二乘法（2SLS）。运用工具变量 2SLS 方法对中国 1990～2005 年面板数据进行实证检验，得出：经济开放对劳动力流动有直接正向作用，但不太显著，对外贸易的作用大于 FDI 的作用效果；经济开放对劳动力流动的间接正向作用明显，分别是通过影响集聚程度、实际工资差距和就业差距来促进劳动力流动，作用大小为：通过影响就业差距的作用大于通过影响实际工资差距的作用大于通过影响集聚程度的作用。另外，迁入地经济开放因素会显著地影响到两地的实际工资差距和就业差距，从而促进劳动力的流动，迁入地对外贸易的作用大于 FDI 的作用，而对实际工资的作用大于就业的作用。

在分析经济开放对劳动流动的作用之后，第七章从理论和经验上分析了中国劳动力市场一体化及经济开放对劳动力市场一体化进程的作用，研究表明：两个劳动力市场的均衡工资差距在受到外生冲击后回到均衡水平的能力是衡量我国区域劳动力市场一体化的一个较好标准；经济开放对我国区域劳动力市场一体化的程度和趋势具有显著的促进作用，其主要机制是通过降低或消除劳动力迁移过程中的各种障碍性因素推进劳动市场调整速度上升、促进我国商品市场的整合与开放，进而推进我国地区劳动力市场的开放，导致国内各地区劳动力市场对外部的供需敏感性相对增加，对本地区的供需敏感性相对减弱，加快劳动市场调整速度；我国各区域劳动力市场一体化进程不同，华北、华东、华南等区域劳动力市场一体化的程度更深，且往往有一个或两个省市作为区域劳动力市场的中心。全国性劳动力市场一体化的初步经验测度显示，中东部之间的劳动力市场一体化程度最深。经验上所得的结果与该期间内我国省际、区域之间不断增长的大规模人口迁移现象基本相符，在一定程度上解决了先前相关研究中一个颇为令人困扰的问题：作为我国劳动力市场之间相互调整的重要表现——省际、区域之间人口迁移的迅速发展与这些研究中的劳动力市场一体化指标工资收敛的趋势出现了明显的不一致状况。

一体化的劳动力市场对于提高中国经济发展的效率、降低经济发展的成本以及增加经济发展地福利效应都具有重要意义。我们提出如下几点建议：首先，坚定不移地继续深化对外开放政策，巩固和提升东部地区在经济开放中的巨大成果，通过开放持续推动东部沿海发达地区内部劳动力市场之间的迅速有效调节，促进东部劳动力市场一体化进一步发展。其次，需要重视西部落后地区劳动力市场的开发和扶持。西部地区各省市要通过外部扶持和自身发展相结合，吸收东部劳动力市场一体化发展的经验，缩小与东部地区商品市场和劳动力市场等要素市场发展的差距。根据东部经验，西部可尝试在条件相对成熟的情况下建立几个劳动力市场中心来带动整个区域劳动力市场的发展。再次，加大中部和西部地区的对外开放程度，以开放促进中部和西部地区劳动力市场一体化的发展和深化。中、西部在进一步对外开放中潜力巨大，国际贸易和吸收外资的迅速发展将能有效地带动中西部地区商品市场和劳动力市场的发展。

第三篇　国际贸易、FDI 的发展对我国劳动资源的需求和供给的影响

随着我国经济开放的深化，国际贸易、FDI 等因素已经对我国劳动力市场产生了显著的影响，不仅包括劳动需求方面也包括劳动供给方面。从劳动需求方面来说，国际贸易对我国就业规模产生深刻影响，其对就业结构产生的影响更是不容忽视的；FDI 对我国就业数量、就业质量和就业结构等方面既有影响又有其局限性，从近年来的招商引资情况看，外资企业可能存在对我国内资企业稀缺熟练劳动资源进行争夺的现象，这可能对我国产业结构升级以及在国际分工中的地位产生不利影响，应该引起我们的高度重视。从劳动供给方面来说，本篇研究主要深入考察了贸易依存度、FDI、教育投入和投资份额等因素会对熟练劳动供给产生怎样的影响，从而更全面地把握对外开放因素对我国劳动力市场的作用。

第八章　国际贸易对我国就业的影响

就业问题当前已成为各国关注的焦点，中国也不例外。事实上，就业问题近年来一直是伴随我国经济发展的难题之一。作为非熟练劳动力资源供给相对过剩的国家，劳动密集型产品或加工生产过程的出口长期在我国的出口中占据着主导地位，有力地缓解了我国的就业压力。随着我国经济发展，贸易结构呈现出不断的变动[①]，并可能对我国就业总量和结构[②]产生了重要影响。在此背景下，分析贸易结构变化如何影响我国就业总量和结构变化具有重要的意义。本章将对此进行较为系统的研究。

第一节　贸易结构影响就业的理论框架

根据我国的实际情况，本章放松了传统理论中的充分就业假定，建立一个简明的理论模型，并以此为基础探讨贸易结构变动对我国就业总量及结构的影响。

假设本国存在 X 和 Y 两个生产部门，分别生产 X、Y 两种产品，其

① 本章把贸易结构定义为各类产品的出口额（进口额）在总出口额（总进口额）中的构成情况，相应地，贸易结构变化指观察期内各类产品的进出口比重的变化。

② 本章将就业结构定义为不同技能水平的劳动（熟练劳动与非熟练劳动）就业在就业总量中的构成情况。

中 X 为劳动密集型生产部门，Y 为资本技术密集型生产部门，X 和 Y 两种产品同时存在进口和出口；X 和 Y 的生产过程中使用了两种类型的劳动——熟练劳动力 S 和非熟练劳动力 U，单位产值 X 产品和 Y 产品的两类劳动投入系数（包括两部门的熟练劳动投入系数 a_{LX}^{S} 、a_{LY}^{S} 和非熟练劳动投入系数 a_{LX}^{U} 、 a_{LY}^{U} ）固定不变，且假设 $a_{LX}^{S} < a_{LY}^{S}$ ， $a_{LX}^{U} > a_{LY}^{U}$ ①；本国劳动的均衡就业量取决于总劳动需求，允许均衡状态下劳动市场存在失业。X 产品和 Y 产品的产量决定于公式（8.1）和公式（8.2）。

$$Q_X = D_X + E_X - M_X \tag{8.1}$$

$$Q_Y = D_Y + E_Y - M_Y \tag{8.2}$$

式中，Q_X 和 Q_Y 是 X 产品和 Y 产品的产出，D_X 和 D_Y 是两种产品的国内需求，E_X 和 E_Y 是两种产品的出口，M_X 和 M_Y 是两种产品的进口。本国的总出口 E 和总进口 M 可以表示为公式（8.3）和公式（8.4）。

$$E = E_X + E_Y \tag{8.3}$$

$$M = M_X + M_Y \tag{8.4}$$

根据假设，本国单位产值 X 产品和 Y 产品的劳动投入系数固定不变，则本国的总劳动需求为：

$$L_d = a_{LX} Q_X + a_{LY} Q_Y$$

将（8.1）、（8.2）两式代入，并对两类劳动分别加以标注，得到本国熟练、非熟练劳动的总需求：

$$L_{\mathrm{d}}^{S} = a_{LX}^{S}(D_X + E_X - M_X) + a_{LY}^{S}(D_Y + E_Y - M_Y) \tag{8.5a}$$

$$L_{\mathrm{d}}^{U} = a_{LX}^{U}(D_X + E_X - M_X) + a_{LY}^{U}(D_Y + E_Y - M_Y) \tag{8.5b}$$

公式（8.5）中，L_d^s 为本国熟练劳动总需求，L_d^u 为非熟练劳动总需求。

假定本国 X 产品和 Y 产品在总出口中所占的比重分别为 α 和 $1-\alpha$，在总进口中所占的比重分别为 β 和 $1-\beta$，α 和 β 的取值均介于 0 和 1 之间，即 $E_X=\alpha E$ ， $E_Y=(1-\alpha)E$ ， $M_X=\beta M$ ， $M_Y=(1-\beta)M$ ，则方程（8.5）就可以转换为：

① 这意味着劳动密集型产品生产需要使用相对较多的非熟练劳动力，而资本技术密集型产品生产则需使用相对较多的熟练劳动力。

$$L_d^S = (a_{LX}^S D_X + a_{LY}^S D_Y) + [a_{LX}^S \alpha E + a_{LY}^S (1-\alpha)E] - [a_{LX}^S \beta M + a_{LY}^S (1-\beta)M] \quad (8.6a)$$

$$L_d^U = (a_{LX}^U D_X + a_{LY}^U D_Y) + [a_{LX}^U \alpha E + a_{LY}^U (1-\alpha)E] - [a_{LX}^U \beta M + a_{LY}^U (1-\beta)M] \quad (8.6b)$$

公式（8.6）右边第一项表示国内需求带动的就业，第二项表示出口带动的就业，第三项表示进口替代的就业。后两项之和即为贸易的就业效应。

$$L_d^{TS} = [a_{LX}^S \alpha E + a_{LY}^S (1-\alpha)E] - [a_{LX}^S \beta M + a_{LY}^S (1-\beta)M] \quad (8.7a)$$

$$L_d^{TU} = [a_{LX}^U \alpha E + a_{LY}^U (1-\alpha)E] - [a_{LX}^U \beta M + a_{LY}^U (1-\beta)M] \quad (8.7b)$$

公式（8.7）中 L_d^{TS} 和 L_d^{TU} 分别为贸易对于熟练劳动和非熟练劳动的就业效应，用两种类型劳动就业效应之比 L_d^{TU}/L_d^{TS} 可进一步表示贸易对本国就业结构的影响。

在（8.6）和（8.7）两公式中，α和β的取值反映本国进出口贸易的结构。进一步将动态因素引入到模型当中，可以分析在增长过程中贸易结构的变动如何影响就业水平和结构。引入时间下标改写（8.6）和（8.7）两式，并假定在下一个时期，本国的总出口和总进口同时以速率 g 增长[①]，即

$$E_{t+1} = (1+g)E_t\text{，}\quad M_{t+1} = (1+g)M_t\text{，}$$

且进出口结构不发生变化：

$$\alpha_{t+1} = \alpha_t\text{，}\quad \beta_{t+1} = \beta_t\text{，}$$

可得：

$$L_{dt+1}^{Ti} = (1+g)L_{dt}^{Ti} \qquad i = S, U \quad (8.8)$$

公式（8.8）表明，在本国进出口结构、劳动投入系数均不发生变化的平衡贸易增长情况下，贸易的就业效应将与贸易规模呈同比例增加。[②]显然在这种情况下，本国就业结构 L_d^{TU}/L_d^{TS} 也不会发生变化。

引入贸易结构的动态变动因素。定义 $\Delta\alpha = \alpha_{t+1} - \alpha_t$（表示出口结构的

---

① 理论分析框架的结论并不依赖于进出口以相同速度增长的假定。

② 贸易的就业效应可以为负。

动态变动)，$\Delta\beta=\beta_{t+1}-\beta_t$（表示进口结构的动态变动），经过简单的数学推导可以得到存在贸易结构变动情况下的贸易就业效应的变化：

$$L_{dt+1}^{Ti}=(1+g)L_{dt}^{Ti}+(a^{i}{}_{LX}-a^{i}{}_{LY})(1+g)(\Delta\alpha E_t-\Delta\beta M_t)\ i=S,\ U \quad (8.9)$$

从公式（8.9）可以看出，除了进出口规模和贸易收支等因素之外，贸易结构及其变动对贸易的就业效应存在重要影响。进一步考虑贸易结构变动对就业结构 L_d^{TU}/L_d^{TS} 的影响，可以得到：

$$\frac{L_{dt+1}^{TU}}{L_{dt+1}^{TS}}=\frac{(1+g)L_{dt}^{TU}+(a_{LX}^{U}-a_{LY}^{U})(1+g)(\Delta\alpha E_t-\Delta\beta M_t)}{(1+g)L_{dt}^{TS}+(a_{LX}^{S}-a_{LY}^{S})(1+g)(\Delta\alpha E_t-\Delta\beta M_t)}$$
$$=\frac{L_{dt}^{TU}+(\Delta\alpha E_t-\Delta\beta M_t)(a_{LX}^{U}-a_{LY}^{U})}{L_{dt}^{TS}+(\Delta\alpha E_t-\Delta\beta M_t)(a_{LX}^{S}-a_{LY}^{S})} \quad (8.10)$$

根据假定前提，$a_{LX}^{U}-a_{LY}^{U}>0$，$a_{LX}^{S}-a_{LY}^{S}<0$，$\frac{L_{dt+1}^{TU}}{L_{dt+1}^{TS}}$ 与 $\frac{L_{dt}^{TU}}{L_{dt}^{TS}}$ 的相对大小取决于 $(\Delta\alpha E_t-\Delta\beta M_t)$ 的符号。显然，如果进出口贸易结构均不发生变化（$\Delta\alpha=0$，$\Delta\beta=0$），那么本国的就业结构在下一个时期将不会受到进出口贸易增长的影响，这与公式（8.8）所描述的情形是一致的；而在贸易结构发生变动时，各种变动情况对本国就业结构的影响可以归纳如下。

1. $\Delta\alpha>0$ 且 $\Delta\beta=0$，或 $\Delta\alpha=0$ 且 $\Delta\beta<0$，或 $\Delta\alpha>0$ 且 $\Delta\beta<0$

这里有劳动密集型产品的出口在总出口中所占的比重上升，同时进口结构不变；或者出口结构不变，但劳动密集型产品的进口在总进口中所占的比重下降；或者劳动密集型产品的出口在总出口中所占的比重上升，同时劳动密集型产品的进口在总进口中所占的比重下降三种情况。在这三种情况下，从公式（8.9）可以看出，本国非熟练劳动就业的扩张大于平衡贸易增长（无贸易结构变动）下的就业增长速度 g，而熟练劳动就业的扩张小于平衡贸易增长下的就业增长速度 g，贸易结构变动带来的就业需求增长偏向非熟练劳动，非熟练劳动的就业比重将会上升。根据（8.10）式，由于此时 $\Delta\alpha E_t-\Delta\beta M_t>0$，从而有 $(\Delta\alpha E_t-\Delta\beta M_t)\cdot(a_{LX}^{U}-a_{LY}^{U})>0$ 和 $(\Delta\alpha E_t-\Delta\beta M_t)(a_{LX}^{S}-a_{LY}^{S})<0$，$\frac{L_{dt+1}^{TU}}{L_{dt+1}^{TS}}>\frac{L_{dt}^{TU}}{L_{dt}^{TS}}$，就业结构变动偏向非熟练劳动。[①]

2. $\Delta\alpha<0$ 且 $\Delta\beta=0$，或 $\Delta\alpha=0$ 且 $\Delta\beta>0$，或 $\Delta\alpha<0$ 且 $\Delta\beta>0$

这里有劳动密集型产品的出口在总出口中所占的比重下降，同时进口结构不变；或者出口结构不变，但劳动密集型产品的进口在总进口中所占的比重上升；或者劳动密集型产品的出口在总出口中所占的比重下降，同时劳动密集型产品的进口在总进口中所占的比重上升三种情况。不难看出，此时贸易结构变动带来的就业需求增长偏向熟练劳动：

$$\frac{L_{dt+1}^{TU}}{L_{dt+1}^{TS}}<\frac{L_{dt}^{TU}}{L_{dt}^{TS}}$$

3. $\Delta\alpha<0$ 且 $\Delta\beta<0$

这里指劳动密集型产品的出口和进口在总出口和总进口中的比重同时下降的情况。在这种情形下，贸易结构的就业效应取决于出口和进口结构变动的幅度（$\Delta\alpha$，$\Delta\beta$）以及期初出口和进口的大小（E_t，M_t）。当 $\Delta\alpha E_t>\Delta\beta M_t$ 时，贸易结构变动导致的就业需求结构变化偏向非熟练劳动；反之，当 $\Delta\alpha E_t<\Delta\beta M_t$ 时，贸易结构变动带来的就业结构变动偏向熟练劳动，熟练劳动的就业比重将上升。

类似地，可以得到 $\Delta\alpha>0$、$\Delta\beta>0$ 情形下贸易结构变动的就业效应。上述分析表明，贸易结构及其变动可能对贸易国不同类型劳动的就业水平和结构存在重要影响，但其具体效应还需在经验研究中加以度量和验证。

第二节　经验研究

一、经验分析方法

根据理论框架和研究的实际需要，本章的经验研究采用了投入产出

① 严格地说，这里所分析的贸易结构的就业结构效应是针对贸易带动的就业而言的，研究期内贸易结构变化对工业部门总体就业结构的影响还需要考虑期初整个工业部门的就业结构，这一点在经验分析部分进行了考察和讨论。

分析方法，放松了理论分析中劳动投入系数固定不变的假设，以使估算结果更贴近实际。

本章的投入产出模型假设各贸易参与国相同产品部门的生产函数相同，而且出口或进口的增加将按国内生产行业的生产技术相应地增加或减少生产要素的使用，出口对出口关联行业（中间投入品）的产量、就业产生正面影响；进口增加时，与进口竞争行业联系的其他行业的产量、就业受到负面影响。若经济体系中包含 n 个生产部门，根据投入产出表包含的产品分配平衡方程：总产出＝中间产品需求合计+最终产品需求；各部门的总产出在 n 部门中的分配可表示为：

$$
\begin{aligned}
X_1 &= a_{11}X_1 + a_{12}X_2 + a_{13}X_3 + \cdots + a_{1n}X_n + Y_1 \\
&\cdots\cdots \\
X_j &= a_{j1}X_1 + a_{j2}X_2 + a_{j3}X_3 + \cdots + a_{jn}X_n + Y_j \\
&\cdots\cdots \\
X_n &= a_{n1}X_1 + a_{n2}X_2 + a_{n3}X_3 + \cdots + a_{nn}X_n + Y_n
\end{aligned}
\tag{8.11}
$$

式中，$j=1,2,\cdots,n$，X_j 表示 i 部门的总产出，Y_j 表示 i 部门的最终产品需求量，a_{ij} 表示 j 部门每生产一单位产品所消耗的 i 部门产品数量，即 j 对 i 的直接消耗系数。用直接消耗矩阵 $A(a_{ij})$ 来表示 n 个部门之间的相互消耗关系，X 表示各部门总产出列向量，Y 表示最终产品列向量，公式（8.11）的投入产出关系可简写为如下矩阵形式：

$$X = AX + Y \tag{8.12}$$

依上式可以解出最终需求和生产之间的关系，即最终需求的生产诱发效应：

$$X = (I - A)^{-1} Y \tag{8.13}$$

其中，$(I-A)^{-1}$ 为里昂惕夫逆矩阵，矩阵中的元素（里昂惕夫逆系数）表示第 j 个产品部门增加一单位最终使用对第 i 个部门产品的完全需要量。在研究国际贸易的就业效应时，由于出口量 E 是最终产品需求的一部分，用 E 代替公式（8.13）中的 Y 便可以得出由出口所诱发的总产出量 X_E：

$$X_E = (\mathrm{I} - \mathrm{A})^{-1} E \tag{8.14}$$

考虑产出中所包含的两种类型劳动力要素——熟练劳动与非熟练劳动，定义 i 部门的熟练劳动投入系数为 $a_{L_i}^S = L_i^S / X_i$，非熟练劳动投入系数为 $a_{L_i}^U = L_i^U / X_i$。用 A_L^S 和 A_L^U 分别表示各部门的熟练劳动投入系数行向量和非熟练劳动投入系数行向量，则 n 个部门生产中总的熟练劳动使用为 $L_d^S = A_L^S X$，总的非熟练劳动使用为 $L_d^U = A_L^U X$，n 个部门出口所诱发的产量的两种类型劳动使用分别为

$$L_d^{ES} = A_L^S X_E \tag{8.15a}$$

$$L_d^{EU} = A_L^U X_E \tag{8.15b}$$

将公式（8.14）代入公式（8.15），就可以得到出口对两种类型劳动的就业带动效应：

$$L_d^{ES} = A_L^S (I-A)^{-1} E \tag{8.16a}$$

$$L_d^{EU} = A_L^U (I-A)^{-1} E \tag{8.16b}$$

类似地，可以把各部门的进口 M 对本国劳动的替代效应表示为：

$$L_d^M = A_L (I-A)^{-1} M \tag{8.17}$$

为了分析贸易的结构变化对就业的影响，下面进一步建立一个偏差分析模型。将我国参与对外贸易的所有工业行业分为三大部门：自然资源密集型部门 R、劳动密集型部门 L 和资本技术密集型部门 K。分别用 n×1 阶列向量 E_R，E_L，E_K 表示这三个部门的出口①，则出口列向量 E 为三个部门出口的加总，即 $E = E_R + E_L + E_K$，于是公式（8.16）就可以表示为：

$$L_d^{ES} = A_L^S (I-A)^{-1} (E_R + E_L + E_K) \tag{8.18a}$$

$$L_d^{EU} = A_L^U (I-A)^{-1} (E_R + E_L + E_K) \tag{8.18b}$$

引入动态时间因素，当期和下一时期的出口所带动的总就业量就分别为 $L_{d1}^E = A_{L1}(I - A_1)^{-1}(E_{R1} + E_{L1} + E_{K1})$ 和 $L_{d2}^E = A_{L2}(I - A_2)^{-1}(E_{R2} + E_{L2} + E_{K2})$。假设出口贸易结构不发生变化，即各部门的出口按照相同比例均衡增长，这一均衡增长比率可以用第 1 期和第 2 期总出口额的比率表示，

① 例如在 E_R 的元素中，包含所有属于资源密集型部门的行业的出口，属于其他两个部门的行业的对应元素值取 0。

即 $\lambda = E_2/E_1$。在劳动投入系数和投入产出系数均保持不变的情况下，第 1 期至第 2 期就业量的成比例扩展值（贸易总量增长而非结构变化所带来的就业变化值）可以表示为：

$$A_L(I-A)^{-1}(\lambda E_R + \lambda E_L + \lambda E_K) = \lambda A_L(I-A)^{-1}(E_R + E_L + E_K) = \lambda L_{d1}^E \tag{8.19}$$

第 2 期出口带动就业的实际值与成比例扩展值之间的差额为：

$$\Delta L_d^E = L_{d2}^E - \lambda L_{d1}^E \tag{8.20}$$

式中，ΔL_d^E 为成比例扩展偏差（结构性因素导致的就业变化），表示观察期内除均衡增长以外的就业变动。令 $\Delta \mathrm{E}_R = E_{R2} - \lambda E_{R1}$，$\Delta \mathrm{E}_L = E_{L2} - \lambda E_{\mathrm{L}1}$ 和 $\Delta \mathrm{E}_{\mathrm{K}} = E_{\mathrm{K}2} - \lambda E_{\mathrm{K}1}$ 分别反映三个部门的实际出口变动对均衡出口增长的偏离，即出口贸易结构的变动。将公式（8.16）和公式（8.19）代入公式（8.20），经过简单的数学变换，可以得到：

$$\Delta L_d^{ES} = A_{L2}^S(I-A_2)^{-1}(\Delta E_R + \Delta E_L + \Delta E_K) + \lambda(A_{L2}^S - A_{L1}^S)(I-A_2)^{-1}E_1 + \lambda A_{L1}^S[(I-A_2)^{-1} - (I-A_1)^{-1}]E_1 \tag{8.21a}$$

$$\Delta L_d^{EU} = A_{L2}^U(I-A_2)^{-1}(\Delta E_R + \Delta E_L + \Delta E_K) + \lambda(A_{L2}^U - A_{L1}^U)(I-A_2)^{-1}E_1 + \lambda A_{L1}^U[(I-A_2)^{-1} - (I-A_1)^{-1}]E_1 \tag{8.21b}$$

从公式（8.21）可以看出，结构变动的就业效应由贸易结构变动的就业效应、劳动投入系数变动的就业效应和技术变动（投入产出系数变动）的就业效应三部分组成。根据公式（8.21），可以分别计算出出口贸易结构变动、劳动投入系数变动、技术变动对就业的影响，并计算出不同因素对就业水平影响的贡献度。考虑贸易结构变化的就业结构效应，将（8.21a）和（8.21b）两式相除可得：

$$\frac{\Delta L_d^{EU}}{\Delta L_d^{ES}} = \frac{A_{L2}^U(I-A_2)^{-1}(\Delta E_R + \Delta E_L + \Delta E_K) + \lambda(A_{L2}^U - A_{L1}^U)(I-A_2)^{-1}E_1 + \lambda A_{L1}^U[(I-A_2)^{-1} - (I-A_1)^{-1}]E_1}{A_{L2}^S(I-A_2)^{-1}(\Delta E_R + \Delta E_L + \Delta E_K) + \lambda(A_{L2}^S - A_{L1}^S)(I-A_2)^{-1}E_1 + \lambda A_{L1}^S[(I-A_2)^{-1} - (I-A_1)^{-1}]E_1} \tag{8.22}$$

可以看出，出口非均衡增长引致的就业结构的变化，也就是熟练劳动与非熟练劳动的相对就业量变化 $\Delta L_d^{ES}/\Delta L_d^{EU}$ 是由出口贸易结构变动的就业效应、熟练劳动投入系数和非熟练劳动投入系数变动的就业效应以及技术变动的就业效应三部分组成的。当贸易结构对两种类型劳动的就业效应为正时，如果 $\Delta L_d^{ES}/\Delta L_d^{EU}$ 大于第 1 期工业部门熟练劳动与非熟练劳动就业量之比 L_d^s/L_d^u，则贸易结构变动的就业结构效应偏向熟练劳动，而如果贸易结构对两种类型劳动的就业效应为负，当 $\Delta L_d^{ES}/\Delta L_d^{EU}$ 小于第 1 期工业部门熟练劳动与非熟练劳动就业量之比，则贸易结构变动的就业结构效应偏向熟练劳动。

类似地，可分析进口结构变动的就业效应。

二、数据

（一）投入产出表与产品部门分类

本章的经验研究期间为 1993 年至 2007 年，选择 1997 年、2002 年和 2007 年投入产出基本表中 40×40 产品部门表为部门技术参数基础。由于考察对象是我国的工业制成品贸易，因此选取 1997 年投入产出表中的 2～20 部门和 24 部门、25 部门，2002 年、2007 年投入产出表中的 2～20 部门和 23 部门、24 部门，得到 21 个工业产品部门，其余部门为农业、建筑业、第三产业部门和非贸易部门等。

（二）就业与工业总产值

本章的研究对象涉及熟练劳动力和非熟练劳动力就业量，限于统计数据的可得性，选用《中国科技统计年鉴》上的工程技术人员数据表示熟练劳动力的就业量。用年末职工人数表示总的就业量①，总就业量与工程技术人员人数之差表示非熟练劳动力的就业量。

以投入产出表为标准，将《中国科技统计年鉴》、《中国劳动统计年鉴》等年鉴上的部门分类进行转化，具体对应关系见表 8.1。依据这一对应关系可将工业总产值和职工人数等指标归并为 21 个工业部门的相应指标，并用年末职工人数、工程技术人员人数和两者之差与工业总产值的比值得到三种劳动投入系数（总劳动投入系数、熟练劳动投入系数、非熟练劳动投入系数）。

①《中国科技统计年鉴》1993 年至 1997 年就业人统计数使用年末职工人数，但从 1998 年开始使用年末从业人员数，因此本章 1998 年至 2007 年的总就业人数为年末从业人员数。

表 8.1　投入产出表产品部门与中国工业行业分类和 HS 货品税则号对应表

投入产出表产品部门	中国工业标准行业分类对应	HS 货品税则号
1 农业	农业	——
2 煤炭采选业	煤炭采选业	27.01-.03
3 石油和天然气开采业	石油和天然气开采业	27.09 27.11 27.14
4 金属矿采选业	黑色金属矿采选业有色金属矿采选业	26.01-.17 26.20
5 非金属矿采选业	非金属矿采选业	25 章(除 25.01)
6 食品制造及烟草加工业	食品加工业、食品制造业、饮料制造业、烟草加工业	02 章 03.03-.06（0306.1100-.1900） 04 章（除 04.09-.10）07.10-.12 08.11-.12 08.14 09.01-.02 10.06 15-23 章(除 15.18 15.20) 24.02-.03
7 纺织业	纺织业	50-52 章（除 50.01-.03 51.01-.04 52.01-.02） 53.06-.11 56-61 章 63 章
8 服装皮革羽绒及其他纤维制品制造业	服装及其他纤维制品制造业、皮革毛皮羽绒及其制品业	41-43 章（除 41.01-.03 43.01）62 章 64-65 章 67 章（除 67.02）94.04
9 木材加工及家具制造业	木材加工及竹藤棕草制品业、家具制造业	44 章（除 44.01-.03） 45.03-.04 46 章 94.01-.03
10 造纸印刷及文教用品制造业	造纸及纸制品业、印刷业记录媒介的复制、文教体育用品制造业	47-49 章 92 章 95 章 96.08-.12
11 石油加工及炼焦业	石油加工及炼焦业	27.04 27.06－.08 27.10 27.12-.13 27.15
12 化学工业	化学原料及制品制造业、医药制造业、化学纤维制造业、橡胶制品、塑料制品业	15.18 15.20 28-39 章 40 章（除 40.01）54-55 章
13 非金属矿物制品业	非金属矿物制品业	68-70 章 90.03-04

续表

投入产出表产品部门	中国工业标准行业分类对应	HS 货品税则号
14 金属冶炼及压延加工业	黑色金属冶炼及压延加工业、有色金属冶炼及压延加工业	26.18-19 72 章 74.01-10 75.01-06 76.01-07 78.01-04 79.01-05 80.01-05 81 章
15 金属制品业	金属制品业	66.01 73 章 74.11-19 75.07-08 76.08-16 78.05-06 79.06-07 80.06-07 82-83 章 94.06
16 机械工业	普通机械制造业、专用设备制造业	84.01-.14 84.16-.22 84.24-.49 84.51-.68 84.74-.85 90.18-.22
17 交通运输设备制造业	交通运输设备制造业	86-89 章
18 电气机械及器材制造业	电气机械及器材制造业	84.15 84.50 85.01-.16 85.30-.39 85.44-.48 94.05
19 电子及通信设备制造业	电子及通信设备制造业	84.70-.71 85.17-.29 85.40-.43
20 仪器仪表及文化办公用机械制造业	仪器仪表及文化办公用机械制造业	84.23 84.69 84.72-.73 90.01-.02 90.05-.17 90.23-.33 91 章
21 机械设备修理业	无对应行业	——
22 其他制造业	其他制造业	66.02-.03 67.02 71 章 93 章 96 章（除 96.08.12） 97 章
23 废品及废料	无对应行业	——
24 电力及蒸汽热水生产和供应业	电力及蒸汽热水生产和供应业	27.16
25 煤气生产和供应业	煤气生产和供应业	27.05
26 自来水的生产和供应业	自来水的生产和供应业	——
无对应部门	木材及竹材采运业	44.01.03 45.01.02
27 建筑业	建筑业	——
28 第三产业	第三产业	——

（三）进出口额与贸易结构变动

进出口额采用《中国海关统计年鉴》的商品进出口额数据，并按照各年的汇率换算。根据中国海关统计协调编码货号与中国工业行业的对应关系，根据周申（2006）的做法进一步整理出投入产出部门分类与 HS 货则税号之间的对应关系，详见表 8.1。

按要素构成对工业部门进行分类：首先根据传统的分类标准将四类采选业划分为资源密集型部门，然后采用与张长春（1994）类似的方法，计算出各个工业行业 2002 年的人均资本量，以全国工业部门平均的人均资本量为分界点，除上述的自然资源密集型部门外，划定人均资本量高于平均水平的行业为资本技术密集型部门，反之属劳动密集型部门。[①]详见表 8.2。

表 8.2　工业行业人均资本量及要素部门分类　　单位：万元

行业	人均资本	行业	人均资本
全国平均	39.2	自然资源密集型部门	
		石油和天然气开采业	56.5
		非金属矿采选业	26.4
		金属矿采选业	19.7
		煤炭采选业	14.6
资本密集型部门		劳动密集型部门	
电力及蒸汽热水生产和供应业	99.5	造纸印刷及文教用品制造业	34.3
石油加工及炼焦业	68.5	金属制品业	33.3
电子及通信设备制造业	60.2	非金属矿物制品业	31.6
金属冶炼及压延加工业	48.9	木材加工及家具制造业	28.1
化学工业	43.6	机械工业	27.3
电气机械及器材制造业	43.3	仪器仪表及文化办公用机械制造业	25.7
食品制造及烟草加工业	42.9	纺织业	23.5
交通运输设备制造业	42.6	服装皮革羽绒及其他纤维制品制造业	16.8
煤气的生产和供应业	39.6		

① 这一划分结果比较稳定，采用研究期内其他年份的数据进行验证，结果基本一致。

表 8.3 反映了我国 1993 年至 2007 年间的贸易结构变动情况。出口方面，自然资源密集型产品与劳动密集型产品出口的比重明显下降，资本技术密集型产品比重相应上升，并逐渐取代劳动密集型产品成为出口比重最高的产品。进口方面，自然资源密集型产品比重相对稳定，资本技术密集型产品比重明显上升，劳动密集型产品比重显著下降。为剔除价格因素影响，以 1993 年为基期，利用分行业工业品出厂价格指数将各年份的工业总产值、进出口额等指标调整为 1993 年的可比值。

表 8.3　我国工业部门贸易结构变动情况

年份	1993	1996	1998	2001	2005	2007
指标	占总出口比重（%）					
资本技术密集品	37.10	47.21	49.45	55.77	64.61	65.37
劳动密集品	58.13	49.99	48.94	42.81	34.87	34.35
自然资源密集品	4.78	2.81	1.61	1.42	0.52	0.28
指标	占总进口比重（%）					
资本技术密集品	57.31	55.65	63.61	67.65	70.40	79.57
劳动密集品	38.84	40.96	33.18	29.06	26.09	17.55
自然资源密集品	3.85	3.38	3.22	3.29	3.52	2.87

资料来源：根据《中国海关统计年鉴》进出口金额数据计算得出。

三、经验分析结果

（一）工业制成品贸易对就业的影响

表 8.4 是根据前面推导出的公式（8.16）、公式（8.17）测算出的不同要素密集型工业部门的出口、进口和贸易净额诱发的熟练劳动和非熟练劳动就业估算结果。具体分述如下。

表 8.4　分部门贸易的就业带动能力

	出口带动的非熟练劳动就业（万人）				出口带动的熟练劳动就业（万人）			
	总出口	K 出口	L 出口	R 出口	总出口	K 出口	L 出口	R 出口
1993	1 614.62	425.15	1 139.10	50.37	102.74	43.30	54.79	4.65
1996	3 064.07	1 130.20	1 811.00	122.87	225.68	107.47	109.51	8.70

续表

	出口带动的非熟练劳动就业（万人）				出口带动的熟练劳动就业（万人）			
	总出口	K 出口	L 出口	R 出口	总出口	K 出口	L 出口	R 出口
1998	3 208.68	1 242.00	1 874.60	92.08	265.48	129.53	129.49	6.46
2001	2 497.91	1 019.80	1 389.40	88.71	265.20	138.47	119.51	7.22
2005	5 362.79	2 815.40	2 486.40	60.99	491.13	296.30	190.04	4.79
2007	6 146.51	3 337.00	2 775.40	34.11	618.82	375.66	239.61	3.55
	进口替代的非熟练劳动就业（万人）				进口替代的熟练劳动就业（万人）			
	总进口	K 进口	L 进口	R 进口	总进口	K 进口	L 进口	R 进口
1993	1 615.86	825.05	744.80	46.01	158.44	87.55	65.87	5.02
1996	2 946.74	1 413.00	1 409.80	123.94	252.25	131.00	110.25	11.00
1998	2 441.82	1 346.10	982.76	112.96	232.91	138.85	83.82	10.24
2001	2 161.73	1 244.10	805.02	112.61	271.31	167.87	89.19	14.25
2005	3 930.71	2 507.70	1 189.10	233.91	405.38	266.84	113.84	24.70
2007	5 796.72	4 426.00	1 094.70	276.02	680.94	531.26	117.03	32.65
	贸易净额引发的非熟练劳动就业（万人）				贸易净额引发的熟练劳动就业（万人）			
	总净额	K 净额	L 净额	R 净额	总净额	K 净额	L 净额	R 净额
1993	−1.23	−399.90	394.30	4.37	−55.70	−44.24	−11.09	−0.37
1996	117.33	−282.80	401.20	−1.07	−26.57	−23.53	−0.74	−2.30
1998	766.86	−104.10	891.84	−20.88	32.57	−9.32	45.67	−3.77
2001	336.18	−224.30	584.38	−23.90	−6.11	−29.40	30.32	−7.03
2005	1432.08	307.70	1297.30	−172.92	85.76	29.46	76.20	−19.90
2007	349.79	−1089.00	1680.70	−241.92	−62.12	−155.60	122.58	−29.10

注：K 表示资本技术密集型部门，L 表示劳动密集型部门，R 表示自然资源密集型部门。1993 年、1996 年、1998 年结果根据 1997 年投入产出表计算，2001 年结果根据 2002 年投入产出表计算，2005、2007 年结果根据 2007 年投入产出表计算。

资料来源：根据 1994～2008 年《中国海关统计年鉴》和《中国科技统计年鉴》数据计算得出。表 8.5、表 8.6、表 8.7、表 8.8 同。

1. 出口对总体就业和不同类型劳动就业的带动效应

总体上讲，由工业出口所带动的就业量随着我国出口的增长而上升，入世以后出口所带动的就业增加速度明显上升，对全国就业的重要性也随之提高。

1993 年至 2007 年间，我国工业产品出口带动的非熟练劳动就业由 1 614.6 万人增至 6 146.5 万人，增长了 2.8 倍，带动的熟练劳动就业由 102.74 万人增加到 618.82 万人，增长了 5 倍。工业出口的就业效应偏向于熟练劳动。

从具体部门看，资本技术密集型部门出口带动的非熟练劳动就业由 425 万人增至 3 337 万人，增长了 6.85 倍，同时该部门出口带动的熟练劳动就业由 43.3 万人增加到 375.66 万人，增长了 7.9 倍；劳动密集型部门出口带动的非熟练劳动就业由 1 139 万人增至 2 775.4 万人，增长了 1.45 倍，带动的熟练劳动就业由 54.8 万人增加到 239.6 万人，增长了 3.38 倍；上述两大部门出口的就业带动效应都反映出偏向熟练劳动的特征。资源密集型产品部门的两种类型劳动就业带动能力都有所下降。结合表 8.3，资本技术密集型部门出口比重在不断上升，但其出口带动的非熟练劳动就业在入世后才超过了劳动密集型部门，而从 1998 开始，资本技术密集型部门的熟练劳动就业带动能力就超过了劳动密集型部门，这反映出资本技术密集型部门出口对熟练劳动的就业带动能力要强于非熟练劳动。

2. 进口对就业的替代效应和贸易对就业的净效应

根据表 8.4，随着进口总量的上升，其所替代的就业量总体也呈上升趋势。资本技术密集型、自然资源密集型产品的进口所替代的熟练劳动和非熟练劳动就业量显著提高，而劳动密集型产品的进口所替代的劳动人数相对稳定。贸易净额对非熟练劳动就业的影响呈现波动性上升的趋势，对熟练劳动的影响则不明显。从分部门情况看，劳动密集型产品贸易净额对促进就业起到了主要作用。由于本章进口（以与出口带动就业同样的数量）替代就业的假定较强，考虑到我国近年进口关键资源和资本品实际上存在着一定增进就业的效应，因此这里估算的贸易净额的就业效应可能会存在低估的情况。

（二）贸易结构变动的就业水平和结构效应

贸易结构变动的就业水平和结构效应分析选择了长、中、短三类研究区间进行考察。其中，长区间为本章整个考察区间，即 1993 年至 2007 年；中区间为 1993 年至 2001 年和 2001 年至 2007 年两个时段，考察中国加入APEC向贸易自由化迈进直至入世以及入世后贸易结构变动的就业效应；短区间为1996年至1998年，考察短期冲击——亚洲金融危机期间贸易结构变动的就业效应的稳定性；利用公式（8.21），可以计算并分解出贸易结构变动对我国各类劳动就业的影响。

1. 长区间分析

在出口结构变动方面，1993年至2007年我国的工业制成品出口增长达18倍之多，而带动就业能力仅增长了不到3倍。为找出这部分“缺失”的就业，需对公式（8.20）定义的成比例扩展偏差（结构性因素导致的就业变化）进行因素分解和各因素贡献度分析，具体结果见表8.5。

表8.5　1993年至2007年贸易结构变动对就业的影响（使用2002年投入产出表测算）

1993～2007	出口结构变动带动的就业（万人）			进口结构变动替代的就业（万人）		
	总量	非熟练	熟练	总量	非熟练	熟练
K	991.64	902.81	88.83	826.19	752.44	73.75
L	-2 871.83	-2 745.60	-126.23	-1 406.94	-1 286.70	-120.24
R	-563.47	-489.56	-73.91	-143.44	-115.98	-27.46
AL	-23 977.90	-22 561.00	-1 416.90	-18 417.50	-16 696.00	-1 721.50
总偏差	-26 421.56	-24 893.35	-1 528.21	-19 141.69	-17 346.24	-1 795.45
K贡献率（%）	-3.75	-3.63	-5.81	-4.32	-4.34	-4.11
L贡献率（%）	10.87	11.03	8.26	7.35	7.42	6.70
R贡献率（%）	2.13	1.97	4.84	0.75	0.67	1.53
AL贡献率（%）	90.75	90.63	92.72	96.22	96.25	95.88

注：K表示资本密集型部门的结构变动引发的偏差，L表示劳动密集型部门的结构变动引发的偏差，R表示资源密集型部门的结构变动引发的偏差，AL表示劳动投入系数变动引发的偏差。表8.6、表8.7、表8.8同。出口指标前面的负号表示出口带动就业人数减少，进口指标前面的负号表示进口替代就业人数减少。AL表示劳动投入系数，在计算对分类劳动力就业的影响时分别使用相应的劳动投入系数，表8.6、表8.7、表8.8同。

从表8.5可以发现，该时期由出口引起的总就业偏差约为2.64亿人（即结构性因素导致出口带动的就业人数比无结构性因素影响的情况减少2.64亿人），这来自贸易结构变动和劳动投入系数的变化，其中单位产值劳动投入系数的下降对总就业偏差的贡献度为90.75%，三部门产品出口比重（出口结构）变动的综合影响为 9.25%（出口结构变动使出口带动的就业人口减少 2 443.66 万人）。具体到三个要素密集型部门而言，资本技术密集型产品出口比重增加了约 28 个百分点（见表 8.3），使其带动就业人数增加 991.64 万人，对总偏差的贡献度为-3.75%；劳动密集型产品出口比重下降了约 24 个百分点（见表 8.3），导致 2 871.83 万人的就业下降，对总偏差的贡献度为 10.87%；自然资源密集型产品出口比重下降 4.5 个百分点，也导致了 563.47 万人的就业下降，对总偏差的贡献度为 2.13%。

考察出口结构变动对就业结构的影响，1993 年至 2007 年我国出口结构变动对熟练劳动与非熟练劳动的就业均有负面影响。资本技术密集型部门出口比重上升导致熟练劳动就业增加 88.83 万人，对熟练劳动就业偏差的贡献率为-5.81%，其绝对值明显高于该部门出口对非熟练劳动就业偏差贡献率-3.63%，而劳动密集型部门出口比重下降对非熟练劳动就业偏差的贡献率绝对值则明显大于对熟练劳动就业偏差的贡献，资源密集型部门总体影响比较小。综合三部门出口结构变动的影响，出口带动的熟练劳动就业下降了约 111 万人，而非熟练劳动就业下降了约 2 444 万人，非熟练劳动就业下降是熟练劳动的 22 倍。出口结构变动导致的非熟练劳动与熟练劳动就业下降之比高于表 8.4 任何一个年份出口带动的非熟练劳动与熟练劳动就业人数之比，这表明出口结构变动是出口带动的就业人数结构在研究期内偏向熟练劳动力的一个重要贡献因素。

观察进口结构变动的就业效应，该期间我国工业制成品进口增长了约 14 倍，但替代就业的数量仅增长了不到 3 倍。表 8.5 显示，由进口引起的总就业偏差为 1.91 亿人，其中单位产值劳动投入系数下降的贡献度为 96.22%，三部门产品进口比重变动的综合影响为 3.78%，说明与出口结构变动相比，进口结构变化的就业效应相对较小。综合进出口结构变动的就业效应可以发现，贸易的非均衡增长在该区间内对就业的净影响为负，剔除劳动投入系数变化的影响，我国贸易结构变动引起我国就业总共减少 1 719.47 万人。从贸易结构对就业结构的影响看，贸易结构变动导致我国贸易带动的非熟练劳动就业下降达 1 682.11 万人，而熟练劳动就业下降仅 37.36 万人，二者之比高达 45 倍。而研究区间内我国工业部门非熟练劳动与熟练劳动的就业量之比最大仅 14.25 倍，显然整个贸易结构变化对就业结构的影响与出口结构变化类似，具有使就业结构偏向熟练劳动的效应。

2. 中区间分析

为比较分析中国加入 APEC 至入世前和入世后贸易结构变动的就业效应，我们还选取了 1993 年至 2001 年和 2001 年至 2007 年两个中区间进行考察。

①1993 年至 2001 年

这一期间贸易结构变动对就业的影响如表 8.6 所示。

表 8.6　1993 年至 2001 年贸易结构变动对就业的影响（使用 1997 年投入产出表测算）

1993～2001	出口结构变动带动的就业(万人)			进口结构变动替代的就业(万人)		
	总量	非熟练	熟练	总量	非熟练	熟练
K	410.92	362.87	48.05	82.05	71.85	10.20
L	−745.90	−712.75	−33.15	−359.62	−327.33	−32.29
R	−118.28	−101.96	−16.32	−1.50	1.10	−2.60
AL	−3185.81	−3066.70	−119.11	−2268.20	−2111.60	−156.60
总偏差	−3639.07	−3518.54	−120.53	−2547.26	−2365.98	−181.29
K 贡献率（%）	−11.29	−10.31	−39.86	−3.22	−3.04	−5.63
L 贡献率（%）	20.50	20.26	27.50	14.12	13.83	17.81
R 贡献率（%）	3.25	2.90	13.54	0.06	−0.05	1.44
AL 贡献率（%）	87.54	87.16	98.82	89.04	89.25	86.38

根据表 8.6 的计算结果，在出口结构变动方面，1993 年至 2001 年来自出口结构变动和劳动投入系数变化的总就业偏差约为 3 639 万人，其中出口结构变动的综合影响为 12.46%（出口结构变动使出口带动的就业人口减少 453 万人）。从出口结构变化对就业结构的影响看，出口结构变化导致非熟练劳动就业下降 452 万人，熟练劳动就业仅下降 1 万余人，显然出口结构变化使就业结构偏向于熟练劳动。进口结构变动方面，1993 年至 2001 年来自进口结构变动和劳动投入系数变化的总就业偏差为 279

万人，其中单位产值劳动投入系数下降的贡献度为 89.04%，进口结构变动的综合影响为 10.96%。综合进出口结构变动的就业效应可发现，1993 年至 2001 年，贸易的非均衡增长对就业的净影响为负，剔除劳动投入系数变化的影响，贸易结构变动引起我国就业下降共计 174.2 万人，其中非熟练劳动就业下降 197.46 万人，熟练劳动就业上升 23.27 万人。显而易见，贸易结构变动在该期间对就业结构的影响偏向于熟练劳动。

②2001 年～2007 年

这一期间贸易结构变动对就业的影响如表 8.7 所示。

表 8.7　2001 年至 2007 年贸易结构变动对就业的影响（使用 2002 年投入产出表测算）

2001～2007 年	出口结构变动带动的就业（万人）			进口结构变动替代的就业（万人）		
	总量	非熟练	熟练	总量	非熟练	熟练
K 结构变动引发偏差	220.86	204.57	16.29	612.23	544.78	67.45
L 结构变动引发偏差	-956.25	-913.09	-43.16	-756.39	-692.95	-63.44
R 结构变动引发偏差	-158.44	-144.25	-14.19	-52.86	-42.98	-9.87
AL 结构变动引发偏差	-7 784.15	-6 944.80	-839.35	-7 244.72	-6 371.30	-873.42
总偏差	-8 677.98	-7 797.57	-880.41	-7 441.74	-6 562.45	-879.28
K 结构变动贡献率（%）	-2.55	-2.62	-1.85	-8.23	-8.30	-7.67
L 结构变动贡献率（%）	11.02	11.71	4.90	10.16	10.56	7.21
R 结构变动贡献率（%）	1.83	1.85	1.61	0.71	0.65	1.12
AL 结构变动贡献率（%）	89.70	89.06	95.34	97.35	97.09	99.33

在出口结构变动方面，根据表 8.7 的计算结果，2001 年至 2007 年来自贸易结构变动和劳动投入系数变化的总就业偏差约为 8 678 万人。其中单位产值劳动投入系数的下降对总就业偏差的贡献度为 89.70%，出口结构变动的综合影响为 10.30%（出口结构变动使出口带动的就业人口减少 894 万人）。从出口结构变化对就业结构的影响看，出口结构变化导致非熟练劳动就业下降 853 万人，熟练劳动就业下降 41 万人，二者之比约为 21 倍，显然出口结构变化使就业结构偏向于熟练劳动。进口结构变动方面，2001 年至 2007 年来自进口结构变动和劳动投入系数变化的总就业偏差为 7 442 万人，其中单位产值劳动投入系数下降的贡献度为 97.35%，进口结构变动的综合影响为 2.65%。综合进出口结构变动的就

业效应可发现，2001 年至 2007 年，贸易的非均衡增长对就业的净影响为负，剔除劳动投入系数变化的影响，贸易结构变动引起我国就业减少共计 696.8 万人，其中非熟练劳动就业减少 661.6 万人，熟练劳动就业减少 35.2 万人，二者之比为 18.8 倍，显著高于该研究期间我国工业部门非熟练劳动与熟练劳动就业量之比的最大值 12.31 倍，因此贸易结构变动在该研究区间对就业结构的影响仍偏向于熟练劳动。

对入世前后两个时间段贸易结构变动的就业效应进行比较分析可以发现，入世后贸易结构变化对就业的不利影响比入世前明显增大，但对就业结构的影响两个阶段是相同的，即无论是出口结构的变化还是考虑到进口的总体贸易结构变化，其就业结构效应均是偏向于熟练劳动或不利于非熟练劳动的。①

3. 短区间分析

1996～1998 年间贸易结构变动对就业的影响情况如表 8.8 所示。

表 8.8 1996 年至 1998 年贸易结构变动对就业的影响（使用 1997 年投入产出表测算）

1996～1998	出口结构变动带动的就业（万人）			进口结构变动替代的就业（万人）		
	总量	非熟练	熟练	总量	非熟练	熟练
K	66.10	58.63	7.47	153.54	137.62	15.92
L	−61.00	−59.86	−1.14	−267.40	−245.12	−22.28
R	−61.96	−57.23	−4.73	−3.04	−2.53	−0.51
AL	−957.81	−913.75	−44.06	−727.48	−689.77	−37.71
总偏差	−1 014.67	−972.20	−42.47	−844.38	−799.80	−44.58
K 贡献率（%）	−6.51	−6.03	−17.59	−18.18	−17.21	−35.70
L 贡献率（%）	6.01	6.16	2.69	31.67	30.65	49.98
R 贡献率（%）	6.11	5.89	11.15	0.36	0.32	1.15
AL 贡献率（%）	94.40	93.99	103.76	86.15	86.24	84.58

根据表 8.8 的计算结果，出口结构变动方面，1996 年至 1998 年间来

① 需要注意的是，由于 1993 年和 2001 年的初始贸易结构差异较大，因此两个中区间贸易结构就业效应的加总不等于长区间贸易结构的就业效应。

自出口结构变动和劳动投入系数的总就业偏差约为 1 015 万人。其中单位产值劳动投入系数的下降对总就业偏差的贡献度为 94.4%，三部门产品出口比重变动的综合影响为 5.6%（出口结构变动使出口带动的就业人口减少 57 万人）。该期间劳动投入系数的变化与较长区间内相比起着更为主导的作用。进口结构变动方面，1996 年至 1998 年来自进口结构变动和劳动投入系数变化的总就业偏差为 844 万人，其中单位产值劳动投入系数下降的贡献度为 86.15%，进口结构变动的综合影响为 13.85%。综合考察进出口结构变动的就业效应，贸易的非均衡增长在该区间内对就业的净影响为正，剔除劳动投入系数变化的影响，贸易结构变动引起该期间我国就业增长 60.05 万人，其中非熟练劳动就业增长 51.58 万人，熟练劳动就业增长 8.47 万人，两者之比为 6.1 倍，显著低于该研究区间非熟练劳动与熟练劳动就业量之比的最小值 10.23，因此贸易结构的就业结构效应仍然偏向熟练劳动。

由此可见，1996 年至 1998 年期间贸易结构变化的就业水平效应与较长的考察时期不同，是有利于就业的，这主要是由于受到亚洲金融危机的影响，我国进口增长下滑较快（该时期我国出口增长 36%，进口仅增长了 10%），替代就业的数量相应明显减少。但贸易结构变动的就业结构效应与较长时期的总体趋势一致。

本章从理论和经验上对 1993 年至 2007 年我国工业制成品贸易结构变化的就业水平和结构效应进行了分析。研究表明，首先，虽然研究期内无论是出口还是贸易净额均对我国就业起到了明显的促进作用，但研究期间内偏向资本技术密集型产品的贸易结构变动不利于就业：贸易结构变动引起我国就业总共减少约 1 719 万人，且无论是对熟练劳动还是非熟练劳动都存在就业下降效应。其次，无论是出口结构的变化还是进口的总体贸易结构变化，其就业结构效应均是偏向于熟练劳动或不利于非熟练劳动的。由于贸易结构变化主要体现为资本技术密集型部门贸易比重的上升和劳动密集型部门贸易比重的下降，因而对就业的不利影响主要体现在低技能劳动上，并导致就业结构出现熟练劳动偏向。

贸易结构的变化对就业结构产生了偏向熟练劳动的影响，意味着我国非熟练劳动的就业压力有所增大。这需要我国服务业部门的迅速增长以吸纳更多的低技能劳动力，同时也要求在产业结构和贸易结构调整中不可片面强调资本技术密集型部门扩张或抑制劳动密集型部门，就业目标应当始终是发展政策制定和实施的重要考虑因素，此外对非熟练劳动群体增强社会保障也是刻不容缓的课题。

第九章　FDI对我国就业的影响及其局限性

我国改革开放以来，积极利用外资，FDI 持续流入，对经济发展产生了重要的影响。关于 FDI 对就业的影响一直存在着争议，学术界主要有两种不同的观点：一种观点认为，FDI 对就业有正面的促进作用，通过传播高端技术以及先进的管理方式促进经济增长，带动就业增长，同时，跨国公司往往能够提供更高的工资，在模仿效应等因素的作用下提高东道国的工资水平；另一种观点，即所谓“向下竞争”的观点认为 FDI 具有高度的流动性，各国政府为吸引 FDI 而进行的竞争助长了国际投资者的议价能力，引发东道国就业市场的向下竞争。本章将对 FDI 对我国就业的影响展开较为系统的分析。

金融危机引起的全球经济变革，深刻影响着全球外国直接投资（FDI）的前景，也改变着外国直接投资的格局，FDI 的区域结构、产业结构都面临巨大调整。根据联合国贸发组织（UNCTAD）[①]统计：2010 年全球 FDI 比 2009 年仅增长近 1%，从 1.11 万亿美元增加到 1.12 万亿美元。2010 年流入发达国家的 FDI 进一步萎缩（为 5 270 亿美元），比上年下降约 7%；然而流入发展中国家和转型经济的 FDI 出现了强劲反弹，首次超过全球 FDI 总流量的一半，达到 53%。詹晓宁[②]（2011）指出，

---

① 联合国贸易和发展会议（UNCTAD）投资和企业司 2011 年 1 月 17 日在日内瓦发布的《全球投资趋势监测报告》，第 5 期。

② 联合国贸易和发展会议（UNCTAD）投资、技术和企业发展司司长。

由于发展中国家经济较快复苏以及南方国家之间的 FDI 流动的增长，2010 年流入发展中经济体的 FDI 增加了约 10%，达 5 250 亿美元，但流入各地区发展中国家的 FDI 很不均衡。

图 9.1、图 9.2 分别表示我国 1978～2009 年间的 FDI 流量、存量状况。

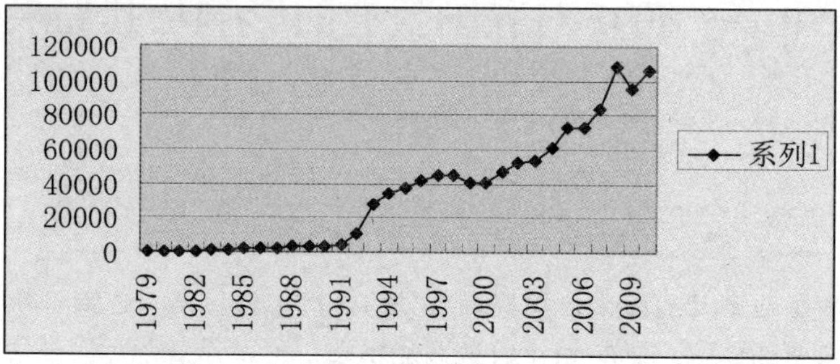

图 9.1　我国 1978～2010 年 FDI 流量（单位：百万美元）

数据来源：UNCTAD，FDI/TNC database（2011)数据库。

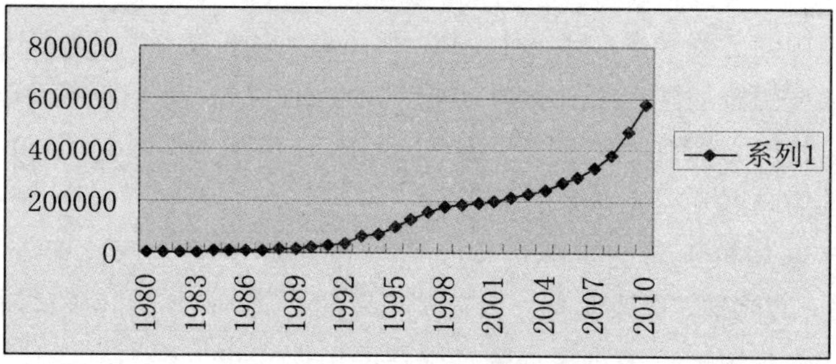

图 9.2　我国 1978～2010 年 FDI 存量（单位：百万美元）

数据来源：UNCTAD，FDI/TNC database（2011)数据库。

由图 9.1 和图 9.2 知，改革开放以来，尤其是 20 世纪 90 年代之后外商直接投资（FDI）大量流入我国。Prasad 和 Wei（2005）指出，自 1994 年以来，我国吸引了流入新兴市场经济体 FDI 的 1/3，流入亚洲新兴市场经济体 FDI 的 60%。2007 年外商直接投资突破 700 亿美元，2008 年达到 900 亿美元，在国际金融危机冲击较为严重的 2009 年，外商直接投资仍然超过 900 亿美元，外商直接投资规模居世界第二位，占世界 FDI 的 8.5%。2010 年非金融领域新批准外商直接投资企业 27 406 家，同比增长 16.94%；实际使用外资金额 1 057.35 亿美元，同比增长 17.44%。我国国际投资头寸表①（2011）显示，截至 2009 年底，FDI 累计余额已经达到 9 974 亿美元，接近 1 万亿美元。

第一节　FDI 对我国就业的影响

随着我国对外开放的不断深入，我国利用外资的规模越来越大。外资对我国经济的各个方面都产生了深远的影响，就业是其中一个重要的方面。美国经济学家chenery和strout（1966）提出的“两缺口”模型是支撑发展中国家利用外资来发展经济和扩大就业的最有影响力的理论。该理论认为发展中国家国内储蓄和外汇不足，通过引进外资可以达到弥补储蓄增加投资进而扩大就业的效果。Campbell（1994）将FDI对东道国就业的影响从领域和表现两个方面进行了交错分析，FDI通过直接效应和间接效应对就业从数量、质量和区位方面产生影响，如表9.1所示。

表 9.1　FDI 对就业的影响

<table>
<tr><th colspan="2"></th><th>就业数量</th><th>就业质量</th><th>就业区位</th></tr>
<tr><td rowspan="2">直接效应</td><td>积极</td><td>创造直接就业机会</td><td>工资较高，生产力水平也较高</td><td>为高失业区增加新的和更好的就业机会</td></tr>
<tr><td>消极</td><td>并购可能导致“合理化”裁员</td><td>有雇佣和晋职等方面引进不受欢迎的各种惯例</td><td>城市拥挤，加剧地区不平衡</td></tr>
<tr><td rowspan="2">间接效应</td><td>积极</td><td>通过关联效应创造间接机会</td><td>向国内企业传播“最佳运营”工作组织方法</td><td>促进供应商转移到劳动力可得地区</td></tr>
<tr><td>消极</td><td>依赖进口或挤垮现有企业会降低就业水平</td><td>在国内竞争时降低工资水平</td><td>挤垮当地供应商，地区性失业恶化</td></tr>
</table>

资料来源：联合国跨国公司与投资司：《1994 年世界投资报告》（中译本），对外经济贸易出版社 1995 年版，第 231 页。

① 2011 年 4 月 1 日，国家外汇管理局发布了新口径之下的 2010 年国际收支平衡表。

FDI对就业存在就业量和就业结构两方面的影响。对就业量的影响表现在：第一，就业创造效应，即通过资本供给的增加实现企业的扩大再生产，从而扩大就业规模；第二，就业替代效应，FDI不仅直接增加了各产业的资本供给，还以技术、培训、外溢等方式增加了产业内的其他要素供给或提高了要素生产率，在规模一定的情况下，增加产业效益，出现资本、技术替代劳动力的现象。前者是就业总量的增长，后者则可能带来劳动力素质的提升，缩减就业量。因此，总的来说，FDI对就业量的影响具有不确定性。

一、FDI 对就业数量的影响

FDI 的进入为东道国创造就业的因素有：通过雇佣员工直接创造就业，在绿地投资形式的 FDI 中表现得尤为明显；通过带动上下游关联企业的发展间接创造就业；通过营造竞争环境鞭策本土企业成长和发展壮大而间接创造就业。另一方面，FDI 对东道国就业产生破坏作用的途径包括：通过兼并收购形式进入的 FDI 可能导致裁员；FDI 的进入有可能挤出本地投资，使本土生产者倒闭导致裁员。

UNCTAD 在《世界投资报告（1994）》（*World Investment Report 1994*）中认为外商直接投资对发展中国家就业效应的影响为正效应。外商直接投资在东道国的生产经营活动既直接创造就业机会，也间接创造就业机会，同时能改善东道国的就业质量。Michiewicz（2000）等人对四个中欧国家的研究结果表明，FDI 在当地的就业创造过程中起到了关键的作用。1993～1996 年间，匈牙利制造业部门中外商投资企业的就业人数占该部门总就业的比例达到 78.1%，捷克共和国在此期间虽然就业减少 1 018 万人，但外资企业仍然提供了 614 万个工作机会，在很大程度上遏制了大量失业可能引起的严重结果。Glickman 和 Woodward（1989）对美国外国公司子公司就业量的变化按引起变化的原因进行分解，得出资产的购买可能不会导致就业的减少，而仅仅是现存就业机会从本国转移到外国，但资产清算很可能导致就业净减少；同时还得出美国的对外投资导致就业机会减少，而在美国的外商投资将增加就业机会。David

Williams（2000）对英国的外资公司的就业效应进行研究。David Williams（2003）利用英国外资公司子公司的数据，从跨国公司进入模式、子公司类型、母公司国籍三个因素分析了外商直接投资对就业的影响，得出外商直接投资的就业效应因上述三个因素的不同而不同，"绿地投资"产生正的就业效应，而并购投资方式则产生负的就业效应。

中国拥有丰富且廉价的劳动力资源。改革开放前，我国就业主要由国有单位和集体单位创造，而随着改革开放的深入，FDI 大量进入，外资企业提供的就业逐步增多。1985 年外商投资企业所吸纳的就业仅 6 万人，占总就业人数比重仅为 0.012%，到 2010 年，外资企业创造的就业达到 1 699 万人，占总就业人数 2.18%。如图 9.3 所示，虽然 FDI 就业在整个就业中所占的比重不高，但增长速度非常快。根据表 9.2 中国内学者蔡昉、王德文（2004）的研究成果，2001 年 FDI 对我国全城乡的就业贡献率已经达到了 18.4%。需要注意的是，在改革开放以来的 30 年里，中国从体制、经济到社会文化都发生了巨大的变化，FDI 对就业影响的测算有可能被其他同时影响 FDI 和就业的因素所干扰，因此对相关统计分析结果的解读需要审慎。

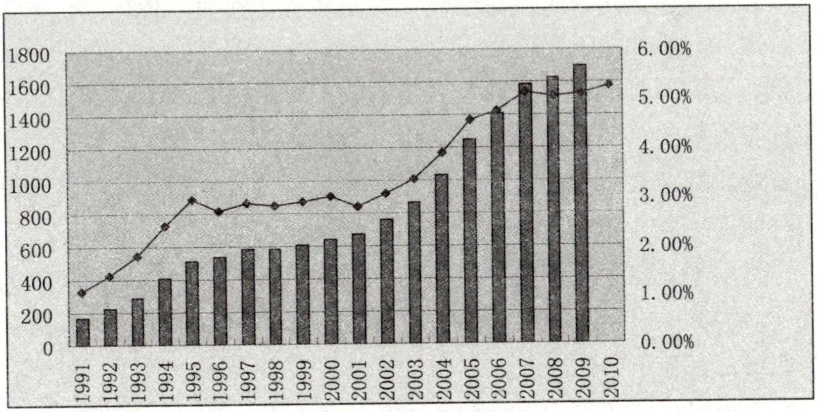

图 9.3　1991 年至 2010 年外资单位吸纳就业数及占总就业比（单位：万人）

数据来源：2010 年《中国统计年鉴》。

表 9.2　FDI 对就业的贡献率

年份	对全城乡就业贡献（%）	对城镇就业贡献（%）	对农村就业贡献（%）
1985	-	0.4	-
1992	6.1	9.1	8.4
2001	18.4	24	29

数据来源：蔡昉、王德文，《外商直接投资与就业——一个人力资本分析框架》，《财经论丛》，2004（1）。

二、FDI 对就业质量的影响

FDI 对就业质量的影响可以通过工资水平来体现。理论上讲，资本与劳动是生产的基本要素，FDI 的进入提高了资本劳动比例，能够提升劳动的边际生产率，而市场化的就业市场中工资水平是与劳动的边际生产率相等的。现实中，对处于工业化初期的东道国，外商直接投资企业往往拥有更高的生产技术和管理水平（Lipsey and Sjoholm，2001），生产率高于内资企业，工资水平较高。技术溢出效应能提高内资企业的生产率水平，同时内资企业对外资企业管理模式（如人事管理方面）的模仿以及对人才的相互竞争能够促进工资增长。但是，内外资企业在产品市场上的竞争促使企业压低包括劳动要素价格在内的成本，不利于就业质量的提升。此外，还有研究认为 FDI 的进入可能导致企业间对高端人才竞争加剧的同时压缩非技能型劳动者的工资和福利，导致结构性失业，加深就业市场的“二元化”。

就业质量主要反映在劳动力就业的层次、技能水平。对中国来说，引入外资是否可能带来劳动力技能的“低级固化”是许多人担心的问题。工资水平是就业质量的显性化指标。改革开放以来，工资水平有显著提升，从表 9.3 中可以直观地看出。1995 年到 2010 年期间，不论是国有企业还是其他所有制企业，平均工资均提升了 200% 以上。两个时期外商直接投资企业的平均工资均高于其他所有制企业。而工资水平的提高是否由外商直接投资导致值得进一步探讨。Ying Ge（2006）考察了 1990 年至 1998 年 231 个中国城市的数据，得出外商直接投资对工资水平存在显著的正效应的结论。许和连、亓朋和李海诤（2009）利用 1998～

2001 年面板数据分析认为，内资企业工资水平的提高更多来自其他内资企业的工资溢出效应以及企业自身技术水平和人均资本投入的提高，外资企业的影响并不确定。

表 9.3　不同所有制企业 1995 年与 2010 年工资水平对比

	国有企业	城镇集体企业	其他类型企业	外商直接投资企业
1995 年	4742	3360	6599	7525
2010 年	24250	15179	15964	26387
增长率（%）	411	352	142	251

数据来源：2011 年《中国统计年鉴》，按 1994 年可比价格计算。

FDI 促进就业质量的提升有多种途径。最直接的渠道是外资企业对劳动力的需求偏好。张帆和郑京平（1999）利用第三次全国普查资料，研究发现跨国公司倾向于投资劳动生产率较高、利润率较高、资本密集度较高、生产集中度较高和人均工资水平较高的行业，认为跨国公司会增加高技能劳动力的相对需求。FDI 由劳动密集型加工行业向资本和技术密集型行业发展，FDI 的就业效应发生变迁，间接效应增强，其中包括 FDI 扩大了对高技能劳动力的需求，改善了东道国就业质量（邱晓明，2004）。FDI 促进就业质量提升另一个重要的渠道是 FDI 的流入促进了高技能劳动力的流动。另外还有研究发现在劳动力市场分割以及较高劳动力流动成本的经济中，当外资企业进入时，他们必须提供相对于国有企业更高的补偿价格才能雇用到高技术工人。

FDI 促进就业质量提升的间接途径是跨国公司技术外溢效应。江小涓（2004）把跨国公司技术外溢效应分为人力资本外溢效应、示范效应、竞争效应、合作效应、技术运用和市场开拓等几种途径；并把人力资本外溢效应列在第一位，而其后的几种效应也都隐含着对劳动力技能升级的促进作用。

FDI 刺激人们去追求教育，加速了整个经济的人力资本积累。FDI 对东道国工人的信号效应途径多种多样，最明显的是体现在劳动力市场的价格方面。在外资企业，具有较高技能水平的熟练劳动力能获得较高的工资报酬。工资报酬具有信号显示功能和预期效应，而个人教育决策又受预期收益的影响。因此，外资与一定滞后期后的教育支出是呈正相关的，滞后期越长，这种效应可能越明显。张二震和任志成（2005）认为 FDI 会促进政府加大教育投入，为吸引 FDI 流入，政府必须要适应外资企业对劳动力技能的要求，因此加大教育投入成为必然现象。FDI 对熟练劳动力的需求还一定程度上遏制了发展中国家普遍存在的“智力外流”现象，甚至还可能促成“智力回流”，即 FDI 持续流入还可能会伴随着海外人才回流。

三、FDI 对就业结构的影响

如果说 FDI 对中国就业数量和质量的影响颇具争议，FDI 对我国就业结构的影响在学术界则基本达成了共识，即 FDI 促使就业在产业结构和区位结构上集聚。FDI 与劳动力作为要素投入，在规模效益一定时，通过增加其投入量可以推动产值的增长。但 FDI 与劳动力之间更多地表现为二者的要素配比关系，在技术一定的条件下，增加一定量的资本则必然要求增加相应的劳动力投入。FDI 对就业结构的影响是通过劳动力在不同产业之间的动态配置来实现的。由于 FDI 在各产业的分布不均，以上两种就业效应会在各产业内部分别发生作用，扩大产业间的差距，加剧生产要素在产业间的流动，伴随出现的即是劳动力资源在各产业之间的重新配置、劳动力素质的提升及就业结构的优化。

（一）FDI 对就业产业结构的影响

吸引 FDI 相对较多的产业能够在资本、技术上得到有效提升，短期内需要更多的劳动力来进行配套生产，长期内由于生产率水平的提升产业不断发展壮大，也能吸纳更多的就业，与此同时，还能惠及关联产业。

我国是典型的二元经济结构的国家，农村劳动力人口占据了绝大多数，FDI 的进入对促进农业人口流动到非农产业起到了很大的作用。FDI 主要进入了我国的第二产业，尤其是劳动密集性制造业，如下图所示。FDI 对第二产业的投资主要集中在制造业，无论从项目数还是从合同外资金额来看，占比均达到 60%以上，对第三产业的投资主要集中在房地产行业，这与我国对其他第三产业的开放度较低有关。

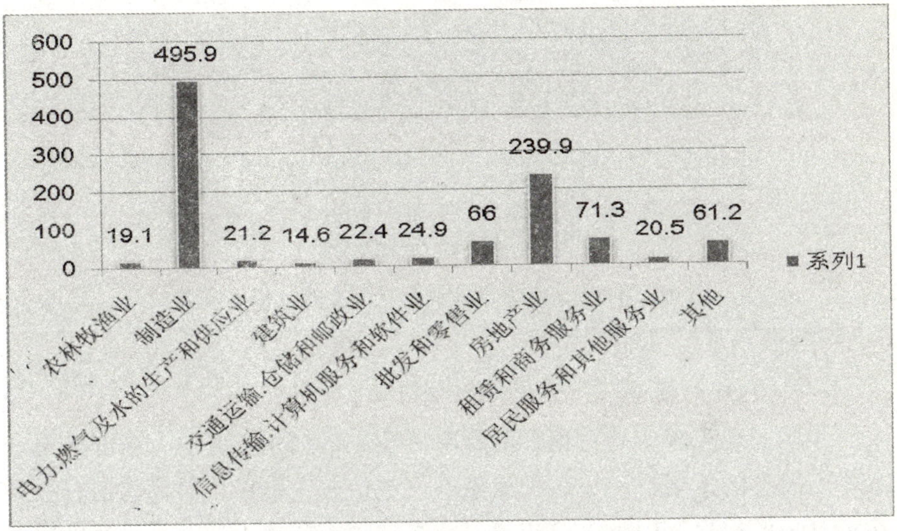

图 9.4　2010 年我国外商直接投资行业结构

产业结构升级的一个重要标志就是就业人口的非农化，表现为第一产业就业比重下降，第二、三产业就业比重增加。作为产业结构变迁的一个重要方面，就业结构更能真正体现一国产业结构高级化的情况。产业结构的高低是衡量社会发达程度、人民生活水平的重要指标，由于就业结构的变动将同时导致产业内资源配置等各方面的变化，由此带动产业劳动生产率及产值结构的改变，而劳动生产率及产值结构的改变又会促使就业结构产生新的变化，如此交互影响促进了产业结构不断地升级和变迁。

外商直接投资的产业非均衡性引致了就业在产业间的调整。如图 9.5 所示，改革开放以来，劳动力从农业部门转向非农业部门的趋势十分明显，从 1992 年到 2010 年，第一产业就业人员从 38 699 万人减少到 27 931 万人，占总就业人口比例从 58.5%下降到 36.7%，下降比例达到 20 个百分点，其中 6.1%由第二产业吸纳，14.3% 被第三产业吸纳。王燕飞和曾国平（2006）通过对 FDI、就业结构和产值结构两两进行 Granger 因果检验，得出 FDI 促进了第二产业就业以及就业人口非农化，对我国产业结构升级有积极的推动作用。

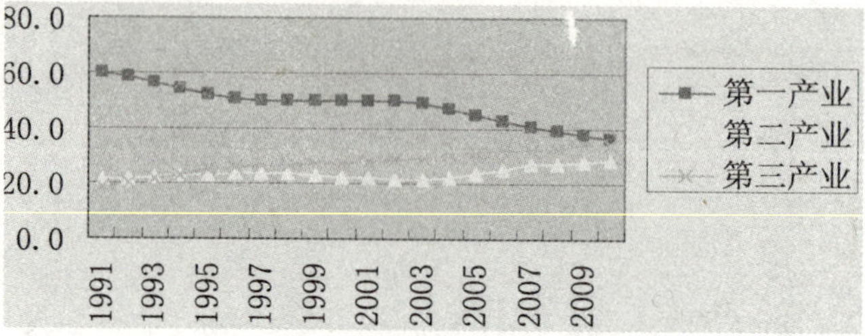

图 9.5　1991～2010 就业在三次产业的分布百分比

数据来源：2011 年《中国统计年鉴》。

（二）FDI 对就业区位结构的影响

中国呈现东部劳动力集聚的鲜明特征，而 FDI 在劳动力东部集聚过程中所发挥的重要作用。这种集聚不仅包括人才集聚，而且包括农业剩余劳动力的集聚。中国人口庞大、地域广阔，劳动力从农业向非农转移有着地区发展的不平衡性。中西部地区非农化就业转移缓慢，东部地区不仅本地区非农业化就业转移迅速，而且也吸引了中西部农业剩余劳动力向东部移动。这是与各地区工业化进程密切相关的。东部沿海地区已进入工业化中期，而中部地区和西部地区仍处于工业化的中前期。工业化的进程又与 FDI 在东部沿海的工业布局紧密相关。

沿海地区的三资企业是这些农村转移劳动力以及新就业劳动力的重要吸纳部门。中国的直接投资的一个特征是其高度集中在制造业。这种投资结构与中国的比较优势变化是颇为一致的，即劳动密集型制造业产品具有最大的比较优势，因而其国际竞争力也较高（蔡昉、王德文，2004）。

20 世纪 90 年代以来，沿海地区、特别是广东、福建、浙江、江苏等省制造业就业增长迅速。FDI 及其决定的东部地区产业集聚与劳动力的跨区域流动呈正反馈关系，并成为中国特有的劳动力产业间转移轨迹。范剑勇（2004）从 FDI 与沿海产业集聚的逻辑出发，提出了 FDI 与农业剩余劳动力跨区域流动的因果关系。FDI 走在工业化进程前面的东部地区有着包括人力资本在内的吸引外资的区位优势，外资在东部沿海的集中促进了东部沿海的产业集聚，东部沿海地区农村异常丰富的劳动力储备正好回应了大量外资企业在该地区的建立，整个沿海地区快速发展的工业化景象又引发了劳动力向东部流动。外商资本投入向东部地区的倾斜，更重要的是FDI的大量流入为这些地区经济发展注入了强大动力，并创造了大量的就业机会，中、西部地区劳动力大量流入东部地区。FDI除了对区域就业的直接效应外，还通过加快经济全球化进程、推进区域的进出口贸易、拉大区域经济发展差距、带动区域产业结构的调整和升级等对区域就业产生间接的影响。

由于东部地区良好的基础配套设施，优质的劳动力资源，便捷的地理位置，FDI 主要集中于珠三角、长三角和环渤海经济区的少数省份和城市，东西部差异巨大，图 9.6 和图 9.7 是 2010 年的我国东部、中部、西部地区[①]的外商投资情况，东部地区在吸引 FDI 上占据绝对的主导地位。

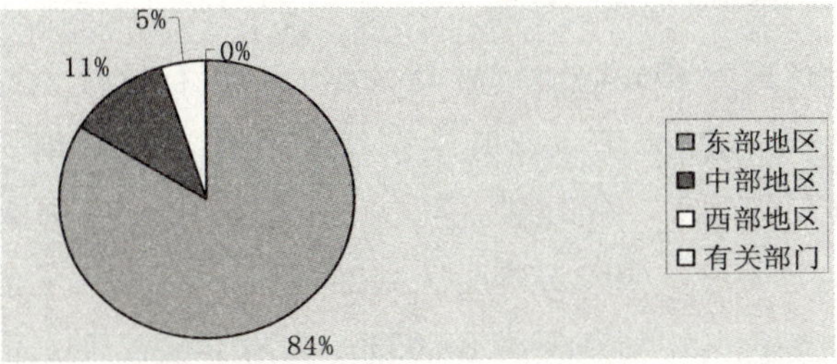

图 9.6　2010 年我国东部、中部、西部外商直接投资项目数

数据来源：商务部外资司。注：有关部门项下包含银行、证券、保险行业吸收外商直接投资数据（由于有关部门利用外资项目数占比仅 0.01%，故略去）。

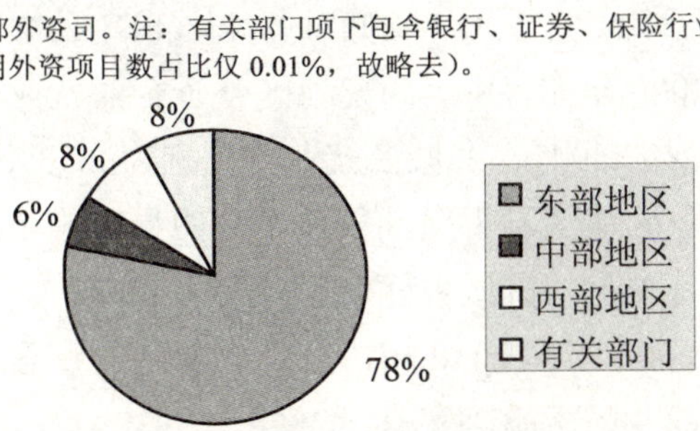

图 9.7　2010 年我国东部、中部、西部实际使用外商直接投资情况

数据来源：商务部外资司。注：有关部门项下包含银行、证券、保险行业吸收外商直接投资数据（由于有关部门利用外资项目数占比仅 0.01%，故略去）。

---

① 东部地区：北京、天津、河北、辽宁、上海、江苏、浙江、福建、山东、广东、海南；中部地区：山西、吉林、黑龙江、安徽、江西、河南、湖北、湖南；西部地区：内蒙古、广西、四川、重庆、贵州、云南、陕西、甘肃、青海、宁夏、新疆、西藏。

FDI的这种地区之间的分布对就业产生了相应的影响，如表9.4所示。

表9.4　2000年与2010年外资企业就业情况比较（单位：百分比）

	外资企业就业量		城镇就业		城乡就业合计		占城镇就业比		占城乡就业比	
	A		B		C		A/B		A/C	
年份	2000	2010	2000	2010	2000	2010	2000	2010	2000	2010
东部	552.61	1 604.97	6 779.91	13 030.79	23 731.71	34 516.34	8.15	12.32	2.33	4.65
中部	56.91	159.29	4 744.71	6 581.65	20 982.71	25 160.49	1.20	2.42	0.27	0.63
西部	32.75	58.86	3 491.88	3 977.46	18 264.38	17 157.61	0.94	1.48	0.18	0.34
总计	642.28	1 823.12	15 016.50	23 589.91	62 978.80	76 834.44	4.28	7.73	1.02	2.37

数据来源：2001年和2011年《中国统计年鉴》。

注：外资企业就业量为外商投资企业就业量及港澳台投资企业就业量之和。

首先，对各地区FDI吸纳就业量的绝对数进行比较。2000年，外资企业就业人数为642.28万人，其中东部地区的FDI吸纳的就业就占了86%，即552.61万人，中部地区仅占8.86%，即56.91万人，西部地区占比最少，仅为5.1%，即32.75万人；2010年，这种从东至西逐渐减少的趋势更加明显，占比分别变为88.03%、8.74%、3.23%。但是，由于各地区经济发展程度不同，就业基数不同，故东部地区FDI吸纳的就业量理应比中西部地区多。鉴于此，我们对各地区FDI吸纳就业量的相对数作进一步比较。2000年东、中、西部地区外资企业就业量占城镇就业比分别为8.15%、1.2%、0.94%，占城乡就业比分别为2.33%、0.27%、0.18%。2009年，FDI就业的地区不平衡性依然十分明显，占城镇就业比分别为12.41%、2.49%、1.54%；占城乡就业比分别为4.82%、0.60、0.35%。此外，还能看出从2000年到2010年，外资企业就业占总就业量的比例增加，说明FDI对就业的贡献确实有所增强。

王祖强（2007）指出，FDI促进了劳动力的流动，有利于全国统一劳动力市场的形成，但同时这种地区不均衡性不利于中西部地区的发展。

综上所述，改革开放以来FDI的大量流入对我国就业产生了多层面的影响。首先，FDI促进了就业数量的增长和质量的提高，但这种影响的存在性和显著性一直颇具争议。其次，对就业的产业结构和区位结构集聚产生了促进作用，促进了产业结构的调整和升级、劳动力的流动以及全国劳动市场的建立。

第二节　FDI 对我国就业促进效应的局限性

一、FDI 对我国就业数量促进的局限性

FDI 对东道国就业数量影响具有二重性，即吸纳效应和挤出效应：创造直接就业机会，或者通过关联效应创造间接机会；但是同时并购可能导致所谓合理化裁员，依赖进口或挤跨现有企业会降低就业水平。因此，FDI 对中国就业数量的影响可能是不确定的。FDI 通过直接和间接的影响发挥其就业效应。FDI 的直接就业效应是指通过在东道国建立子公司所增加的雇佣劳动力；FDI 的间接就业效应是指通过关联作用所增加供应商、分包商和服务商在劳动力上的投入。但是 FDI 对就业数量促进作用的发挥还受其自身规模、投资产业技术水平和政策环境、东道国劳动力素质以及劳动力市场的效率和制度等因素的影响。

桑百川（1999）认为，当外商以新建企业在东道国投资时，一般会带来新的就业机会，但如果外资采取兼并收购东道国原有企业的形式投资，外资能否增加东道国就业就是一个不确定的问题。如果它进一步扩大投资就有可能增加就业，但是如果它采用先进技术和资本替代劳动力则可能减少就业。刘维林和胡晓鹏（2005）认为，FDI 对中国经济有挤出效应，20 世纪 90 年代以来，我国就业弹性明显下降，就是与这种挤出效应密切相关。他们认为，改革开放以来，外资的大规模流入并没有给我国就业水平的提高带来显著的作用。王剑（2005）基于微观和宏观经济理论构建了 FDI 与东道国就业的联立方程模型，将外资对就业的直接效应和间接效应纳入到一个理论模型中予以综合分析，结果表明 FDI 一方面通过直接效应带动了中国就业，另一方面通过挤出国内投资和提高生产率水平产生了减少就业的间接效应。

FDI 流入的不同时期对就业数量的影响也可能是不同的。邱晓明

（2004）将FDI的就业效应划分为两个时期，从20世纪90年代中期以来，随着在中国的FDI由劳动密集型加工行业向技术密集型行业发展，FDI直接增加就业的作用明显弱化，导致就业效应发生了变迁，发生变迁的原因有产业结构升级、外资政策变化、国际分工深化以及在华跨国公司的战略调整等。钟辉（2005）通过对FDI在短、中、长期对中国就业的影响程度做动态的分析，指出影响程度随着内资企业的竞争力提高和产品市场需求的变化而变化，并非当前一些学者所认为的成简单的正相关。在短期内，FDI起发动机的功能，创造了大量的就业机会，中期FDI对中国总就业的影响尚不明确，长期FDI对就业的影响是积极的，但这取决于内资企业能否充分吸收FDI的外溢效应，能否在竞争中提高自身的科研创造能力和竞争力。牟俊霖（2007）的研究也基本认同上述观点，由于初始阶段FDI主要是技术水平偏低的劳动密集型投资，所以1993年以前FDI的直接就业效应非常显著，但由于初期国内企业竞争力不足，因此负的间接就业效应也很显著；1993年以后随着FDI技术水平的提高和国内企业竞争力的提升，FDI的直接就业效应减小，负的间接就业效应也减弱。

一般来说，FDI的规模越大，能够创造的就业机会也就越多。当FDI属于劳动密集型或人力资源密集型时，其规模所引致的就业效应就更加明显；当FDI属于资本密集型或技术密集型时，其规模所引致的就业效应就不那么明显。我国是一个拥有丰富廉价劳动力的国家，只有配合实行出口导向战略和建设相对宽松的FDI环境，才可以显著提高就业水平。我国劳动力自身的素质水平也成为吸引FDI的一个重要因素，只有劳动力素质相对较高并能适应FDI带来的生产方式转变，FDI的就业促进效应才能够更好地发挥。当劳动力市场的自由流动和信息透明程度较高时，跨国公司扩大就业范围就相对容易。

FDI在通过直接雇佣本地员工取代母国公司的员工——即人力资源的本土化来增加东道国的就业数量时，其对东道国的就业数量促进效应取决于其人力资源本土化程度的高低以及投资的产业和行业构成；另外，FDI在通过后向的产业联系和促进东道国经济增长来促进就业机会时，其就业促进效应取决于其技术溢出效应、挤出效应以及其进口依赖程度的高低。

二、FDI 对我国就业结构升级的局限性

我们在探讨 FDI 对我国就业数量的影响时，尤其不能忽略 FDI 对我国就业结构的影响。FDI 作为一种外在的力量，给我国劳动力市场的形成带来了压力和动力。外商投资企业按照市场方法遴选人才，对劳动力资源的流动与配置起到了积极的作用，但是我们也不能忽视在生产经营过程中其对内资企业熟练劳动资源的争夺。

改革开放初，我国由于长时期推行重工业优先发展的战略，占国民经济绝对比重的国有经济不能体现国家所具有的比较优势，而非国有经济因为与国家发展战略不一致，难以获得发展所必需的资本和技术。外商直接投资的大量进入，有力地缓解了我国转轨时期资本积累不足的缺陷，并且由于其所遵循的利益诱导原则，能够将资本投向优势产业，因而这对体现我国资源禀赋优势的非国有经济摆脱资本、技术供给不足的束缚，促进产业结构向优势方向发展起到了积极的作用。我国丰富的劳动力资源也由此得以更加充分动员，要素投入增加促进了我国产业产值的增长及国民经济总量的扩大。因此，改革开放初的工业化初期，FDI 对我国的就业创造效应大于替代效应。其后，FDI 在不同产业的集聚加大了产业间的差距，工业和第三产业不断壮大，一些高新产业逐渐发展起来，在这些产业内，FDI 的就业替代效应作用增强而创造效应弱化，带动了社会就业结构的改变以及我国比较优势的提升。而今，我国已初步进入工业化成熟时期，经济工作的中心任务从增加经济总量转为了调整产业结构尤其是就业结构。当东道国经济足够发达时，可能出现 FDI 投向与东道国发展战略方向不一致的情况。但无可否认，我国的经济发展与发达国家还有相当的距离，因此，继续大量吸收优质的 FDI 对于我国当前的经济结构调整仍然具有重要的意义，但应适当增加对 FDI 的投向调节及使用管理。

外资企业尤其是跨国公司为员工提供的社会保险福利、工作条件、各种培训学习计划以及对当地人才的开发和培养，提高了当地劳动力的

就业质量，有利于我国就业结构的优化。同时我们更应该看到，企业毕竟是一种营利性的经济组织，因此在不同企业营利的过程中不可避免地会伴随着资源的竞争。外资企业凭借其优越的“硬环境”和“软环境”吸引了很多当地熟练劳动力的就业，这无形之中就对国内企业的熟练劳动力使用产生竞争，不利于国内企业就业结构的优化升级。

FDI 对第三产业影响不足，不利于我国农村剩余劳动力的转移及产业结构的进一步优化。第三产业是我国农村大量剩余劳动力有效转移的关键途径。分析显示，我国第一、二产业的劳动力吸纳能力已经趋于饱和，而第三产业还存在相当大的就业创造空间。世界各国第三产业相对国民收入的时间序列表现出的下降趋势，以及劳动力相对比重的上升，也进一步表明第三产业具有很强的劳动力吸纳能力。我国沉淀在农村的大量剩余劳动力只能依靠第三产业的发展和壮大实现有效转移。

FDI 对第三产业影响不足，不仅不利于我国农村剩余劳动力的转移，也不利于我国产业结构的进一步优化。世界各国的发展经验显示，社会发展的一般路径是由农业社会向工业社会再向服务型社会变迁。我国依靠投资拉动成功地实现了从农业社会向工业社会过渡的初步跨越，但伴随这种粗放型增长道路出现的则是投资拉动下的泡沫经济、资源利用率低、公共产品供给不足、二元结构突出、地区经济发展不平衡等诸多问题。因此，从投资拉动转向消费拉动的可持续发展道路，实现工业社会向服务型社会的变迁是我国经济发展的必然选择。第三产业无论是在劳动力相对比重，还是在国民收入的相对比重上都应该占有绝对的份额。

三、FDI 对我国就业区位优化的局限性

从外商直接投资的区位分布上来看，主要集中在东部沿海地区，而东部沿海地区恰是我国相对拥挤的大城市密集分布的地区，外资吸引就业的这种布局进一步加剧了城市的拥堵和区域发展的不平衡。如果外资企业依赖进口的程度比较高的话，可能会进一步加大当地生产商的生存压力，从而给当地就业造成负面影响。

跨国直接投资与东道国国际贸易的不确定关系使得跨国直接投资通过贸易渠道对就业产生的影响也具有不确定性，并且这种不确定性受

到跨国直接投资结构、东道国经济发展阶段等因素的影响。技术作为生产过程中的投入要素，在很大程度上对就业产生影响，比如劳动使用型技术进步使产出增加时更多增加劳动的使用，而资本使用型技术进步使得产出增加时更多增加资本的使用。现代跨国直接投资理论认为，跨国直接投资不仅仅是资本的转移，而且还是技术转移的重要通道。1998 年 J. W. Lee、E. Borensztein 和 J. De Gregorio 发现跨国直接投资对东道国的技术变化产生明显影响，刘金钵和宋晓明（2004）对中国 1993 年至 2002 年 29 个制造业利用跨国直接投资研究时发现，跨国直接投资对这些行业技术进步产生了“外溢效应”。由于跨国直接投资对东道国技术进步产生影响，因而跨国直接投资通过“技术效应”对东道国就业产生间接影响。

FDI 对区域就业差异的影响分为两大方面：一是直接转移效应，主要表现为外资在东部地区的投资倾斜，引致中西部地区人口和劳动力加速向东部沿海地区迁移流动形成区域间就业存量的替代（外资在东部地区的集聚造成新增就业机会的区域不平衡，形成就业增量在空间分配上的差异）。另一是间接转移效应，主要表现为 FDI 通过加快经济全球化进程，推进区域的进出口贸易，拉大区域经济发展差距，带动区域产业结构的调整和升级等来对区域就业产生全面而深刻的间接影响。

值得注意的是，东部沿海地区外商投资企业中的劳动力很多来自中、西部地区。尽管每年中、西部地区流向沿海外商直接投资企业的劳动力数量难以统计，但是可以肯定的是，FDI 对吸纳中、西部地区的民工起到了积极作用，但同时也加剧了劳动力的空间分布不平衡。此外，FDI 对于熟练劳动力向中西部地区的回流贡献不大，一定程度上甚至是一种阻力，加重了中、西部地区技术人才的流失。

第十章　FDI与我国本土企业在熟练劳动资源使用上的竞争性

改革开放以来，我国通过发展国际贸易和利用外资积极参与国际分工。随着我国经济的发展和市场开放程度的提高，利用外资规模持续上升，国内劳动力、自然资源等生产要素与外资不断融合。毋庸置疑，利用外资促进了我国经济的发展，对我国增加就业和产业结构优化也具有一定的积极效应。但值得注意的是，我国是一个熟练劳动资源供给相对短缺的国家，而外资企业一般具有较高的技术水平、管理水平和较高的劳动生产率，对熟练劳动力有较大的需求，同时具备雄厚的资金实力，很可能与我国内资企业产生熟练劳动力资源的竞争，进而对我国内资企业就业结构乃至产业结构产生影响。

第一节　FDI与我国本土企业竞争熟练劳动资源的机制

FDI的进入与一般意义上的生产要素流动不同，它会通过与我国劳动生产要素结合进行经营并获取利润，在我国熟练劳动力资源相对稀缺的情况下，外商投资企业很可能与我国国内企业的产生竞争，而一些因素可能导致外商投资企业在与我国国内企业竞争熟练劳动力的过程中具有明显的优势，下面对这些因素进行简要的探讨。

一、外资企业的资金、技术优势

改革开放以来，相对于我国国内企业而言，外资企业给予熟练劳动力的工资水平普遍较高。凭借其优厚的待遇和社会福利、良好的工作环境，外资企业对高素质劳动力有很强的吸引力，会促使一些熟练劳动力不断离开内资企业流入外资企业。

外商投资企业比我国一般的国内企业技术水平高，导致其创造性较强、成长迅速、收入增长快，为了巩固其技术优势还会向员工提供许多培训机会，这也构成了外资企业吸引熟练劳动力的相对优势。

二、外资企业的行业分布带来的人力资本溢出效应

人力资本是现代经济增长的主要动力和源泉，其溢出效应主要表现为两个方面：一是发生在行业内的内溢效应，即知识在行业内的扩散和传播；二是行业内向行业外的外溢效应，即人力资本向人力资本丰富的高收入行业的流动。在我国，高收入行业一般发生人力资本内溢效应，低收入行业则发生外溢效应，大量使用熟练劳动力的外商直接投资企业在我国一般分布于高收入行业，加之上面所指出的资金、技术优势，外资企业很可能通过人力资本溢出效应进一步获取竞争熟练劳动力或人力资本的优势。

三、政府的政策支持

我国从改革开放以来，一直对外资提供一系列的优惠措施。包括关税优惠、所得税优惠等多方面措施。外商投资企业长久以来享受超国民待遇，助长了其竞争优势，包括在吸引熟练劳动力方面的优势。

第二节　FDI与我国企业竞争熟练劳动资源的经验检验

一、经验研究思路和数据

由于流入我国的FDI在第二产业比重最大，同时限于数据的可得性，本章在经验上考察外资企业与我国国内企业在熟练劳动资源的使用上是否存在较为明显的竞争性的过程中，将针对我国工业部门进行计量分析。

研究的基本思路是，考察工业部门的内资企业使用熟练劳动力的相对比例是否受到FDI流入因素的影响——如果内资企业使用熟练劳动力的相对比例因 FDI 流入上升而下降，则表明我国工业部门的外资企业很可能存在与内资企业争夺熟练劳动力的现象。

数据方面，限于数据可得性，本章以我国工业部门中的国有单位表示内资企业，选取我国工业部门国有单位 30 个省区 1999～2007 年的面板数据进行分析。

二、计量分析所使用的模型、变量和指标

本章的基本回归方程如下：

$$\log(skill / unskill) = c + \alpha \log(fdi) + \sum\nolimits_n \beta_n \log(X_n) + u_t$$

式中，被解释变量为内资企业就业结构，即熟练劳动力相对使用程度；解释变量 fdi 表示外商直接投资强度； X_n 代表控制变量，主要包括工资差距、研发投入强度、贸易渗透率和行业规模； u_t 为误差项。

计量方程的被解释变量为我国工业部门国有单位所使用的熟练劳动人数与非熟练劳动人数之比[①]，熟练劳动以工业部门国有单位专业技术人员年末人数来衡量，非熟练劳动人数使用工业部门国有单位年末人数与专业技术人员年末人数之差来表示。数据来源于《中国劳动统计年鉴》。

综合已有的文献，用来衡量外资进入程度的指标的构造方法主要有以下几种：实际利用外资额占 GDP 的比重；外资单位就业人员与内资单位就业人员的比值；外资单位产出与内资单位产出的比值；外资单位资本与内资单位资本的比值；外资单位 R&D 投入所占的比重等。本章使用第二种指标构造方法，即用外资（仅选我国港澳台投资）单位就业人员年末人数与内资单位就业人员年末人数的比值来衡量外资进入程度，数据来源于《中国劳动统计年鉴》。估计系数符号反映外资是否与我国内资企业争夺熟练劳动力。

影响我国国内企业熟练劳动相对需求的因素除了前文提及的外资企业竞争之外，还包括：第一，熟练劳动与非熟练劳动的相对工资水平。

---

① 考虑到数据的可得性，本章使用我国工业部门国有单位的专业技术人员与年末就业人数与专业技术人员之差的比值来度量我国工业部门内资企业的就业结构或熟练劳动力相对使用程度。

企业雇用劳动力首先须考虑雇佣成本，具体到熟练劳动相对需求的决策，熟练劳动与非熟练劳动的相对工资水平是企业需要考虑的重要因素。第二，国内企业的研发投入。研发投入是反映企业科技含量的一个重要指标，如果企业自身科技含量比较高，也需要更多的熟练劳动。第三，贸易因素。我国是一个出口大国，加工贸易的份额占到一半以上，而我国的外资企业多数具有外贸性质或在不同程度上参与了外贸活动，因此应该适当考虑贸易发展对劳动力需求结构的影响。第四，企业规模。一般来说，企业的规模越大，其研发、创新、盈利能力相对较强，管理水平和生产效率相对较高，对熟练劳动的相对需求较多。

在本章的计量分析中，工资差距使用外资企业工资和内资企业工资之比来表示。一般来说报酬越高对应劳动者的技能越高，所以收入差异可以看作是影响熟练劳动相对使用的重要因素。外资企业工资我们选取我国港澳台商投资企业平均报酬，内资企业工资我们选取内资企业平均报酬，数据来源于《中国劳动统计年鉴》。估计系数预期为负。

研发投入强度使用各地区研究与开发机构经费筹集额与国有及国有控股工业企业产品销售收入之比表示，该指标反映了对研发以及对人才的重视程度。其中研发经费数据来源于《中国科技统计年鉴》，国有及国有控股工业企业产品销售收入数据来源于《中国工业经济统计年鉴》。估计系数预期为正。

贸易渗透率使用各地区贸易总额和地区工业总产值之比表示，引入该控制变量主要是基于地区的对外开放程度差异以及贸易发展的就业效应等方面的考虑。贸易额数据来源于《中国统计年鉴》，地区工业总产值数据来源于《新中国60年统计资料汇编》。估计系数符号不确定。

至于规模，我们用各省国有及国有控股工业企业产品销售收入占全国的比重来表示，引入经济规模作为控制变量，主要是反映经济规模差异对熟练劳动力相对使用的影响。数据来源于《中国工业经济统计年鉴》。估计系数预期为正。

本章将计量模型分为混合模型、个体固定效应模型和个体随机效应模型，根据F检验以及Hausman检验结果，最终选择了个体固定效应模型进行回归，以充分反映就业结构的省际特征。为了尽可能地消除截面数据带来的异方差问题，在对个体固定效应模型进行回归时，采用界面数据加权（white cross section weighting）的回归方法。

三、计量结果及分析

对上面的计量方程进行回归分析的具体结果见表10.1。

表10.1 FDI与我国工业部门国有单位就业结构关系的计量分析结果

解释变量	30个省市区（西藏除外）			东部地区（12个省市）		
外资进入强度	−0.086*** (0.012)	−0.094*** (0.014)	−0.082*** −0.017	−0.181*** (0.034)	−0.118*** (0.051)	−0.088* (0.045)
工资差距		−0.130*** (0.032)	−0.162*** −0.032		−0.460*** (0.082)	−0.309*** (0.090)
研发投入强度			0.065*** −0.022			0.133** (0.054)
贸易渗透率			0.173*** −0.025			0.323*** (0.039)
规模						0.233** (0.098)
常数项	−1.686***	−1.708***	−1.181*** −0.113	−1.722*** (0.050)	−1.651*** (0.073)	0.209 (0.464）
	0.779	0.758	0.775	0.818	0.762	0.839
*DW*值	1.279	1.307	1.414	1.129	1.205	1.587
*F*值	32.589	28.155	29.014	41.180	27.368	35.921
样本个数	270	270	270	108	108	108

注：*、**和***分别表示在10%、5%和1%的置信度下通过检验，括号内的数值为相应变量的标准差。

从表10.1的计量回归结果可以看出，无论是全国总体层面上，还是在东部地区，外资变量对我国工业部门国有单位熟练劳动力比重的影响显著为负。根据对全国30个省市区（西藏除外）的回归结果可以看出，外商投资强度每增加1个百分点，我国工业部门国有单位熟练劳动力相对使用减少0.082个百分点，这表明研究期间内外资进入很可能产生了对我国内资企业熟练劳动力资源的竞争和争夺。根据对东部12个省市的回归结果，外资对我国东部地区工业部门国有单位熟练劳动力的相对使用的负面影响比全国平均水平更强，外商投资强度每增加1个百分点，东部地区工业部门国有单位熟练劳动力相对使用减少 0.088 个百分点。这表明，与全国平均水平相比，外资对东部地区内资企业熟练劳动力的争夺程度可能更为严重一些，这与我国东部地区外资流入远高于平均水平，外资企业对熟练劳动力投入的需求更大以及地方政府给予了更多的优惠政策有关。

此外，回归结果还显示，工资差距是影响熟练劳动力比重的重要因素。从全国来看，外资企业工资相对内资企业工资上升一个百分点，则熟练劳动力比重下降 0.162 个百分点。东部地区的回归结果显示，外资企业工资相对内资企业工资每上升一个百分点，则熟练劳动比重下降 0.309 个百分点，说明工资差距对东部地区的影响明显要大于全国的平均水平。无论从全国总体上看还是从东部地区来看，研发投入强度增强则能够显著提高我国工业部门中熟练劳动的相对使用，而且东部地区的影响程度比全国的总体水平更高，这与我国近年来对研发创新、人力资本的重视和较高投入是分不开的。从贸易渗透率的影响可以看出，贸易渗透率增强，无论对全国总体上还是东部地区，都会引起内资企业熟练劳动力相对使用增加，而且对东部地区的影响程度更大，表明随着我国贸易结构的升级，对外贸易发展的就业效应是偏向熟练劳动力的。从规模效应来看，其对全国层面的影响并不显著（在回归方程中去掉），而对东部地区的影响则比较显著。

综上所述，上述回归结果显示，外资进入我国工业部门以后，凭借其雄厚的资金技术实力以及我国对外资的优惠政策，很可能产生了与我国国内企业争夺熟练劳动力资源的情况，并对国内企业熟练劳动力资源的使用产生了一定的负面影响。

第三节 FDI 对熟练劳动资源的竞争可能对我国经济产生的影响

一、产业结构方面

（一）FDI 对我国产业结构优化的积极影响

1. 外商直接投资加快了我国工业结构的高加工度化进程

FDI 高度集中于制造业，而在制造业中又主要集中在加工工业。2000年在三资企业中，制造业的工业总产值占整个第二产业工业总产值的96.60%，直到 2003 年这一比重仍然维持到 96.35%。FDI 对我国制造业的影响远大于其他经济，外资工业对我国工业的高加工度化进程起了明显的推动作用。

2. 外商直接投资的结构性倾斜促进了我国技术密集型经济的发展

我国制造业吸收外国直接投资的比重，高于发展中国家的平均水平。2000 以来，发展中国家制造业中外国直接投资的存量占全部外国直接投资存量的比重略高于 45%，而我国这一比例约为 71.49%。外资工业不仅拥有较好的设备、较高的技术、较强的管理，而且在加工工业中相对密集于技术密集型经济和深加工行业。在制造业中，外资工业的比重较高，并且上升明显较快，这对我国密集型经济的发展也起了一定的促进作用。外资工业中，机电工业的比重明显较高，其中尤以电子及通信设备制造业、交通运输设备制造业更为突出。近年来发达国家的大型跨国公司纷纷投资于中国，就是实行“以技术换市场”为战略导向的经济转移，不仅可使投资国的高新技术由中国市场的巨大需求而获得加速更新的强大驱动力，也使得我国开放较早的东部沿海城市和地区渴望由此加入高新技术经济的国际分工网，以此带动我国技术密集型经济的发展和产业结构的优化。

（二）FDI 对我国产业结构优化的消极影响

1. 外商直接投资的结构性倾斜加大了我国产业结构的偏差

我国吸收利用 FDI 的经济依然处于不合理的状况：吸收利用 FDI 主

要集中于第二产业，投向第一产业的 FDI 所占比重过小，投向第三产业的投资比重也偏低，而且主要集中于关联效应较低的房地产经济，而且自 2000 年以来，这种产业结构倾斜更加突出；另一方面我国三大产业国内总产值构成严重不平衡，第一产业与第三产业比重之和仍然占不到一半。FDI 对我国三大产业偏差的加深起到了推波助澜的作用。

2. 外商直接投资的结构性倾斜扩大了我国三大产业发展水平的差距

外商投资企业的进入对正处于工业化高速演进的过程中的中国带来了两方面的冲击。一方面，在一定程度上培养了国内企业的竞争意识；另一方面，FDI 的产业结构分布结构加剧了国内产业结构的畸形发展。

3. 外商直接投资争夺优质劳动力不利于产业结构升级

从我们第二节实证分析的结果看，外资企业进入我国之后，使得我国国内企业熟练劳动的相对使用量减少，这说明在一定程度上外资企业凭借其雄厚的实力与我国内资企业在熟练劳动方面有争夺的现象，而国内产业结构的升级迫切需要大量优质熟练劳动的支持，这种劳动力方面的竞争可能对我国国内企业提升产业结构产生不利影响。

二、国际分工地位方面

由于 FDI 的进入减少了我国国内企业中熟练劳动的相对使用量，这可能对我国国内企业提升贸易结构和参与国际分工的地位产生不利影响。下面将对此进行一个初步的探讨。

表 10.2 是 1999 年至 2010 年我国加工贸易、机电产品和高新技术产品在总出口中的比重变动。从中可以看出，机电产品在总出口中所占的比重较高，且呈逐年上升的趋势，到 2010 年已高达 59%以上；高新技术产品所占比重也呈逐年上升的趋势，2010 年达到 31%。这些数据似乎说明我国的贸易结构在不断升级。然而，我国长期以来较高比重的加工贸易（在我国总出口中所占的比重基本是在 50%以上）却令我们不敢轻言我国贸易结构改善，因为加工贸易绝大多数由外资企业完成。

表 10.2　1999～2010 年我国加工贸易、机电产品、高新技术产品在出口中的比重

（单位：亿美元%）

年份	总出口	加工贸易	机电产品	高新技术产品	加工贸易占比	机电产品占比	高新技术产品占比
1999	1 949	1 109	770	247	56.88	39.50	12.67
2000	2 492	1 377	1 053	370	55.24	42.25	14.86
2001	2 661	1 474	1 188	465	55.41	44.65	17.46
2002	3 256	1 799	1 571	679	55.26	48.25	20.84
2003	4 382	2 419	2 275	1 103	55.19	51.91	25.17
2004	5 933	3 280	3 234	1 655	55.28	54.51	27.90
2005	7 620	4 165	4 267	2 182	54.66	56.00	28.64
2006	9 689	5 104	5 494	2 815	52.67	56.70	29.05
2007	12 178	6 176	7 012	3 478	50.71	57.58	28.56
2008	14 285	6 752	8 229	4 156	47.27	57.61	29.09
2009	12 016	5 869	7 131	3 769	48.84	59.35	31.37
2010	15 777	7 403	9 334	4 924	46.92	59.16	31.21

数据来源：根据国家统计局公报及中国投资指南网的外贸统计数据整理。

我们将表 10.2 中高新技术产品出口贸易数据进一步分为外资企业所占份额和内资企业所占份额进行研究，详细的统计数据见表 10.3。从表 10.3 的数据可以看出，高新技术产品出口中，外资企业占了绝大部分比重，除 1999 年和 2007 年外，其他年份都在 80%以上。这说明在剔除外资的影响之后，我国内资企业贸易结构优化升级并不明显，在国际分工中的地位并无明显的改善。我们认为，造成这种现象的一个重要原因是，外资企业通过较为成功地与我国本土企业争夺熟练劳动力资源，在我国生产和出口的高端产品迅速增加，而我国本土企业由于熟练劳动力资源向外资企业的流失，实现产业、产品结构和贸易结构升级、优化参与国际分工地位的进程被延缓，甚至存在被逆转的可能性。

表 10.3　1999～2007 年我国内外资企业高新技术产品出口情况（单位：亿美元%）

年份	高新技术产品	外资企业高新技术产品	内资企业高新技术产品	外资企业占比	内资企业占比
1999	247	188	59	76.03	23.97
2000	370	300	71	80.91	19.09
2001	465	379	86	81.53	18.47
2002	679	557	122	82.01	17.99
2003	1 103	943	161	85.44	14.56
2004	1 655	1 446	210	87.34	12.66
2005	2 182	1 920	262	87.97	12.03
2006	2 815	2 478	337	88.03	11.97
2007	3 478	1 861	1 617	53.52	46.48
2008	4 156	1 584	2 572	38.11	61.89
2009	3 769	1 859	1 910	49.32	50.68
2010	4 924	2 580	2 344	52.40	47.60

数据来源：根据国家统计局公报及中国投资指南网的外贸统计数据整理。

第十一章　国际贸易、FDI的发展对我国劳动资源供给的影响

改革开放以来，长期束缚经济增长的制度障碍逐步消除，我国经济步入稳定快速增长的时期，就业量稳步增长。由于经济发展的结构不平衡，中国劳动力增长供给增长超过就业增长，劳动力供给超过需求，结果出现随着经济的高增长出现的高失业现象，失业率问题和劳动供给问题得到越来越多的关注。但近些年来出现的沿海经济发达地区农民工回流家乡所产生的“用工荒”现象，引人关注。从中国劳动力结构上看，劳动力供给不存在整体性短缺，而是结构性的短缺。企业对熟练劳动力的需求远大于供给，而低端简单劳动供给者因替代性强而不被企业重视，工资水平仍旧偏低。近年来沿海地区频频上演“用工荒”，一定程度上也是中西部地区与东南沿海民工争夺，中西部的快速发展吸引农民工返乡回流。

中国不论是男性还是女性，大部分劳动力工作时间都长于西方，劳动参与率，尤其是女性参与率也非常高。金玉秋（2009）对我国2008～2020年劳动力供给与需求预测指出：未来20年内，我国劳动供给总量约年均增加1 800万，而劳动需求总量从经济增长的因素看取中间值约1 600万，劳动力供给大于需求每年约200～300万人，因此，就业压力可能会长期存在。王金营和蔺丽莉（2006）考虑劳动参与率年龄模式变动、受教育水平提高以及人口老龄化等因素的影响，对未来劳动供给进行预

测，结果显示：若不考虑 65 岁及以上人口的就业，到 2016 年将达到从业人员 7.58 亿的高峰，而后将持续减少，到 2050 年前后减少到 6.4 亿；若考虑 65 岁及以上人口的就业，我国的就业高峰将出现在 2022 年前后，到 2045 年劳动供给将大规模减少，劳动供养人口将会大大增加。张车伟和吴要武（2003）对未来 20 年我国城镇劳动力供求趋势进行了预测指出：假定我国城市化水平继续按 1990～2000 年的发展速度，行业需求弹性依然保持 1996～2003 年的平均水平，则预计城镇每年新增劳动力约 900 多万，城镇可能会在 2011 年出现用工短缺；即使城市化速度按照 1995～2000 年的水平提高，也可能在 2014 年城镇出现劳动力短缺。

国内外关于劳动供给的研究主要集中于劳动供给行为分析方面，影响劳动供给的主要是工资及教育；而关于我国熟练劳动供给的研究涉及较少，特别是在经济开放条件下，国际贸易、FDI 如何冲击我国的劳动力市场，从而影响熟练劳动供给的研究尚缺乏实证的有力支持。本章立足于此，试图探讨研究国际贸易、FDI 等经济开放现象对我国各省份熟练劳动占总供给的比重的影响，进而提出相应的政策建议。

第一节　国际贸易、FDI 的发展影响我国劳动资源供给的理论机制

一、工资对劳动供给影响的研究

Robbins（1930）研究指出个人愿意的劳动供给量是收入效应和替代效应两种效应相互作用的结果。工资的替代效应是指实际工资的提高使闲暇变昂贵，从而会使劳动供给增加；工资的收入效应指当劳动供给不变，工资提高使收入水平上升，导致对闲暇和各种物品的需求增加。Robbins（1930）提出“向后弯曲”的劳动供给曲线，即在一定工资水平下，替代效应大于收入效应，工资上升，劳动供给增加；当工资达到一定水平后，收入效应大于替代效应，劳动供给随工资上升开始减少。Hicks（1932）提出市场劳动力供给模型，发现由于总体上工资的收入效应小于替代效应，所以市场劳动力供给曲线不同于个人劳动力供给曲线，市

场劳动力供给曲线是向右上方延伸的曲线。Mincer（1993）研究认为，工资变动是增加还是减少劳动供给取决于替代效应和收入效应的相对强度；Murphy（1997）研究发现，美国在过去 20 年女性参与率有巨大上升，特别是已婚女性，但高工资男性的妻子比低工资男性的妻子参与率提高的更多；John Pencavel（1991）指出，男性在工作与闲暇间的选择只是非常微弱地受现行工资的影响；而已婚妇女在时间的不同配置选择上要比男性具有更多的选择，因为在绝大多数家庭中，妇女承担了更多的家务工作。金剑（2004）利用宏观数据实证分析发现在中国性别因素和工资水平对劳动参与率的影响并不显著。郭继强（2008）选用国家城调队采集的《2002 年城市住户调查》数据分析我国城市居民的劳动供给。在工资率增加从而逐渐形成三段性质不同的劳动供给曲线的过程中，家庭财富对劳动供给的作用负的显著转变为正的显著；教育从负的不显著影响转为为正的显著影响；性别从男性正的非常显著影响变成影响不显著。在高工资率阶段，住房类型和户口类型对劳动供给的影响均不显著；但孩子年龄大于 6 岁但小于等于 16 岁的个数对工作时间仍有正的作用，而且在 1%的水平上显著。

二、教育对劳动供给影响的研究

丁仁船（2007）研究指出教育对劳动供给的影响有三个阶段：首先，教育会增加人力资本存量，提高了劳动供给的质量，提高劳动效率；其次，劳动者在教育投资期，不能进入劳动力市场（全日制学生），在此期间社会劳动供给减少；最后，在投资结束进入收益期时，高等教育者劳动参与率提高，社会劳动力增加，失业率降低，参与率提高，能提供更多的劳动供给。金剑（2004）利用宏观数据实证分析发现劳动参与率与经济发展水平、高等教育发展呈正相关，而固定资产投资、城市化水平的提高和失业率的上升是引起劳动参与率下降的主要因素。在短期内，教育的增加会降低劳动力参与率；但从长期来看，教育可以提高劳动力参与经济生活的能力，并由于劳动者素质的提高相应提高劳动者参与经济的质量水平。改革开放以来，我国的教育制度和体制发生了一系列的重大变化，对劳动力参与率也产生了一定影响。一方面，教育对我国劳动力参与率水平的长期稳定和提高作用已经显现；另一方面，我国的教育水平还比较落后，教育对劳动供给水平的影响还比较弱。都阳（2000）研究贫困地区农户劳动供给函数，发现影子收入对劳动供给有正的影响（尽管统计上不显著）。都阳（1999）利用 Probit 离散模型，采用中西部 6 省的贫困地区所作的农户调查资料，对农户的非农劳动供给的决定因素进行系统研究发现：教育、技能等人力资本变量对于农户是否参与非农工作有显著的影响，但在对工资率方程进行估计后发现，这两个变量并非如预测那样对工资率产生正的影响。教育的作用是通过提高工作时的认知程度来影响工资率的，而技能对工资率的影响则与性别因素有关，教育对于男性和女性这样不同的社会群体的作用是不同的。

三、经济开放对熟练劳动供给的影响

Zhuang（2011）用 1978～1999 年我国分地区数据研究发现外资进入显著地促进了我国以受教育年限度量的人力资本积累（educational attainment）；Bojas、Freeman 和 Katz（1997）研究发现国际贸易对不同技能的劳动人员有不同的影响。20 世纪 70 年代和 80 年代初收支平衡的国际贸易对美国劳动力市场影响非常小，但随着 80 年代美国贸易逆差的出现，使低教育程度劳动者，特别是高中辍学的绝对供给大幅增加，而对作为熟练劳动的大学毕业生的绝对供给影响很小。1985 年贸易产生的男、女性高中辍学者占美国劳动力中男、女性辍学者的 4%～8%和 8%～13%，而在制造业中，这种比例则分别提高至 14%～27%和 24～40%。包群和邵敏（2010）研究指出，外资企业将通过以下渠道来影响东道国的相对劳动力供给：首先，外资企业将对其雇用的东道国员工进行员工培训与技能训练，当外资企业培训的熟练员工向内资企业流动或是自主创业时，将直接增加东道国熟练劳动力的相对供给。其次是外资企业对东道国人力资本积累的影响。

第二节 国际贸易、FDI 的发展影响我国劳动资源供给的经验检验

一、理论框架

根据 Avalos 和 Savvides（2006），Katz 和 Murphy（1992），假定劳动供给主要取决于工资水平（wage）与教育投入（Edu），建立以下基础计量方程：

$$\begin{aligned}\text{InSkillr}_{it} &= \lambda_{\text{Wage}}\text{InWage}_{it} + \lambda_{\text{Edu}}\text{InEdu}_{it} \\ &\quad + \sum \lambda_{\text{Controls}}\text{In Controls}_{it} + v_i + \varepsilon_{it}\end{aligned} \tag{11.1}$$

$$\text{Skillr}_{it} = \frac{Ls_{it}}{\text{People}_{it}} = \frac{Ls_{it}}{Ls_{it}+Lu_{it}} \tag{11.2}$$

式中，Skillr_{it} 表示 i 省市 t 年的熟练劳动供给比例（熟练劳动人数/总供给人数），People_{it} 表示 i 省市 t 年的总的劳动供给人数，Ls_{it}、Lu_{it} 分别表示 i 省市 t 年的熟练、非熟练劳动供给人数。根据《中国劳动统计年鉴》，将“高等学校毕业生”和“中等职校毕业生”作为地区的熟练劳动供给，其余的劳动供给为非熟练劳动供给。Wage_{it} 表示 i 省市 t 年的熟练劳动相对工资指标（熟练劳动工资/非熟练劳动工资），Edu_{it} 表示 i 省市 t 年的教育指标（教育经费支出/GDP），$\text{Controls}_{\text{it}}$ 是 i 省市 t 年的宏观经济形势及经济开放的控制变量。v_i 表示省市地区的虚拟变量，采用固定效应控制未知的解释变量。

根据 Avalos 和 Savvides（2006）、Katz 和 Murphy（1992），本章具体的估计方程为：

$$\begin{aligned}\text{InSkillr}_{it} &= \lambda_{\text{Wage}}\text{InWage}_{it} + \lambda_{\text{Edu}}\text{InEdu}_{it} + \lambda_{\text{Edu}}\text{Ininvest}_{it} + \\ &\quad \lambda_{\text{open}}\text{Inopen}_{it} + \lambda_{\text{FDI}}\text{InFDI}_{it} + v_i + \varepsilon_{it}\end{aligned} \tag{11.3}$$

包群和邵敏（2010）研究指出，外资企业会影响东道国的相对劳动力供给：外资企业将对其雇用的东道国员工进行员工培训与技能训练，当外资企业培训的熟练员工向内资企业流动或是自主创业时，将直接增加东道国熟练劳动力的相对供给；还有外资企业对东道国人力资本积累的影响。

$$\begin{aligned}\text{lnSkillr}_{it} = {} & \lambda_{\text{Wage}}\text{lnWage}_{it} + \lambda_{\text{Edu}}\text{lnEdu}_{it} + \lambda_{\text{Edu}}\text{lninvest}_{it} + \\ & \lambda_{\text{open}}\text{lnopen}_{it} + \lambda_{\text{FDI}}\text{lnFDI}_{it} + \lambda_{\text{Wage\_open}}\text{lnWage}_{it} \times \\ & \text{lnopen}_{it} + \lambda_{\text{Wage\_FDI}}\text{lnWage}_{it} \times \text{lnFDI}_{it} + \\ & \lambda_{\text{Edu\_open}}\text{lnEdu}_{it} \times \text{lnopen}_{it} + \lambda_{\text{Edu\_FDI}}\text{lnEdu}_{it} \times \\ & \text{lnFDI}_{it} + v_i + \varepsilon_{it}\end{aligned} \quad (11.4)$$

式中：invest_{it} 表示 i 省市 t 年的投资份额（社会固定投资额/GDP）；open_{it} 表示 i 省市 t 年的贸易依存度（进出口总额/GDP）；FDI_{it} 表示 i 省市 t 年的 FDI 份额（FDI/GDP）。

二、数据说明

本章选取 1999～2006 年间中国 30 个省级单位（西藏除外）的面板数据。所有数据均来源于《中国统计年鉴》、《中国劳动统计年鉴》、《中国科技统计年鉴》。

（一）相对工资指标计算

Wage_{it} 表示 i 省市 t 年的熟练劳动相对工资指标（熟练劳动工资/非熟练劳动工资）

$$\text{Wage}_{it} = \frac{Ws_{it}}{Wu_{it}} \quad (11.5)$$

$$\text{Ws}_{it} = \frac{\text{Tech}Ws_{it}}{\text{Tech}Ls_{it}} \quad (11.6)$$

$$\text{Wu}_{it} = \frac{\text{Total}W_{it} - \text{Total}Ws_{it}}{\text{Total}L_{it} - \text{Total}Ls_{it}} \quad (11.7)$$

$$\text{Total}Ws_{it} = Ws_{it} \times \text{Total}Ls_{it} \quad (11.8)$$

将公式（11.6）带入公式（11.8），得到公式（11.9）：

$$\text{Total}Ws_{it} = \text{Ws}_{it} \times \text{Total}Ls_{it} = \frac{\text{Tech}Ws_{it}}{\text{Tech}Ls_{it}} \times \text{Total}Ls_{it} \quad (11.9)$$

将公式（11.9）带入公式（11.7），得到公式（11.10）：

$$Wu_{it}=\frac{\text{Total}W_{it}-\text{Total}Ws_{it}}{\text{Total}L_{it}-\text{Total}Ls_{it}}=\frac{\text{Total}W_{it}-\dfrac{\text{Tech}Ws_{it}}{\text{Tech}Ls_{it}}\times\text{Total}Ls_{it}}{\text{Total}L_{it}-\text{Total}Ls_{it}} \tag{11.10}$$

将公式（11.6）、（11.10）带入公式（11.5），得到公式（11.11）：

$$\text{Wage}_{it}=\frac{Ws_{it}}{Wu_{it}}=\frac{\dfrac{\text{Tech}Ws_{it}}{\text{Tech}Ls_{it}}}{\dfrac{\text{Total}W_{it}-\dfrac{\text{Tech}Ws_{it}}{\text{Tech}Ls_{it}}\times\text{Total}Ls_{it}}{\text{Total}L_{it}-\text{Total}Ls_{it}}} \tag{11.11}$$

式中：Ws_{it}、Wu_{it} 分别表示 i 省市 t 年的熟练、非熟练劳动工资，$\text{Tech}Ws_{it}$ 表示 i 省市 t 年的地区科技人员劳务费，$\text{Tech}Ls_{it}$ 表示 i 省市 t 年的地区科技人员数，$\text{Total}W_{it}$、$\text{Total}L_{it}$ 分别表示 i 省市 t 年的在岗职工工资总额和职工人数，$\text{Total}Ws_{it}$ 表示 i 省市 t 年的熟练工资总额，$\text{Total}Ls_{it}$ 表示 i 省市 t 年的地区城镇单位技术人员数。

（二）变量的统计分析

表 11.1 和表 11.2 分别给出了变量的描述性统计和变量的 Pearson 相关系数矩阵。

表 11.1　变量的统计性描述分析

变量	观察值	平均值	标准差	最小值	最大值
Skillr	240	−1.698	0.406	−3.025	−0.496
Wage	240	0.475	0.363	−0.309	2.404
Edu	210	−2.986	0.230	−3.485	−2.342
Invest	210	−0.853	0.245	−1.331	−0.174
open	210	−1.713	1.048	−3.363	0.628
FDI	210	−4.234	1.183	−8.129	−2.164
Wage×open	210	−0.763	0.781	−4.068	0.903
Wage×FDI	210	−2.070	1.534	−8.448	1.792
Edu×open	210	5.089	3.104	−1.849	11.118
Edu _FDI	210	12.544	3.237	6.801	22.214

表 11.2　变量的 Pearson 相关性检验

	Skillr	Wage	Edu	Invest	open	FDI	Wage ×open	Wage ×FDI	Edu ×open	Edu ×FDI
Skillr	1.000									
Wage	−0.274*	1.000								
Edu	−0.045	0.143*	1.000							
Invest	−0.086	−0.022	0.487*	1.000						
open	0.104	0.285*	−0.12	−0.002	1.000					
FDI	0.101	0.191*	−0.376*	−0.27*	0.66*	1.000				
Wage×open	0.289*	−0.612*	−0.212*	−0.05	0.47*	0.314*	1.000			
Wage×FDI	0.273*	−0.855*	−0.303*	−0.11	−0.02	0.253*	0.759*	1.000		
Edu×open	−0.078	−0.308*	0.015	−0.066	−0.99*	−0.623*	−0.44*	0.058	1.000	
Edu ×FDI	−0.087	−0.255*	0.115	0.136*	−0.69*	−0.961*	−0.274*	−0.17*	0.683*	1.000

注：*表示相关系数在 5%检验水平上显著。

从表 11.2 变量的 Pearson 相关系数矩阵可知：熟练劳动供给比例、工资比、教育份额、投资、FDI、贸易依存度等指标除个别交叉项之外，大部分的 Pearson 相关系数都较小。

三、实证研究和分析

由于工资、教育等变量与被解释变量熟练劳动供给比（Skillr）存在着相互作用关系，因而估计方程中工资、教育等重要的解释变量可能存在内生性问题。为有效地克服工资、教育等重要的解释变量的内生性问题，本章采用工资、教育指标的滞后一期，而 FDI、贸易依存度指标可能对工资有滞后效应，故将 FDI、贸易依存度、投资指标采用滞后二期。为减小变量的异方差，本章将所有变量取对数形式。

（一）总体实证分析

表 11.3 是根据估计方程（11.4）的 30 省市区的 1999～2006 年总体估计结果。F 统计量的概率值均为 0.00，说明模型整体估计系数是显著的，估计模型较为可信。总体估计结果 A1～A6 的 R-squared 都大于 0.60，说明解释变量能够较大程度地解释所估计量（熟练劳动比值）。采用

Hausman Test 来检验估计方程采用固定效应还是随机效应，A1-A6 列 Hausman Test 检验概率值结果均为 0.00，小于 0.1 的概率临界值，故估计方程采用固定效应。

表 11.3　总体估计结果

	A1	A2	A3	A4	A5	A6
$Wage_{i,t-1}$	−0.257 (0.253)	0.017 (0.079)	0.012 (0.08)	0.032 (0.081)	−0.274 (0.27)	0.026 (0.076)
$Edu_{i,t-1}$	2.635*** (0.77)	−1.305*** (0.265)	−0.963*** (0.255)	−1.302*** (0.265)	−1.36*** (0.273)	2.57*** (0.733)
$FDI_{i,t-2}$	1.28** (0.499)		−0.136*** (0.05)	−0.043 (0.053)	0.034 (0.075)	1.208** (0.487)
$open_{i,t-2}$	3.379*** (0.764)	0.602*** (0.116)		0.566*** (0.121)	0.575*** (0.139)	3.34*** (0.742)
$Invest_{i,t-2}$	0.861*** (0.121)	0.532*** (0.162)	0.984*** (0.132)	0.582*** (0.173)	0.535*** (0.182)	0.871*** (0.176)
$Wage_{i,t-1} \times open_{i,t-2}$	−0.089 (0.121)				0.07 (0.132)	
$Wage_{i,t-1} \times FDI_{i,t-2}$	−0.029 (0.076)				−0.114 (0.083)	
$Edu_{i,t-1} \times open_{i,t-2}$	0.985*** (0.26)					0.99*** (0.254)
$Edu_{i,t-1} \times FDI_{i,t-2}$	0.449** (0.172)					0.432** (0.167)
R-squared	0.73	0.66	0.63	0.66	0.67	0.72
F-statistic	9.85 [0.00]	8.61 [0.00]	7.58 [0.00]	8.32 [0.00]	8.09 [0.00]	10.28 [0.00]
Hausman Test	0.00	0.00	0.01	0.00	0.00	0.00
Fixed Effects	Yes	Yes	Yes	Yes	Yes	Yes

注：*、**和***分别表示在 10%、5%和 1%的置信度下通过检验；括号内为相应系数的标准差，F 统计量中的中括号为 F 统计量概率；Hausman Test 中系数为 Hausman 检验概率，当概率小于 0.10 时，模型选用固定效应（Fixed Effects）更为合适，若 Hausman Test 概率大于 0.1，则选择随机效应（Random Effects）。

由表 11.3 知：A1 列中，熟练劳动的相对工资及其与贸易依存度和 FDI 的交叉项的系数符号均为负值，但均不显著，说明工资及贸易依存度和 FDI 等经济开放因素通过工资对熟练劳动供给没有显著的作用。教育投入的系数符号为正，且在 1%的检验水平下显著，说明教育投入对熟练劳动供给有十分显著的正向作用；同时，教育投入与贸易依存度和 FDI 的交叉项也均在 5%的检验水平下正向显著，说明贸易依存度和 FDI 等经济开放因素是通过教育而对熟练劳动供给产生显著的正向作用的。贸易依存度和 FDI 变量也显著地正向作用于熟练劳动供给。控制变量投资份额也在 1%的检验水平下显著地对熟练劳动供给有正向作用。

由 A2～A6 列可知：工资变量及工资与贸易依存度和 FDI 变量的交叉项对熟练劳动供给没有显著的作用；而 A2～A5 列教育投入变量对熟练劳动供给在 1%的检验水平下有显著的负向作用，而在 A6 列教育投入变量对熟练劳动供给在 1%的检验水平下有显著的正向作用，教育投入变量与贸易依存度和 FDI 变量的交叉项对熟练劳动供给有显著的正向作用。贸易依存度和投资份额变量在 A2～A6 列中，均在 1%的检验水平下显著地对熟练劳动供给有正向作用。

FDI 变量在 A3 列负向显著，A4 负向不显著、A5 列正向不显著，A6 列正向显著，因此 FDI 变量对熟练劳动供给的作用是变化的。

综上所述，工资及工资与贸易依存度和 FDI 变量的交叉项对熟练劳动供给没有显著的作用；而教育投入变量与贸易依存度和 FDI 变量的交叉项对熟练劳动供给有显著的正向作用。贸易依存度和投资份额变量均在 1%的检验水平下显著地对熟练劳动供给有正向作用。而教育投入和 FDI 对熟练劳动供给的影响不确定。

（二）基于不同特征的分地区估计分析

1. 受教育程度（大专及以上比例）不同的影响

表 11.4 中的 B1～B3 组为按受教育程度分组（大专学历及以上比例），B1 为大专学历及以上比例大于 10%的省份：北京、天津、上海、新疆 4 市区；B2 为大专学历及以上比例在 5%～10%的省份：河北、山西、内蒙古、辽宁、吉林、黑龙江、江苏、浙江、福建、江西、山东、

湖南、湖北、广东、海南、陕西、青海、宁夏 18 省区；B3 为大专学历及以上比例小于 5%的省份：安徽、河南、广西、重庆、四川、贵州、云南、甘肃 8 省市。

表 11.4　按受教育程度分组估计结果

	按大专学历及以上比例分组			按高中学历及以上比例分组		
	B1	B2	B3	C1	C2	C3
$Wage_{i,t-1}$	5.615** (2.20)	−0.555* (0.307)	1.508 (1.98)	5.615** (2.20)	−0.40 (0.28)	−4.522*** (0.532)
$Edu_{i,t-1}$	−1.214 (2.16)	3.28*** (1.09)	0.85 (3.91)	-1.214 (2.16)	3.76*** (0.911)	1.81* (0.97)
	B1	B2	B1	B2	B1	B2
$FDI_{i,t-2}$	−3.484 (2.02)	2.249** (0.95)	0.115 (1.60)	−3.484 (2.02)	2.10*** (0.68)	1.74** (0.677)
$open_{i,t-2}$	8.502*** (2.50)	2.97** (1.15)	2.05 (2.28)	8.50*** (2.50)	3.64*** (0.963)	1.313 (2.18)
$Invest_{i,t-2}$	5.116*** (1.24)	0.726*** (0.24)	1.57*** (0.404)	5.12*** (1.24)	0.842*** (0.211)	0.732*** (0.179)
$Wage_{i,t-1} \times open_{i,t-2}$	−2.28** (0.907)	−0.193 (0.185)	0.41 (0.73)	−2.28** (0.91)	−0.177 (0.16)	0.165 (0.30)
$Wage_{i,t-1} \times FDI_{i,t-2}$	1.251** (0.54)	−0.066 (0.12)	0.11 (0.16)	1.25** (0.54)	−0.02 (0.10)	−0.896*** (0.22)
$Edu_{i,t-1} \times open_{i,t-2}$	2.09** (0.702)	0.80** (0.39)	0.802 (0.77)	2.09** (0.702)	1.065*** (0.33)	0.285 (0.80)
$Edu_{i,t-1} \times FDI_{i,t-2}$	−0.98 (0.59)	0.756** (0.32)	0.11 0.56	−0.98 (0.59)	0.718 (0.23)	0.49* (0.25)
R-squared	0.96	0.76	0.57	0.96	0.77	0.99
F-statistic	24.73 [0.00]	9.72 [0.00]	2.54 [0.00]	24.73 [0.00]	10.79 [0.00]	133.55 [0.00]
Hausman Test	0.00	0.06	0.00	0.00	0.00	0.00
Fixed Effects	Yes	Yes	Yes	Yes	Yes	Yes

注：*、**和***分别表示在 10%、5%和 1%的置信度下通过检验；括号内为相应系数的标准差，F 统计量中的中括号为 F 统计量概率；Hausman Test 中系数为 Hausman 检验概率，当概率小于 0.10 时，模型选用固定效应（Fixed Effects）更为合适，若 Hausman Test 概率大于 0.1，则选择随机效应（Random Effects）。

由表 11.4 知：B1 为受教育程度（大专及以上比例）高的地区，熟练劳动的相对工资的系数符号显著地为正，而熟练劳动的相对工资与贸易依存度和 FDI 的交叉项的系数符号均为分别显著地为负号和正号，总体说明熟练劳动的相对工资在受教育程度（大专及以上比例）高的地区对熟练劳动供给有显著地正向作用。与此同时，教育投入、FDI 及教育投入与 FDI 的交叉项的系数符号均为负，且不显著，说明教育投入、FDI 在受教育程度（大专及以上比例）高的地区对熟练劳动供给没有显著的作用。而贸易自由度系数符号在 1%的检验水平下显著地为正，贸易自由度与相对工资、教育投入的交叉项的系数符号分别显著地为负号和正号，说明是贸易自由度而非 FDI 在受教育程度（大专及以上比例）高的地区对熟练劳动供给有显著的正向作用。投资份额变量在 1%的检验水平下显著地对熟练劳动供给有正向作用。B2 列为中等受教育程度（大专及以上比例）地区，熟练劳动的相对工资的系数符号仅仅在 10%的检验水平显著地为负，而熟练劳动的相对工资与贸易依存度和 FDI 的交叉项的系数符号均为负号，且不显著；总体说明熟练劳动的相对工资在中等受教育程度（大专及以上比例）地区对熟练劳动供给作用不太显著。与此同时，教育投入的系数符号为正，且在 1%的检验水平下显著，说明教育投入对熟练劳动供给有十分显著的正向作用；同时，教育投入与贸易依存度和 FDI 的交叉项也均在 5%的检验水平下正向显著，说明贸易依存度和 FDI 等经济开放因素是通过教育而对熟练劳动供给产生显著的正向作用的。贸易依存度和 FDI 变量在 5%的检验水平下正向显著地作用于熟练劳动供给。控制变量投资份额也在 1%的检验水平下显著地对熟练劳动供给有正向作用。B3 列为受教育程度（大专及以上比例）低的地区，仅仅只有控制变量投资份额在 1%的检验水平下显著地对熟练劳动供给有正向作用。

2. 受教育程度（高中及以上比例）不同的影响

表 11.4 中的 C1～C3 组为按受教育程度分组（高中学历及以上比例），C1 为高中学历及以上比例大于 25%的省份：北京、天津、上海、新疆 4 市区；C2 为高中学历及以上比例在 15%～25%的省份：河北、山

西、内蒙古、辽宁、吉林、黑龙江、江苏、浙江、福建、江西、山东、湖南、湖北、广东、海南、陕西、青海、宁夏、河南、广西、甘肃21省区；C3为高中学历及以上比例小于15%的省份：安徽、重庆、四川、贵州、云南5省市。

由表11.4知：C1为受教育程度（高中及以上比例）高的地区，熟练劳动的相对工资的系数符号显著地为正，而熟练劳动的相对工资与贸易依存度和FDI的交叉项的系数符号分别显著地为负号和正号，总体说明熟练劳动的相对工资在受教育程度（大专及以上比例）高的地区对熟练劳动供给有显著的正向作用。与此同时，教育投入、FDI及教育投入与FDI的交叉项的系数符号均为负，且不显著，说明教育投入、FDI在受教育程度（大专及以上比例）高的地区对熟练劳动供给没有显著的作用。而贸易自由度系数符号在1%的检验水平下显著地为正，贸易自由度与相对工资、教育投入的交叉项的系数符号分别显著地为负号和正号；说明是贸易自由度而非FDI在受教育程度（大专及以上比例）高的地区对熟练劳动供给有显著的正向作用。投资份额变量在1%的检验水平下显著地对熟练劳动供给有正向作用。C2列为中等受教育程度（高中及以上比例）地区，熟练劳动的相对工资及其与贸易依存度和FDI的交叉项的系数符号均为负值，但均不显著，说明工资及贸易依存度和FDI等经济开放因素通过工资对熟练劳动供给没有显著的作用。与此同时，教育投入的系数符号为正，且在1%的检验水平下显著，说明教育投入对熟练劳动供给有十分显著的正向作用；同时，教育投入与贸易依存度的交叉项在1%的检验水平下正向显著，说明贸易依存度等经济开放因素是通过教育而非相对工资而对熟练劳动供给产生显著的正向作用的。贸易依存度和FDI变量在1%的检验水平下正向显著地作用于熟练劳动供给。控制变量投资份额也在1%的检验水平下显著地对熟练劳动供给有正向作用。C3列为受教育程度（高中及以上比例）低的地区，教育投入、FDI、投资份额等因素对熟练劳动供给产生均有较显著的正向作用；而熟练劳动的相对工资及其与FDI的交叉项的系数符号在1%的检验水平下均显著地为负，说明工资及贸易依存度等经济开放因素通过工资对熟练劳动供给有显著的负向作用。

3. 教育投入水平的影响

表 11.5 中的 D1～D3 组为按教育投入水平分组（教育经费/GDP），D1 为教育经费/GDP 比大于 5.5%的省份：北京、湖北、重庆、贵州、云南、陕西、甘肃、青海、宁夏、新疆 10 省市区；D2 为教育经费/GDP 比在 4.5%～5.5%的省份：天津、山西、内蒙古、吉林、黑龙江、上海、浙江、安徽、江西、湖南、广西、海南、四川 13 省市区；D3 为教育经费/GDP 比例小于 4.5%的省份：河北、辽宁、江苏、福建、山东、河南、广东 7 省。

表 11.5　按教育投入水平，熟练、非熟练工资差距分组估计结果

	按教育投入水平分组			按熟练、非熟练工资差距分组		
	D1	D2	D3	E1	E2	E3
$Wage_{i,t-1}$	−0.124 (0.716)	−0.38 (0.336)	0.178 (1.08)	−0.393 (0.381)	0.452 (1.02)	−3.83** (1.59)
$Edu_{i,t-1}$	6.02*** (1.75)	−0.845 (1.76)	2.647 (3.696)	1.972** (0.83)	−0.208 (2.313)	−1.59 (2.86)
$FDI_{i,t-2}$	1.595** (0.79)	0.623 (0.943)	1.354 (5.295)	1.494* (0.76)	−2.30 (2.38)	0.33 (1.14)
$open_{i,t-2}$	7.14*** (1.60)	1.29 (1.50)	2.325 (4.94)	2.178** (0.846)	5.093** (2.413)	1.15 (1.64)
$Invest_{i,t-2}$	2.04*** (0.28)	0.057 (0.296)	1.002** (0.47)	1.003*** (0.284)	0.012 (0.29)	1.35*** (0.313)
$Wage_{i,t-1} \times open_{i,t-2}$	−0.074 (0.171)	0.096 (0.21)	0.154 (0.563)	0.006 (0.19)	−0.327 (0.273)	−0.141 (0.583)
$Wage_{i,t-1} \times FDI_{i,t-2}$	−0.015 (0.124)	−0.12 (0.105)	0.026 (0.43)	−0.11 (0.12)	0.318 (0.36)	−0.61** (0.301)
$Edu_{i,t-1} \times open_{i,t-2}$	2.36*** (0.57)	0.117 (0.52)	0.79 (1.473)	0.655** (0.302)	1.48* (0.78)	0.258 (0.57)
$Edu_{i,t-1} \times FDI_{i,t-2}$	0.54* (0.284)	0.15 (0.328)	0.532 (1.59)	0.523* (0.264)	-0.66 (0.75)	0.028 (0.40)

续表

	按教育投入水平分组			按熟练、非熟练工资差距分组		
	D1	D2	D3	E1	E2	E3
R-squared	0.85	0.77	0.71	0.45	0.75	0.69
F-statistic	12.80 [0.00]	9.36 [0.00]	4.25 [0.00]	5.14 [0.00]	6.20 [0.00]	4.97 [0.00]
Hausman Test	0.00	0.00	0.00	0.14	0.00	0.00
Fixed Effects	Yes	Yes	Yes	NO	Yes	Yes

注：*、**和***分别表示在 10%、5%和 1%的置信度下通过检验；括号内为相应系数的标准差，F 统计量中的中括号为 F 统计量概率；Hausman Test 中系数为 Hausman 检验概率，当概率小于 0.10 时，模型选用固定效应（Fixed Effects）更为合适，若 Hausman Test 概率大于 0.1，则选择随机效应（Random Effects）。

由表 11.5 知：D1 列为教育投入水平高的地区，熟练劳动的相对工资及其与贸易依存度和 FDI 的交叉项的系数符号均为负值，但均不显著，说明工资及贸易依存度和 FDI 等经济开放因素通过工资对熟练劳动供给没有显著的作用。与此同时，教育投入的系数符号为正，且在 1%的检验水平下显著，说明教育投入对熟练劳动供给有十分显著的正向作用；同时，教育投入与贸易依存度、FDI 的交叉项正向显著，说明贸易依存度、FDI 等经济开放因素是通过教育而非相对工资而对熟练劳动供给产生显著的正向作用的。贸易依存度和 FDI 变量在 5%的检验水平下正向显著地作用于熟练劳动供给。控制变量投资份额也在 1%的检验水平下显著地对熟练劳动供给有正向作用。而 D2、D3 列为教育投入水平中、低的地区，除了控制变量投资份额在 D3 列正向显著外，其他指标在教育投入水平中、低的地区对熟练劳动供给均无显著的作用。

4. 熟练、非熟练劳动工资差距的影响

表 11.5 中的 E1～E3 组为按熟练、非熟练工资差距分组（熟练工资/非熟练工资），E1 为熟练工资/非熟练工资比大于 1.8 的省份：北京、吉林、福建、山东、广东、广西、海南、四川、陕西、青海、新疆 11 省市区；E2 为熟练工资/非熟练工资比在 1.5～1.8 的省份：天津、内蒙古、辽宁、黑龙江、上海、江苏、安徽、湖南、湖北 9 省市区；E3 为熟练工

资/非熟练工资比小于 1.5 的省份：河北、山西、浙江、江西、河南、重庆、贵州、云南、甘肃、宁夏 10 省市区。

由表 11.5 知：E 组与 D1～D3 列情况相似， E1 列为熟练、非熟练工资差距大的地区，熟练劳动的相对工资及其与贸易依存度和 FDI 的交叉项的系数均不显著，说明工资及贸易依存度和 FDI 等经济开放因素通过工资对熟练劳动供给没有显著的作用。与此同时，教育投入的系数符号为正，且在 5%的检验水平下显著，说明教育投入对熟练劳动供给有十分显著的正向作用；同时，教育投入与贸易依存度、FDI 的交叉项正向显著，说明贸易依存度、FDI 等经济开放因素是通过教育而非相对工资而对熟练劳动供给产生显著的正向作用的。贸易依存度和 FDI 变量正向显著地作用于熟练劳动供给。控制变量投资份额也在 1%的检验水平下显著地对熟练劳动供给有正向作用。而 E2 为熟练、非熟练工资差距中等的地区，E2 列中贸易依存度和其与教育投入交叉项正向显著地作用于熟练劳动供给；E3 列熟练劳动的相对工资及其与 FDI 的交叉项的系数显著为负，说明工资及 FDI 等经济开放因素在熟练、非熟练工资差距小的地区通过工资对熟练劳动供给有显著的负向作用；E2、E3 列大部分变量指标在熟练、非熟练工资差距较小的地区对熟练劳动供给均无显著的作用。

四、结论与政策含义

本章基于 1999～2006 年我国 30 省级单位的面板数据，研究国际贸易、FDI 等经济开放现象对熟练劳动供给比例的影响。与 Avalos 和 Savvides（2006），Katz 和 Murphy（1992）的研究结果不同，对总体实证研究发现：贸易依存度、FDI 等经济开放因素通过教育投入而非熟练劳动相对工资对熟练劳动供给有显著的正向影响；熟练劳动相对工资及工资与贸易依存度和 FDI 变量的交叉项对熟练劳动供给没有显著的作用；而教育投入变量与贸易依存度和 FDI 变量的交叉项对熟练劳动供给有显著的正向作用，贸易依存度和投资份额变量均显著地对熟练劳动供给有正向作用。

本章分类研究表明，地区的不同特征是影响熟练劳动供给的重要因素。受教育程度（大专及以上比例）高的地区，熟练劳动相对工资、投资份额对熟练劳动供给有显著的正向作用，贸易自由度而非 FDI 对熟练劳动供给有显著的正向作用；而教育投入、FDI 对熟练劳动供给没有显著的作用。中等受教育程度（大专及以上比例）地区，熟练劳动的相对工资在中等受教育程度（大专及以上比例）地区对熟练劳动供给作用不太显著。与此同时，教育投入、贸易依存度、FDI、投资份额对熟练劳动供给有十分显著的正向作用；贸易依存度和 FDI 等经济开放因素是通过教育而对熟练劳动供给产生显著的正向作用的。受教育程度（大专及以上比例）低的地区，仅仅只有投资份额显著地对熟练劳动供给有正向作用。

受教育程度（高中及以上比例）高的地区，熟练劳动的相对工资、投资份额对熟练劳动供给有显著的正向作用。教育投入、FDI 对熟练劳动供给没有显著的作用。贸易自由度而非 FDI 对熟练劳动供给有显著的正向作用。中等受教育程度（高中及以上比例）地区，熟练劳动的相对工资及贸易依存度和 FDI 等经济开放因素通过工资对熟练劳动供给没有显著的作用。教育投入、贸易依存度、FDI、投资份额对熟练劳动供给有十分显著的正向作用；同时，贸易依存度等经济开放因素是通过教育而非相对工资而对熟练劳动供给产生显著的正向作用的。受教育程度（高中及以上比例）低的地区，教育投入、FDI、投资份额等因素对熟练劳动供给产生均有较显著的正向作用；而熟练劳动的相对工资及 FDI 等经济开放因素通过工资对熟练劳动供给有显著的负向作用。

教育投入水平高的地区，熟练劳动的相对工资及贸易依存度和 FDI 等经济开放因素通过工资对熟练劳动供给没有显著的作用；教育投入、贸易依存度、FDI、投资份额对熟练劳动供给有显著的正向作用；贸易依存度、FDI 等经济开放因素是通过教育而非相对工资而对熟练劳动供给产生显著的正向作用的。教育投入水平中、低的地区，除了控制变量投资份额外，其他变量对熟练劳动供给均无显著的作用。

熟练、非熟练工资差距大的地区与教育投入水平高的地区大体相同。熟练、非熟练工资差距中等的地区，贸易依存度及其与教育投入交叉项正向显著地作用于熟练劳动供给；而工资及FDI等经济开放因素在熟练、非熟练工资差距小的地区通过工资对熟练劳动供给有显著的负向作用；大部分变量指标在熟练、非熟练工资差距较小的地区对熟练劳动供给均无显著的作用。

第四篇　国际贸易、FDI 的发展对我国收入分配的影响

伴随经济的高速发展和对外开放的不断推进，我国各行业的收入水平有了明显提高，行业间收入差距呈不断扩大的趋势。同时，我们还注意到熟练劳动和非熟练劳动工资差距也在不断拉大，这进一步加剧了我国收入分配的不平等，不利于国民经济的持续健康发展。根据对外开放影响要素价格的相关理论，进一步探讨开放因素对我国劳动收入的影响机制以及在多大程度上影响了我国劳动收入水平具有现实意义。与之相应的是劳动收入份额问题，这也是各国学者、政府乃至社会公众关注的焦点问题之一。随着收入分配问题在国内引起普遍关注，国内学者开始就有关收入份额方面的理论和经验进行探讨，我们更侧重于分析国际贸易和技术进步对劳动收入份额及其变动的影响，并进一步考察劳动收入份额变动主要来源于不同生产行业之间还是同一生产行业内部的再配置。

第十二章　国际贸易、FDI对我国行业间劳动收入差异的影响

近年来，由于我国对外开放程度不断提高以及经济高速发展，各行业的收入水平均出现了明显的提高。但是，各行业收入水平增加的速度很不均衡，加之初始水平就存在差异，导致行业之间收入差距明显且有不断扩大的趋势。

迅速增加的行业收入差距导致并加剧了我国收入分配的不平等，制约了我国经济的可持续发展。本章将各行业的劳动力分为熟练劳动和非熟练劳动，将行业科技活动人数作为该行业熟练劳动力，用行业就业总人数减去科技活动人员数作为非熟练劳动力，分别测度和比较不同行业熟练劳动之间和非熟练劳动之间（即“同质”劳动之间）1993年至2007年的收入差异变动。同时，从理论和经验上系统探讨导致这种收入差异的机制以及经济开放对行业“同质”劳动收入差异的影响。

第一节　国际贸易、FDI影响我国行业间劳动收入差异的理论机制分析

我国经济目前仍处于转型期，笔者认为影响行业间同质劳动收入差距的因素可分为扭曲性因素和非扭曲性因素。扭曲性因素主要包括行业垄断和我国市场经济不完善，非扭曲性因素主要包括行业人力资本水平、

行业科技水平和劳动生产率等。国际贸易、FDI 等经济开放因素正是通过对这些因素的影响，进而对我国行业间同质劳动的收入差距产生影响的。

一、影响我国行业间"同质"劳动收入差距的因素

（一）影响我国行业间"同质"劳动收入差距的扭曲性因素

1. 行业垄断水平

目前我国高收入的行业大多属于具有垄断性质的行业。同质的劳动力，垄断行业的工资水平要高于一般的竞争性行业。垄断性行业的高收入是凭借垄断权力形成的、通过不合理的定价机制实现的，这种由于行业垄断造成的同质劳动的收入差距是不合理的扭曲性因素。行业垄断通常分为自然垄断、行政垄断和市场垄断，笔者认为导致我国行业间收入差距最主要的原因是行政垄断，行政垄断是指依靠体制或者政府授权的某些特殊权利对经济活动进行垄断性经营和限制其他竞争对手的进入。政府在产业发展方面带有倾斜性的政策制度以及政府权力的经济化必然导致行政垄断的形成。结果导致处于垄断尤其是行政垄断行业的工资相对收入不断提高，而处于完全竞争行业的相对工资收入则持续低迷。

2. 我国市场经济发展不完善

市场经济发展不完善，进一步扩大了我国不同行业同质劳动收入的差距。劳动力市场等要素市场的不完善对行业之间的收入差距影响较大。我国劳动力市场还不完善，劳动者不能自由流动造成了工资的非市场化，职工收入背离其劳动贡献；资本市场发育不完善则导致国家垄断部门限制个人资本的进入，使某些行业的利润十分高，对不同所有制和部门之间的收入差别产生了扭曲。此外，在我国不完善的市场经济体制下，劳动力市场信息不对称，搜寻成本过高，劳动力市场培训机制不完善，而且我国户籍制度的存在影响了劳动力的城乡流动，进而影响了我国劳动力的跨行业流动，造成了我国同质劳动的行业间收入差距。

（二）影响我国行业间"同质"劳动收入差距的非扭曲性因素

1. 行业的科技水平

截至 2009 年，我国熟练劳动收入最高的三个行业是：(1) 信息传输、

计算机软件业；（2）金融保险业；（3）科学研究、技术服务业。这些高收入的行业多是技术含量高的行业和新兴行业，而一些传统产业职工工资收入低且增长慢。这种由于行业的技术水平差异所造成的行业收入的差距并非扭曲造成：科学技术是第一生产力。在科学技术的带动下，这些代表着先进生产力的行业快速发展，劳动者工作强度压力大、节奏快，边际生产力高，职工的高收入与所作出的贡献是相对应的。

2. 行业人力资本水平

人力资本的溢出效应可导致行业收入差距。人力资本的溢出效应表现为两方面：一是相对于行业外而言的内溢效应，即知识在行业内扩散、传播；二是行业内人力资本向行业外的溢出，即人力资本流入人力资本丰富的高收入行业，知识在该行业集聚，提升该行业的创新优势。人力资本在一定的行业内形成后，如果该行业具有人力资本发挥作用的适宜环境且能够给予其不低于其他行业的所得，则该人力资本一般会在该行业内发挥作用，这种情况下人力资本所具有的在该行业的溢出效应就体现于内溢性。相反，人力资本就会向行业外流动，形成人力资本效益外溢。在我国，收入低的行业人力资本效应主要表现为外溢效应，而高收入行业的溢出效应主要表现为内溢效应，人力资本在我国不同收入行业的溢出特征，造成了高收入行业对低收入行业的无形掠夺，促使行业收入差距进一步扩大。

3. 行业的劳动生产率

如果行业间劳动生产率存在差异，则各行业同质劳动的工资差异就具有合理性。现实中，我国不同行业劳动生产率存在显著差异，行业间劳动生产率差异越大，行业间收入差距越显著。

行业的科技水平、人力资本水平和劳动生产率共同影响同质劳动收入差距，三个因素之间具有相关性，如行业科技水平的提高，会影响人力资本水平和行业劳动生产率水平。除以上因素之外，政府的宏观调控因素、工资管理和价格体系等因素也是造成行业间同质劳动收入差距的因素。

二、经济开放对我国行业间“同质”劳动收入差距的影响机制

（一）经济开放对扭曲性因素的影响

1. 经济开放对行业垄断的影响

随着我国经济的不断开放，贸易、FDI 的竞争促进作用将会逐步发挥出来，市场的竞争机制将不断完善，并作用于垄断行业。经济开放会降低行业的准入门槛，国外的企业进入我国某些垄断行业，将会加剧我国垄断行业的竞争，在行业内的资源配置效率得到提高的同时，行业的利润率下降并趋于平均水平，这样就在一定程度上抑制了垄断行业收入水平的过快增长，就有利于改善我国垄断行业同质劳动收入高于竞争性行业的不合理现象。

2. 经济开放对我国市场经济体制的影响

开放将会完善我国社会主义市场经济体制，对市场化改革施加外部动力。促使我国商品市场、要素市场更加完善，促进劳动力市场的公平竞争，打破劳动力市场上的进入壁垒，有利于劳动力的自由流动和合理配置，从而缩小我国行业间同质劳动的收入差距。

（二）经济开放对非扭曲性因素的影响

国际贸易通过以下机制提高行业的技术水平。第一，出口部门一般具有较高科技含量和劳动生产率，一国出口越多，则科技含量高部门所占比重会越高，因此国际贸易会提升科技含量和劳动生产率水平。第二，出口的“学习效应”：出口企业通过边出口边学习，能实现科技水平的提高、劳动生产率的增长和人力资本的不断积累。第三，进口的研发促进和技术提升效应。

经济开放通过国际贸易等渠道提升了行业的科技水平、人力资本水平和劳动生产率，但由此对不同行业的收入水平的影响方向和强度是不同的：对出口部门具有提升技术、劳动生产率和人力资本并促进收入上升的效应，但对进口竞争部门的收入存在一定的向下压力，对不同行业同质劳动收入差异的影响还取决于出口部门和进口竞争部门同质劳动相对收入的初始状况。

第二节　我国行业间“同质”劳动收入差距的状况及变化趋势

根据我国工业部门细分行业1993年到2007年的相关统计数据，本章分别计算出我国工业部门总体的加权变异系数和泰尔指数，以及按要素密集度分类的行业部门的加权变异系数和泰尔指数。具体的结果及分析如下。

一、我国工业行业总体的行业间收入差距分析

（一）行业间熟练劳动总体收入差距分析

表12.1是我国工业部门总体的同质劳动行业间收入差距测度结果。

表12.1　我国工业部门总体的同质劳动收入差距测度

部门 / 收入差距指标 / 年份	熟练工资		非熟练工资	
	加权离散系数	修正的泰尔指数	加权离散系数	修正的泰尔指数
1993	0.288 1	0.092 3	0.155 8	0.051 5
1994	0.625 3	0.179 8	0.203 3	0.075 1
1995	0.189 5	0.070 9	0.204 6	0.070 3
1996	0.274 2	0.103 9	0.213 1	0.073 8
1997	0.348 4	0.118 2	0.231 1	0.084 9
1998	0.412 4	0.135 6	0.251 3	0.091 5
1999	0.479 9	0.144 4	0.282 0	0.102 4
2000	0.509 9	0.140 1	0.300 4	0.105 3
2001	0.596 1	0.173 5	0.310 3	0.115 1
2002	0.550 9	0.151 5	0.322 0	0.123 3
2003	0.522 7	0.152 4	0.327 1	0.124 2
2004	0.527 5	0.174 2	0.330 8	0.118 2
2005	0.577 3	0.188 4	0.314 7	0.115 1
2006	0.534 5	0.183 6	0.324 2	0.120 1
2007	0.466 7	0.162 9	0.323 4	0.119 2

从表12.1中可以发现，工业部门熟练劳动工资的加权变异系数和调整的泰尔指数的变化趋势是一致的，两种衡量收入差距的指标能够相互验证，较准确地反映了收入差距的状况。研究期内我国工业部门熟练劳动的总体行业间收入差距表现出明显的逐步攀升趋势（1994年由于非金属矿制品业职工人数出现骤降，工资差异出现较大的波动），无论是以加权离散指数还是修正的泰尔指数衡量，2007 年行业间的收入差距相比1993年均扩大了接近一倍。

（二）行业间非熟练劳动总体收入差距分析

根据表12.1，与熟练劳动的收入差距测度结果相比，我国工业部门非熟练劳动的行业间收入差距相对较小，整体上呈现出不断上升的趋势，且波动较小。研究期内以两种指标衡量的行业间收入差距均上升了一倍左右。

二、我国工业行业按照要素密集度分类的行业间熟练劳动收入差距分析

按照要素密集度分类的工业行业间熟练劳动收入差距分析的相关数据如表12.2所示。

表12.2 按照要素密集度分类的工业行业间熟练劳动收入差距分析

部门 / 收入差距指标 / 年份	资本密集型		自然资源密集型		劳动密集型	
	加权离散系数	修正的泰尔指数	加权离散系数	修正的泰尔指数	加权离散系数	修正的泰尔指数
1993	0.334 2	0.111 0	0.187 5	0.077 9	0.122 9	0.038 3
1994	0.592 3	0.085 8	0.422 7	0.203 4	0.599 4	0.258 2
1995	0.162 4	0.059 6	0.308 8	0.139 4	0.130 3	0.050 7
1996	0.197 6	0.065 0	0.795 2	0.438 4	0.179 9	0.072 9
1997	0.309 7	0.085 7	0.764 0	0.425 1	0.175 4	0.063 3
1998	0.418 1	0.143 0	0.551 4	0.264 5	0.194 1	0.052 4
1999	0.470 9	0.144 0	0.418 8	0.194 6	0.172 4	0.066 0
2000	0.486 6	0.139 7	0.473 3	0.208 8	0.073 6	0.026 3
2001	0.547 9	0.176 8	0.452 9	0.199 1	0.090 4	0.026 7

续表

部门 / 收入差距指标 / 年份	资本密集型		自然资源密集型		劳动密集型	
	加权离散系数	修正的泰尔指数	加权离散系数	修正的泰尔指数	加权离散系数	修正的泰尔指数
2002	0.526 4	0.152 9	0.383 8	0.159 6	0.125 2	0.048 0
2003	0.477 8	0.146 5	0.350 5	0.150 4	0.111 0	0.046 4
2004	0.473 7	0.158 0	0.361 1	0.146 5	0.214 3	0.047 1
2005	0.514 0	0.173 5	0.061 0	0.024 5	0.184 0	0.073 7
2006	0.469 6	0.155 0	0.129 2	0.049 5	0.147 0	0.055 9
2007	0.403 6	0.141 0	0.247 2	0.089 7	0.133 3	0.048 9

根据表 12.2，我国资本密集型部门熟练劳动行业间收入差距的变化趋势和工业部门总体变化趋势相同，整体呈现出不断上升的趋势，但研究期内上升的幅度要明显小于总体行业间差距。从表 12.2 可以看出，我国自然资源密集型部门熟练劳动的行业间收入差距在研究期内波动较大，呈现出先上升后下降的变化趋势，在 1996 年和 1997 年达到顶峰。究其原因，主要是我国自然资源密集型部门的劳动力市场变化较大，其中煤炭采选业的熟练劳动工资在1996年和1997年出现了较大幅度波动。我国劳动密集型部门的熟练劳动行业间收入差距相对于其他部门和总体水平偏低，研究期内上升的幅度也不大。

从劳动密集型、资本密集型、自然资源密集型三个部门内部行业间熟练劳动收入差距在研究期内上升幅度小于工业部门总体水平可以引申出的结论是，研究期内这三个部门之间的熟练劳动收入差距上升幅度要大于各部门内部。

三、我国工业行业按照要素密集度分类的行业间非熟练劳动收入差距分析

按照要素密集度分类的工业行业间非熟练劳动收入差距分析的相关数据如表 12.3 所示。

表 12.3 按照要素密集度分类的工业行业间非熟练劳动收入差距分析

部门 / 收入差距指标 / 年份	资本密集型		自然资源密集型		劳动密集型	
	加权离散系数	修正的泰尔指数	加权离散系数	修正的泰尔指数	加权离散系数	修正的泰尔指数
1993	0.146 5	0.049 9	0.173 7	0.053 6	0.135 6	0.046 4
1994	0.177 5	0.058 7	0.250 4	0.081 7	0.085 6	0.025 8
1995	0.147 2	0.054 2	0.258 8	0.088 4	0.061 7	0.019 9
1996	0.142 1	0.054 2	0.253 0	0.085 6	0.083 0	0.028 7
1997	0.126 9	0.048 1	0.307 5	0.097 4	0.092 0	0.033 9
1998	0.133 3	0.044 6	0.330 9	0.116 6	0.100 2	0.037 2
1999	0.152 2	0.048 9	0.407 4	0.148 1	0.104 9	0.037 0
2000	0.173 3	0.060 4	0.398 4	0.122 4	0.056 1	0.015 2
2001	0.171 7	0.065 8	0.357 1	0.099 5	0.109 0	0.037 7
2002	0.174 9	0.062 4	0.295 7	0.071 6	0.129 7	0.048 5
2003	0.184 5	0.063 9	0.291 8	0.077 0	0.144 7	0.050 0
2004	0.207 3	0.074 6	0.257 8	0.080 3	0.112 6	0.037 8
2005	0.175 4	0.055 9	0.239 9	0.067 5	0.128 0	0.046 8
2006	0.185 4	0.062 8	0.204 3	0.056 9	0.153 8	0.053 1
2007	0.177 2	0.061 5	0.173 5	0.046 6	0.148 4	0.051 3

根据表 12.3 的测度结果，我国资本密集型部门非熟练劳动行业间收入差距的变化趋势和工业部门总体变化变化趋势相同，波动不大且总体上呈不断上升之势。自然资源密集型部门的非熟练劳动收入差距呈现出先扩大再缩小的变化趋势。我国劳动密集型部门的非熟练劳动收入差距相对于其他部门和整体水平偏低，收入相对平均。与三个部门熟练劳动收入差距在研究期内的变化相似，三个部门内部行业间非熟练劳动收入差距在研究期内上升幅度小于工业部门总体水平，表明研究期内这三个部门之间的非熟练劳动收入差距上升幅度要大于各部门内部。

综上所述，1993 年至 2007 年期间，我国工业部门细分行业之间的同质劳动收入差距出现了显著的上升趋势，无论是以加权离散指数还是修正的泰尔指数衡量，2007 年行业间的同质劳动收入差距相比 1993 年均扩大了一倍左右。按照要素密集度分类对我国工业行业间同质劳动收入差距的分析结果显示，我国资本密集型部门熟练劳动、非熟练劳动行业间收入差距的变化趋势和工业部门总体变化趋势相同，整体呈现出不断上升的趋势；自然资源密集型部门同质劳动的行业间收入差距在研究期呈现出先上升后下降的变化趋势；我国劳动密集型部门的熟练劳动和非熟练劳动的行业间收入差距相对于其他部门和总体水平偏低，研究期内虽有上升之势但幅度不大。劳动密集型、资本密集型、自然资源密集型三个部门内部行业间同质劳动收入差距在研究期内上升幅度小于工业部门总体水平，由此可以引申出的结论是，研究期内这三个部门之间的同质劳动收入差距上升幅度要大于各部门内部。

第三节 经济开放影响我国行业间劳动收入差异的经验检验

一、计量方程和指标的选取

根据本章关于经济开放对我国行业间同质劳动收入差距的理论机制探讨，影响我国同质劳动收入差距的主要因素有：行业垄断水平、我国市场经济完善程度、行业的科技水平、人力资本水平和劳动生产率。以理论分析为指导，同时考虑到数据的可得性，本章选取以下变量作为解释变量：行业的垄断程度、人力资本、劳动生产率和行业开放度。基本的计量方程如下：

$$\begin{aligned}\log(GZB_{it})=&\alpha_0+\alpha_{11}\log(MONO_{it})+\alpha_2 HUMAN_{it}+\alpha_3 PRO_{it}\\&+\alpha_4 TRADE_{it}+\alpha_5 TRADE_{it}*\log(MONO_{it})\\&+\alpha_6 TRADE_{it}*HUMAN_{it}+\alpha_7 TRADE_{it}*PRO_{it}\end{aligned}$$

式中被解释变量 *GZB* 为行业同质劳动收入差距，用各行业同质劳动工资和所有行业同质劳动平均工资的比值（即各行业熟练劳动/非熟练劳动工资与所有行业熟练劳动/非熟练劳动平均工资之比）来度量行业同质劳动的收入差距。解释变量 *MONO* 为行业垄断程度，使用行业内国有单位从业人员和行业总从业人员数的比值来度量；*HUMAN* 为行业人力资本，使用大中型工业企业科技活动人员的数量和行业年末从业人员数的比值表示；*PRO* 为行业劳动生产率，用行业的人均产值衡量；*TRADE* 为行业贸易开放度，用行业的进出口总额与行业总产值的比值表示。为了考察开放经济通过对各个因素的作用从而对行业收入差距产生影响的机制，我们还选用了行业开放度和上述变量的交叉项作为解释变量。

二、数据

计量分析使用了我国大中型工业企业的 21 个细分行业 1998 年至 2007 年的面板数据。进出口数据来源于《中国海关统计年鉴》，行业进出口额使用周申和李春梅（2006）的方法将相应年份海关商品进出口数据归并到行业上来，工业总产值和工业增加值来源于《中国工业经济统计年鉴》，其他数据来源于《中国统计年鉴》、《中国劳动统计年鉴》和《中国科技统计年鉴》。

三、计量结果及分析

本章采用面板数据回归的方法，F 检验和 Hausman 检验显示，无论是熟练劳动行业收入差距模型还是非熟练劳动行业收入差距模型，建立个体固定效应模型优于混合模型，个体固定效应模型优于个体随机效应模型。因此在此建立个体固定效应模型进行回归分析。具体的回归分析结果见表 12.4。

表 12.4　经济开放对中国行业间同质劳动收入差距影响的计量分析结果

	熟练工资收入差距	非熟练工资收入差距
常系数*	−3.387 2*** (−5.070 9)	−0.651 6** (−2.054 0)
log(*HUMAN*)	−0.202 0*** (−3.722 0)	−0.024 7 (−0.976 0)
MONO	1.070 1*** (−5.547 6)	0.414 7*** (4.694 4)
PRO	0.413 2*** (−3.434 5)	0.055 6 (0.977 5)

续表

	熟练工资收入差距	非熟练工资收入差距
TRADE	1.013 2*** (−2.847 7)	0.027 1* (1.682 4)
log(*HUMAN*)*TRADE*	0.066 9** (−2.595 1)	0.010 4 (1.128 2)
*MONO*TRADE*	−0.392 7*** (−2.681 9)	−0.118 6** (−2.397 1)
*PRO*TRADE*	−0.157 9*** (−2.665 2)	−0.032 9 (−1.609 8)
Adj-R^2	0.954 4	0.947 7
样本个数	210	210
统计量 F	163.197 4	141.134 7
P 值	<0.000 1	<0.000 1

注：*、**和***分别表示在 10%、5%和 1%的置信度下通过检验，括号里的数字表示相应系数的 t 值。

根据表 12.4 的回归结果，无论是熟练工人还是非熟练工人，行业垄断程度上升会提高一个行业同质劳动相对于整个工业行业平均水平的收入，在行业垄断程度差异较大的情况下，这无疑会增加工业部门行业间同质劳动的收入差距。行业贸易开放度提高同样会提升一个行业同质劳动相对于整个工业行业平均水平的收入，总体上有增大行业间同质劳动收入差距的作用。劳动生产率的上升也对行业的同质劳动相对工资水平提高存在推动作用，这一点在熟练劳动上体现得很明显。行业贸易开放度与各变量交叉项的估计结果显示，经济开放对行业同质劳动收入的影响机制是较为复杂的，开放既可能通过降低行业垄断程度减少行业间同质劳动的收入差距，同时也可能通过促进某些行业的人力资本积累而产生扩大行业间同质劳动的收入差距的效应。开放与劳动生产率的交叉项系数为负，表明贸易带来行业生产率的迅速提高导致产量过快上升，有可能压低该行业产品价格，从而对行业劳动收入产生向下的压力，可能会有助于缩小行业间同质劳动的收入差异。比较两组估计结果，我们可以初步认为，人力资本积累、劳动生产率提高以及贸易通过这两个因素发挥的交叉作用在熟练劳动的收入差异上体现得尤为明显，而对非熟练劳动收入差异的影响则不是那么明显。

四、结论和政策含义

本章从同质劳动收入差距这一新的视角考察了我国行业收入差距问题及经济开放对其的影响。研究将工业部门各行业的劳动力分为熟练劳动和非熟练劳动，分别测度和比较不同行业熟练劳动之间和非熟练劳动之间（即同质劳动之间）1993 年至 2007 年的收入差异变动。研究表明，1993 年至 2007 年期间，我国工业部门细分行业之间的同质劳动收入差距出现了显著的上升趋势，无论是以加权离散指数还是修正的泰尔指数衡量，2007 年行业间的同质劳动收入差距相比 1993 年均扩大了一倍左右。按照要素密集度分类对我国工业行业间同质劳动收入差距的分析结果显示，劳动密集型、资本密集型、自然资源密集型三个部门内部行业间同质劳动收入差距在研究期内上升幅度小于工业部门总体水平，研究期内这三个部门之间的同质劳动收入差距上升幅度要大于大于各部门内部。

同时，本章从理论和经验上系统探讨导致这种收入差异的机制以及经济开放对行业同质劳动收入差异的影响。研究认为影响我国行业收入差距的因素分为扭曲性因素和非扭曲型因素。经济开放正是通过对这些因素的影响，进而对我国同质劳动行业间收入差距产生影响。计量分析的结果显示，行业贸易开放度提高总体上有增大行业间同质劳动收入差距的作用。经济开放通过不同的机制对同质劳动的行业收入差距产生了的作用。

笔者认为，我国行业间同质劳动收入差距不断扩大，已经成为重要的经济、社会问题。合理应对这一问题是解决收入分配问题的重要组成部分。我国有关部门应当通过进一步的改革开放来减轻行业垄断程度，同时通过税收、补贴等收入再分配政策将行业间同质劳动收入差距控制在合理的范围之内。

第十三章　国际贸易对我国熟练工人和非熟练工人工资差距的影响

熟练劳动的工资收入相对于非熟练劳动出现上升趋势，是 20 世纪 80 年代以来世界上许多国家普遍发生的现象。这一现象不仅发生在美国、欧盟等发达国家（其高级化的产业结构导致了对熟练劳动的强劲需求），而且不少发展中国家也出现了相似的现象。[①]

熟练劳动相对于非熟练劳动工资上升，加剧了收入分配的不平等，已经引起各国的高度关注。不少学者认为经济全球化、劳动力市场制度变革以及技术的变动是重要的影响因素。我国入世以后，融入经济全球化的步伐不断加快，但收入分配不均、尤其是缺乏技能的非熟练劳动收入持续相对过低，已成为制约经济可持续发展的潜在重要问题之一。在此背景下，探讨国际贸易的发展、劳动力市场制度以及技术变动对我国熟练劳动与非熟练劳动技能溢价（工资差距）的影响无疑具有重要的意义。

国际贸易对工资影响研究的主要理论基础是新古典框架下的一般均衡理论模型。Stolper 和 Samuelson（1941）在两种商品、两种生产要素、非完全专业化的标准 HOS 分析框架中，证明了国际贸易必将降低稀缺生产要素以任何一种商品衡量的实际收入，这就是著名的斯托尔帕—萨缪尔森定理（SS Theorem），该定理为国际贸易与工资关系的理论分析

① 在相关研究中，对熟练劳动和非熟练劳动的界定一般使用受教育的程度作为划分尺度，发达国家多以大学以上学历的劳动者为熟练劳动，发展中国家则多将高中以上学历的劳动者作为熟练劳动。

奠定了基础。此后贸易与工资的研究大都沿着这个方向进行（Wood，1991；Deardorff，1994；Feenstra and Hanson，1996；Harrigan and Egon，2000）。Dinopoulos、Syropoulos 和 Xu（2001）从产业内贸易角度出发，认为发达国家的产业内贸易是引起工资溢价的重要原因：贸易开放使企业规模扩大，而企业规模的扩大对熟练工人的相对需求上升。

Bhagwati 和 Dehejia（1994）回顾和分析了自由贸易与美国熟练劳动和非熟练工人工资不平等的关系，认为不能将美国20世纪80年代非熟练工人实际工资相对下降的主因归于自由的国际贸易，技术变动可能是主要原因。Leamer（1998）认为技术进步对工资溢价的影响取决于其产业偏向，而不取决于要素偏向，只要技术进步更多地发生在技术密集型产业，就会使熟练劳动和非熟练劳动工资差距上升。Krugman（2008）则认为要素偏向的技术进步会导致收入差距拉大，部门偏向的技术进步只有在产品价格相对不变、其他国家不存在同等程度的技术进步条件下才会导致国内收入差距加大。Acemoglu（2003）认为技术、熟练劳动相对供给和贸易是工资不平等的决定因素，技术本身是内生的，他的重要结论就是贸易引致了偏向熟练劳动的技术变革。

此外，劳动力市场制度也是影响技能溢的重要因素。关于劳动力市场制度技能溢价的影响的文献主要有：Dinardo等人（1996）曾发现最低工资制度主要影响非熟练劳动，对熟练劳动几乎没有影响，最小工资制度会提高低于这一标准的非熟练劳动工资，降低技能溢价；Bell和Pitt（1998）得出工会力量的下降扩大了20世纪80年代初男性工人的收入分布；Boeri等人（2006）表明就业保护立法（EPL）有降低失业人员的流动的效应，而且对熟练劳动的影响大于非熟练劳动，就业保护立法（EPL）更多的是对非熟练劳动的保护；Addison等人（2007）则发现工会力量的弱化对不同性别的工资差距的影响相当微弱。国内还没有从劳动力制度角度研究熟练劳动力与非熟练劳动力的技能溢价，也缺乏从贸易、技术进步以及劳动力市场制度综合考虑技能溢价的变化。本章主要从以上三个方面综合考虑国际贸易、技术进步以及劳动力市场制度对技能溢价的影响。

第一节　需求—供给—制度理论框架

本章根据 Koeniger 等人（2004）劳动力“需求—供给—制度”理论框架，分析熟练劳动与非熟练劳动工资差距的决定因素。

假设熟练工人和非熟练工人供给分别为 $\bar{h}$ 和 $\bar{l}$ ，工资分别为 w_h 和 w_l ，最低工资为 $\bar{w}$ 。假定 $w_h > \bar{w} > w_l$ ，如果工人失业，失业救济金为 $\rho_k w_k$ ，k=h，l，ρ_k 是替代率。工人被集体解雇的概率服从泊松分布 λ。在这些假定的基础上就业和失业的收益是 W_k 和 U_k ：

$$rW_k = \max\{w_k, \bar{w}\} + \lambda(U_k - W_k) \tag{13.1}$$

$$rU_k = \rho_k \max\{w_k, \bar{w}\} + \lambda\theta_k(W_k - U_k) \tag{13.2}$$

式中 $\theta_k = k/(\bar{k} - k)$，$r$ 是市场利率。$U_h \geqslant W_1$ 是隐含的假定，这样能够确保熟练劳动 h 去做非熟练劳动 l 的工作不是熟练劳动力的最优选择。静态均衡条件下劳动的流入和流出是相等的①。由公式（13.2）－公式（13.1）可得：

$$W_k - U_k = (1-\rho_k)\max\{w_k, \bar{w}\}/(r + \lambda u_k^{-1}) \tag{13.3}$$

式中，$u_k = (\bar{k} - k)/\bar{k}$ 。

假设两个部门利用不同的技术生产两种产品，厂商的生产函数如下：

$$q_i(h_i, l_i) = \alpha_i h_i^{\psi_i} l_i^{1-\psi_i}\text{, i=1,2} \tag{13.4}$$

式中 α_i 是 i 部门的全要素生产率，并假定 $\psi_1 < \psi_2$ 。

假定政府对熟练劳动和非熟练劳动征税（τ_k）等于发放的失业救济金：

$$\tau_h w_h h + \tau_l w_l l = \rho_h w_h(\bar{h} - h) + \rho_l w_l(\bar{l} - l) \tag{13.5}$$

每个部分的生产值为：

① 详细的推导见 Koeniger 等（2004）。

$$(r+\lambda)V_i = p_i q_i(h_i, l_i) - (1+\tau_l+\lambda s_l)w_l l_i - (1+\tau_h+\lambda s_h)w_h h_i \tag{13.6}$$

式中p_i是部门i产品的价格，s_k是厂商解雇工人的成本。完全竞争劳动力市场上两类劳动力的均衡工资分别为：

$$(1+\tau_h+\lambda s_h)w_h = p_i\alpha_i\psi_i\sigma_i^{\psi_i-1} \tag{13.7}$$

$$(1+\tau_l+\lambda s_l)w_l = p_i\alpha_i(1-\psi_i)\sigma_i^{\psi_i} \tag{13.8}$$

式中σ_i是i部门熟练劳动力和非熟练劳动力比例。

用公式（13.7）除以公式（13.8）并对数化可得熟练劳动工资和非熟练劳动工资之比（技能溢价）为：

$$\ln(w_h/w_l) \approx c + \lambda(s_l - s_h) + (\psi_2-\psi_1)^{-1}\{\ln(p_2/p_1) + \ln(\alpha_2/\alpha_1)\} \tag{13.9}$$

式中$c = c(\psi_2, \psi_1)$而且与$(\psi_2-\psi_1)$符号相同。

从公式（13.9）可见技能溢价取决于劳动力市场的解雇成本$(s_l - s_h)$，而解雇成本由劳动力市场制度决定，Koeniger等人（2004）认为劳动力市场制度对熟练劳动和非熟练劳动的外部选择有不同的影响，进而影响两类劳动力的相对需求和工资差距。如果劳动力市场制度对非熟练劳动外部选择的改善大于熟练劳动，那么技能溢价的空间将会被压缩，反之则技能溢价空间扩大。

技术水平(α_2/α_1)是影响技能溢价的重要因素，当偏向技术的部门的技术水平增大时，技能溢价上升；而且熟练劳动相对非熟练劳动的密集程度（$(\psi_2-\psi_1)$）大于0时，偏向熟练型劳动的技术进步会提高熟练劳动的技能溢价，而当小于0时，偏向熟练型劳动的技术进步会缩小技能溢价。

相对价格也是决定技能溢价的重要因素(p_2/p_1)，当偏向熟练劳动力部门的产品价格远远大于偏向非熟练劳动力部门的产品价格时，技能溢价的空间扩大。而国际贸易和汇率波动是影响相对价格的主要因素（Katz and Murphy，1992）。

本章将在第四部分验证国际贸易、实际汇率、劳动力市场制度以及技术变革对两种类型劳动力相对需求进而技能溢价的影响。

第二节　中国工业部门工资差异的经验分析

2001 年我国加入 WTO 后，对外贸易经历了迅速的扩张，技术变革加速，贸易、技术对熟练工人和非熟练工人的相对需求进而对工资差距的影响变得日益重要。同时劳动力市场制度持续改革，由此引发的收入分配不均问题也受到更广泛的关注。下面我们使用 1998 年至 2009 年我国工业部门 33 个细分行业大中型企业的统计数据[①]来分解贸易、技术以及制度对技能溢价（差距）的影响。

（一）工业部门熟练劳动相对需求变化在行业内部和行业之间的分解

国际贸易和技术进步对中国工业部门熟练劳动与非熟练劳动的工资溢价效应源于其对两种类型劳动相对需求的影响。相对需求的影响可以发生在行业之间，例如国际贸易和技术进步可能导致工业部门非熟练劳动或者熟练劳动密集型行业的结构发生变化，进而产生对不同劳动相对需求的影响；也可以发生在行业内部，例如中间产品贸易、行业内部的偏向性技术进步所导致的不同劳动相对需求变化等。Hsieh 和 Woo（2005）在经验上将不同类型劳动的相对需求变化分解为一个生产部门各细分行业之间和行业内部的变化。这里我们借鉴其方法对我国工业部门熟练劳动相对需求变化在细分行业内部和行业之间进行分解，具体如下：

$$\Delta D_t = \sum_j \Delta E_{jt} D_{jt} + \sum_j \Delta D_{jt} E_{jt} \tag{13.10}$$

式中 E_{jt} 表示 t 年细分工业行业 j 劳动就业人数在工业部门总劳动就业人数中的份额，D_{jt} 表示行业 j 熟练劳动占行业 j 总劳动就业人数的比重。公式（13.10）右边第一项说明工业部门细分行业之间的熟练劳动需

① 使用大中型企业统计数据的原因是为了便于得到和推算熟练劳动（本章中以科技活动人员替代）和非熟练劳动的分类就业、工资统计数据，同时保持相关指标在研究期内统计口径的一致性。细分行业包括采掘业和制造业 39 个部门，由于在贸易数据分类时将食品制造和农副食品加工合在一起，为了保证贸易数据和细分行业一致性，将这两个行业合成一个，同时去掉其他采矿业、工艺品及其他制造业、废弃资源和废旧材料回收加工业、燃气生产和供应业以及水的生产行业。

求变化，第二项表示行业内部劳动要素再配置带来的熟练劳动需求变动部分。在计算过程中，劳动就业人数来源于历年中国劳动统计年鉴大中型企业年平均从业人员数量，限于数据可得性，以科技活动人员数量作为熟练劳动人数，具体的估计结果见表13.1。

表13.1　我国工业部门行业之间和行业内部熟练劳动需求变化（%）

年份	总体变化	行业之间	行业内部	行业间贡献率	行业内贡献率
1999	0.005 0	0.000 0	0.005 0	0.716 0	99.284 0
2000	0.001 6	0.000 2	0.001 4	14.787 4	85.212 6
2001	0.000 4	−0.000 1	0.000 5	−20.825 1	79.174 9
2002	0.001 7	−0.000 2	0.001 9	−10.465 0	89.535 0
2003	−0.006 6	−0.000 7	−0.005 9	−10.801 1	−89.198 9
2004	−0.004 5	−0.000 1	−0.004 4	−1.668 4	−98.331 6
2005	0.003 5	0.000 1	0.003 4	3.899 0	96.101 0
2006	−0.001 3	−0.001 7	0.000 4	−82.010 7	17.989 3
2007	0.005 5	0.001 1	0.004 4	20.199 5	79.800 5
2008	0.001 5	0.000 4	0.001 1	28.796 6	71.203 4
2009	0.004 7	0.000 2	0.004 6	3.505 0	96.495 0

从表13.1可以看出，我国工业部门对熟练劳动的相对需求在1999年至2009年间总体上体现出缓慢上升的趋势，细分行业内部熟练劳动需求的变化对我国工业部门熟练劳动需求变化的贡献占明显的主导地位，而行业间劳动配置的作用并不重要且不存在推动熟练劳动需求上升的作用和趋势。其中2003年和2004年我国工业部门对熟练劳动的需求出现了反常的下降情况，一个可能的原因是我国加入WTO后，短期内可能将一些熟练劳动密集型生产活动外包至发达国家，导致熟练劳动的需求变化出现短暂逆转。表13.1的估计结果表明，我国近年来工业部门的劳动力再配置从需求方面偏向熟练劳动。在劳动力供给数量和供给结构一定的情况下，这会拉大熟练劳动与非熟练劳动工资差距。

（二）国际贸易对工业部门熟练劳动和非熟练劳动的相对需求的影响

为了直接测算国际贸易导致的不同类型劳动力相对需求变化，本章借鉴 Katz 和 Murphy（1992）构建的指标来检验我国工业部门细分行业净贸易量对不同类型劳动力相对需求的影响。

Katz 和 Murphy（1992）所定义的影响 k 类劳动相对需求的国际贸易效应 T_t^k 如下：

$$T_t^k = -(E^{-k})\sum_i [e_i^k E_{it}(l_{it} / Y_{it})] + \sum_i E_{it}(l_{it} / Y_{it}) \tag{13.11}$$

式中，l_{it} 表示行业 i 在 t 年的净出口额，Y_{it} 表示行业 i 在 t 年的产出，E_{it} 表示行业 i 在 t 年的劳动就业人数占工业部门总就业人数的比重，e_i^k 表示行业 i 中第 k 类劳动力在整个研究期内占该行业劳动就业总人数的平均份额，E^k 表示在研究期内我国工业部门第 k 类劳动力在总劳动就业中的平均份额。

不难看出，我国工业部门各行业净出口引起的劳动需求变化为：$\sum_i E_{it}(l_{it} / Y_{it})$，相应的净出口中隐含的第 k 类劳动力的供给变化是：$(E^{-k})\sum_i [e_i^k E_{it}(l_{it} / Y_{it})]$。因此以上两项加总得到的 T_t^k 为（以 k 类劳动需求相对百分比增长表示的）影响 k 类劳动相对需求的国际贸易效应[①]（更为详细的说明参见（Murphy and Welch，1991））。在测算过程中我们仍使用了我国工业部门 33 个细分行业大中型企业的统计数据[②]，其中熟练劳动用 skill 表示，非熟练劳动用 uskill 表示，具体的计算结果见表 13.2：

表 13.2　国际贸易对我国工业部门熟练劳动和非熟练劳动需求相对变化的影响（%）

年份	1998	1999	2000	2001	2002	2003
uskill	−0.7	−0.7	−0.8	−0.8	−0.9	−0.7
skill	13.4	13.5	15.1	16.1	16.9	13.6
年份	2004	2005	2006	2007	2008	2009
uskill	−0.7	-0.6	−0.6	−0.5	−0.4	−0.3
skill	14.1	11.8	11.1	9.9	8.4	6.0

① 值得注意的是，这里的经验方法在思想上虽然与计算贸易的要素含量方法（FCT）有类似之处，但并未考虑到贸易通过部门之间投入产出间接导致的劳动需求。

② 由于无法得到细分行业大中型企业贸易数据，因此进出口数据为包括小企业的行业贸易数据。

从表 13.2 可以发现，我国工业部门细分行业净贸易额在 1998～2009 年期间对熟练劳动需求相对变化的影响为正，国际贸易对熟练劳动相对需求的提升作用约在每年 0.13 左右，其中我国入世后的第二年（2002 年）的增长幅度最大。研究期内我国工业部门细分行业净贸易额对非熟练劳动需求的相对变化具有负效应，但在程度上较小。这一结果说明，贸易从需求面具有扩大我国工业部门熟练劳动和非熟练劳动工资差距的倾向，但不可忽视的是国际贸易还可能通过影响不同类型劳动供给对技能溢价施加影响。因此，有必要进一步通过系统的计量分析估计国际贸易等因素对我国工业部门熟练劳动和非熟练劳动工资差距的影响。

（三）计量分析

1. 方程的确定和指标选取

下面运用我国工业部门 33 个细分行业 1998 年至 2009 年的大中型企业面板数据，估计相应因素对技能溢价的影响。根据理论框架的公式（13.6），熟练劳动对非熟练劳动的技能溢价取决于技术进步、相对价格、劳动力市场制度以及其他影响劳动力相对供求因素，国际贸易、经济增长、产出规模、资本深化等因素必然影响各种类型的劳动相对供求，从而影响技能溢价（差距）。

$$\begin{aligned} w_{it} = {} & \gamma_0 + \gamma_1 \mathrm{lfex}_{it} + \gamma_2 \mathrm{tfp}_{it} + \gamma_3 \mathrm{trade}_{it} + \\ & \gamma_4 \mathrm{REER}_{it} + \gamma_5 \mathrm{y}_{it} + \gamma_6 \mathrm{rate}_t + \\ & \gamma_7 \mathrm{kl}_{it} + \gamma_8 \mathrm{skill}_{it} + \gamma_9 \mathrm{rate}_t * \mathrm{skill}_{it} + \mathrm{u}_{it} \end{aligned} \tag{13.12}$$

式中 $w_{it} = \ln(w_{hit} / w_{uit})$ 是我国工业部门第i个细分行业熟练劳动对非熟练劳动的技能溢价。本章以行业科技活动人员数量作为行业熟练劳动人数，熟练劳动的工资用分行业科研活动人员的劳务支出与科研活动人员人数之比来衡量，非熟练劳动工资利用分行业工人总工资额与该行业熟练劳动总工资额之差，再与行业总劳动力与熟练劳动之差相比得到。

lfex_{it} 是反映劳动力市场制度的就业保护指标，分项指标[①]的选取方

① 分项指标依次是 j 行业 t 年小型企业就业人数占全部就业人数的比例，指示未被集体合同覆盖的劳动者比重；j 行业 t 年乡镇企业就业人数占全部就业人数的比重，与 EPL 中临时就业指标类似；j 行业 t 年的集体企业就业人数比重，这类企业的工人平均工资最低，详见各年度统计年鉴。

法和构造方法与 Fernando 和 Miquel（2010）的做法一致。该指标与樊纲（2009）劳动力市场化指数是负相关关系[①]，所以在一定程度上可作为劳动力市场制度的合理代理变量。

tfp_{it} 为 i 行业的技术进步指标，使用该行业的全要素生产率，本章利用周申等人（2007）的方法进行测算，得到1998～2009年的全要素生产率[②]。

$REER_{it}$ 是行业 i 实际有效汇率，经过 Hodrick-Prescott[③]指数平滑，过滤掉暂时变化部分。作为相对价格的工具变量。利用 BIS 双权重框架构测算[④]，其中各行业的出口数据和进口数据来源于中国海关。

$trade_{it}$(log)是 i 行业的国际贸易指标，使用行业进出口总额与工业总产值之比，行业进出口额使用周申（2006）的方法将相应年份海关商品进出口数据归并到行业上来，工业总产值数据来源于中国工业统计年鉴。

$rate_t$ (log)是失业率指标，用来控制劳动力市场的供求状况。Koeniger 等人（2004）和 Koeniger 等人（2007）就采纳了这一指标来控制劳动力市场的供求和经济周期因素，此外他们还加入失业率与熟练劳动比重指标的交叉项。

$skill_{it}$ (log)是i行业熟练劳动比重； y_{it} (log)是产出规模，由行业的工业总产值除以相应的出厂价格指数得到，用来度量产出规模扩大对技能溢价的影响； kl_{it} (log)是行业 i 资本深化指标，由行业固定资产净值年平均余额与当年劳动投入相除得到[⑤]。

2. 数据的统计性描述

相关数据的统计性描述如表13.3所示。

---

① 与劳动力市场化指标之间的相关关系为-0.666。

② 全要素生产率的具体测算方法和结果可向作者索要。邮箱地址：hysnowyang@gmail.com。

③ Ravn 和 Uhlig（2002）平滑指数等于 6.25。

④ 具体的测算过程以及出口权重的简化可向作者索要。邮箱地址：hysnowyang@gmail.com。

⑤ 固定资产净值经过 1998 年为基期的固定资产价格指数的平减，劳动投入使用相应年份从业人员数。

表 13.3　变量的统计性描述

Variable	Obs	Mean	Std. Dev.	Min	Max
wage	396	0.287 469	0.399 853	−1.100 747	1.406 222
flex	396	1.261 885	0.052 386	1.110 109	1.376 170
tfp	396	2.935 066	1.706 606	0.947 789	9.922 130
trade	396	−1.269 108	1.313 327	−6.024 371	1.379 216
kl	396	10.992 64	1.560 275	5.436 140	14.027 590
y	396	26.551 63	1.171 725	23.401 060	29.638 360
rate	396	1.274 668	0.095 054	1.096 388	1.370 034
REER	391	0.017 537	1.046 615	−5.101 804	3.312 201
skill	396	−3.827 227	0.866 176	−6.077 424	−2.321 587

从表 13.3 中看到实际有效汇率的指标存在 5 个缺失值，劳动力市场灵活性指标波动幅度不大，实际有效汇率指标出现负值的原因是 Hodrick-Prescott 指数平滑过程。就业保护指标比较平稳，波动幅度不大；全要素生产率指标的波动幅度很大，实际有效汇率指标波动也比较大。

（四）技能溢价决定因素回归结果以及稳健性检验

1. 技能溢价决定因素估计

表13.4是技能溢价决定因素的面板固定效应估计结果。回归分析结果显示，1998～2009年间，国际贸易对扩大我国工业部门熟练劳动与非熟练劳动工资差距的效应不够显著，贸易依存度每上升1%，熟练劳动与非熟练劳动工资差距将增大0.02%左右，表明贸易并未如经典理论所预期的那样提高我国非熟练劳动相对工资，同时在一定程度上验证了表13.2中贸易倾向于增加熟练劳动相对需求的结果。究其原因，这可能与研究期内我国对外贸易较大份额是由外商投资企业进行有关，外资企业在生产和贸易中常具有较高的资本和熟练劳动投入倾向。

表 13.4　技能溢价决定因素的随机效应与固定效应估计结果

wage		TFP			FLEX		
	all	50percentile	75percentile	90percentile	50percentile	75percentile	90percentile
flex	−1.765***	−1.043*	−1.239***	−1.591***	−3.579***	−2.427***	−1.600***
	(0.543)	(0.711)	(0.575)	(0.532)	(0.758)	(0.702)	(0.572)
tfp	0.071***	0.102**	0.044	0.075***	0.075***	0.055***	0.056***
	(0.018)	(0.056)	(0.037)	(0.027)	(0.022)	(0.019)	(0.018)
trade	0.021	0.097	0.088**	0.077**	0.004	−0.043	−0.049
	(0.040)	(0.077)	(0.050)	(0.043)	(0.040)	(0.041)	(0.040)
kl	0.050***	0.039***	0.040***	0.046***	0.058***	0.053***	0.052***
	(0.010)	(0.014)	(0.011)	(0.010)	(0.011)	(0.011)	(0.010)
y	−0.148***	−0.131	−0.080	−0.139***	−0.122***	−0.091**	−0.106***
	(0.046)	(0.100)	(0.072)	(0.059)	(0.056)	(0.050)	(0.045)
rate	2.598***	2.374***	1.874***	2.074***	2.161***	1.932***	2.038***
	(0.521)	(0.775)	(0.592)	(0.515)	(0.603)	(0.553)	(0.519)
REER	0.062***	0.070***	0.082***	0.069***	0.073***	0.076***	0.080***
	(0.020)	(0.026)	(0.022)	(0.020)	(0.020)	(0.020)	(0.020)
skill	−0.410***	−0.108	−0.040	−0.168	−0.334*	−0.193	−0.163
	(0.178)	(0.270)	(0.215)	(0.190)	(0.229)	(0.194)	(0.183)
Rate*skill	0.363***	0.233	0.109	0.199*	0.320***	0.228**	0.218**
	(0.128)	(0.189)	(0.148)	(0.129)	(0.148)	(0.136)	(0.130)
_cons	2.615**	2.277	1.556	3.100*	4.505***	2.800**	2.150
	(1.547)	(3.022)	(2.239)	(1.935)	(1.940)	(1.720)	(1.539)
obs	391	216	304	359	215	303	358
hausman	0.000	0.000	0.000	0.000	0.000	0.000	0.000

注：估计结果由 stata 得到，括号内的数值为相应变量的标准差，*、**和***分别表示在 10%、5%和 1%的置信度下通过检验。

研究期内技术进步具有拉大熟练劳动与非熟练劳动工资差距的作用，在统计上非常显著，作用程度为0.071。出现这种情况的原因很可能是我国工业部门近年来的技术进步具有偏向熟练劳动的特征，导致了对熟练劳动相对需求的增加，进而加大了熟练劳动与非熟练劳动的工资溢价。本章在全要素生产率50%、75% 以及90%的样本水平上估计技术提高对工资溢价的影响，估计系数分别为0.102、0.044和0.075。这表明高技术水平与高技能溢价息息相关。

就业保护降低了技能溢价，就业保护1%的增长对技能溢价的负面效应大约为1.765%。在就业保护指标50%、75%以及90%的样本容量水平上，估计系数分别为-3.579、-2.427以及-1.600。随着就业保护程度的提高，就业保护以递减的速率压缩技能溢价。这说明就业保护对非熟练劳动外部选择的影响逐渐降低，对熟练劳动外部选择的影响在提高。

失业率对技能溢价的影响，除去自身2.598的影响外，取决于熟练劳动的比重。可见失业率对非熟练劳动外部选择的负面影响远远大于对熟练劳动外部选择的负面影响。失业率反映了劳动力市场供求状况，本身可能存在内生性问题，本章将在稳健性检验中说明这个问题。熟练劳动比例对技能溢价的影响，除自身-0.41外，还取决于失业率水平，失业率的平均水平为1.275，所以熟练劳动就业比例总体效应为正，熟练劳动越多，技能溢价越高。

反映相对价格水平的实际汇率指标对工资溢价的效应为正，实际汇率1%的贬值对技能溢价的影响为0.062%，符合预期。资本深化对工资溢价的作用为0.05，说明了资本与熟练劳动是互补关系。规模效应降低了技能溢价。

2. 技能溢价决定因素的稳健性检验

解释变量的非平稳性会影响面板估计效应估计，为了得到更有效、一致的估计，本章采纳了误差修正模型（ECM）（Ammermueller *et al.*, 2007），见表 13.5。

表 13.5　稳健性检验

wage	ECM	FE	FE	FE	FE	FE
wage(t-1)	-0.394***					
	(0.036)					
gflex	-1.559***					
	(0.793)					

续表

wage	ECM	FE	FE	FE	FE	FE
flex	-1.407***	-2.190 ***	-0.792**	-4.589***	5.616***	3.794***
	(0.707)	(0.580)	(0.471)	(1.370)	(0.927)	(0.510)
tfp	0.038***	0.068***	0.016	0.052***	0.053***	0.049***
	(0.020)	(0.019)	(0.014)	(0.018)	(0.017)	(0.017)
trade	0.036	0.016	0.084***	-0.001	0.024	0.021
	(0.040)	(0.043)	(0.027)	(0.040)	(0.039)	(0.038)
kl	0.083***	0.070***	0.072***	0.056***	0.079***	0.080***
	(0.010)	(0.009)	(0.010)	(0.010)	(0.011)	(0.010)
y	-0.102	-0.114***	0.067***	-0.065	-0.148***	-0.127***
	(0.102)	(0.058)	(0.031)	0.052	(0.045)	(0.044)
rate	0.156			2.043***	3.024***	2.811***
	(0.537)			(0.560)	(0.502)	(0.489)
REER	0.009	0.083***	0.091***	0.047***	0.041***	0.029*
	(0.024)	(0.020)	(0.019)	(0.020)	(0.019)	(0.019)
skiil	-0.101	0.026		-0.325	-0.283**	-0.264*
	(0.188)	(0.079)		(0.176)	(0.171)	(0.167)
Rate*skill	0.145			0.293***	0.308***	0.283***
	(0.131)			(0.128)	(0.124)	(0.121)
obs	362	391	391	391	391	391
hausman	0.000	0.000	0.000	0.000	0.000	0.000

注：估计结果由 stata 得到，括号内的数值为相应变量的标准差，*、**、***分别表示在 15%、10%、和 5%的水平下通过显著性检验。

表 13.5 第 1 列是相应的估计结果，其中被解释变量是技能溢价的一次差分形式，解释变量中的加入技能溢价的一阶滞后项（wage(t-1)）、就业保护指标的一阶滞后项和一次差分项（gflex）以及趋势项，同时去掉就业保护指标的当期项。结果显示技能溢价的滞后项的系数为负值，说明技能溢价是刚性的，调整速度为 0.394。就业保护指标一阶滞后项和差分项的系数均为负值，wald 检验值 chi2(2)=20.30，表明它们的效应是不等的。失业率的影响相对变小，其他主要解释变量的估计系数相差

不大。

表 13.5 的第 2 列检验的是失业率的内生性问题，在不考虑失业率的情况下，同时加入我国加入 WTO 和金融危机爆发的虚拟变量，结果显示主要解释变量的估计系数相差不大，说明没有严重的内生性问题。虚拟变量的影响不显著，所以没有列出。表 13.5 的第 3 列同时去掉熟练劳动比重指标，就业保护指标的系数变大，由-2.19 变成-0.792；全要素生产率的影响变小，贸易指标的影响变大。

表 13.5 的第 4、5、6 列则根据 Koeniger 等人（2007）的模拟方法，预测 50%、75%以及 90%水平的就业保护程度对技能溢价的影响，即 flex 的指标分别为 50%、75%以及 90%水平下的 flex 值。估计系数显示当就业保护在 75%水平时，它对技能溢价的影响变成正值，说明就业保护对劳动力的外部选择的影响从非熟练劳动转向熟练劳动，当就业保护在 90%水平时，估计系数为 3.794，略有下降，但是就业保护对熟练劳动外部选择的影响仍然居于主导地位。虽然模拟的结果比表 13.5 中相应的估计结果大许多，但是相同的是就业保护对劳动力外部选择的影响正逐渐从非熟练劳动转向熟练劳动。

（五）结论

本章利用我国工业部门 33 个细分行业 1998～2009 年大中型企业的统计数据，从经验上估计了贸易、技术以及制度等因素对熟练劳动和非熟练劳动工资溢价的影响。首先估计了我国工业部门在研究期内熟练劳动的相对需求变化情况，结果显示我国工业部门对熟练劳动的相对需求在 1999～2009 年间总体上体现出缓慢上升的趋势，细分行业内部熟练劳动需求的变化对我国工业部门熟练劳动需求变化的贡献占明显的主导地位，而行业间劳动配置的作用并不重要，且不存在推动熟练劳动需求上升的作用和趋势，工业部门的劳动力再配置从需求方面是偏向熟练劳动的。其次，我国工业部门细分行业净贸易额在 1998～2009 年期间对熟练劳动需求变化的影响为正，而对非熟练劳动需求具有负效应，贸易从需求面具有扩大我国工业部门熟练劳动和非熟练劳动工资差距的倾向。最后，利用面板模型估计了贸易、技术以及制度等因素对我国工业部门研究期内熟练劳动对非熟练劳动技能溢价的影响。研究表明，国际贸易具有扩大我国工业部门熟练劳动与非熟练劳动技能溢价的效应，效果不太显著，贸易并未如经典理论所预期的那样提高我国非熟练劳动相对工资；研究期内技术进步具有拉大熟练劳动与非熟练劳动工资差距的作用，在统计上非常显著且作用程度较为重要；研究期内就业保护指标具有降低熟练劳动与非熟练劳动技能溢价的效应。

从相关国家的发展经验看，熟练劳动和非熟练劳动工资差距上升是我国经济发展过程的必经阶段，为缩小技能溢价创造条件并逐步解决这一问题成为降低我国收入分配不均的重要方面。我们认为，在当前的形势下，第一，我国需要在全球化深化和技术进步加速的过程中不断建立和完善收入再分配和社会保障机制，保证非熟练劳动的实际收入得到稳步提高；第二，政府需要对不同类型劳动的需求加以正确引导，在资本和技术相对稀缺的情况下，可以适当鼓励资本节约型技术进步，使各种劳动和其他生产要素得到最优配置，避免对高人力资本的过度需求；第三，加大人力资本投资，改革劳动力市场制度，增加熟练劳动的供给，迅速提高低技能劳动力的技能和边际生产力。

附录 实际有效汇率的计算

为计算中国工业细分行业人民币实际有效汇率指数，本章采纳 Turner 等人（1993）双重权重以及考虑第三国市场效应的方法[①]，选取与中国贸易往来的 N 个样本国货币，以脚标 c 表示中国，脚标 i 表示样本国 i，脚标 j 表示行业，平减指数选择 CPI 以保持国际间的可比较性。

$$\mathrm{REER}_{jc,t}=\prod_{i=1}^{N(t)}(\mathrm{rer}_{c,t}^{i})^{w_{c,t}^{i,j}},\ \mathrm{rer}_{c,t}^{i}=\frac{e_{i,t}*p_{c,t}}{p_{i,t}}$$

进口权重 $w_i^m=m_j^i/m_j$，出口权重的简化形势为 $w_i^x=x_j^i/x_j$，行业贸易的总体权重为：

① 第三国市场效应涉及与本国有贸易关系的所有国家的细分行业的产出以及工业总产出，鉴于各国行业标准体系的不同以及数据可得性，细分行业的实际有效汇率采纳了 BIS 的简化形式，即出口权重结构，未包括第三国市场效应，中国研究人民币实际有效汇率几乎都没有考虑第三国市场效应。

$$w_{c,t}^{i,j}=(\frac{m_j}{x_j+m_j})w_i^m+(\frac{x_j}{x_j+m_j})w_i^x$$

式中，$x_j^i(m_j^i)$指国家j出口（进口）到（从）国家i的价值量，$x_j(m_j)$是国家j的总出口（进口），$p_{c,t}$是中国的消费者价格指数，$p_{i,t}$是贸易国的消费者价格指数，$e_{i,t}$表示人民币与样本国i货币的间接汇率。

第十四章　国际贸易对我国劳动收入份额的影响

在过去的20年中，劳动收入在生产要素总收入中的份额及其变动一直是各国学者、政府乃至社会公众关注的焦点问题之一。多数学者认为，发达国家劳动收入的份额在以往20年中保持相对稳定，而包括中国在内的许多发展中国家劳动力的收入份额则呈现出缓慢下降的趋势。[①]根据经济学理论，国际贸易与技术进步都可能通过引起劳动力在不同生产行业之间和同一生产行业内部的再配置而影响劳动收入在生产要素总收入中的份额。各国学者依据这一线索进行了不少有益的研究。中国近20年来迅速的经济增长中，国际贸易、技术进步是重要因素。然而针对中国国际贸易与技术进步对劳动收入份额影响的研究尚不多见，且处于不够系统的初步阶段。本章将从以下角度对上述问题进行较为系统的考察：第一，国际贸易等因素对中国劳动力的收入份额产生了怎样的影响？第二，中国劳动收入份额的变动主要是源于劳动力在不同生产行业之间还是同一生产行业内部的再配置？

---

① Gollin（2002），Gordon（2005），Piketty（2007），Piketty 和 Saez（2007）等以发达国家为对象的研究均显示，美、英、法等国的劳动收入份额在过去20年没有变化趋势，是相对稳定的。李稻葵等（2009）的跨国研究认为，在初次分配中劳动份额的变化趋势呈现U型规律，即劳动份额先下降后上升（转折点为人均GDP6 000美元左右），这意味着大多数发展中国家劳动份额仍将在一段时间内维持下降趋势。

第一节 国际贸易影响我国劳动收入份额的理论机制

一、相关研究回顾

已有研究认为，考察的期限不同，影响劳动收入份额的动态变化机制也有所不同：中长期的劳动收入份额一般由技术水平、国际贸易、生产要素之间的替代弹性等因素决定；短期劳动收入份额变化则受到厂商的加成定价程度、工人谈判能力以及劳动力调整成本等因素的影响。

现有文献对劳动收入份额的分析可归纳为三个层面的研究。一是基于新古典框架，从要素替代弹性的角度考察劳动收入份额与资本深化之间的关系。Bentolila 和 Saint-Paul（2003）分析了劳动收入份额的长期均衡决定因素，指出在完全竞争、规模收益不变和劳动增强型技术进步的假设下，劳动收入份额与资本产出比例存在一一对应关系。二是通过对新古典框架进行修正，考察技术进步和不完全竞争市场结构对劳动收入份额的影响，同时从产业结构演变和劳动收入份额的产业间差异，探究劳动收入份额变化的动因，白重恩等（2009）认为国有经济重组、垄断程度增加以及技术进步增加了工业部门的劳动收入份额。研究还指出，产业结构逐渐从劳动收入份额较高的农业部门转向较低的非农部门，使得总体劳动收入份额降低。三是关注全球化条件下，不同要素“讨价还价”能力的不对称变化对劳动收入份额的影响。汪同三（2007）认为应通过制度保护和提高劳动者在收入分配中的讨价还价能力，提高劳动收入所占的份额。

在国际贸易、技术进步对劳动收入份额的影响方面，以下研究具有代表性。Morel（2005）对加拿大工业行业进行了较为深入的考察，指出劳动收入份额受到国际贸易、劳动生产率、工会等因素影响。Harrison（2002）认为全球化减弱了劳动力相对于资本的谈判能力，开放度上升可能会降低劳动收入份额。Andrew（2004）研究了劳动收入比重波动与偏向型技术进步以及商业周期三者的联系，指出相对稳定的要素收入比重是经济增长的六大典型事实之一。Acemoglu（2002）指出，单独使用技术变动和国际贸易并不能很好地解释劳动力市场工资结构，国际贸易和技术变革的相互作用可能对非熟练劳动力相对工资下降更有解释力。Arpaia、Pérez 和 Pichelmann（2009）在经验上将劳动收入份额分解为部门综合效应（sectoral composition effect）、雇佣结构效应（employment structure effect）和工资效应（employees' remuneration effect）。Berman 等人（1993）通过分解 450 个工业行业之间和行业内劳动需求转移变动的模式发现，劳动节约型技术变动而非贸易赤字是劳动需求由生产性劳动转向非生产性劳动的主要因素。

二、国际贸易对劳动收入份额的影响：理论框架

这里将建立一个简单的理论框架，对国际贸易与技术对劳动收入份额影响的理论机制加以分析。假定经济体中生产 n 种商品，使用劳动和资本两种生产要素。在生产过程的第一阶段，产出需要在各行业之间分配：

$$Maxpq=\sum p_i q_i = f(p_1,\dots,p_n;l,k,tfp) \tag{14.1}$$

$$(\frac{\partial(pq)}{\partial p_i}) = q_i = f_i\ (p_1,\dots,p_n;l,k,tfp)$$

在一国范围内最大化其 GDP 或产出 q，p_i 是商品 i 的价格，l 是劳动投入，k 是资本投入，tfp 是全要素生产率，q_i 是商品 i 的产出，f 是生产函数。可见经济产出能力由一国的劳动力资源、资本量和全要素生产率决定。将生产函数对价格进行偏微分得到行业或部门的供给函数（行业之间产出的分配）。在生产过程的第二阶段，行业内部进行生产要素投入的配置：

$$Minp_i q_i = g_i(w_{i1},\dots,w_{im};q_i,tfp_i) \tag{14.2}$$

$$(\frac{\partial(p_i q_i)}{\partial w_{i1}}) = l_i = g_i^1(w_{i1},\dots,w_{im};q_i,tfp_i)$$

部门生产函数对工资求偏微分将得到部门内劳动需求方程，劳动需求方程是行业内或者部门内投入价格，产出水平和行业内全要素生产率的函数。根据成本函数的自然对数形式：[①]

① 详见 Eli Berman、John Bound 和 Zvi Grilicher（1993）对成本函数的设定。

$$\begin{aligned}\ln C=&\alpha_0+\alpha_y\ln(Y)+\sum_i\alpha_i\ln(W_i)+\beta\ln(K)+0.5\gamma_{YY}\ln(Y)^2\\&+0.5\sum_i\sum_j\gamma_{ij}\ln(W_i)\ln(W_j)+0.5\delta\ln(K)^2\\&+\sum_i\rho_{Y_i}\ln(Y)\ln(W_i)+\sum_i\rho_i\ln(W_i)\ln(K)\\&+\pi\ln(Y)\ln(K)+\varphi_t t+0.5\varphi_{tt}t^2+\varphi_{tY}t\ln(Y)\\&+\sum_i\varphi_{tw_i}t\ln(W_i)+\varphi_{tK}t\ln(K)\end{aligned}\tag{14.3}$$

运用 Shephard 引理：

$$\frac{\partial\ln C}{\partial\ln W_i}=X_iW_i/C=s_i\quad(i=1,2,...,N)\tag{14.4}$$

其中，s_i 为劳动收入份额。同时，由成本最小化可以得到：

$$s_i=\alpha_i+\rho_{Y_i}\ln(Y)+0.5\sum_j\gamma_{ij}\ln(W_j)+\rho_i\ln(K)+\varphi_{tw_i}t\tag{14.5}$$

对公式（14.5）全微分可以得到公式（14.6）：

$$\mathrm{d}s_i=\varphi_{tw_i}\mathrm{d}t+\rho_{Y_i}\mathrm{d}\ln(Y)+0.5\sum_j\gamma_{ij}\mathrm{d}\ln(W_j)+\rho_i\mathrm{d}\ln(K)\tag{14.6}$$

可见劳动收入份额受到产出规模、工资水平、资本投入水平以及技术进步等因素的影响。其中，本章重点探讨的国际贸易、技术进步因素在生产的两个阶段通过以下一些渠道影响劳动收入份额：国际贸易可以通过上述生产第一阶段的产出最大化过程对劳动力市场产生影响。根据 H-O 模型，国际贸易会改变产出结构而影响劳动收入份额，例如劳动力丰裕的国家劳动密集型部门扩张一般会提高劳动收入份额。其次，产出冲击会在行业内生产成本最小化过程（即生产的第二阶段）影响投入品边际产出、价格以及劳动需求弹性，通过行业内企业的再配置效应影响劳动力收入份额。国际贸易对劳动收入份额的最终影响取决于上述两个阶段的综合效应。此外，国际贸易会影响技术变动，进而影响产出和劳动力需求，并对劳动收入份额产生影响。技术进步则可在生产第一阶段影响劳动收入份额。如果技术进步具有部门或行业偏向性，就会改变产出总量和结构，进而影响劳动收入份额。技术进步还可能影响生产第二阶段行业内要素投入分配，例如行业内部偏向资本的技术进步会对劳动收入份额产生向下的压力。

第二节　国际贸易影响我国劳动收入份额的经验检验

一、工业部门细分行业内和行业之间劳动收入份额变化的分解

在这里我们将首先考察，中国劳动收入份额的变动主要是源于劳动力在不同生产行业之间还是同一生产行业内部的再配置。Berman 等人（1994）提供了一种分解行业内和行业之间劳动收入份额变化的有效方法，本章借鉴这一方法对我国工业部门 21 个细分行业在 1999 年至 2009 年间行业内和行业之间的劳动需求变化进行分解。[①]工业各行业的总体劳动收入份额为 $\sum_i S_i s_i$，其中 S_i 为 i 行业的产值在整个工业部门产值中的份额，s_i 是 i 行业劳动力的收入份额。[②]将总体劳动收入份额 $\sum_i S_i s_i$ 的变动分解如下：

$$\sum_i d(S_i s_i) = \sum_i ds_i \overline{S_i} + \sum_i dS_i \overline{s_i} \tag{14.7}$$

公式（14.7）右边第一项为由于工业细分行业内部劳动力再配置导致的工业部门总体劳动收入份额变动，第二项则为工业细分行业之间劳动力再配置导致的工业部门总体劳动收入份额变动。

数据方面，这里使用了我国工业部门 21 个细分行业 1999 年至 2009 年的大中型企业统计数据。[③]行业工业总产值数据来源于历年中国统计年鉴，经过 1999 年为基期的出厂价格指数平减，工资数据来源于历年中国劳动统计年鉴，经过 1999 年为基期居民消费价格指数平减，劳动就业人数来源于历年中国劳动统计年鉴中年平均从业人员数量。表 14.1 是根

① 本章经验研究部分之所以选择 1999 年至 2009 年为考察期，主要是由于这一阶段我国加入了 WTO，对外贸易经历了迅速的扩张，技术变革开始加速，同时劳动收入份额受到更大的关注。需要指出的是，考虑到金融危机期间我国对外贸易出现了反常变化，本章在计量分析中未使用 2008 年和 2009 年的数据。

② 这里的劳动力收入份额指标参照国际上多数研究的做法（例如：Boyle & Mccormack，2002）选取了工资额与行业产值的比重，我们也使用了工资额与行业增加值之比作为劳动收入份额度量指标进行计算，结果与表14.1差异不大，只是劳动份额下降速度有所加快。

③ 选取大中型企业数据主要是为了保证研究期内数据口径的一致性。

据公式（14.7）进行计算分解的结果。

表 14.1　行业内和行业之间劳动收入份额的变化　　　单位（%）

年份	总体变化	行业内变化	行业间变化	行业内贡献率	行业间贡献率
2000	-0.005 44	-0.004 45	-0.001 00	81.673 07	18.326 93
2001	-0.006 11	-0.004 48	-0.001 63	73.361 84	26.638 16
2002	-0.003 33	-0.002 60	-0.000 73	77.960 39	22.039 61
2003	-0.004 89	-0.003 69	-0.001 21	75.365 65	24.634 35
2004	-0.002 56	-0.002 24	-0.000 32	87.558 06	12.441 94
2005	-0.001 50	-0.000 92	-0.000 58	61.374 04	38.625 96
2006	0.003 09	0.003 39	-0.000 31	91.728 96	8.271 04
2007	-0.004 47	-0.004 25	-0.000 22	95.096 45	4.903 55
2008	0.002 39	0.002 04	0.000 34	85.553 58	14.446 42
2009	0.000 27	0.000 29	-0.000 03	91.970 46	8.029 54

注：计算贡献率的方法是使用某年第三列（行业内变化）或第四列（行业间变化）数值的绝对值除以该年份上述两个数值的绝对值之和，这样不会出现超过100%的结果。

从表14.1可以看出，在2000～2009年期间，我国工业部门的劳动收入份额总体上呈现出缓慢下降的趋势，多数年份劳动收入份额的下降比例在0.2%～0.6%之间。从劳动收入份额变动在行业内部和行业之间分配看，劳动收入份额变动主要是行业内部劳动力再配置的结果，行业内劳动收入份额变化解释了约80%的总劳动收入份额变化，且行业内劳动收入份额的变化对工业部门劳动份额总变化的贡献率在考察期内具有不断上升的趋势，在2007年已高达95%左右。本章结果与国外学者对OECD国家的研究基本一致，即劳动力收入份额变化主要来自于行业内部。表14.1的结果表明，包括偏向的技术进步、国际贸易等影响劳动份额变化的因素主要是通过工业部门行业内劳动力再配置发生作用的。有鉴于此，本章后续的经验分析主要估计国际贸易和技术变动对行业内劳动收入份额的影响。

二、国际贸易、技术变动对工业部门劳动收入份额影响的经验分析

（一）细分行业技术进步的偏向性及对劳动份额变化的可能影响

多数研究认为，技术进步在劳动份额下降过程中起到了重要作用。我国处于二元经济向现代经济转变时期，在前期阶段，劳动供给曲线近似于一条水平线，现代部门的工资水平基本保持不变，劳动生产率持续提高，资本所有者将获得新增加的劳动者剩余，从而劳动收入份额会下降。此后劳动供给曲线的斜率为正，现代部门的工资水平逐步提高，劳动收入份额的变动取决于劳动生产率和工资水平的增长速度。为了考察技术进步对劳动收入份额的影响，本章借鉴黄先海等人（2009）将劳动收入比重变化率分解为资本深化速度及劳动（或资本）节约型技术进步的影响的方法，利用该方法考察我国工业部门的技术偏向性，具体如下（限于篇幅，证明部分省略）：

$$\frac{\dot{s}_L}{s_L}=(\delta_{LL}-s_K)[\frac{\dot{(K/L)}}{(K/L)}]+A_L-A_N \tag{14.8}$$

公式（14.8）中δ_{LL}为劳动边际产出的劳动弹性，S_L（S_K)表示某一细分工业行业劳动（资本）收入份额，K 为资本投入，L 为劳动投入。A_L 为技术进步引起的劳动边际产量的增长率，A_N 为技术进步导致的在相同投入水平（即劳动和资本投入不变）下的产出增长率。$\frac{\dot{s}_L}{s_L}$ 为劳动收入份额变动率，$\frac{\dot{(K/L)}}{(K/L)}$ 为资本劳动比的变动率（资本深化速度）。如果 $A_L-A_N>0$，表明发生了资本节约型技术进步，将对劳动收入份额上升具有推动作用；而如果 $A_L-A_N<0$，则表明发生了劳动节约型技术，对劳动份额有向下的压力（限于篇幅，证明部分省略）。

在经验估计中，K 取固定资本净值，L 取劳动就业人数，样本数据来源于相应年份中国工业统计年鉴 1999～2009 年 21 个细分工业部门大中型企业的统计数据（具体的行业处理与上一章相同）。劳动边际产出的劳动弹性δ_{LL}的估算，使用了周申（2006）测算中国工业劳动需求弹性的方法，劳动边际产出的弹性是劳动需求弹性的倒数（限于篇幅，证明部分

省略)，测算值为 $-0.688\,46$ 在根据上述统计数据测算出公式（14.8）中除 A_L-A_N 的各项之后[①]，便可得到我国工业部门细分行业技术进步偏向 A_L-A_N 的测度结果。如表 14.2 所示。

表 14.2　我国工业部门 21 个细分行业技术进步偏向的测度结果

年份	2000	2001	2002	2003	2004	2005	2006	2007	2008	2009
总计	-0.19	-0.17	-0.11	-0.08	-0.05	-0.06	0.07	-0.16	0.05	-0.10
煤炭采选	-0.08	-0.05	-0.11	-0.12	0.05	0.13	-0.02	-0.19	-0.06	-0.09
石油天然气开采	-0.81	-0.30	-0.52	0.66	0.58	-0.28	0.14	-0.03	0.49	-0.37
金属采选	-0.16	0.01	-0.12	-0.29	0.01	-0.02	-0.10	-0.09	-0.01	-0.32
非金属矿采选	-0.54	-0.02	-0.15	-0.34	0.10	0.21	-0.33	0.07	0.10	-0.21
食品制造烟草业	-0.12	-0.07	-0.05	0.02	-0.03	0.04	-0.04	0.00	0.04	-0.03
纺织业	-0.05	-0.13	-0.10	-0.25	0.06	-0.12	0.01	-0.08	0.02	-0.04
服装及其他纤维制品制造	0.01	-0.03	0.05	-0.04	0.41	-0.17	0.11	0.00	0.00	-0.06
木材及家具制造	-0.33	0.02	-0.03	0.67	-0.16	-0.07	0.11	-0.08	0.15	-0.13
造纸印刷及文教用品制造	-0.23	-0.32	-0.08	0.16	0.01	-0.20	0.04	-0.06	0.02	-0.06
石油加工业及炼焦	-0.40	-0.38	-0.08	0.34	-0.02	0.03	0.06	0.03	0.09	-0.07
化学工业	-0.21	-0.10	-0.05	-0.12	-0.05	-0.06	-0.05	-0.04	0.08	-0.08
非金属矿物制品	-0.15	-0.15	-0.12	-0.17	-0.09	-0.18	-0.08	-0.06	-0.02	-0.08
金属冶炼压延加工	-0.13	-0.16	-0.07	-0.17	-0.16	-0.11	-0.15	-0.11	-0.04	-0.14
金属制品	-0.10	-0.24	-0.05	0.02	0.19	-0.07	0.00	-0.05	0.03	-0.04
机械工业	-0.12	-0.09	-0.16	-0.18	-0.06	0.03	-0.18	-0.07	-0.02	-0.09
交通运输设备制造	-0.07	-0.26	-0.21	-0.17	-0.05	-0.04	-0.16	-0.09	0.04	-0.14
电气机械及器材制造业	-0.20	-0.14	0.07	-0.02	0.16	-0.09	0.09	-0.04	0.02	-0.13
电子及通信设备制造业	-0.10	-0.31	-0.16	-0.01	0.06	-0.07	0.18	-0.02	0.11	-0.04
仪器仪表及文化、办公用机械制造业	-0.31	-0.08	-0.20	-0.03	-0.12	-0.16	0.19	-0.07	0.06	-0.04
电力、蒸气及热水的生产和供应业	-0.01	-0.01	0.00	0.00	-0.42	-0.07	1.16	-1.11	0.01	0.00
煤气生产和供应业	-0.35	0.11	-0.20	0.06	-0.27	-0.09	-0.08	-0.16	-0.11	-0.18

由表 14.2 可见，中国工业部门细分行业在研究期内的技术进步大多数行业具有明显的偏向性，除去个别行业（如电子及通信设备制造业）在个别年份（2005 年）测算结果为正以及在金融危机期间某些行业测算

① 计算中采取了规模收益不变的假定，这样在计算出 s_L 后便可根据 $s_L+s_K=1$ 求出 s_K。

结果出现正值外（2008 年有 15 个行业测算结果为正），绝大多数细分工业行业在 2000～2009 年间（除 2008 年外）的测算结果均为负值，表明我国工业部门细分行业的技术进步具有显著的劳动节约型特征，由此对劳动份额产生了向下的压力。

（二）计量分析

1. 计量方程及指标选取

根据本章先前的分析可知，劳动收入份额受到产出规模、工资水平、资本投入水平、国际贸易以及技术进步的影响。本章将使用动态面板数据模型对我国 21 个细分工业行业内工资份额的影响因素进行分析，尤其是国际贸易和技术因素的效应。考虑到金融危机期间我国对外贸易出现了反常变化，计量分析未使用 2008 年和 2009 年的数据。具体的计量方程设置如下：

$$\begin{aligned}s_{it} = {} & a_1 s_{it-1} + a_2 s_{it-2} + a_3 w_{it} + a_4 w_{it-1} + a_5 k_{it} + a_6 k_{it-1} \\ & + a_7 Y_{it} + a_8 Y_{it-1} + a_9 TL_{it} + a_{10} TL_{it-1} + a_{11} TL_t * tfp_t \\ & + a_{12} TL_{t-1} * tfp_{t-1} + a_{13} tfp_{it} + a_{14} tfp_{it-1} + u_{it} + u_{it-1}\end{aligned} \tag{14.9}$$

公式（14.9）中，TL_{it} 为国际贸易指标，在回归分析中选用细分行业的进出口总额来衡量；[①]细分行业 *tfp*（全要素生产率）为技术变动指标，测算的方法使用周申（2006）的方法略加修正[②]；s_{it} 是细分工业行业内的劳动收入份额，根据国际多数研究的做法，采用工资收入比行业总产值，[③]工资经过 1999 年为基期的居民消费价格指数的平减，工业总产值用 1999 为基期的出厂价格指数平减；w_{it} 指 i 行业 t 年的实际工资；k_{it} 指 t 年的资本存量，采用行业的固定资产净值并以固定资产投资价格指数平减；Y_{it} 为 i 行业 t 年的产出规模指标。工资数据和劳动就业人数来源于《中国劳动统计年鉴》，工业总产值、增加值以及固定资产净值数据来源于《中国工业统计年鉴》，各种价格指数来源于《中国统计年鉴》。

---

① 这里使用了海关商品统计数据向行业的转换，具体的转换方法见周申（2006）。

② *tfp* 的具体测算方法和结果可向作者索要。邮箱地址：hysnowyang@gmail.com

③ 为检验回归估计结果的稳健性，研究还估计了使用工资收入与工业增加值之比作为劳动收入份额度量指标的情况。

2. 估计方法

由于计量方程（14.9）的右边包含了滞后因变量，因变量滞后值和模型的随机误差项相关，导致模型中可能存在内生性问题，传统的OLS估计无法得到无偏和一致的估计量。为了解决这一问题，本章利用Arellano和Bond（1991）提出的一阶差分的广义矩估计（First-differenced GMM）、Arellano和Bover（1995）及Blundell和Bond（1998）提出的系统广义矩估计方法（System GMM）进行回归分析。一阶差分GMM估计方法存在所谓的弱工具变量问题，估计结果可能存在较大的偏误。系统GMM方法是对一阶差分GMM方法的修正，在利用滞后因变量水平值做工具变量对一阶差分方程进行估计基础上，结合了利用一阶差分因变量作为滞后因变量的工具变量对水平方程进行估计，从而能很好地解决一阶差分广义矩估计弱工具变量的问题，系统广义矩估计量的一致性取决于工具变量的有效性，我们利用了Hansen检验和二阶序列相关性AR(2) 检验来加以判断。其中，Hansen检验是工具变量的过度识别检验，AR(2) 检验则为我们提供了对工具变量有效性的进一步检验。这里采用一阶差分和系统广义GMM方法对模型公式（14.9）进行估计和比较分析。

在理论上，二阶段广义矩估计比一阶段广义矩估计更渐进有效，但同时二阶段估计的标准误是下偏的（Arellano and Bond，1991；Blundell and Bond，1998）。为了使估计结果更加稳健，本章报告了一阶段和二阶段系统广义矩估计的结果。在利用系统广义GMM进行估计的过程中，内生变量的选择非常关键。显然，滞后因变量为内生变量，基于本章所采用的样本数据，我们根据正交条件得到一阶差分的因变量的工具变量，将因变量滞后2期的值作为水平模型的工具变量。由于工资水平和产出水平可能受劳动需求和劳动收入份额的影响，因而二者可能为内生变量。作为比较，本章在结果中给出了把工资和产出作为内生变量和不作为内生变量的两种估计结果。其他变量被作为外生变量。工具变量的过度识别约束检验利用Hansen/Sargan统计量进行检验。

3. 计量结果分析

以计量方程（14.9）为基础的具体回归分析结果见表14.3。

表 14.3　国际贸易、技术进步对我国工业部门劳动收入份额影响的估计结果

s_t(劳动收入份额)	(1) DIF-GMM	(2) DIF-GMM	(3) DIF-GMM	(4) sys GMM	(5) sys GMM	(6) sys GMM	(7) sys GMM
s_{t-1}	0.488 5**** (0.176 3)	0.488 5**** (0.086 5)	0.524 4**** (0.105 2)	0.653 2**** (0.191 2)	0.596 8**** (0.143 6)	0.722 3**** (0.122 6)	
s_{t-2}			-0.125 8** (0.078 7)	0.040 4 (0.055 6)	0.117 9 (0.086 0)	-0.002 9 (0.060 7)	
y_t(产出)	-0.035 2**** (0.009 2)	-0.033 0**** (0.010 2)	-0.008 1 (0.009 4)	-0.023 7* (0.016 4)	-0.044 6**** (0.007 1)	-0.039 7**** (0.005 9)	-0.116 5**** (0.031 5)
y_{t-1}	0.014 2*** (0.006 4)	0.014 5*** (0.005 9)	0.009 1 (0.008 5)	0.011 4 (0.012 2)	0.023 8**** (0.007 1)	0.029 4**** (0.009 2)	-0.096 3 (0.081 6)
w_t(工资)	0.046 5**** (0.009 1)	0.044 7**** (0.010 7)	0.025 5**** (0.008 9)	0.039 7**** (0.007 1)	0.053 3**** (0.007 4)	0.045 9**** (0.004 8)	0.076 4**** (0.016 6)
w_{t-1}	-0.015 9*** (0.008 5)	-0.017 4**** (0.005 7)	-0.0163**** (0.004 8)	-0.028 7**** (0.006 6)	-0.026 8**** (0.007 7)	-0.032 8**** (0.008 0)	-0.009 9 (0.032 0)
TL_t(进出口)	0.002 0 (0.001 9)	-0.001 0 (0.001 2)	-0.001 1 (0.002 7)	0.003 7** (0.002 0)	0.003 5**** (0.000 93)	0.002 2**** (0.001 1)	0.015 3 (0.018 6)
TL_{t-1}			0.004 8* (0.003 7)	0.002 0 (0.003 4)	0.001 0 (0.001 3)	0.000 8 (0.001 4)	0.022 5**** (0.008 1)
tfp_t(全要素生产率)	-0.021 5**** (0.005 1)	-0.028 6**** (0.005 3)	-0.055 3**** (0.008 5)	-0.033 1**** (0.013 3)	-0.013 2**** (0.005 1)	-0.018 8**** (0.005 4)	
tfp_{t-1}	0.011 7*** (0.005 8)	0.015 9*** (0.006 8)	0.036 4**** (0.014 6)	0.024 0**** (0.005 9)	0.005 9 (0.006 9)	0.013 9**** (0.005 5)	-0.070 5** (0.049 6)
k_t(资本)	-0.013 0**** (0.003 9)	-0.012 8**** (0.003 8)	-0.004 7 (0.006 7)	-0.013 1*** (0.005 8)			0.101 1**** (0.037 3)
k_{t-1}			0.008 2 (0.006 4)	0.027 8*** (0.0113)			
TL_t*tfp		0.001 6*** (0.000 7)	0.001 8**** (0.000 8)	-0.000 4 (0.000 5)	-0.0008**** (0.0004)	-0.000 3 (0.000 4)	-0.005 0 (0.005 9)
TL_{t-1}*tfp_{t-1}		-0.000 9* (0.000 6)	-0.002 6** (0.001 9)				
Sargan/Hansen P 值	0.000	0.000	0.000	0.000	0.003	0.001	0.065
AR(2)	0.337 6	0.248 0	0.338 1	0.393	0.293	0.328	0.088
观测值	189	189	189	189	189	189	189

注：括号内的数值为相应变量的标准差，*、**、***和****分别表示在 20%、15%、10%和 5%的水平下通过显著性检验。

表14.3的（1）、（2）、（3）三列是一阶差分广义矩估计，其中（1）将各个解释变量均视为外生变量，（2）将工资变量视为内生变量，其他变量视为外生变量，（3）将产出视为内生变量，其他变量视为外生变量。可以看出，因变量一阶滞后项系数较大，存在弱工具变量问题的嫌疑，因此（4）、（5）、（6）三列采用系统广义矩二阶估计。（4）将全部解释变量均视为内生变量，（5）将国际贸易变量视为外生变量，其他变量视为内生变量，但未包括固定资本变量，（6）将国际贸易变量视为外生变量，其他变量视为内生变量，未包括固定资本的解释变量，同时加入了劳动市场二元结构变量（城乡收入比，因系数估计值并不显著，未在表中列出）。在对（1）～（6）的不同方法和方程形式估计结果进行综合比较分析后，笔者认为第（4）列所采用的系统广义矩估计结果相对而言是最为稳健的。在（1）～（6）列的估计中，以工资收入与行业总产值作为劳动收入份额的度量指标，而（7）列的估计以工资收入与工业增加值之比作为劳动收入份额度量指标且回归分析中使用（4）的假定（将全部解释变量均视为内生变量）。

表14.3的系统广义矩二阶估计结果显示，国际贸易具有较为显著的提高我国工业部门行业劳动份额效应。而无论是一阶差分广义矩估计结果还是系统广义矩二阶估计结果均显示，总体上技术进步存在显著的降低工业行业劳动份额的效应。产出规模对劳动收入份额的总体影响为负，工资水平对劳动收入份额的总体影响显著为正，资本积累对工业行业劳动份额的影响和国际贸易通过技术进步渠道的影响不明确。

计量分析的结果基本上支持了本章理论分析。国际贸易改变了我国产出结构，使得劳动密集型产业和生产过程出现扩张，同时行业内生产要素出现重新配置，导致我国工业部门工资有所提高，总体上促进了劳动收入份额的上升。由于我国工业部门的技术进步具有劳动节约型特征（前面的经验分析已经证实），因此技术进步对劳动份额产生了不利影响。

三、结论与政策含义

本章较为系统地分析了国际贸易、技术进步等因素对中国工业部门劳动收入份额的影响。

通过将我国工业部门21个细分行业在2000～2009年间行业内和行业之间的劳动收入份额变化进行分解，研究显示在考察期内，我国工业部门的劳动收入份额总体上呈现出缓慢下降的趋势，工业部门劳动收入份额变动主要是行业内部劳动力再配置的结果，行业内劳动收入份额的变化解释了约80%的工业部门总劳动收入份额变化，且行业内劳动收入份额的变化对工业部门劳动份额总变化的贡献率在考察期内具有不断上升的趋势。对我国工业部门技术进步的要素偏向性分析表明，各细分工业行业在2000～2009年间的技术进步总体上具有显著的劳动节约型特征，由此可能对劳动份额产生向下的压力。

利用中国工业部门21个细分行业1999～2007年的面板数据，通过系统广义矩方法估计了国际贸易、技术变革对工业行业劳动收入份额的影响。结果显示，国际贸易具有较为显著的提高我国工业部门行业劳动份额效应，而总体上技术进步存在显著的降低工业行业劳动份额的效应。国际贸易改变了我国产出结构，使得劳动密集型行业和生产过程出现扩张，同时行业内生产要素出现重新配置，导致我国工业部门工资有所提高，总体上促进了工业部门劳动收入份额的上升。由于我国工业部门的技术进步具有劳动节约型特征，因此技术进步对劳动份额产生了不利影响。[①]但国际贸易通过影响技术变革对劳动收入份额产生的影响不明确。

本章研究结果的政策含义是，作为一个14亿人口的大国，我国必须高度关注近年劳动要素收入份额下降这一现象，并采取适当的政策措施来保证劳动的合理收入份额。根据本章的结论，现阶段一个合理的政策选择是，在推进生产技术进步过程中不能片面强调所谓高端技术（劳动节约型或资本增强型技术），而是要注重劳动密集型技术的开发、引进、创新和应用。

① 这与Acemoglu（2003）研究一致。

第五篇　国际贸易、FDI 的发展对我国劳动力市场制度变迁的影响

我国劳动力市场的发展经历了一个曲折复杂的过程。改革开放以来，我国的市场化进程明显加快，各项制度建设也相当迅速，但是劳动力市场的发展却相对滞后。以加入世界贸易组织为契机，劳动力市场化的进程开始加快，为了实现体制内外的劳动力市场并轨，我国撤销了再就业服务中心，并逐步推动劳动力流动和工资决定的市场化建设。国际贸易通过增加就业和加快区域间劳动力流动影响中国劳动力市场制度变迁，促使相关劳动政策在制度变迁中得以被评估、检验和进一步完善。在关注对外开放因素对就业和工资等劳动力市场均衡变量产生影响的同时，不能忽略的是开放对我国劳动力需求弹性以及劳动力市场灵活性与稳定性的影响。因为即使开放对就业和工资的直接影响不大，其仍可以通过改变需求弹性等加大劳动力市场的压力。沿海地区是我国对外开放程度最高的地区，其近年来出现的“用工荒”现象是对劳动力市场灵活性与稳定性非良性互动关系的一个重要反映，引起我们对开放因素对劳动力市场灵活性与稳定性互动关系影响的高度关注。

第十五章　国际贸易、FDI 的发展对我国劳动力市场制度的影响

本章在分析国际贸易与 FDI 的发展对我国劳动力市场制度的影响的过程中，将其分成改革开放以来市场制度的变化与开放的影响两方面。改革开放以来，我国劳动力市场制度的变化首先是一个内在的变化，即从上而下的对市场制度进行改革，以更好的适应生产力的发展，其次是外部对我国劳动力市场的影响。从这两个方面来展开分析，能够对劳动力市场制度的变化有一个更加深入的认识。

第一节　改革开放以来我国劳动力市场制度的变化

本章在分析经济开放影响劳动力市场制度变迁时，将改革开放以来的劳动力市场发展分为三个阶段：1978 年至 1991 年为劳动力市场曲折发展的第一阶段，1992 年至 2000 年为劳动力市场深化改革的第二阶段，2001 年至今为劳动力市场快速发展阶段。这三个时期的劳动力市场及制度状况如下。

一、改革开放至 1991 年的中国劳动力市场

（一）劳动力流动政策

改革开放前，由于户籍制度和农村人力资本水平较低，农村劳动力

流动很少。改革开放初期，土地经营制度的改革解放了长期被束缚的剩余劳动力，有调查表明收入的巨大差距成为农村劳动力向非农业转移的主要动力。十一届三中全会后，劳动力“统包统配”的就业管理体制逐渐被打破，自此我国出现劳动力就业“双规”运行机制，即劳动力自由流动、自谋职业的市场运行机制和政府控制的行政调节机制并存。这一时期，劳动力流动的束缚逐步放松，劳动力流动加快，要求劳动力市场建设和加快劳动力市场化配置的呼声也逐渐增强。

（二）工资收入和劳动保障情况

1979年中共十一届四中全会通过《关于加快农业发展若干问题的决定》，提出按劳分配、多劳多得的社会主义分配原则，农村开始实行家庭联产承包责任制，农民收入与生产经营成果直接联系，从根本上改变过去集体统一经营时收入与个人贡献脱钩的状况，极大地调动了农民的生产积极性。1984年至1991年经济体制改革的重点由农村转向城市，国有企业的职工工资与企业经济效益挂钩，并建立以职务工资为主的结构工资和正常的晋级增资制度，并开始将住房、保险等纳入福利制度范围，迈出收入分配制度改革的步伐，国有企业工资与效益挂钩激发了国有企业活力、提高了职工的积极性，有助于推动市场经济体制改革的发展。这一时期劳动力市场开始突破传统的统包统配和固定工资制度，探索劳动制度改革，在部分地区试点劳动合同制并赋予企业一定的工资自主决定权。约束劳动力流动的制度开始放松，为劳动力市场的进一步发展奠定了基础。

二、1992年至2000年的中国劳动力市场

1992年之后，我国的经济体制改革进入一个新阶段，劳动领域的各项改革发展也取得了新成绩。1993年我国首次提出“劳动力市场”的概念，我国开始以劳动力市场作为人力资源配置的基础手段，实行积极的劳动力市场政策，培育和发展劳动力市场。1995年1月1日开始实施《劳动法》。1994年至2000年劳动领域的各项工作进展迅速，相继发布多条法律法规促进劳动力市场发育。

1994～2000年期间中国经济开始进入高速增长阶段，非国有部门尤

其是沿海乡镇企业及各种开发区的发展对农村劳动力需求增强，大批农村剩余劳动力开始转移，出现新一轮的打工潮。政府对剩余劳动力资源开发和开拓就业渠道持积极态度，由过去控制盲目流动转向鼓励、引导及实行宏观调控下的有序流动。1990 年我国农村劳动力流动规模在 5 000 万人左右，但到了 2000 年这一数据已经变为 11 300 万人，除 1996 年国家经济结构调整等原因导致的大量城镇下岗职工形成对农村劳动力吸纳下降外，历年来流动规模逐年上升。[①]针对劳动力流动和经济发展情况国家及时出台相关政策，具体情况如表 15.1 所示。这一时期政策的变化反映出国家调控与劳动力流动的关系。

表 15.1　改革开放至 1991 年劳动力流动的相关政策情况

时间	法律法规
1980～1981	《关于进一步做好城镇劳动就业工作的意见》《关于广开门路，搞活经济，解决城镇就业问题的若干决定》《关于严格控制农村劳动力进城做工和农业人口转为非农业人口的通知》等一系列文件
1984	《关于 1984 年农村工作的通知》《关于农民进入集镇落户问题的通知》
1986	《关于促进科技人员合理流动的通知》
1988	《关于加强贫困地区劳动力资源开发工作的通知》
1989	《关于严格控制农工外出的紧急通知》
1990	《关于劝阻民工盲目去广东的通知》

注：资料来源于《中国劳动经济蓝皮书（2009）》。

从颁布的法令法规来看，意在引导农村剩余劳动力在宏观调控下有序流动。但由于国有企业改革造成下岗职工过多对城镇就业形成压力，地方政府出于保护当地城镇职工的目的，对进城务工的农村劳动力也进行了一些限制规定。

在工资分配方面，全国实行各种形式的工资总额与经济效益挂钩制度，进一步落实企业的工资分配自主权，开展国企岗位技能工资制，为确保职工基本劳动报酬，1994 年起各劳动部门制定本地区最低工资标

---

① 胡枫，《中国农村劳动力转移的研究一个文献综述》，《浙江社会科学》，2007（1）。

准，改进和完善动态调控弹性劳动工资计划；贯彻落实工资控制线办法，加强对工资过高行业、垄断性行业工资收入的调控；基本建立最低工资保障制度；探索建立工资指导线、实行集体协商确定工资水平等新的工资决定机制和调控方式并扩大试点范围；稳步推进企业经营者年薪制试点并规范对企业经营者工资收入的管理，从而进一步加强对企业工资内外收入的监督检查。在关于我国工资市场化程度的研究中，这一时期反映出的变化比较明显，具体如图 15.1 所示。

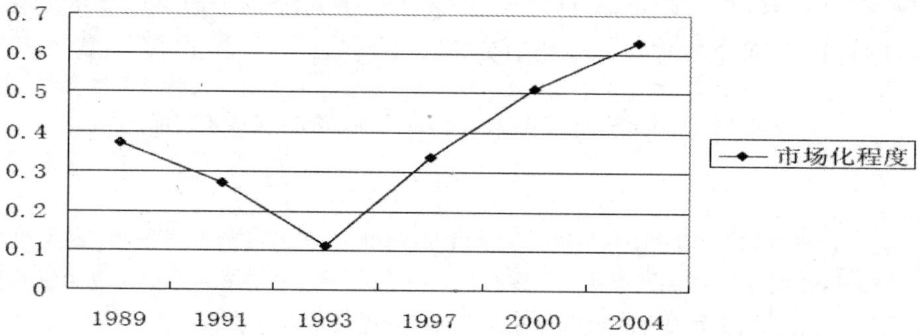

图 15.1　1989～2004 年工资决定市场化程度趋势图①

图 15.1 反映出 1993 年以前工资市场化程度一直较低，之后其市场化程度开始呈直线上升，表明劳动力市场化状况得到明显改善，国有企业加快改革步伐，与此同时社会保障体系开始建立，1995 年劳动法正式颁布，1996 年后开始建立企业工资收入宏观指导体系，建立工资指导线制度，这些市场化改革使工资决定的市场化程度不断提高。截至 1999 年，全国有 30 个省、自治区、直辖市建立并完善了最低工资保障制度，发布最低工资标准，2000 年底，全国有 25 个省、自治区、直辖市开展了工资指导线试点，1700 户企业开展了工资集体协商试点，70 个大中城市开展劳动力市场工资指导价位制度试点，7 400 户企业进行了经营者年薪制试点。②

① 贺秋硕，《我国分割的劳动力市场中工资决定机制研究》（博士论文），厦门大学，2007。
② 董克用，《中国社会保障制度改革 30 年》，《中国国情国力》，2008（12）。

1992 年养老保险社会统筹逐步扩大，养老金计发办法改革的试点成功，为深化劳动、工资制度改革，实现劳动力的全社会流动创造了条件。工伤保险制度、医疗保险、妇女生育保险等制度改革试点开始，1995 年开始指导和推动各地区养老保险实行社会统筹与个人账户相结合的改革试点工作。

三、2001 年至今的中国劳动力市场

2001 年至今，中国城市劳动力市场科学化、规范化、现代化建设试点工作取得进展，劳动力市场信息网络初步建成，2003 年劳动力市场信息网络初步建成，全国共有 108 个城市实现了市内联网，92 个城市实现了按季度发布职业供求分析报告。

（一）劳动力流动政策

2000 年以来，我国经济发展迅速，不仅为城市劳动力提供大量就业机会，也为农村劳动力向城市流动提供了契机。经济开放及第三产业的发展，使东部沿海地区对劳动力的需求增加，劳动力流动从城乡之间扩大到区域间的流动，但长期以来的城乡分割及就业市场上的城乡差别显现出劳动力市场的问题，农村劳动力流动受劳动就业、户籍制度、社会保障、教育培训等方面限制和歧视的现状影响了劳动力市场化发展的进程，这需要在改革中加以解决才能促进劳动力市场进一步完善。

这一时期的政策法令大多是围绕农村劳动力问题出台的，从 2000 年提出改革城乡分割体制开始，2001 年的一系列文件提出改革户籍制度、破除地区封锁、坚持城乡统筹、促进城镇化发展，促进进城农民与城市融合。2003 年农民工问题的出现加速了国家政策调整的步伐，在消除就业歧视、追讨拖欠工资、改善进城农民劳动权益等方面做了很多努力，2006 年围绕农民工就业环境改善、农民工权益保障、改善农民工劳动关系、实现城乡平等的就业制度等问题出台了近十部法律。[①]在合理引导农村剩余劳动力有序转移的同时，改革的重点已经开始转向转移过程中的公平融合、城乡劳动力市场一体化建设、消除歧视及保障流动劳

① 资料来源：《中国劳动经济蓝皮书（2009）》。

动力的合法权益等方面。

（二）工资收入和劳动保障制度情况

积极推进企业工资收入分配的宏观调控体系建设和工资决定机制改革，2003年全国已有31个省（区、市）建立最低工资保障制度，22个省（区、市）制定每小时最低工资标准，29个省（区、市）建立工资指导线制度，124个大中城市发布劳动力市场工资指导价位，18个大中城市发布行业人工成本，29万多家企业建立工资集体协商制度。2008年国务院办公厅转发《关于义务教育学校实施绩效工资指导意见》，进一步推进事业单位工资制度改革，规范公务员津贴补贴，采取多种措施基本解决国有企业工资历史拖欠问题。全年共有28个省份发布工资指导线，20个省份调整最低工资标准。

这一时期，社会保障制度不断完善，各项社会保险覆盖范围继续扩大，参保人数和基金规模持续增长。从图15.2可以看出，各类劳动保险的参保人数逐年上升，2004年后增长幅度加大，尤其明显的是医疗保险，2006年后医疗保险的参保人数增长速度迅速超过其他类别，截至2010年底已经实现参保人数43 263万人，全年城镇基本医疗保险基金总收入4 309亿元，支出3 528亿元，分别比上年增长17.3%和26.5%。

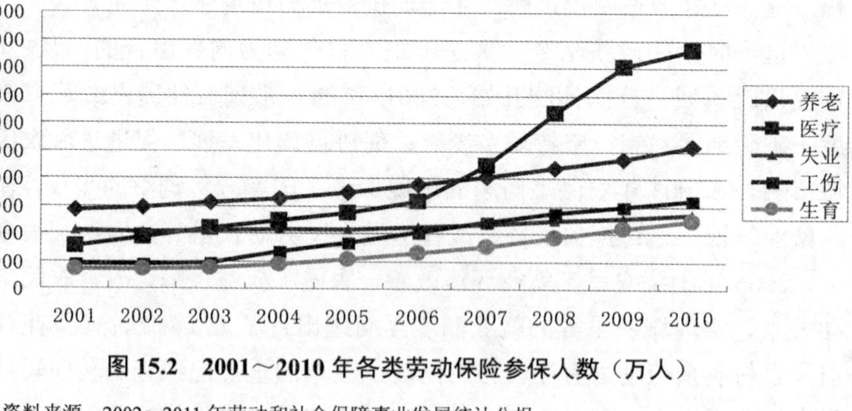

图15.2 2001～2010年各类劳动保险参保人数（万人）

资料来源：2002～2011年劳动和社会保障事业发展统计公报。

（三）劳动关系发展情况

2006年全国地级以上城市普遍建立了协调劳动关系的三方机制，年末全国已建立三方协调组织约 8 030 个，2007 年末三方协调组织已建立 10 702 个。2010 年，小企业劳动合同制度实施专项行动全面推进，农民工劳动合同签订“春暖行动”继续开展，年末，全国规模以上企业劳动合同签订率达到 97.5%。

建国六十多年来我国劳动力市场政策一直处于不断发展变化中，一方面是国家市场经济建设对要素市场化的要求，另一方面是源于加入 WTO 后经济开放对市场发展的推动。近年来劳动保险制度不断完善，就业培训机构日趋健全，劳动力市场资源配置的功能逐渐增强。

第二节 国际贸易、FDI 对我国劳动力市场制度变化的影响

一、国际贸易和 FDI 影响中国劳动力市场制度变迁的机制

（一）国际贸易影响中国劳动力市场机制

国际贸易理论构建了国际分工和贸易的基础，如绝对优势理论、比较优势理论以及资源禀赋论等，指出贸易对国内劳动力跨部门流动的影响。[①]当今国际贸易的实践已经表明国际贸易与就业存在密切联系，一般认为，出口能够扩大市场需求并带动相关产业发展，进而促进国内就业增加；而进口对就业的影响则具有不确定性，一方面能够直接导致相关产业产出下降而减少就业，另一方面中间品的产出增加会相应增加就业。[②]

国际贸易对中国的经济增长和就业具有重要影响。我国劳动力资源丰富，经济开放后我国充分发挥优势，生产并出口劳动密集型产品，实施出口导向型贸易战略。1978～2008 年间，中国经济保持了年均约 9.8% 的增长率，对外贸易贡献了相当一部分份额。林毅夫和李永军（2001）的研究结果表明，20 世纪 90 年代以来，出口增长 10%的同时推动中国经济增长 1%。[③]相关理论研究认为发展中国家实施对外开放、出口导向

① Bella Quintier. The Effect of Trade on Employment and Wages in Italian Industry [J]. *Labour*, 2000, 114(2): 291-310.

② 俞会新、薛敬孝：《中国贸易自由化对工业就业的影响》，《世界经济》，2002（10）。

③ 林毅夫、李永军：《出口与中国的经济增长：需求导向的分析》，《经济学（季刊）》，2003（4）。

政策对就业的促进作用比较明显：一是由于贸易会优化资源配置，推动整体经济增长从而促进就业增加；二是实施出口导向贸易政策使出口行业增长较快，而当该部门恰为劳动密集型时就能吸纳更多劳动者，促进就业增长。[①]在我国的经济发展中表现为，对外贸易既能通过影响经济增长而间接影响就业，也能通过吸纳或挤出效应直接影响就业。

我国劳动力密集型产品价格低于国际上同类产品，出口产品价格上升引起出口部门要素所有者收入增加，相应的出口部门劳动者收入上升。经济开放政策决定了我国东部地区优先于西部的经济开放，东部地区工资水平高于中、西部，同等条件下劳动力倾向于流向高工资部门，因此经济开放还起到加快中国区域间劳动力流动的作用。

国际贸易通过增加就业、加快区域间劳动力流动影响中国劳动力市场制度变迁的过程，促使相关劳动政策在制度变迁中得以被评估和检验，进一步促进政策完善。

（二）FDI影响中国劳动力市场的机制

1. FDI影响劳动力市场的就业状况

FDI在增加投资的同时能够带动相关产业发展，促进产业集聚与产业结构转变和升级，对劳动力市场产生影响。以跨国公司形式出现的FDI对劳动者技能要求较高，在职业培训和社会保障等方面给东道国的劳动力市场带来示范和影响作用，具体表现如下：

首先，FDI能够创造就业。外商投资在促进地区经济发展的同时，能够促使政府完善公共服务设施，带动其他类型企业发展，形成内外资协同发展局面，通常外商投资多的地区，国内投资活动也相对活跃，民营和个体经济发展迅速。FDI对劳动力的吸纳能力很强，拉动就业的效果显著，尤其是当FDI流向劳动密集型产业时，更能在短时间内创造大量就业机会。

其次，FDI能够促进本国产业结构变化和产业升级，这既是发达国家调整产业结构、实现全球战略的重要手段，也是发展中国家改造和调

---

① Anne O. Krueger:《发展中国家的贸易与就业》，上海三联书店出版社1995年版。

整产业结构、实现产业升级和技术进步的重要途径，同时也能够实现发展中国家劳动力市场的就业转移。从发展中国家的跨国投资带来产业转移的历史来看，即使是劳动密集型产业转移进入，只要其比移入国产业水平或等级高，就会带来移入国就业结构的变化。

最后，FDI 的重要载体——跨国公司对劳动力市场制度的影响还体现在其对中国劳资关系、工人地位、企业管理模式与工会职能等方面的影响，跨国公司对员工质量的要求以及对公司培训的重视也影响到我国劳动力市场，同时很多跨国公司强调劳工标准和企业社会责任，这也对我国劳动力市场制度的发展产生影响。

2. FDI 影响劳动力市场制度

外商投资企业是我国各类企业中最早实行劳动合同制的企业类型，其劳动关系具有鲜明的市场化和法制化特点，FDI 采用完全的市场配置资源机制和管理手段，对我国内资企业形成良好的制度外溢效应，促进我国劳动力市场的制度建设。

第一，外资企业的聘用制度促进劳动力流动。从 1995 年外资企业雇佣职工的方式看，固定工占 20%，合同工占 50.5%，临时工占 22.4%，这与国有企业终身制的区别在于，易流动的合同工和临时工占大多数，采取市场经济的资源配置及管理手段使劳动力能够充分流动，这种雇佣方式客观上促进全社会劳动力的流动。[①]外资企业招聘职工主要通过劳动力市场，打破了终身制和铁饭碗制度，外资企业的招聘模式对国内企业也是一种借鉴方式。

第二，外资企业的工资制度促进了国内劳动力价格市场化发展，有利于推动劳动力资源的优化配置。进入我国的 FDI 多为经济发达国家或地区的企业，其完全市场化的、长期竞争性运营的特点决定了企业以绩效为导向的决策经营方式，工资体系也一样。人力资源尤其是高层次人才的竞争性获取是企业竞争的一种重要表现，劳动者的工资水平与其绩效挂钩是工资制度的基本原则。这给我国企业的薪酬体系建设带来很多

---

① 任志成，《移民、贸易与世界劳动力市场影响的比较分析》，《世界经济研究》，2006（9）。

可供借鉴的理念和方法，对我国工资制度发展的影响也随内外资企业竞争与合作的深入而增强。外资的进入打破了中国劳动力市场上国有企业垄断的局面，跨国公司作为 FDI 的重要载体，与东道国企业相比有更高的劳动生产率，通常会比本国企业支付更高的工资，与国有企业形成争夺劳动力的局面，强迫国有企业改变低工资的做法，这种竞争效应促使国内同类企业采用更有效的生产和管理手段，加速国内企业采用新技术的进程，有助于本国企业提高劳动生产率，进而增加本地区人力资本的产出效率。这些都有利于提升我国企业经营管理理念、人力资源效率及企业的综合竞争能力，促进劳动关系和谐发展。

FDI 对发展中国家人力资本的增长和提升通过外溢效应实现，一方面跨国公司为东道国市场引入竞争机制，另一方面国内上游企业为满足跨国公司对中间产品的质量和标准的要求，会主动学习相关技术标准，提高人力资本的效率，跨国公司直接向本国企业提供技术和生产方面的培训使本国人力资本效率得到提高，下游产业通过利用 FDI 企业制造的质量更好或成本更低的产品进行加工制造，也将提高生产效率[①]，进一步提高工资水平。

国际贸易和 FDI 影响劳动力市场制度变迁的机制可以通过示意图来反映，如图 15.3 所示，开放后贸易和投资的变化主要通过影响商品市场和要素市场进而最终影响劳动力市场制度的发展。

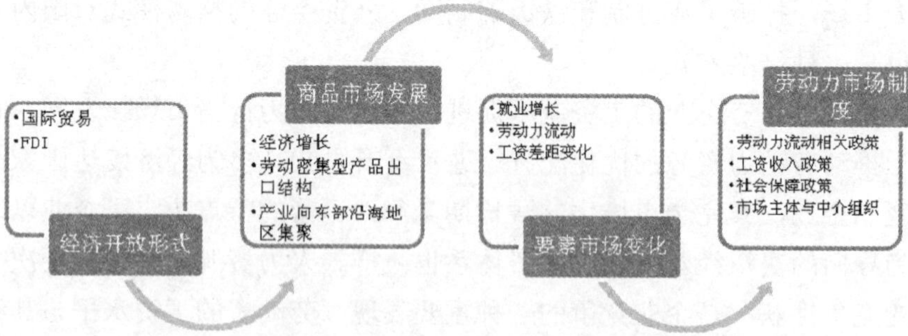

图 15.3　国际贸易和 FDI 影响劳动力市场制度的机制

① Chen, Edward KY. Transnational Corporations and Technology Transfer to Developing Country [J]. *Transnational Corporations and World Development*, 2004 (29): 140-158.

二、国际贸易和 FDI 影响中国劳动力市场制度的效果

（一）国际贸易和 FDI 影响就业的效果分析

1. 国际贸易促进就业增长及劳动力流动

改革开放以来，我国国际贸易迅猛发展，统计数据表明，改革开放 30 年间年均增长约 17.43%。根据 WTO 的最新统计，2007 年中国已成为世界第二出口大国和第三进口大国（WTO，2008）。[①]2008 年，中国的对外贸易依存度已经达到 60.05%，其中，出口依存度为 33.49%，进口依存度为 26.56%。中国已经成为一个经济开放度相当高的国家，与世界经济密切地联系在一起。

相关实证研究表明，贸易对中国的就业具有显著影响，梁平、梁彭勇和黄金的研究发现[②]，中国的出口就业弹性为正，达到 0.043，表明出口对中国的就业有非常强的拉动作用。胡昭玲和刘旭对中国工业品对外贸易就业效应的研究也发现，出口对就业有正向拉动作用，出口占 GDP 的比重每增加 1%，劳动需求就会增加 0.19%[③]，但进口对就业的影响会因行业不同而有所差别，多数行业的进口就业效应为负，也有少数行业的进口对就业有正面影响。总体上，伴随经济开放后贸易的发展，我国的经济增长得到了有力的推动，就业规模也在不断扩大，如图 15.4 所示。

---

① World Trade Organization(WTO). International Trade Statistics 2008 [M]. Geneva: World Trade Organization, 2008 (7): 12-14.

② 梁平、梁彭勇、黄金，《中国对外贸易就业效应的区域差异分析——基于省级面板数据的检验》，《世界经济研究》，2008（1）。

③ 胡昭玲、刘旭，《中国工业品贸易的就业效应——基于 32 个行业面板数据的实证分析》，《财贸经济》，2007（8）。

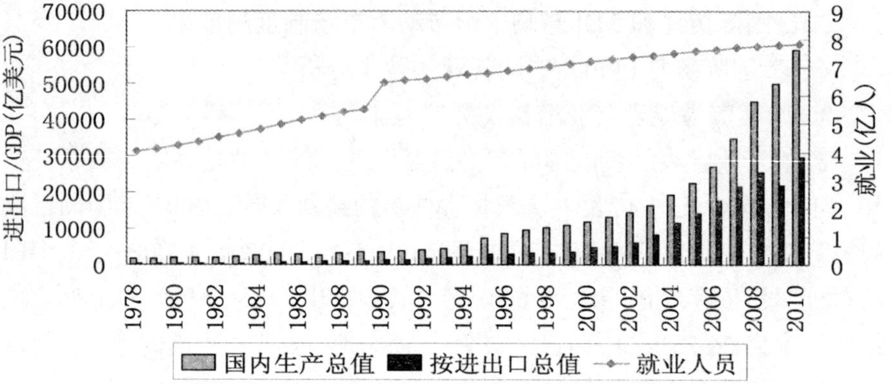

图 15.4 中国进出口、经济增长与就业关系

资料来源：1996～2011 年统计年鉴。

2. FDI 的就业效应分析

FDI 对就业的影响有两方面：一是 FDI 带动就业量增加；二是 FDI 引起劳动力的就业结构变化，包括在不同所有制企业就业的变化以及分布在第一、第二、第三产业的就业人数的变化。

首先，FDI 增加带动就业增长加速。改革开放以来，我国已成为吸引外资最大的国家，资本增加引起对劳动需求的增加。1991 年我国合同实际利用外资金额 43.66 亿美元，2000 年实际利用 FDI 为 407.15 亿美元，而 2010 年实际利用外资金额已达到 1 057.35 亿美元，自 1990 年以后 FDI 增长加速的同时，外商投资企业吸纳就业的速度也不断增加，尤其是 2000 年以后外商投资企业的就业量增速远快于改革开放前。

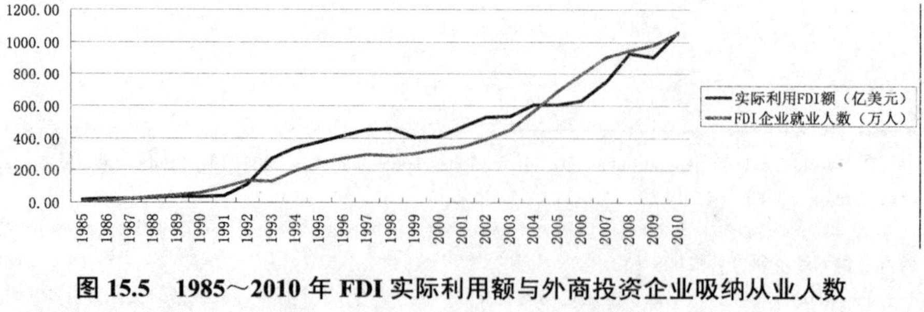

图 15.5 1985～2010 年 FDI 实际利用额与外商投资企业吸纳从业人数

FDI 增加除引起外商投资企业就业人数增加外，还对国内就业起到带动作用，1995 年劳动总量约为 67 847 万人，2000 年为 72 085 万人，到 2010 年全国劳动总量达 78 388 万人，外商投资企业就业比重也显著增长，如图 15.6 所示。

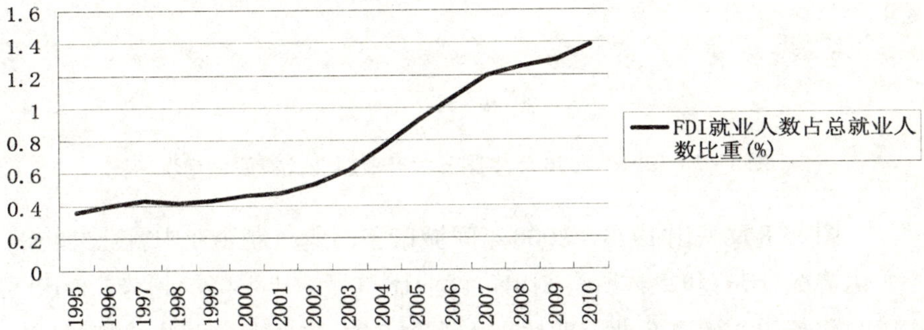

图 15.6　1995 年～2010 年 FDI 企业就业比重

其次，FDI 引起三大产业及不同所有制企业间就业比重变化。FDI 通过技术外溢、要素投入结构、竞争效应等影响东道国产业结构的理论已经得到验证，我国目前正处于工业化阶段，第一产业在国民经济中的比重逐渐下降，而第二、第三产业相对上升。从图 15.7 反映的三大产业就业比重中可以看出，二三产业吸纳就业的能力逐渐增强，第三产业的就业比重已经超过第二产业，以服务业为主的第三产业将成为就业创造能力最强的产业，未来我国农村剩余劳动力的转移还要更多的依靠第三产业的发展来吸收，因此适当地使政策倾斜，引导外资合理流向第三产业对我国劳动力市场结构的发展具有积极的作用。

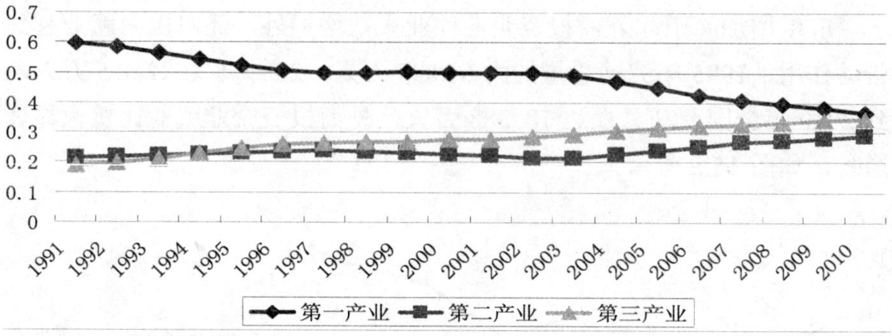

图 15.7　1991～2010 年中国三大产业就业比重变化情况

图15.8反映出1978～2008年间城市不同所有制企业中就业结构的变化情况，国有和集体所有制单位就业比重呈逐年下降的趋势，在1985年的改革后，国有企业就业比重下降到0.8，之后几年基本维持稳定，但1997年后再次呈现出下降趋势且下降速度加快，非国有经济部门的就业比重则不断增长，2000年后外商投资部门就业比重增长加快。

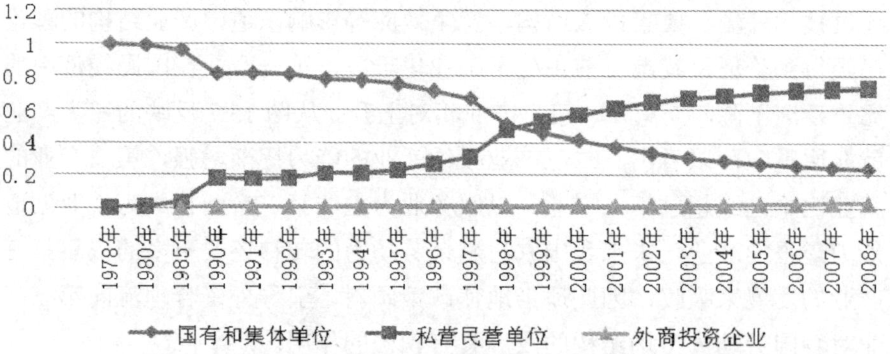

图 15.8　1978～2008 年城市不同所有制企业就业比重图

（二）国际贸易和FDI影响劳动力市场制度——劳动力流动的经验分析

1. 经济开放下我国劳动力流动的背景与特点

我国优先开放沿海地区的政策，使经济发展、开发开放政策倾向于东部，国家政策的倾斜使大量包括FDI在内的投资向东部集聚，东部沿海的地理优势便利其贸易发展，因此在开放促进全国经济增长的同时，东部沿海地区与中、西部内陆地区的经济差距开始增加，东部与中、西部地区的收入差距逐渐增大。我国人口众多，形成了劳动力资源丰富且相对廉价的特点，这种比较优势使我国在参与全球化形成的“世界工厂”中处于生产链条的末端。劳动密集型产品，如手工业、制造业等产品价格低廉在出口中占有优势，这就形成我国以劳动密集型产品出口为主的贸易结构。一方面，贸易与 FDI 的增加促进经济增长，能够带动就业的增加；另一方面，FDI 在东部沿海地区集聚，劳动密集型产品生产加工企业大量增加，引起东部地区劳动力需求的剧增，沿海与内陆地区的劳动力供需不平衡以及东部与中、西部地区收入差距的存在，形成了劳动力流动的驱动力。在国家已经放开对劳动力流动的管制后，部门间、地区间劳动力流动加速发展。

我国劳动力流动的特点主要是中、西部地区向东部地区流动，而且以农村剩余劳动力流动为主，主要流向沿海地区城市。据统计，截至 2008 年底，全国农民工总量为 22 542 万人，其中在本乡镇以外就业的外出农民工数量为 14 041 万人，占农民工总量的 62.3%；在外出务工的 14 041 万名农民工中，按输出地分，从中部、西部和东部地区流出的务工农民比例分别为 37.6%，32.7%，29.3%，而按流入地划分，三地区分别为：东部地区吸纳外出务工农民工比例占 71%，中部占 13.2%，西部占 15.1%；而实现本地就业的农民工主要集中于东部，占全部本地就业农民工总量的 62.1%。[①]根据 2005 年 1%的人口抽样调查数据显示，北京、上海、天津和广东四省市中省际人户分离明显，是主要的人口流入地区，比重分别达到 59.64%、65.63%、55.58%和 61.45%。而流出地主要是河南、安徽、江西、湖北和湖南、四川等中西部欠发达的人口大省。图 15.9 反映出我国农村劳动力进入城市后主要从事的行业，集中在建筑业、制造业以及批发零售、餐饮和社会服务业。

① 资料来源：国家统计局网站（http://www.stats.gov.cn/2009-03-25）。

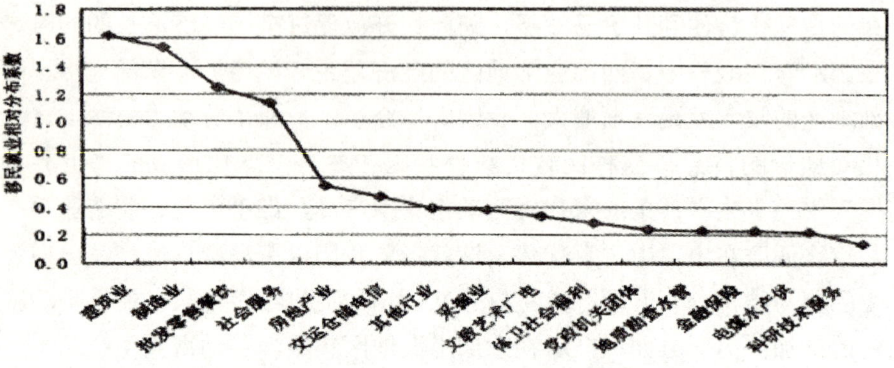

图 15.9　农民工进入城市的就业部门

资料来源：第五次全国人口普查资料。

2. 劳动力流动与我国劳动保障制度发展

从劳动力流动的规模和形式可以看出，经济开放以来，我国地区间劳动力流动加速，这种大规模的流动对于劳动力市场化起到了促进作用。流动的农民工可以分享工资、工作机会、劳动条件等信息，选择工资及待遇更好的工作机会，这客观也要求企业在对待用工人员时实现公平公正。但是，近年来不断出现的农民工维权事件，一方面表明市场在保障农民工权益方面存在不足，另一方面也说明农民工维权意识的增强，缺乏相关的组织机构也是制度欠缺的表现。

近年来出现的劳动力回流以及沿海地区的用工荒现象是劳动力市场制度不完善的一种反映。由于户籍制度的限制，农村劳动力仍然以暂住身份进入城市，不能享受到住房、就业、教育和社会保障、医疗等方面的公平待遇，同时大多数农村劳动力没有隔断与土地的联系，当进入城市工作的综合收益不足以弥补放弃土地的损失时，农民仍然会选择回流至农村从事农业生产。虽然这种用工短缺通常是短期的，但它反映出企业在获取劳动力方面的竞争开始加强，能够促进劳资关系改善，这是劳动力市场化发展的积极信号。我国劳动保障制度不适合当前市场的情况主要表现在：过去以保障国有企业、固定用工形式为主的保障保险制度不能覆盖各种非国有企业，尤其是私营民营等中小型企业。国家已经开始在劳动保障政策的制定方面进行改革，争取实现城乡居民的全覆盖。

养老保险制度方面，国家从 2001 年 7 月开始在辽宁省进行完善城镇社保体系的试点工作，目标是建立独立于企业之外资金来源多元化、保障制度规范化、管理服务社会化的社会保障体系。2005 年 12 月，国务院发布《关于完善企业职工基本养老保险制度的决定》统一城镇个体工商户和灵活就业人员的参保政策，2006 年起，改革试点范围开始扩大，同时国家积极发展企业年金，推进机关事业单位和农村社会养老养老保险制度改革，探索建立农村与被征地农民、农民工的养老保险制度。[①]医疗保障方面为适应就业形式多样化的情况，2003 年、2004 年国家将医疗保险覆盖范围延伸至城镇所有从业人员，并自 2003 年下半年开始新型农村合作医疗试点。失业保障方面也将覆盖范围从国有企业扩大到包括私营企业和其他企业的所有城镇企事业单位。工伤保险方面，2003 年国务院颁布《工伤保险条例》，实行工伤预防、工伤补偿、工伤康复相结合的制度，确立了中国工伤保险制度的框架。[②]

不过，尽管国家在政策制定方面尽量实现城乡覆盖，但由于各种人为、历史及客观因素的存在，政策的实施效果还有待进一步的增强。医疗保障方面，农村劳动力进入城市部门的收入水平较低，参与商业性医疗保险能力有限，而且多重医疗保障制度也在一定程度上存在覆盖人群界定不清楚的问题，使流动性加大的城乡劳动者面临政策选择的问题。养老保险中存在难以实现跨地区转移的问题，使得农民工“退保”现象经常发生。自 2002 年珠三角地区首次出现农民工退保现象后，退保范围和规模逐渐扩大，有关资料显示，仅广东省在 2002 年至 2007 年间退保人数就达到近千万。就业保障和失业保险制度不完善，2003 年至 2007 年间劳动年龄增长进入高峰期，农村剩余劳动力向城市流动，国有企业下岗人员增加造成我国就业压力剧增，供需矛盾突出，而就业保障和失业保险的不完善限制其功能发挥，影响劳动力市场发展。[③]我国的工伤保险起步较晚，而且没有考虑农民工的特点，导致多数农民工无法得到

---

① 柳清瑞，《城镇基本养老保险扩大覆盖面问题研究——以辽宁为例》，《辽宁大学报》，2009(4)。

② 何舒芬，《建立工伤保险促进安全生产机制》，《安全与健康》(上)，2008 (5)。

③ 孙红玉，《失业保险对就业的作用分析》(硕士论文)，华中科技大学，2006.

工伤保险的保障，针对工伤保险的纠纷近年来也逐渐增加，客观上要求改进相关保险制度。

3. 劳动力流动与劳动力市场制度的关系

劳动保障制度、就业制度的健全能够减少劳动力流动过程中制度障碍造成的成本过高，相关组织机构的健全也能够便利劳动力资源的配置。以我国目前的情况看，很多企业的招工难是由于信息不对称，而劳动力技能的不匹配也限制了大量剩余劳动力进入工作的机会，因此继续加强职场中介等劳动服务机构的发展，大力发展适合市场需求的职业培训也是市场机制发挥作用的重要表现。非国有经济的加速发展，尤其是用工市场化程度较强的外资企业及私营个体等中小企业的发展，对劳动力工资市场化具有推动作用，虽然工资市场化的衡量标准不一，但从现实发展看，劳动力工资以劳动贡献、劳动力技能为基础，逐步反映劳动效率的趋势在增强，综合的工资收入以及劳动保障和劳动条件已经成为影响劳动力流动的重要因素。

第十六章　国际贸易、FDI 的发展对我国劳动力市场需求弹性的影响

随着我国参与经济全球化的程度不断加深，国际贸易、FDI 和外包迅速发展。作为经济全球化的重要内容，国际贸易、FDI 和外包在推进我国经济发展的同时，对我国劳动市场也产生了深远的影响。在国内外现有的对经济开放与劳动市场关系的研究中，多从就业和工资受到国际贸易、FDI 和外包何种影响的角度展开分析。然而，理论和经验证据表明，国际贸易、FDI 和外包均可能对一国的劳动需求弹性产生重要影响，且这种影响将对劳动市场产生十分重要的作用。根据经济学理论，劳动需求弹性增加意味着同一外生冲击将带来劳动市场上较大的工资和就业波动（波动在工资和就业之间的分配取决于劳动供给弹性），且劳动需求弹性提高常导致非工资劳动成本由雇主向劳方转移，以及劳动者在分享企业超额利润中的谈判地位下降。换言之，即便经济开放通过国际贸易、FDI 和外包对就业和工资的直接影响不大，其仍可通过改变该国劳动需求弹性造成其劳动市场的较大压力，同时说明国际贸易、FDI 和外包的工资和就业效应分析无法替代其对劳动力市场需求弹性影响的研究。

第一节　贸易、FDI与我国劳动力市场需求弹性

我国改革开放以及对外贸易战略和政策的转变大大地促进了我国经济增长和贸易发展。对外贸易规模不断扩大，贸易依存度不断上升。作为经济全球化的重要内容，FDI和国际贸易在推进我国经济发展的同时，对我国劳动力市场也产生了深远的影响。国内外现有的关于FDI和国际贸易与劳动市场关系的研究，多从就业、工资的角度展开分析。然而，理论和经验证据表明，FDI和国际贸易均可能对一国的劳动需求弹性产生重要影响，且这种影响将对劳动力市场产生巨大的作用。根据经济学理论，劳动需求弹性增加意味着同一外生冲击将带来劳动市场上较大的工资和就业波动，且劳动需求弹性提高常导致非工资劳动成本由雇主向劳方转移，以及劳动者在分享企业超额利润中的谈判地位下降。换言之，即便经济开放通过FDI和国际贸易对就业和工资的直接影响不大，其仍可通过改变该国劳动需求弹性对劳动市场造成的较大压力。

一、FDI和国际贸易影响我国劳动需求弹性的理论机制

根据Hamermesh（1993）的经典研究，劳动需求弹性随着要素替代弹性与最终产品需求弹性的增加而上升。与贸易自由化过程相类似，我国对外开放中的FDI和国际贸易等经济活动均可能对我国各地区的要素替代弹性与最终产品需求弹性产生较为显著的影响，进而影响到地区劳动需求弹性。

（一）FDI和国际贸易影响我国劳动需求弹性的初步理论探讨

FDI的大量流入和国际贸易的蓬勃发展首先在我国产生了明显的竞争促进效应，外资企业在我国市场上生产和销售产品，使我国消费者可选择的产品品种和数量增加，从而增加了最终产品市场的需求弹性。使用Rodrik（1997）对经济开放影响劳动市场需求弹性机制的界定（即“规模效应”或“产出效应”机制与“替代效应”机制），上述分析表明FDI和国际贸易可能通过“规模效应”或“产出效应”机制提高我国劳动需

求弹性。

FDI 和国际贸易还有可能通过“替代效应”机制——即通过提高我国各地区的要素替代弹性来促使行业劳动需求弹性上升。FDI 的进入以及使跨国公司营运中的大量要素流动过程延伸到我国，我国境内企业能够获取的国外生产要素和进口中间产品种类增加、成本降低；国际贸易的出现则可使本国企业投入品集合扩大、投入要素的多样性增加，都会提高劳动力与其他要素之间的替代弹性。FDI 和国际贸易有可能带来技术的改变，致使本国生产函数发生变化，并推动劳动力与其他要素之间的替代弹性升高。FDI 和国际贸易可能产生的、提高我国各地区要素替代弹性的效应，会进而提升我国劳动力市场的需求弹性。

（二）一个简单的理论模型

为了得到经验研究所使用的计量模型，这里我们进一步建立一个简单的理论模型展开分析。假设我国生产过程中使用劳动和资本两种生产要素，且市场结构具有垄断竞争特征。[①]为了分析的简化，采用如下的柯布—道格拉斯生产函数：

$$Q = L^{\alpha} K^{(1-\alpha)} \tag{16.1}$$

生产函数中参数 α 的取值在 0 和 1 之间。行业 j 中代表性厂商 i 所面临的逆需求函数为：

$$P_{ij} = \theta \overline{P}_j Q_{ij}^{-1/\eta} \tag{16.2}$$

式中 θ 为参数，$\overline{P}_j$ 为 j 地区产品的平均价格，Q_{ij} 为 j 地区中 i 厂商的产量，η 为厂商 i 最终产品的需求弹性。假定厂商面临着给定的要素价格，厂商的利润最大化一阶条件为：

$$\frac{\alpha\theta(\eta-1)}{\eta} \overline{P}_j Q_{ij}^{\eta-1/\eta} L_{ij}^{-1} = w_j \tag{16.3}$$

$$\frac{(1-\alpha)\theta(\eta-1)}{\eta} \overline{P}_j Q_{ij}^{\eta-1/\eta} K_{ij}^{-1} = r_j \tag{16.4}$$

① 本章经验研究将在地区层面上展开，在这一层面上，垄断竞争是对我国市场结构的一个良好近似。

L_{ij} 和 K_{ij} 分别为厂商的劳动与资本使用量，w_j 为劳动价格，r_j 为资本价格。利用公式（16.1）、公式（16.3）和公式（16.4）可得：

$$\frac{\alpha\theta(\eta-1)}{\eta}\left(\frac{1-\alpha}{\alpha}\right)^{\frac{(1-\alpha)(\eta-1)}{\eta}}\overline{P}_j\left(\frac{w_j}{r_j}\right)^{\frac{(1-\alpha)(\eta-1)}{\eta}}L_{ij}^{-1/\eta}=w_j \qquad (16.5)$$

对等式（16.5）进行对数变换，可得：

$$\begin{aligned}\ln L_{ij}=\eta\ln\frac{\alpha\theta(\eta-1)}{\eta}\left(\frac{1-\alpha}{\alpha}\right)^{\frac{(1-\alpha)(\eta-1)}{\eta}}-\\ [\eta-(1-\alpha)(\eta-1)]\ln\left(\frac{w_j}{\overline{P}_j}\right)-(1-\alpha)(\eta-1)\ln\left(\frac{r_j}{\overline{P}_j}\right)\end{aligned} \qquad (16.6)$$

本节经验研究所使用的计量方程将建立在公式（16.6）的基础之上。从公式（16.6）可以看出，劳动的需求弹性为：$e_l=-[\eta-(1-\alpha)(\eta-1)]$。将劳动需求弹性的绝对值对最终产品需求弹性求导，可以得到：

$$\frac{d|e_l|}{d\eta}=\frac{d[\eta-(1-\alpha)(\eta-1)]}{d\eta}=\alpha>0 \qquad (16.7)$$

公式（16.7）表明，最终产品需求弹性上升将导致生产该产品所使用的劳动要素需求弹性上升。这进而说明，如果 FDI 和国际贸易带来的进口竞争使国内各地区最终产品需求弹性上升，地区劳动要素需求弹性将会增加。①

二、计量方程和数据说明

（一）定量研究

在公式（16.6）的基础上进一步将 FDI 和国际贸易等因素纳入考察，以下面的（16.8）式作为基本的计量方程：

$$\begin{aligned}\ln L_{it}=\beta_1\ln\omega_{it}+\beta_2 FDI_{it}+\beta_3 FT_{it}+\beta_4\ln\omega_{it}\times FDI_{it}+\\ \beta_5\ln\omega_{it}\times FT_{it}+\beta_6 TIME+\sigma_i+\mu_{it}\end{aligned} \qquad (16.8)$$

在计量方程（16.8）中，L_i 为的劳动需求量，ω_i 为的实际工资水平（名义工资除以居民消费价格指数），FDI_i 为 FDI 指数（外商投资企业

① 由于柯布—道格拉斯生产函数的要素替代弹性为 1，因此这里的分析没有反映出要素替代弹性的影响。

年末投资总额），FT_i 为的国际贸易指数（进出口总额与 GDP 的比值），$TIME$ 为时间变量，β 为回归系数，其中系数 β_1 为中国地区劳动需求弹性的估计值，而 β_4 和 β_5（交叉项的系数）度量了 FDI 和国际贸易对中国地区劳动需求弹性的影响，μ 为随机误差项。

研究将分别估计产出约束下 FDI 和国际贸易对我国地区劳动需求弹性的影响，然后对资本约束下 FDI 和国际贸易对劳动需求弹性的影响进行估计。由于产出约束下 FDI 和国际贸易的影响估计值只反映要素替代弹性变动的作用，FDI 和国际贸易只是通过替代效应产生影响，而资本约束下的估计值则反映了最终产品需求弹性变动的效果，FDI 和国际贸易通过产出效应影响劳动需求弹性，对上述两种约束设置下的分析能够较为充分地考察 FDI 和国际贸易通过替代效应和产出效应两条途径对中国地区劳动需求弹性的影响。

（二）数据、指标的选取和计算

考虑到数据的可得性，本章采用中国 27 个省市区[①]1994 年～2008 年的相关数据进行分析。各省的劳动、工资、贸易、产值、资本以及各种价格指数数据来自“中经网”，各省的外资数据来自《新中国 60 年统计资料汇编》，汇率数据来自“国研网”。其中，劳动指标为各省的职工人数，工资数据为各省的全部职工平均工资，贸易指标本章选用各省的出口额比上其国内生产总值，产值数据为各省的国内生产总值，资本数据为各省的固定资本形成总额，外资数据为各省实际利用外资额，另外，本章用消费者价格指数来对工资和产值数据进行调整，用固定资产投资价格指数来对资本和外资数据进行调整。

（三）弹性的辨认问题

需要注意的是，使用本章的计量方程估计劳动需求弹性存在一个潜在的问题：由于劳动需求和劳动供给可能都受到工资水平的影响，因此估计出的弹性值可能会同时包含需求弹性和供给弹性的成分。Slaughter

① 鉴于数据的完整性、连续性和可得性，本章采用了北京、天津、河北、山西、内蒙古、辽宁、吉林、黑龙江、上海、江苏、浙江、安徽、福建、江西、山东、河南、湖北、湖南、广东、海南、四川、贵州、陕西、甘肃、宁夏和新疆的历年数据。

（2001）指出，如果地区劳动供给可被视为具有完全的弹性，则运用计量方程估计出的弹性系数只包含需求弹性。考虑到中国劳动力供给非常充分，同时本章经验研究在地区层面上展开，因而这项研究假定中国地区的劳动供给具有完全弹性是较为合理的。

三、比较分析

（一）产出约束下FDI和国际贸易对劳动需求弹性影响的比较

如前所述，由于在产出约束下FDI和国际贸易只能通过影响生产要素之间的替代弹性作用于劳动需求弹性，因此这里的分析目的是检验FDI和国际贸易影响中国地区劳动需求弹性的替代效应，具体的计量方程形式设定如下：

$$\begin{aligned}\ln L_{it} = {} & \beta_1 \ln \omega_{it} + \beta_2 FT_{it} + \beta_3 \ln \omega_{it} \times FT_{it} \\ & + \beta_4 DUM_{1996} + \beta_5 \ln Q_{it} + \beta_6 \ln RE_t + \beta_7 GRY_t \\ & + \beta_8 TIME + \sigma_i + u_{it}\end{aligned} \tag{16.9}$$

$$\begin{aligned}\ln L_{it} = {} & \beta_1 \ln \omega_{it} + \beta_2 FDI_{it} + \beta_3 \ln \omega_{it} \times FDI_{it} \\ & + \beta_4 DUM_{1996} + \beta_5 \ln Q_{it} + \beta_6 \ln RE_t + \beta_7 GRY_t \\ & + \beta_8 TIME + \sigma_i + u_{it}\end{aligned} \tag{16.10}$$

公式（16.9）中 FT_i 为地区 i 的国际贸易指数（进出口总额与地区GDP的比值），公式（16.10）中 $FDIi$ 为外商投资企业年末投资总额，Q_i 为地区 i 的实际产出（地区的总产值除以工业价格指数），其他各变量含义与计量方程（16.8）相同。由于中国各地区的状况各不相同，现实中国际贸易对不同地区劳动需求的冲击存在着很大的差异，因此我们需假定不同地区国际贸易对劳动投入的影响系数是各不相同的。表16.1是计量方程（16.9）、（16.10）的估计结果。

表16.1 产出约束下FDI和国际贸易对劳动力需求弹性的影响

国际贸易		FDI	
LNW	−0.727***(0.055)	LNW	−0.707***(0.055)
LNW*FT	−0.002*(0.099)	LNW*FDI	−0.787**(0.399)
LNQ	0.188***(0.065)	LNQ	0.194***(0.067)
GRY	0.005***(0.001)	GRY	0.005***(0.001)

续表

国际贸易		FDI	
LNRE	−0.08(0.109)	LNRE	−0.085(0.106)
TIME	0.125***(0.029)	TIME	0.110***(0.024)
DUM	0.022***(0.008)	DUM	0.019***(0.008)
FT	0.157***(0.939)	FDI	7.288**(3.629)
AR(1)	0.922***(0.021)	AR(1)	0.913***(0.021)
调整后 R^2	0.997	调整后 R^2	0.997
DW 值	2.047	DW 值	2.029
F 值	3 172.4	F 值	3 145.3
概率值(F 统计量)	0．000	概率值(F 统计量)	0.000

注：*、**和***分别表示在 10%、5%和 1%的置信度下通过检验。

从表 16.1 的结果，我们可以得到以下几个结论：

（1）在产出约束下，实际有效汇率不显著，其他自变量的回归结果均在 10%以上的水平通过了显著性检验，且变量与预期符号相同。FDI 和国际贸易对劳动力需求弹性 β_1 的回归值分别为−0.727 和−0.707，介于 Hamermesh（1993）所分析的−0.15 至−0.75 这一合理的区间范围之内。

（2）通过比较 FDI 和国际贸易这两个变量分别与工资的交叉项，表明 FDI 和国际贸易的确对劳动力需求弹性产生显著影响，但是影响程度不尽相同。其中 FDI 与工资交叉项的系数为-0.787，国际贸易与工资交叉项的系数−0.002，从此可以看出，国际贸易对劳动需求弹性影响与 FDI 对劳动需求弹性影响是有差别的，原因在于 FDI 的进入对东道国资本有一定的挤出效应。FDI 的进入对东道国资本的影响存在两种效应：一是直接效应，即 FDI 本身对东道国资本形成的直接影响，FDI 流入增加 1 美元，东道国资本形成就会增加同等数量；二是间接效应，即 FDI 进入东道国后，尤其是外商投资企业建成投产后，必然与国内企业和国内投资产生中相互作用、相互影响。此类作用和影响表现为两点：一是 FDI 的流入带动了国内企业投资，也就是说东道国资本形成总额超过了 FDI 本身的规模，此为 FDI 对国内投资的挤入效应；二是 FDI 的流入抑制、阻碍甚至替代了国内企业投资。换句话说，由于国内企业投资减少，东道国资本形成总额小于 FDI 本身的规模，此为 FDI 对国内投资的挤出效应。程培堽（2008）就 FDI 对中国国内投资的挤出效应进行了研究，发现 FDI 通过两个方面对国内投资有挤出效应。其一，产业内挤出效应。程培堽采用中国工业部门 2002～2006 年 panel 模型进行了实证检验，实证结果表明，FDI 对产业内国内投资存在挤出效应且高度显著，平均而言 FDI 每增加 1%，同一产业内的我国内投资减少 1.07%；来自我国港澳台地区的 FDI 产业内挤出效应大于其他国家的 FDI；在国内企业成本低、初始规模大的行业，FDI 挤出效应小于国内企业成本高、初始规模小的行业。其二，通过要素市场对国内投资的挤出效应。程培堽构建了一个 FDI 对熟练劳动价格作用机制的模型，运用中国工业部门年度序列数据进行了实证分析。实证结果表明，在样本期内（1994 年至 2006 年），FDI 的流入显著地提高了中国国内熟练劳动工资率。FDI 规模增加 1%，总体工资增长率提高 3.41%。同时，关于熟练劳动工资率对国内投资影响的实证结果表明，熟练劳动工资增长率提高 13.8%，国内投资增长率降低 0.28%。综合上述两方面的结果，FDI 规模每增加 1%将使国内投资增长率降低 0.98%。因此，FDI 对我国劳动需求弹性的影响取决于其对国内投资的挤出效应与其进入中国所造成的产品多样化的效应的共同作用。回归结果显示，在替代效应的影响途径下，FDI 对中国劳动需求弹性的影响大于国际贸易对中国劳动需求弹性的影响。

（3）比较FDI和国际贸易两者的估计结果可以发现，产出、工业生产总值增长率对劳动需求的影响是正向的。FDI对就业的影响系数为7.29，国际贸易对就业的影响系数为0.157，二者均对就业有正向影响，且FDI对就业的影响系数大于国际贸易对就业的影响系数。值得注意的是，时间趋势变量的影响为正，这与Slaughter（1997）的研究结果一致。

（二）资本约束下 FDI 和国际贸易对劳动需求弹性影响的比较

在资本约束下，FDI 和国际贸易主要是通过影响最终产品的需求弹性进而对劳动需求弹性发生作用，此处的分析目的是检验 FDI 和国际贸易影响地区劳动需求弹性的产出效应，具体的计量方程形式设定如下：

$$\ln L_{it} = \beta_1 \ln \omega_{it} + \beta_2 FT_{it} + \beta_3 \ln \omega_{it} \times FT_{it} + \beta_4 DUM_{1996} + \beta_5 \ln K_{it} + \beta_6 \ln RE_t + \beta_7 GRY_t + \beta_8 TIME + \sigma_i + u_{it} \tag{16.11}$$

$$\ln L_{it} = \beta_1 \ln \omega_{it} + + \beta_2 FDI_{it} + \beta_3 \ln \omega_{it} \times FDI_{it} + \beta_4 DUM_{1996} + \beta_5 \ln K_{it} + \beta_6 \ln RE_t + \beta_7 GRY_t + \beta_8 TIME + \sigma_i + u_{it} \tag{16.12}$$

公式（16.11）和（16.12）中，K_i 为地区 i 的社会固定资产投资总额。表 16.2 是计量方程（16.11）、（16.12）的估计结果。

表 16.2　资本约束下 FDI 和国际贸易对劳动力需求弹性的影响

国际贸易		FDI	
LNW	−0.719*	LNW	−0.702***
	(0.055)		(0.056)
LNW*FT	−0.003*	LNW*FDI	−0.773*
	(0.101)		(0.403)
LNK	0.030***	LNK	0.023*
	(0.027)		(0.027)
GRY	0.006***	GRY	0.006***
	(0.001)		(0.001)
LNRE	−0.085	LNRE	−0.084
	(0.113)		(0.111)
TIME	0.152***	TIME	0.143***
	(0.031)		(0.027)
DUM	0.023***	DUM	0.020**
	(0.009)		(0.008)
FT	0.166*	FDI	7.076*
	(0.958)		(3.658)
AR(1)	0.924***	AR(1)	0.918***
	(0.021)		(0.021)
调整后 R^2	0.997	调整后 R^2	0.997
DW 值	2.034	DW 值	2.012
F 值	3 162.3	F 值	3 134.3
概率值(F 统计量)	0．000	概率值(F 统计量)	0.000

注：*、**和***分别表示在 10%、5%和 1%的置信度下通过检验。

回归结果的符号、显著性程度与拟合度与表 16.1 类似。

从表 16.2 的结果我们可以得到以下几个结论：

（1）在资本约束下，除实际汇率不显著外，其他自变量的回归结果均在 10%以上的水平通过了显著性检验，且变量与预期符号相同。FDI 和国际贸易对劳动力需求弹性 β_1 的回归值基本相同分别为-0.702 和-0.719，处在 Hamermesh（1993）所分析的-0.15 至-0.75 这一合理的区间范围之内。

（2）通过比较 FDI 和国际贸易这两个变量分别与工资的交叉项，表明 FDI 和国际贸易的确对劳动力需求弹性产生了显著的影响，但是影响程度不尽相同。其中 FDI 与工资交叉项的系数为-0.773，国际贸易与工资交叉项的系数-0.003，从而在产出效应的途径下，FDI 对劳动需求弹性的影响依然大于国际贸易对劳动需求弹性的影响。比较 FDI 和国际贸易两者的估计结果可以发现，资本、工业生产总值增长率和时间变量对就业的影响都是正向的，这与表 16.1 的估计结果基本相同。

（3）FDI 对就的影响系数为 7.076，国际贸易对就业的影响系数为 0.166，均对就业有正向影响，而且 FDI 对就业影响系数明显高于国际贸易对就业的影响系数。时间趋势变量的影响与表 16.1 所列结果相似。

我们可以确定 FDI 和国际贸易同时通过替代效应和产出效应两条途径对我国工业劳动需求弹性的提高起到了显著的促进作用。从影响程度上看，我国出口渗透率每增加 10%，国际贸易的替代效应将会使劳动需求弹性（绝对值）上升 0.000 2 左右，而国际贸易的产出效应则会使劳动需求弹性（绝对值）上升 0.000 3 左右，两条途径总体上可导致工业劳动需求弹性（绝对值）增加约 0.000 5。我国 FDI 渗透率每增加 10%，FDI 的替代效应会使劳动需求弹性（绝对值）增加 0.078 7 左右，产出效应会使劳动需求弹性（绝对值）增加 0.077 3 左右，两条途径总体上可导致工业劳动需求弹性（绝对值）增加约 0.156。这说明 FDI 和国际贸易对我国工业劳动需求弹性具有十分重要的影响。

第二节　外包与我国劳动力市场需求弹性

一、外包影响我国劳动需求弹性的理论机制

根据 Hamermesh（1993）的经典研究，一个行业的劳动需求弹性随着要素替代弹性与最终产品需求弹性的增加而上升。与贸易自由化过程相类似，我国对外开放中的外包等经济活动均可能对我国各行业的要素替代弹性与最终产品需求弹性产生较为显著的影响，进而影响到行业劳动需求弹性。

（向国外的）外包通过把本国比较劣势（或无法进行）的生产工序承包给外国企业，能够使本国商品的产量和种类增加，同样可以增加消费者的可选择商品，增强产品市场的竞争程度，提高最终产品需求弹性。使用 Rodrik（1997）对经济开放影响劳动市场需求弹性机制的界定（即“规模效应”或“产出效应”机制与“替代效应”机制），上述分析表明（向国外的）外包可能通过“规模效应”或“产出效应”机制提高我国劳动需求弹性。

（向国外的）外包还有可能通过“替代效应”机制——即通过提高我国各行业的要素替代弹性来促使行业劳动需求弹性上升。（向国外）的外包使得跨国公司营运中的大量要素流动过程延伸到国外，可使本国企业投入品集合扩大、投入要素的多样性增加，这都会提高劳动力与其他要素之间的替代弹性。外包有可能带来技术的改变，致使本国生产函数发生变化，并推动劳动力与其他要素之间的替代弹性升高。外包可能产生的提高我国各行业要素替代弹性的效应会进而提升我国劳动力市场的需求弹性。

外包影响劳动需求弹性的理论模型与第一节中国际贸易、FDI 影响劳动需求弹性的理论模型基本一致，即通过影响最终产品需求弹性对生产该产品所使用的劳动要素需求弹性产生影响。这进而说明，如果（向国外的）外包带来的进口竞争使国内各行业最终产品需求弹性上升，行业劳动需求弹性将会增加。

二、外包影响我国劳动需求弹性的经验研究

（一）计量方程和分析思路

在公式（16.6）的基础上进一步将（向国外的）外包等因素纳入考察，以下面的公式（16.13）作为基本的计量方程：

$$\ln L_{it} = \beta_1 \ln \omega_{it} + \beta_2 V_{it} + \beta_3 \ln \omega_{it} \times V_{it} + \beta_4 TIME + \sigma_i + \mu_{it} \quad (16.13)$$

在计量方程（16.13）中，L_i为行业i的劳动需求量，ω_i为行业i的实际工资水平（行业的名义工资除以居民消费价格指数），V_i为行业i的外包指数，$TIME$为时间变量，β为回归系数，其中系数β_1为中国行业劳动需求弹性的估计值，而β_3（交叉项的系数）度量了FDI和外包对中国行业劳动需求弹性的影响，μ为随机误差项。鉴于研究期内中国资本市场发育尚不够成熟，计量方程未将利率纳入解释变量。

限于数据的可得性，本章将经验研究的对象确定为中国的制造业行业。研究将首先估计产出约束下外包对我国制造业行业劳动需求弹性的影响[①]，然后对资本约束下外包对劳动需求弹性的影响进行估计。[②]由于产出约束下外包的影响估计值只反映要素替代弹性变动的作用，外包只是通过替代效应产生影响，而资本约束下的估计值则反映了最终产品需求弹性变动的效果，外包通过产出效应影响劳动需求弹性，对上述两种约束设置下的分析能够较为充分地考察外包通过替代效应和产出效应两条途径对劳动需求弹性的影响。

（二）数据、指标的选取和计算

由于本节经验分析中的外包指标计算需要使用投入产出表，我们将国民经济行业分类中的制造业行业按照投入产出表行业分类进行归并。在归并的过程中，为了保持统计口径的连续性，在原始数据集中剔除了“工艺品及其他制造业”，另外还剔除了没有进口和投入品行业的“废弃资源与废旧材料回收加工业”。归并后得到了15个制造业部门（部门对

① 产出约束下的计量分析中将行业产出作为一个控制变量，在这种情形下，FDI和外包对劳动需求弹性的影响是通过提高生产要素之间的替代弹性实现的。

② 进行资本约束下的回归估计时，计量方程中不再包含行业产出控制变量，而是将行业资本投入作为一个控制变量，此时FDI和外包对劳动需求弹性的影响主要是通过提高最终产品的需求弹性实现的。

应关系和归并情况详见本章附表 1），本章将使用这 15 个部门 1997 年至 2006 年的面板数据进行经验分析。

各制造业行业的劳动需求量来自《中国劳动统计年鉴》相应年份的各行业就业人数，并按照本章附表 1 所列出的行业对应关系进行了归并。实际工资来自《中国劳动统计年鉴》相应年份的各行业从业人员的平均工资，使用当年消费者价格指数平减，进而通过加权平均方法将实际工资数据归并到本章的 15 部门行业分类。

外包指标计算方面，本章采用了 Feenstra 和 Hanson（1996，1997，1999）的外包定义：

$$Outsourcing_i = \sum_j \frac{X_i^j}{Y_i} \frac{M_j}{C_j}$$

其中，$Outsourcing_i$ 表示 i 行业的外包指数，X_i^j 表示 i 行业对 j 行业中间投入的购买，Y_i 表示 i 行业所有的中间品购买，M_j 表示产品 j 的总进口，C_j 表示 j 产品的总消费。这个定义式的含义是指生产某个行业的产品所需的进口中间投入在其总的中间投入中的比重。外包指数的值介于 0 和 1 之间，越靠近 0，表明中间投入中来自国外的部分越少；越靠近 1，表明有更多的中间投入来自国外。

在计算外包指数的过程中需要使用投入产出表，本章在计算我国各制造业行业 1997 年至 2001 年的外包指数时使用了 1997 年投入产出表，而在计算 2002 年至 2006 年的外包指数时则使用 2002 年投入产出表。外包指数中所需的行业总消费数据依据各行业的产值与进出口数据计算，即总消费=总产出+进口-出口。制造业行业进出口数据通过将商品贸易数据加总到行业层面得到。[①]根据本章的计算结果，我国制造业各行业的外包指数在研究期内总体上并不存在明显的上升趋势。[②]

（三）计量结果分析

1. 产出约束下外包对中国制造业劳动需求弹性的影响

如前所述，由于在产出约束下外包只能通过影响生产要素之间的替

① 将商品贸易数据加总到行业层面的方法与周申（2006）使用的方法一致。
② 本章计算出的制造业各行业外包指数和 FDI 指标均可向作者索要。

代弹性作用于劳动需求弹性，因此这里的分析目的是检验外包影响工业劳动需求弹性的替代效应，具体的计量方程形式设定如下：

$$\ln L_{it} = \beta_0 \ln L_{it-1} + \beta_1 \ln w_{it} + \beta_2 V_{it} + \beta_3 \ln w_{it} \times V_{it} + \beta_4 \ln Q_{it} + \beta_5 TIME + \sigma_i + \mu_{it} \quad (16.14)$$

公式（16.14）中 Q_i 为行业 i 的实际产出（行业的总产值按照工业品价格指数平减后得到），$L_{it\text{-}1}$ 是劳动需求量的滞后项①，其他各变量的含义与计量方程（16.13）相同。由于外商直接投资对我国中间投入品的进口具有促进作用，同时外资企业可能更倾向于把生产工序外包到国外，我们在回归分析中估计了外包通过替代效应对中国制造业劳动需求弹性的影响。表 16.3 是计量方程（16.14）不同形式的估计结果。

表 16.3　产出约束下 FDI 与外包对劳动力需求弹性影响的估计结果

	(1)	(2)
ln(*L*(−1))	0.781 ***(17.85)	
ln(*w*)	−0.262***(−4.760)	−1.006 ***(−16.24)
ln(*w*)**V*	−1.175 ***(−3.909)	−3.693***(−8.896)
V	11.87***(4.047)	35.82***(8.866)
ln(*Q*)	0.224***(4.701)	0.987***(26.48)
TIME	0.048 ***(6.715)	0.069***(5.791)
R^2	0.964	0.854

注：*、**和***分别表示在 10%、5%和 1%的置信度下通过检验，括号内为相应系数的 t 值。

从表 16.3 中的计量估计结果可以看出，我国的（向国外的）外包对劳动就业具有较为显著的促进效应。②在选取产出变量作为控制变量的情况下，外包与工资的交叉项系数估计值为负，而且在大多数情况下通过了统计显著性检验，表明外包总体上对制造业劳动力需求弹性具有较为显著的提升作用。在考虑到劳动市场调整摩擦的情况下，行业外包指数上升 0.01，行业劳动需求弹性（绝对值）将提高约 0.012。这里外包提

---

① 加入劳动需求量的滞后项主要是考虑到中国劳动市场调整的摩擦因素。

② 根据本章所使用的外包定义，（向国外的）外包对我国劳动就业的促进效应源于中间投入品的进口帮助制造业企业突破了生产瓶颈，导致产量和就业增加。

升劳动需求弹性的作用是通过提高其他生产要素与我国劳动力的替代弹性实现的，即所谓替代效应。

就业量的滞后项对劳动需求影响较为显著和重要，说明我国劳动市场调整中摩擦比较明显。同时可以看出，在加入就业量滞后项之后，劳动力需求弹性的估计值比没有滞后项的时候明显减小，这说明劳动市场中调整摩擦的存在倾向于降低劳动力需求弹性，劳动力摩擦的存在可能导致劳动力需求的敏感性下降。

2. 资本约束下外包对劳动需求弹性的影响

在资本约束下外包主要是通过影响最终产品的需求弹性进而对劳动需求弹性发生作用，此处的分析目的是检验 FDI、外包影响制造业劳动需求弹性的产出效应，具体的计量方程形式设定如下：

$$\begin{aligned}\ln L_{it} = \beta_0 \ln L_{it-1} + \beta_1 \ln w_{it} + \beta_2 V_{it} + \beta_3 \ln w_{it} \times V_{it} + \\ \beta_4 \ln K_{it} + \beta_5 TIME + \sigma_i + \mu_{it}\end{aligned} \quad (16.15)$$

公式（16.15）中 K_i 为行业 i 的实际资本投入（i 行业固定资产净值年平均余额除以固定资产投资价格指数），其他各变量含义与计量方程（16.13）、（16.14）相同。在回归分析中我们估计外包通过产出效应对中国制造业劳动需求弹性的影响。表 16.4 是计量方程（16.15）不同形式的估计结果。

表 16.4　资本约束下 FDI 与外包对劳动力需求弹性影响的估计结果

	(1)	(2)
ln(*L*(−1))	0.898***(26.185)	
ln(*w*)	−0.047**(−2.337)	−0.172***(−3.646)
ln(*w*)**V*	−0.861**(−2.607)	−5.748***(−9.894)
V	8.828***(2.724)	55.896***(9.800)
ln(*K*)	0.081**(2.468)	0.806***(17.477)
TIME	0.048***(5.851)	0.116***(7.026)
R^2	0.960	0.727

注：*、**和***分别表示在 10%、5%和 1%的置信度下通过检验，括号内为相应系数的 t 值。

从表 16.4 中的计量估计结果可以看出，我国的外商直接投资和（向国外的）外包对劳动就业具有较为显著的促进效应。在选取实际资本投入作为控制变量的情况下，外包与工资的交叉项系数估计值为负，而且在所有情况下均通过了统计显著性检验，表明外包对制造业劳动力需求弹性具有较为显著的提升效应。在考虑到劳动市场调整摩擦的情况下，行业外包指数上升 0.01，行业劳动需求弹性（绝对值）将提高约 0.009。计量方程（16.13）中，外包提升劳动需求弹性的作用是通过提高最终产品市场的需求弹性实现的，即所谓产出效应。与方程（16.9）和（16.10）的估计结果相似，在方程（16.13）中就业量的滞后项对劳动需求影响仍然较为显著和重要，同时劳动市场中调整摩擦的存在倾向于降低劳动力需求弹性。

三、结论与政策含义

本章的研究表明，我国制造业行业的 FDI 流入与（向国外的）外包具有提高我国制造业劳动需求弹性的作用。FDI 和外包提高我国制造业劳动需求弹性的作用是通过替代效应与产出效应两条渠道实现的。随着我国对外开放的进一步深入，国际贸易、FDI 与外包将会有所增加，从而劳动需求弹性很可能出现继续提高的趋势。

劳动需求弹性上升意味着劳动供给方的地位相对削弱，同时劳动需求冲击将带来更大的工资和就业波动，这表明即使 FDI 与外包对我国制造业工资和就业的直接影响不明显，其仍能够对我国制造业部门劳动力产生较大的压力。在当前我国就业压力巨大、收入分配不均严重的形势下，采取适当的政策措施应对劳动需求弹性增加是必要和有益的。笔者认为，政府应当采取的政策措施包括，完善相关法规，防止企业将其所应承担的各种非工资劳动成本向工人转嫁，建立健全失业和低收入救济制度、完善社会保障体系，保证宏观经济平稳较快增长，注重对劳动密集型产业和企业的适当支持等。

附表 1　制造业行业的归并和对应关系

投入产出表	统计年鉴
食品制造及烟草加工业	农副食品加工业
	食品制造业
	烟草制品业
	饮料制造业
纺织业	纺织业
服装皮革羽绒及其制品业	纺织服装、鞋、帽制造业
	皮革、毛皮、羽毛（绒）及其制品业
木材加工及家具制造业	木材加工及木、竹、藤、棕、草制品业
	家具制造业
造纸印刷及文教用品制造业	造纸及纸制品业
	印刷业和记录媒介的复制
	文教体育用品制造业
石油加工、炼焦及核燃料加工业	石油加工、炼焦及核燃料加工业
化学工业	化学原料及化学制品制造业
	医药制造业
	化学纤维制造业
	橡胶制品业
	塑料制品业
非金属矿物制品业	非金属矿物制品业
金属冶炼及压延加工业	黑色金属冶炼及压延加工业
	有色金属冶炼及压延加工业
金属制品业	金属制品业
通用、专用设备制造业	通用设备制造业
	专用设备制造业
交通运输设备制造业	交通运输设备制造业
电气、机械及器材制造业	电气机械及器材制造业
通信设备、计算机及其他电子设备制造业	通信设备、计算机及其他电子设备制造业
仪器仪表及文化办公用机械制造业	仪器仪表及文化、办公用机械制造业

第十七章　国际贸易、FDI的发展对我国劳动力市场灵活性与稳定性的影响

2008年金融危机的冲击使我国面临的外需剧减，以出口为主的制造企业订单减少。企业多采取解雇工人的方式减少固定劳动力成本，因此出现大规模返乡潮的现象。2009年经济出现复苏迹象，企业订单增加，出现了用工短缺的问题。用工短缺问题的成因是多方面的：有产业转移的因素，有内陆地区地方政府政策鼓励的因素，有迁移成本的因素，有地区收入差距减少因素，有新生代农民工的就业需求变化因素等。我们在本章的分析结果显示，用工荒的根本原因在于我国劳动力市场灵活性与稳定性在经济开放条件下的非良性互动。

本章旨在建立开放条件下劳动力市场灵活性与稳定性的互动机制框架，并结合沿海地区“用工荒”这一现象从案例层面深入系统地研究中国劳动力市场灵活性与稳定性的互动关系，细致探讨国际贸易和FDI对我国劳动力市场灵活性、稳定性及其互动关系的影响。

第一节　我国改革开放以来劳动力市场灵活性与稳定性的状况及演变

一、经验层面

衡量中国劳动力市场的灵活性与稳定性是一项比较复杂的工程。中

国的劳动力市场发展还不完善。一些国际通用指标，在中国目前还无法搜集到相应的数据进行测算。本章根据中国劳动力市场的实际情况，对这些指标进行调整，试图对中国劳动力市场发展现状作出定量的描述。

指标一：灵活就业人数占总就业人数比重，用来衡量数量灵活性。

灵活就业，在中国也指非正规就业。关于灵活就业有多种含义。本章认为灵活就业主要包括三种类型：一种是个体经营者和自由职业者；一种是参与家庭成员组织的生产经营活动的人员；最后是其他形式的各种灵活就业人员，包括劳务派遣工，兼职工，临时合同工等。①

灵活就业人数是全国城镇就业人员扣除城镇单位就业人员的人数。根据《中国统计年鉴》的分类，我们把私营企业就业认为是正规就业，而个体就业加上其他形式的灵活就业被认为是灵活就业。②

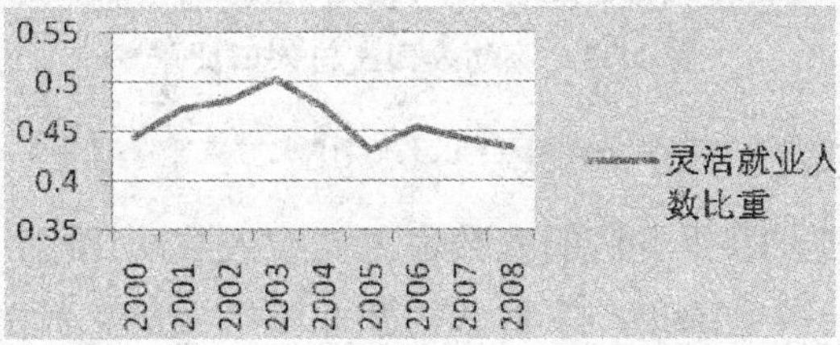

图 17.1　中国灵活就业人数比重

资料来源：根据 2000~2008 年《中国统计年鉴》整理。

我国城镇灵活就业人数占城镇就业人数比重近年来呈现先上升后下降的波动趋势，但比重均在 40%以上。灵活就业对缓解城市的就业压力有重要作用。

指标二：劳动力地区转移的灵活性。劳动力如果在地区间流动越便利，则劳动力市场在遇到冲击时，更有机会通过劳动力的流动调整市场

① 需要区分几种概念。首先，私营企业不一定算灵活就业。在我国，就业人数小于 8 人的私营企业被认为是个体工商户，个体工商户是包含在灵活就业里面的。其次，乡镇企业就业不一定算灵活就业。是否算灵活就业要看是否属于灵活就业的三种类型。

② 关于灵活就业人数的统计，目前还没有直接测量灵活就业人数的指标。我们借鉴了劳动保障部课题组所运用的方法，间接估算中国的城镇灵活就业人数。当然，本章的估算方法不排除有一定的误差。鉴于本章的主要研究目的是判断城镇灵活就业人数占城镇就业人数比重的趋势，误差不会影响我们的结论。

劳动力的供给，以便市场恢复到均衡状况。中国的劳动力人口主要是由不发达地区流向发达地区，由内陆城市流向沿海城市。由于流动人口多是就业人口，因此，衡量这一指标可以用流动人口占总人数比重的时间序列数据。由图 17.2 可得，从 1982 年起，流动人口占总人口比重不断攀升，至 2010 年已达 16.48%。由此可以推出，中国劳动力市场的流动性在不断增加。而与此相对应的劳动力市场的灵活性也在不断上升。

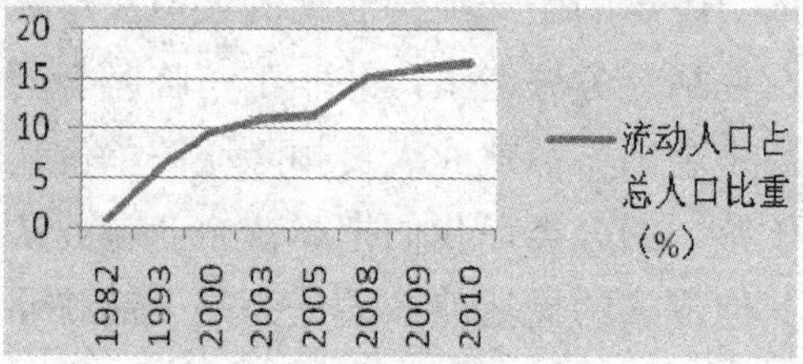

图 17.2　流动人口占总人口比重

资料来源：根据《全国 1%人口抽样调查》及其他新闻途径整理。

指标三：国家职业资格的人数占总就业人数的比例，用来衡量功能灵活性。本章选取全国跟广东省获得职业资格人员总数占总就业人数比重的时间序列数据来评价劳动力市场的功能灵活性。

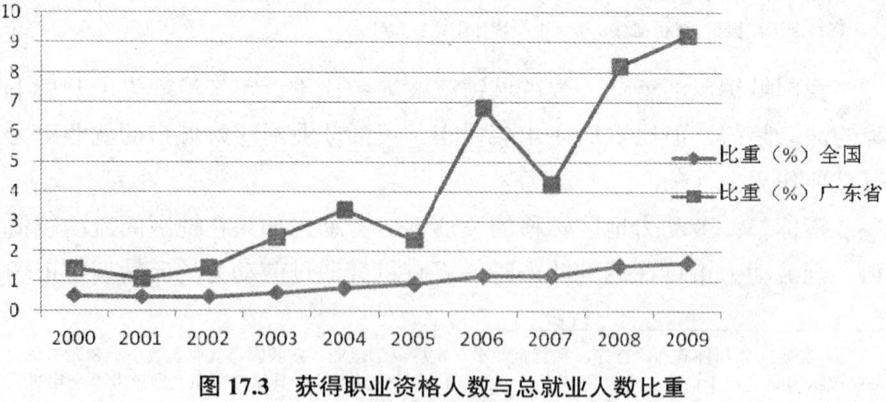

图 17.3　获得职业资格人数与总就业人数比重

资料来源：根据 2000～2010 年《中国劳动统计年鉴》整理。

从图 17.3 可以看出，无论是中国还是广东省，获得职业资格人数与总就业人数比重近年来均呈现攀升趋势。尤其是广东省，这一比重至 2008 年已经接近 10%，远高于中国的平均水平。主要原因是广东省作为中国经济大省，发达程度高于中国各城市的平均发展程度，对劳动者素质的要求也相对较高。职业资格人数与总就业人数比重的上升也说明劳动力市场的功能灵活性正在上升。在稳定性方面，数据显示，2008 年中国的平均就业期为 6.8 年。

二、政策层面

劳动力市场的灵活化是指减少劳动市场的刚性，使得劳动力市场能够更快速移向其均衡位置。劳动力市场的灵活化改革主要是放松管制，改革社会保障体制，避免政府与工会对劳动力市场的过度干预，使得劳动力市场能够灵活地进行自我调节，以适应外界的变化。受产业结构调整以及就业压力等因素的影响，中国正在进行劳动力市场的灵活化改革。一般说来，就业保护程度越低，劳动力市场越灵活。但是劳动力市场如果过于灵活也会产生问题，劳动力市场的稳定性将会受到损害。因此，中国劳动力市场的灵活化改革关键是要把握其中的度，必须兼顾劳动力市场的灵活性与稳定性，而不是完全消除对就业的保护。

（一）放松劳动力市场管制

中国的劳动力市场灵活化改革首要就是放松对劳动力市场的管制。首先，非正规就业得到鼓励。传统的正规就业开始减少，灵活就业人数不断上升。派遣制被引入中国的劳动力市场，临时就业，合同制就业范围不断扩大。其次，我国引进了弹性工时制，允许企业根据实际情况灵活安排员工的工作时间。再次，我国打破了以前的铁饭碗制度，终身雇佣制改革为雇佣合同期限制，允许企业在一定的条件下经过合法程序解雇员工，最后，企业在工资制定方面弹性增加。工资与员工的绩效挂钩，与企业效益相关。工资更具有伸缩性，企业在需求缩紧的情况下，可通过工资的调整而非解雇工人来应对这一变化。

（二）改革社会福利制度

1999 年，中国通过《失业保险条例》，将失业保险的覆盖范围扩大至城镇各类企事业单位。同时确立了单位与个人的保险费分担体制，调整了失业保险费的缴纳比例。单位由 1%提高到 2%，个人由不交变为交 1%。并将失业保险金的给付标准与最低工资和城镇居民最低生活相挂钩。根据失业者失业前单位和个人累计缴费时间长短，划分为三个给付期。其中，累计缴费 1～5 年，最长享受 12 个月的失业保险金；累计缴费 5～10 年，最长享受 18 个月的失业保险金；累计缴费 10 年以上，最长享受 24 个月的失业保险金。截至 2007 年中国失业保险金覆盖范围达到 11 645 万人，约占全部城镇就业人员的 40%。[①]不过相对于养老保险和医疗保险来说，失业保险参保人数上升较慢。从 2001 年至 2009 年，失业保险参保人数曲线基本呈现平稳趋势。同时，城镇新增就业人员和大部分农村转移劳动力尤其是流动农民工仍然难以拥有失业保险，一旦失业很难得到所在地区的社会救助，劳动权益很难得到充分保障。而且失业保险基金主要用于发放失业保险金，对培训补贴、职业介绍等积极就业方面的支持不多。

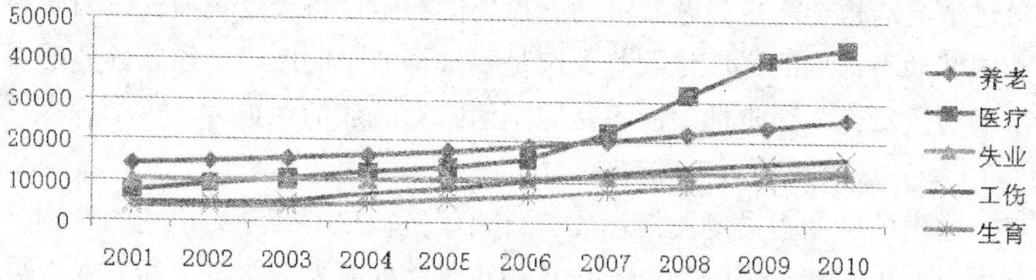

图 17.4　2001～2010 年各类劳动保险参保人数

资料来源：2001～2010 年劳动和社会保障事业发展统计公报。

（三）积极的劳动力市场政策

劳动力市场政策不仅应消极保护失业者的收入稳定性，同时也应对失业者的再就业产生积极促进作用，帮助劳动者重返劳动力市场，保证劳动力市场的数量灵活性。中国积极的劳动力市场政策主要包括几方面：一是税收减免政策，主要集中在鼓励下岗失业人员自谋职业，鼓励企业吸纳失业人员；二是小额信贷政策，帮助自谋职业者和自主创业者解决

① 丁煜，《我国失业保险制度的演变、评估与发展建议》，《中国软科学》，2005（4）。

创业起步阶段面临的资金困难；三是就业援助政策，即政府提高公益性岗位或各地根据实际情况提供适当比例的岗位补贴；四是就业服务政策，即各级政府根据需要建立公共就业服务制度，为失业人员提供免费职业介绍与再就业培训，所需经费主要由地方财政承担，中央财政对困难地区给予适当补助。

第二节　国际贸易、FDI 的发展影响我国劳动力市场灵活性与稳定性的理论机制

一、劳动力市场灵活性与稳定性之间的互动关系

（一）劳动力市场灵活性与稳定性的潜在冲突

灵活性是劳动力市场面临外来冲击时迅速调整以重新恢复均衡。一般说来，一国劳动力市场外部数量灵活性强，则对企业解雇工人的限制相对较少，企业在需求减少时解雇劳动力降低成本，需求复苏时重新雇用劳动力。这将对劳动者的就业稳定性产生负面影响；而劳动力市场就业稳定性越强，则劳动力市场自我调整的灵活性就弱，劳动力市场的内部数量灵活性与外部数量灵活性都会降低。从这一角度理解，劳动力市场的灵活性与稳定性存在一定的潜在冲突。

（二）劳动力市场灵活性与稳定性的相互作用

1. 内部功能灵活性促进就业稳定性

内部功能灵活性是指企业在面临需求转淡时，通过工作岗位轮换而非直接解雇员工以缓解冲击。企业员工掌握的技能越多，则通过岗位轮换而不是被解雇来适应需求变化的可能性越高，这增加了员工的就业稳定性。日本的劳动力市场同时具有很好的灵活性与稳定性，主要原因就在于日本独特的终身雇佣制。长期的雇佣关系使得企业更具动力为员工提供教育和培训方面的投资。日本企业倾向于从大学院校里选择员工，并对新入职的员工提供丰富的培训和岗位轮换机会。多技能的劳动力和员工内部轮岗对于保持劳动力市场的灵活与稳定非常重要，原因在于多技能的劳动力可以执行各种不同的任务，员工内部轮岗不仅能帮助员工

掌握不同的技能，同时也能在企业需求转淡时，通过调离员工至其他低成本的岗位以降低成本。因此，内部功能灵活性可以有效的促进就业稳定性，减缓产品市场对劳动力市场的冲击。

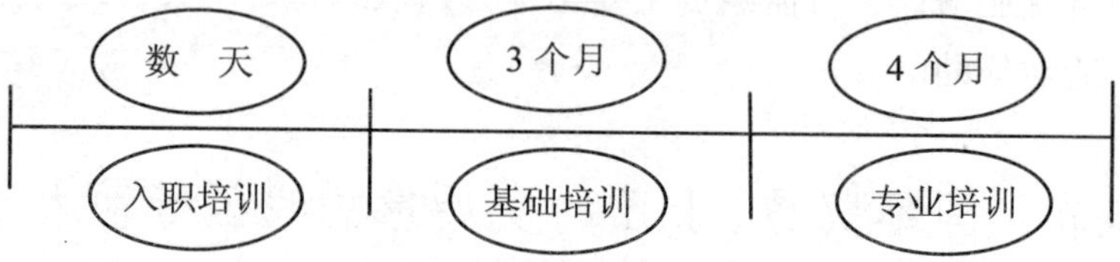

图 17.5　日本企业对新入职员工提供的培训①

2. 内部数量灵活性促进就业稳定性

内部数量灵活性包括工作时间灵活性与工资灵活性。灵活的工作时间表示当需求减少时企业可通过缩短工作时间降低成本；工资灵活性是企业与员工自主协商确定工资水平的自由程度。工资是劳动力供给与劳动力需求的均衡结果。当市场需求减少时，企业通过与工人协商降低工资以增加劳动力需求，减少失业的发生。一般来说，工资具有向上刚性。因此工资的灵活性主要体现在奖金津贴的可调性。金融危机时期，全球引发"降薪潮"。四成的亚洲企业计划减少公司的年终奖。工作时间灵活性与工资灵活性是内部数量灵活性的体现，相对失业来说，降薪较易于员工接受。内部数量灵活性在一定程度上能缓解需求减少对企业冲击，保证员工的工作稳定性。而当经济状况好转时，企业不必再重新雇用和培训员工，有利于减少企业的成本。

3. 收入稳定性促进外部数量灵活性

收入稳定性是指员工即使在失业状态下，也可以通过享受社会保障而维持基本的生活水平。一国对收入稳定性的保障主要有两个渠道：失业救济和失业保险。失业救济针对无权享受失业保险的人员，用于保障他们的基本生活水平。失业救济费用由政府全额负担；失业保险主要面

① Per Dahlen, Johan Ericsson，Hiroshi Fujji. Labor Stability and Flexibility-Conditions to Reach Just-in-Time[J]. *International Journal of Operations & Production*, 1995.

对有劳动能力、但是暂时离开劳动力市场的公民。一般情况下，失业保险的最长期限不超过两年。如果一国失业保险时间过长，或者失业保险待遇过于优厚，则可能使劳动者丧失重新进入劳动市场的动力。适度的失业保障机制可以减少劳动者转换工作的调整成本，确保劳动者不永久性离开劳动力市场，这有利于保持劳动力市场的外部数量灵活性。

4. 积极的劳动市场政策同时促进灵活性和稳定性

积极的劳动力市场政策是政府对从劳动力市场流出的部分劳动力的支持政策，能对失业者的再就业起到积极作用。积极的劳动力市场政策主要包括政府提供再就业培训，对失业者创业的鼓励政策，以及终身教育制度等。适度的失业保障制度与积极的劳动力市场政策相结合，可以帮助更多劳动者重返劳动力市场，提高劳动力市场的外部数量灵活性。同时，劳动者经过再培训，掌握的技能增加，劳动力市场的内部功能灵活性增加，工人的就业稳定性也会增加。

二、经济开放对劳动力市场灵活性与稳定性的冲击

经济开放对劳动力市场灵活性与稳定性的冲击是一个间接过程。开放通过作用于劳动力流动，劳动需求弹性，劳动力市场制度等渠道影响劳动力市场的灵活性与稳定性状况，进而影响两者之间的互动关系。

（一）经济开放与劳动力流动

根据经济学理论，劳动力流动决策是基于成本收益分析做出的。经济因素是劳动力流动的最主要动机。经济开放主要通过以下三条渠道作用于劳动力流动决策。

其一，经济开放通过产业结构转变促进劳动力流动。产业结构一般从第一产业向第二产业、第三产业转换。经济开放会促进一国产业结构的转变。产业结构转变往往伴随着就业结构的转变。发展较快的产业部门对劳动力需求上升，发展较慢的产业部门则会释放出一定的劳动力供给。由此，必然发生劳动力在不同产业部门的流动。

其二，经济开放通过区域经济集聚促进劳动力地区流动。经济开放往往带来一国经济地理上发展不平衡。以中国为例，中国的劳动力资源比较丰富，在国际分工中逐步形成了以出口劳动密集型产品为主导的出

口战略。劳动密集型产品附加值低，企业为了最大限度获取利润，必须降低成本，包括物流成本。沿海地区距离港口较近，物流成本低，因此集聚了大批企业，提供了大量的就业机会。经济集聚是个自我强化的过程，通过人才，信息，资源的共享不断进行自我强化。

其三，经济开放通过实际工资差距促进劳动力流动。经济开放带来的产业集聚会增加对劳动力的需求，从而提高实际工资；同时由于FDI的流入，外商投资企业倾向于支付高于市场平均水平的工资，刺激了实际工资的增长。劳动力流动是劳动者权衡收益与成本的决策结果。工资差距的提高有利于吸引更多劳动力流向实际工资高的地区。

经济开放通过带来产业结构转变，促使经济集聚，提高实际工资差距促进劳动力流动，影响劳动力在不同产业不同地区间的供给与需求，进而对劳动力市场灵活性与稳定性产生冲击。

（二）经济开放与劳动需求弹性

开放会影响一国劳动力市场的需求弹性。Hamermesh（1993）提出，某行业劳动需求弹性最终取决于劳动收入占总收入的比重，劳动与其他生产要素的替代弹性以及该行业最终产品的需求价格弹性。Rodrik（1997）认为贸易开放度的增加会提高劳动力市场的需求弹性。贸易开放度的增加使本国进口商获取的中间投入品的种类增多，成本减少，对国内劳动生产要素产生更强的替代作用。同时，国际贸易的自由化可以提高国内各产业最终产品的需求弹性，进而提高行业的劳动需求弹性（根据希克斯—马歇尔要素需求定律）。周申（2006）通过对中国工业劳动需求弹性的经验研究也得出结论：贸易自由化通过产出效应和替代效应两条途径提高中国工业的劳动力需求弹性，增加外生劳动力需求冲击下工资和就业的波动性。[①]开放对劳动力需求弹性的促进作用使得劳动市场均衡变量在面临外来冲击时，波动程度也更大，就业与工资波动风险较大，工人的谈判地位下降，工人的收入稳定性也受到抑制。从这一角度理解，开放加剧了对劳动力市场稳定性的冲击。

① 周申，《贸易自由化对中国工业劳动需求弹性影响的经验研究》，《世界经济》，2006（2）。

（三）经济开放与劳动力市场制度

经济开放使得国家间制度趋向统一。国际劳工组织和世界贸易组织是在劳动力市场制度方面比较有影响力的两个国际组织。国际劳工组织以国际劳工公约与建议书等形式确立国际劳工标准，保证劳工基本权益的基本标准；世界贸易组织在推动经济全球化和贸易自由化的过程中，对一国劳动力市场的制度也产生重要影响。世界贸易组织推行在贸易自由化的同时，落实国际劳工标准。国际组织对劳工基本权益的重视，推进了一国劳动力市场中关于劳动者权益保护的制度建设，在一定程度上，有效弥补开放冲击下劳动者的就业稳定性和收入稳定性。

经济开放下，劳动力市场灵活性与稳定性的关系可以表现为良性互动或非良性互动，这取决于不同的制度条件。Danish 模型（“丹麦模型”）是开放下劳动力市场灵活性与稳定性良性互动的机制之一。Danish 模型注重劳动力市场外部数量灵活性，收入的稳定性与功能灵活性。经济面临开放冲击时，低就业保护程度使企业解雇工人非常容易。有力的社会保障体系保证了劳动者收入的稳定性。同时，积极的劳动力市场政策鼓励工人接受职业培训，重新进入劳动力市场，保证劳动供给的外部数量灵活性。企业正常运行，进一步保证工人就业稳定性和收入稳定性。Danish 模型以丹麦为代表——高度外部数量灵活性代表的劳动力市场灵活性，慷慨的社会福利制度体系和积极的劳动力市场政策——保证了劳动力市场灵活性与稳定性在开放条件下的良性互动。

与 Danish 模型下实现劳动力市场灵活稳定性相反，不完善的劳动力市场制度可能导致劳动力市场灵活性与稳定性在开放下呈现非良性互动。开放冲击下，劳动力需求发生变动，严格的就业保护制度使得企业难以解雇工人，不能消化市场需求冲击带来的负面影响；放松的就业保护制度使得工人面临失业，劳动力市场失业保障机制如果无法使劳动者收入稳定性得到保障，劳动者可能发生迁移，离开劳动力市场；而慷慨的失业保障机制则可能使劳动者丧失积极找寻工作的动力，劳动者可能离开劳动力市场。必须结合积极的劳动力市场政策——包括职业培训和政府提供的再就业税收优惠——鼓励劳动者接受新的技能培训，重新进入劳动力市场，保证劳动力市场的外部数量灵活性，进而保证稳定性。外部数量灵活性、社会福利制度和积极的劳动力市场政策三者的配合，可以有效促进开放冲击下劳动力市场灵活性与稳定性的良性互动。

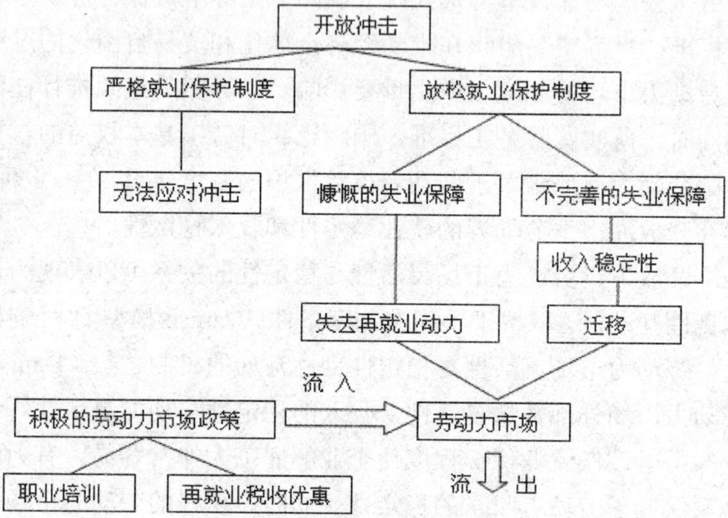

图 17.6　Danish 模型：外部数量灵活性、社会福利制度及积极的劳动力市场政策三者配合

三、小结

劳动力市场灵活性与稳定性的互动关系包括两部分：劳动力市场灵活性与稳定性存在潜在冲突，劳动力市场灵活性与稳定性相互影响，相互促进。劳动力市场就业保护制度越严格，就业稳定性越强，企业不能自由解雇和雇用员工，外部数量灵活性弱；而当劳动力市场就业保护制度放松，企业解雇和雇用员工相对容易，就业稳定性弱，外部数量灵活性强；就业稳定性强，劳动力市场自我调整能力弱，劳动力市场外部数量灵活性弱。这些概括为劳动力市场灵活性与稳定性的潜在冲突。

当劳动力市场受到冲击，内部数量灵活性通过工作时间、工资协商制度缓解劳动力市场就业稳定性的偏离，同理，内部功能灵活性体现在岗位转换制度，企业通过调换岗位应对市场外部冲击，替代企业的解雇行为，增加劳动者的就业稳定性。内部数量灵活性与内部功能灵活性可以促进就业稳定性。

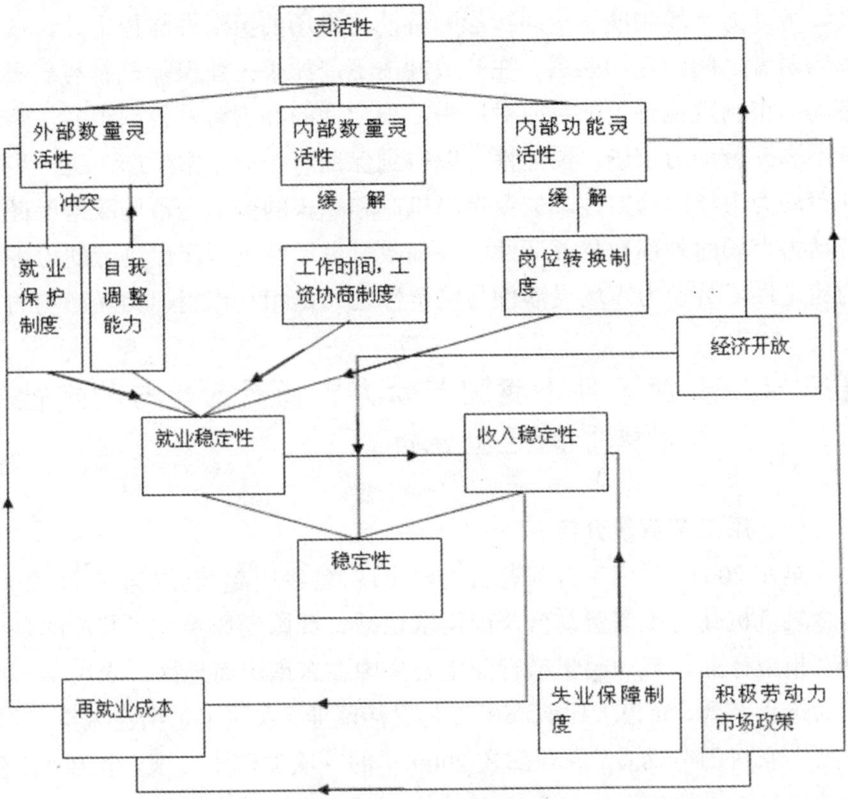

图 17.7　经济开放下劳动力市场灵活性与稳定性互动机制

劳动者被解雇后，失业保障制度有助于减轻失业对劳动者收入稳定性的冲击，减少劳动者的再就业成本；积极的劳动力市场政策通过鼓励再就业，增加劳动者的就业机会，同时通过培训增加劳动者的技能，提高内部功能灵活性，增加劳动者的就业稳定性和收入稳定性。这些因素共同减少了劳动者的再就业成本，增加劳动者重返劳动力市场的可能性，提高了劳动力市场的外部数量灵活性。收入稳定性和积极的劳动力市场政策可以有效地促进外部数量灵活性。外部数量灵活性、积极的劳动力市场政策、失业保障机制三者的有机结合是保证劳动力市场良性互动的重要因素。

经济开放通过直接作用于劳动力市场——劳动力流动、劳动需求弹性、劳动力市场制度——间接影响劳动力市场的灵活性与稳定性，从而影响两者之间的互动关系。在开放冲击下，如果失业保障机制与积极的劳动力市场政策有效配合应对冲击，稳定性的冲击可能得到缓冲，劳动者不离开劳动力市场，灵活性可以得到保证，企业正常生产，进一步保证劳动力市场的稳定性。失业保障机制和积极的劳动力市场政策保证了劳动力市场的外部数量灵活性，外部数量灵活性进一步促进劳动力市场的稳定性。劳动力市场灵活性与稳定性之间是相互作用、相互影响的。

第三节　开放条件下我国劳动力市场灵活性与稳定性的互动关系的经验分析

一、用工荒背景介绍

早在2003年，用工荒问题就已经出现，曾经引起社会极大关注。2008年金融危机使得中国贸易伙伴国需求锐减。我国受影响首当其冲的是劳动密集型行业。劳动密集型行业主要集中在东南沿海地区，农民工占用工的绝大多数，而很大比例农民工是灵活就业。农民工是指在城市工作，户籍在农村的劳动者。农业部在2009年的一次调研中发现，全国外出就业的农民工大概有1.3亿人。金融危机下，城镇用人需求下降，大约有2 000万的农民工失去了工作，出现了大规模的农民工“返乡潮”。

表17.1　十省份农民工返乡情况一览表

省份	2008年9月底外出农民工人数（万人）	2008年11月前返乡人数（万人）	占所有外出农民工总数的百分比
四川	1 295	75.1	5.8
重庆	785	16.5	2.1
河北	627	40.8	6.5
安徽	1 291	51.6	4.0
江西	473	26.5	5.6
河南	2 150	106.5	5.0

续表

省份	2008 年 9 月底外出农民工人数（万人）	2008 年 11 月前返乡人数（万人）	占所有外出农民工总数的百分比
湖北	710	64.9	9.1
湖南	907	49	5.4
广西	350	35	10.0
甘肃	425	17.8	4.2
合计	9 013	485	5.4（估计）

资料来源：《农民工失业调查》，财经，2009（2）。

数据显示，中国的进出口总值随着金融危机的爆发而出现一段时间的下降。至 2009 年 2 月份，进出口贸易总值下降到最低点，随即开始回升。至 2009 年 12 月已经接近危机爆发前的水平。出口增加是由于外需增加，外需回暖是世界经济出现复苏标志之一。2009 年开始的世界经济的复苏，使得出口企业的外贸订单不断增加。企业用工需求呈现增长趋势。据统计，2010 年 2 月份，广东企业用工缺口高达 90 万人。由此出现了本章所要讨论的用工荒现象。用工荒涉及的行业主要是制造业、批发零售业、化工产业和餐饮服务业。

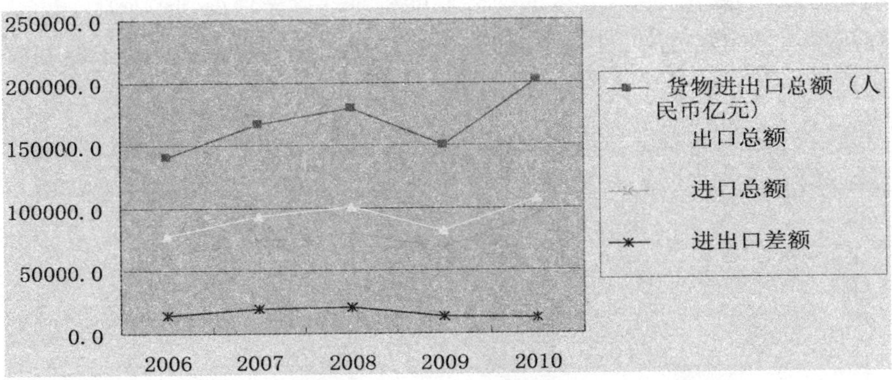

图 17.8　中国贸易进出口状况（2006～2010）

资料来源：根据 2008～2010 年《中国统计年鉴》整理。单位：亿元人民币。

本节从劳动力市场灵活性与稳定性这一新角度对用工荒问题进行分析。

广东省是用工荒问题相对严重的省份之一，其经济的外向型程度很高，受开放的影响较大。为了对用工荒问题有一个全面了解，我们对广东地区进行了一次调研，主要是选择东莞作为实地调研地点，选择制造业为调研行业。因为东莞是典型的出口导向型城市，制造业是广东省的重要出口产业之一，对外向型的广东省经济有很好的代表作用。本次调研针对东莞地区的制造业企业发放了200份问卷，实际回收144份，有效回收率为72%。

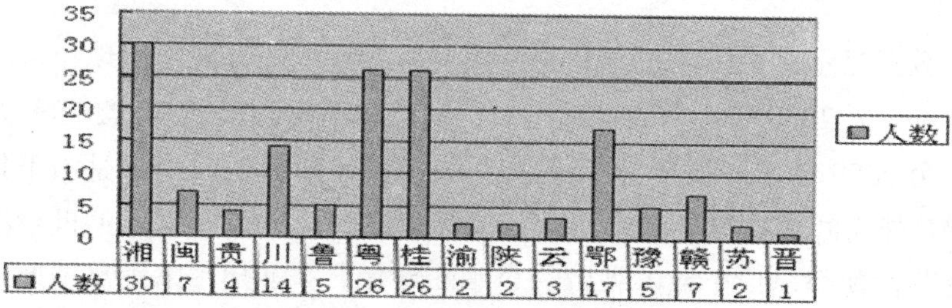

图 17.9　用工荒调研结果——籍贯①

本次调研的工人来自各个省区，主要是湖南、湖北、广西、广东、四川。除广东外，这些省区的经济发展相对落后。他们到广东打工的主要目的改善生活水平。因此，地区工资差距，生活成本，迁移的便利性等因素在决定这些工人的流动中起着重要作用。

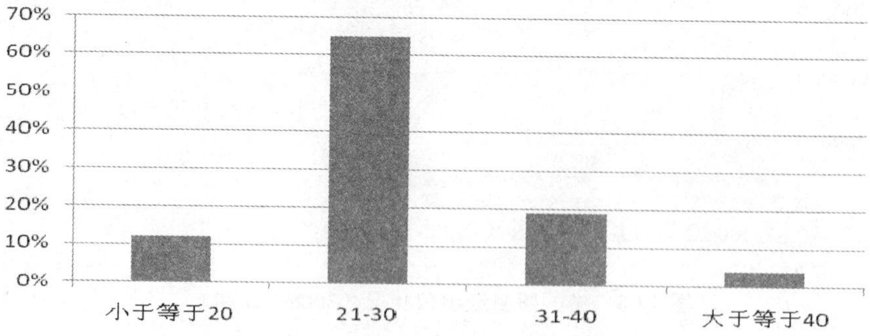

图 17.10　用工荒调研结果——年龄构成

① 图17.9～图17.12均为作者调研结果。

从年龄构成上看，21～30 岁的工人占比超过 60%，大于 40 岁的工人人数占比不超过 5%。这说明新生代“80 后”工人已经成为制造业企业的主流。“新生代”农民工有自身的特点，将对劳动力市场的供给产生影响。

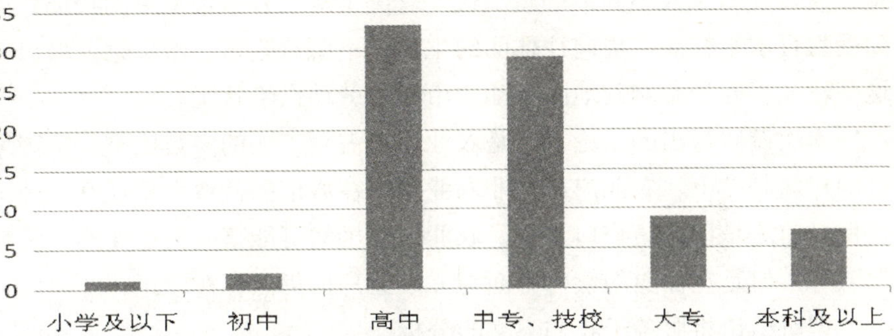

图 17.11　用工荒调研结果——学历

从受教育程度上看，小学以上学历的人占到 98%，说明劳动力的受教育水平有所提高。受教育水平提高与对工作的期望值提高有一定的关系。但是多数的受教育者仍停留在初中、高中、中专、技校层面上，农民工在就业市场上的职位选择仍然十分有限，只能进入建筑、餐饮、制造业等对文化程度和技能要求不高的行业。

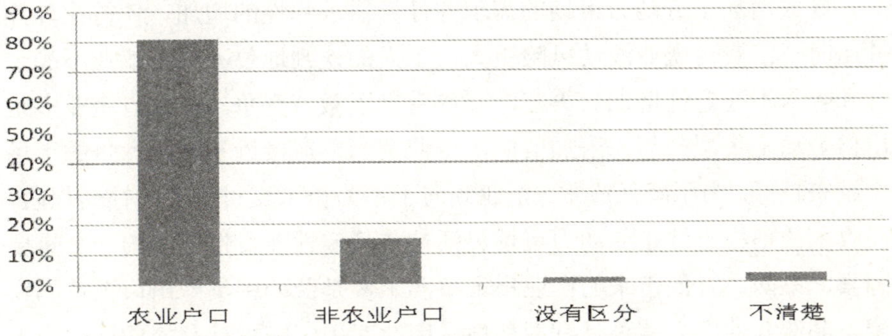

图 17.12　用工荒调研结果——户籍

从户籍上看，超过 80%的工人是农业户口，远高于非农业户口所占的 15%。农业户口与非农业户口在我国目前的户籍制度下，具有显著的差别待遇。

本次调研得出的结论之一是广东省劳动力结构已经出现了变化。“新生代”农民工取代了“老一辈”农民工，成为劳动力市场的主导力量。与传统的工人不同，“新生代”农民工身上具备很多新的特征，比如受教育水平较高，更向往体面的生活，不愿意吃苦，希望融入城市。这些特征将间接影响到地区劳动力市场的劳动供给状况。

本次调研得出的结论之二是农业户口占到工人的多数比重。中国现有的户籍制度下，农业户口与非农业户口在城市的待遇大相径庭。中国社保目前还是以城镇户口为主，农业户口虽然可能享受失业保险，医疗保险等，但是在保险的偿付方面与非农业户口仍然存在差距。

调研结论将服务于我们下文的分析。

二、影响用工荒的因素分析——劳动力市场灵活性与稳定性角度

（一）国际因素——经济开放对劳动力市场的影响

经济开放对劳动力市场的影响在此次危机中主要体现在：第一，开放使得经济更容易受到外界环境的影响。国外的金融危机传导到中国，首先是通过对出口部门的作用。出口企业的外需减少。根据要素禀赋理论，中国的劳动力资源比较丰富，主要出口劳动力密集型产品。在外需减少的情况下，劳动力需求迅速减少。劳动力市场受到的冲击较大。第二，开放增加了劳动力市场的需求弹性。需求弹性的增加，使得在外界冲击时，工资与就业波动风险更大，工人的谈判地位下降，就业不稳定性和收入不稳定性增加。第三，开放带来了激烈竞争。广东省企业多是出口劳动密集型产品，附加值低，企业利润率在接近于完全竞争的市场中越来越低。为了降低成本，企业倾向于不为员工支付必要的社会保险。而收入的不稳定性是劳动力市场灵活性与稳定性非良性互动的一个重要因素。第四，开放带来的产业集聚事实上多是劳动密集型出口企业的集聚。制造业的产品需求具有周期性，因此对用工需求具有周期性。为了最大限度地降低成本，制造业除了正规就业外，存在相当一部分农民工是灵活就业。

（二）国内因素之一——劳动力市场内部功能灵活性不足

金融危机阶段，企业不仅通过裁退工人降低成本，同时也采取其他措施应对危机。包括缩短工时、轮岗培训、轮岗放假、适时安排年休假、协商薪酬等。这些措施可以帮助企业不裁员或者尽量少裁员，以稳定劳动关系，是劳动力市场内部数量灵活性、内部功能灵活性的体现。内部数量灵活性、内部功能灵活性在一定程度上可以保证劳动者的就业稳定性。2008 年的金融危机对企业的冲击首先体现在降薪和缩短工作时间。广州市对 16 个行业进行实地调查，2009 年初，非熟练劳动力平均月工资水平为 1 050 元，比去年同期下降 10%。这表明广东省劳动力市场仍然具有一定的内部数量灵活性；但是广东省受金融危机影响的企业多是低端制造业，劳动者受教育程度仍然不高，职业技能单一。而在日本，企业为员工提供培训的时间较长，轮岗机会丰富，员工掌握多项技能，能够有效的适应岗位轮换。金融危机暴露出广东省劳动力市场内部功能灵活性仍然不足。

（三）国内因素之二——劳动力市场就业稳定性缺失

就业保护严格程度是劳动力市场就业稳定性的可靠保证。如果一国劳动力市场就业稳定性不足，解雇与雇用员工受到限制较少，企业在面临外来冲击时，倾向于解雇员工以降低生产成本。通过与保加利亚、俄罗斯等东欧国家的就业保护程度进行比较发现，广东省对于正规就业保护程度并不算严格。

正规就业之外，还有相当一部分农民工在广东省是非正规就业。《中国新生代农民工发展状况及代际比较》对新生代农民工的就业状况进行调研，发现新生代农民工正规就业渠道比重上升缓慢，而非正规渠道则占据新生代农民工就业的主导地位。我们的调研显示，广东省新生代农民工占比超过 60%。非正规就业领域就业保护程度弱于正规就业。企业解雇员工的成本相对较低，程序简便。2008 年危机时，广东省出现大规模的“裁员潮”，20%的企业在 2009 年初进行过裁员。就业保护制度不够严格，增加了广东省劳动力市场的外部数量灵活性，减弱了工人的就业稳定性。

（四）国内因素之三——劳动力市场收入稳定性缺乏

收入稳定性是劳动者即便失业也能通过社会保障制度保证基本的收入水平，确保收入稳定。收入稳定性主要有失业救济和失业保险双重制度保障。本章对广东省的失业保险制度进行初步分析。

《劳动合同法》规定，失业保险不仅面向当地户籍劳动力，也应涵括在当地工作一定时间、与企业签订正式劳动合同的外来流动劳动力，而且外来劳动力享有跟当地居民一样的失业保险待遇。《广东省失业保险条例》规定，农民合同制工人不需要缴纳失业保险费。单位为农民工缴纳失业保险费一年以上的，农民工失业后，由社会保险经办机构向其支付一定金额的一次性补助。单位为其缴纳失业保险时间越长，领取的失业保险金越多。国际劳动组织规定，失业保险覆盖范围不应低于全体雇员的50%。广东省的城镇居民失业保险覆盖率由2002年的20%上升到2009年的90%以上。

事实上，金融危机以前多数的中国农民工并没有被纳入失业保险的覆盖范围。根据中国人民大学对中国四个大城市的调查，52.3%的农民工有过失业经历，而广东省2008年农民工失业保险参与率仅有9.2%。原因是多方面的。失业保险费一般由企业、政府、工人三者共同出资，在工人失业以后定期领取补偿金。农民工工作不稳定，流动性强，在一个企业稳定就业达一年以上的并不多；广东招收农民工的企业多是民营企业，民营企业的用工机制比较灵活，企业认为员工流动现象非常频繁，没有足够的积极性为员工缴纳失业保险。即便是交了失业保险，外来农民工在面临失业时享受的是一次性失业补助，所能领到的保险金跟城镇居民差距甚远；而且领取失业保险手续繁杂，需要耗费很多时间跟精力。这导致很多农民工缺少领取失业保险的意识。失业保险的缺乏，使很多工人一旦失去了工作，就失去了生活的保障，劳动力市场的收入稳定性面临挑战。

表 17.2 广东省城镇居民与农民合同制工人失业保险待遇对比

城镇居民	农民合同制工人
单位缴纳 2%，个人缴纳 1%	单位缴纳 2%，农民合同制工人不缴纳失业保险费
领取条件：缴纳失业保险费满一年，非自愿失业	领取条件：工作满一年，单位缴纳失业保险费，提前解除合同或不续订合同
缴费年限 1～4 年：每满一年领取一个月 缴费年限 4 年以上：每满半年领取一个月 领取期限最长不超过 24 个月 其中：失业保险金按当地最低工资标准的 80%	根据缴费年限一次性支付生活补助 缴费满 1 年：失业前月平均缴费工资 20% 缴费 1 年以上：多参加一个月加发月平均缴费工资的 2%。

资料来源：《广东省失业保险条例》，2002 年。

劳动力市场的外部数量灵活性必须是可持续的。企业在需求减少时具有解雇工人的灵活性，在需求复苏时同样应该具有雇用工人的灵活性。失业者只是暂时离开劳动力市场，而非永久性的。这要求劳动力市场一体化程度提高——劳动者可以在不同市场自由流动以及政府实施积极的劳动力市场政策，鼓励失业者重返劳动力市场。

我国现存的户籍制度阻碍了劳动力的流动。国际上大多数国家劳动力的迁移和流动过程基本是统一的，农村劳动力只要流入城市，就将自动成为城市居民。在中国由于户籍制度的限制，农村劳动力流动和迁移过程并不统一。农村劳动力进城务工后，并不能享受与城市居民同等的社会待遇。在内陆与沿海地区工资差异较大时，户籍制度带来的问题还没有构成劳动力流动的过大障碍。随着中国地区经济发展逐步走向平衡，内陆与沿海地区的工资差距逐步缩小。同时，由于“80 后”农民工与“老一辈”农民工的差别，户籍制度的负面效应进一步得到了放大。我们的调查资料显示，广东省农民工年龄构成已经发生变化，“80 后”农民工成为主导力量。与“老一辈”农民工不同的是，“80 后”农民工受教育水平较高，更向往体面的生活，希望融入城市。当城市无法满足他们的物资需求与精神需求时，他们便“用脚投票”，流动到其他地方。

金融危机引发的大规模裁员潮，加快了他们的“用脚投票”。这导致经济复苏后劳动力供给的不足，无法满足劳动力市场的外部数量灵活性。

积极的劳动力市场政策有助于鼓励失业者重新返回劳动力市场。广东省积极的劳动力市场政策主要针对人群有两种：一种是国有企业的下岗失业职工；另一种是满足享受最低生活保障并且失业一年以上的城镇失业人员。“十一五”期间，广东省的技工教育和职业培训发展迅速，再就业培训取得了一定程度的发展。对失业人员，广东省政府主要采取减税、担保贷款、社保补贴等方式鼓励企业吸收失业劳动者以及失业人员再创业。同时，广东省政府开展了一系列职业技能培训项目，如平面设计、电焊工、程序设计等，尤其强调对进城农民工的职业培训。2005年至2008年，广东省接受职业培训并顺利结业的农民工人数不断上升。2002年至2008年，广东省政府的职业培训补贴支出也快速增加。职业培训对提升劳动者的技能具有重要意义，有利于增加劳动力市场的功能灵活性。同时多技能的人才更加受到企业的欢迎，增加员工的就业稳定性。这些政策对促进劳动力重新返回劳动力市场有一定的作用，但是政策覆盖范围仍然不够广泛。对农村转移劳动者的培训经常流于形式，培训内容大同小异，培训质量和效果并不理想。

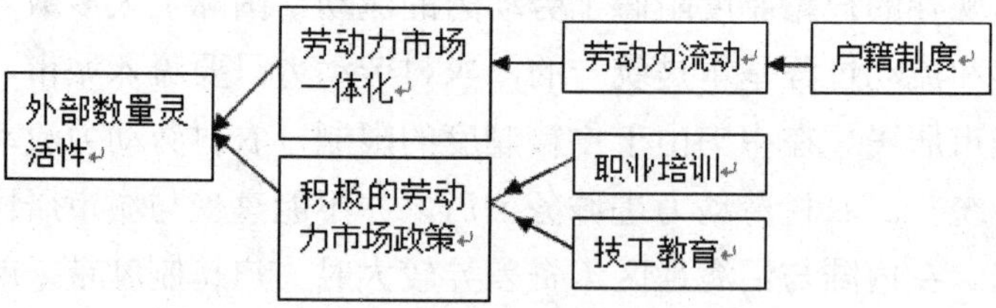

图 17.13　外部数量灵活性影响机制

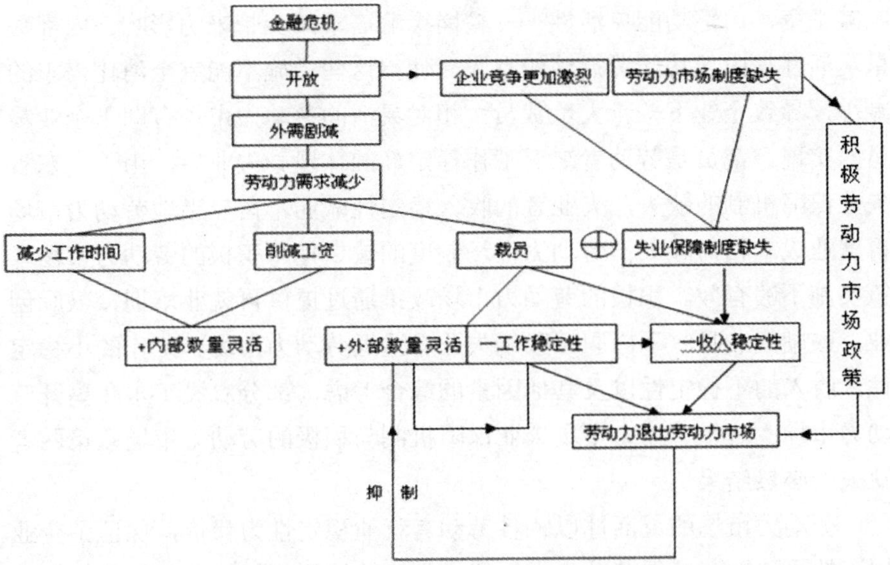

图 17.14　金融危机下广东省用工荒传导机制

本章从劳动力市场角度对开放条件下用工荒产生的原因及机制进行梳理。用工荒产生的原因是多层次的，既有国际方面的因素，表现为经济开放，又有国内劳动力市场的因素，表现为劳动力市场各种灵活性与稳定性的缺失。用工荒的根本原因在于劳动力市场灵活性与稳定性的非良性互动。

理论分析部分显示开放冲击下劳动力市场灵活性与稳定性良性互动的根本在于劳动力市场外部数量灵活性、失业保障机制、积极的劳动力市场政策三者的有效配合。

开放放大了金融危机对中国的影响，尤其是开放导致的劳动力需求弹性的提高，加强了其对劳动力市场的冲击程度。广东省出口导向型企业面临的外需减少，对劳动力需求相应减少。随着中国劳动力市场的灵活化改革，对就业保护的程度有所减低，企业不仅在工资协商、调整工时、轮岗等方面比以往更具有灵活性，在解雇与雇用工人方面也有相当的灵活性。劳动力市场发展为有一定数量灵活性与功能灵活性的市场。

企业在面临冲击时，首先借助于内部数量灵活性——减少工作时间、削减工资、内部功能灵活性——轮岗缓解需求减少带来的影响。内部数量灵活性与内部功能灵活性的有限，使得这些措施不能完全消化需求的减少，导致企业下一步大量裁员。相对灵活的劳动力市场有助于企业裁员的实现。裁员是劳动者缺乏工作稳定性的体现。失业后，由于广东省失业保障机制的缺失，失业者的收入稳定性减弱，留守当地劳动力市场再就业成本相对较大；劳动力市场制度的缺失使得积极的劳动力市场政策实施不够有效。积极的劳动力市场政策通过提供再就业培训，鼓励创业，鼓励企业吸收下岗职工吸纳失业者重返劳动力市场。工作的不稳定性，收入的不稳定性以及其他因素的综合考虑，部分农民工永久离开劳动力市场。这是劳动力市场失业保障机制与积极的劳动力市场政策两者缺失的必然结果。

劳动力市场的灵活性以牺牲劳动者就业稳定性为代价，保证了企业用工的灵活性，使得劳动力市场能够更快地达到均衡；失业保障机制的不完善使得劳动者收入的稳定性难以得到保障；积极的劳动力市场政策得不到有效的实施，许多工人失业后没有接受职业培训和再就业补贴，创业补贴没有起到有效的激励作用，劳动者再就业渠道受阻。这些因素都构成劳动力离开市场的重要原因。灵活性不仅包括解雇的灵活性，也包括雇佣的灵活性。雇佣的灵活性则需要有足够的劳动力供给。劳动力离开市场后，市场的外部数量灵活性受到抑制。企业不能正常生产，进一步损害工人就业稳定性和收入稳定性。“用工荒”是劳动力市场外部数量灵活性，失业保障机制，积极劳动力市场政策不能有效配合的市场表现。稳定性与灵活性在中国广东省表现为一种非良性互动的关系。

第六篇　政策建议

在以上各篇研究中，我们从理论和实证层面对国际贸易、FDI 等开放因素对我国劳动力市场的影响，以及由此对我国劳动力市场发展、产业结构变动以及经济发展可能引发的相关效应进行了系统的研究和分析。本篇将在先前研究基础上，总结梳理和借鉴国际经验，进而从我国的贸易政策、引资政策、产业政策和劳动力市场政策等方面提出具有针对性的和可操作性的政策建议，以期对我国在开放的条件下运用相关政策培育和完善我国劳动力市场、缓解就业压力、维护社会公平、优化产业结构、促进经济发展提供政策参考。

第十八章　各国在劳动力市场面临开放冲击下的政策经验分析

经济全球化的发展使开放对劳动力市场的冲击具有普遍性。在世界其他国家的发展历程中，曾经出现或者正在面临着与中国劳动力市场类似的问题，因此对其他国家政策的研究可以用以指导中国的政策改革。

一、中国与典型国家的基本情况比较

本章选取欧盟作为发达国家的代表，韩国作为新兴工业化国家的代表，巴西作为普通发展中国家的代表，分析经济发展水平和开放程度不同的各国发展劳动力市场的经验。

欧盟、韩国、中国和巴西，各国[①]基本概况既有相似之处，又有明显的不同，按着经济发展水平的高低，各国情况有递变的趋势。表18.1对典型国家和中国的国内基本情况进行了介绍。

二、典型国家经验概述

（一）欧盟的经验

欧盟绝大多数的成员国都是高福利的发达国家，经济实力居世界首位，尤其是最先入盟的15国，经过长期的资本积累，经济发展达到很高的水平，是发达国家的典型代表。各国以高福利和充分就业为目标，限制最低工资水平、实行强制性就业保护并征收较高的劳动税，劳动力需求增速低，劳动要素成本普遍偏高。

---

① 本部分将欧盟看作一个国家，主要讨论欧盟内部发达国家的情况。

表 18.1　四国基本情况比较

		欧盟	韩国	中国	巴西
国内基本情况	概况	国家联合体，包括 27 个成员国，自然资源不甚丰富；人口 5 亿，老龄化严重	自然资源匮乏，人口五千万，老龄化速度快	国土面积世界第四位，人口 13 亿，为世界第一人口大国，成老龄化趋势	地域广阔，自然资源丰富，人口和国土面积都居于世界第五位，成老龄化趋势
	比较优势	技术、资本比较优势显著；劳动力成本高	由劳动力比较优势转变为技术、资本比较优势	劳动比较优势，国内市场广阔	劳动力比较优势，自然资源优势，国内市场广阔
经济发展情况	概况	发达国家（东欧七国除外）；经济实力居世界首位；GDP 增速 2%，缓慢而稳定；受全球经济危机的影响大	新兴工业化国家，发达国家；“亚洲四小龙”之一；1963～1996 年之间，GDP 增速 8.5%，经济发展水平超过中国 15 年；受全球经济危机的影响大	世界最大的发展中国家；“金砖四国”之一；GDP 增速 8%，经济快速增长；受全球经济危机的影响大	发展中国家；“金砖四国”之一，拉美实力最强的国家；GDP 增速 5.4%；受全球经济危机的影响大
	经济开放情况	经济开放程度高，成员国均为市场经济国家；世界上最大的贸易集团，资本的主要流入地和流出地	积极发展外向型经济；市场经济国家；对外贸易发达，通过政策吸引 FDI 流入，存在较大的资本流出	积极发展外向型经济；市场经济国家；贸易顺差大，FDI 流入居世界第二位，对外投资处于发展过程中	积极发展外向型经济；市场经济国家；FDI 流入国，对外贸易发达，贸易政策由进口替代转向出口导向型
	产业结构	产业结构呈“三、二、一”型；第三产业发达，占国民经济比重为 70%	产业结构呈“三、二、一”型；服务业发达；以牺牲农业为代价发展工业	产业结构呈“二、三、一”型；第三产业发展潜力大	产业结构呈“二、三、一”型；工业部门急剧扩张
	就业结构	就业结构与产业结构的构成相适应，呈“三、二、一”的倒金字塔形态	就业结构呈“三、二、一”型	就业结构呈“一、三、二”的哑铃形态，第一产业就业比重为 40.8%	就业结构“三、二、一”，第一、二产业就业比重几乎相等

续表

		欧盟	韩国	中国	巴西
劳动力流动情况	概况	成员国内部自由流动；主要由不发达地区流向发达地区；主体为低技术水平劳动力 政策吸引高级人才流入，认证制度严格	积极发展劳务输出；通过雇佣许可制引导劳务输入；主要由农村向城市转移；主体为农民和低技能劳动力 出入国优惠卡制度为高级人才提供方便	积极发展劳务输出；主要由农村流向城市，由中西部流向东部；主体为农村剩余劳动力 政策吸引高级人才流入	积极发展劳务输出；主要由农村流向城市，由内陆流向沿海；主体为农民 政策吸引高级人才流入
	城市化	大中小城市发展合理，地区发展较均衡，成员国国内情况不一	曾经出现“大城市病”	城市化进程中；东西地区发展不协调	“超城市化”，中心城市过度膨胀
	教育程度	教育水平和质量普遍较高，学制长，持续接受教育的政策宽松	义务教育普及提高，人口高学历化	普遍较低，教育投入不平衡	城镇教育普及化较高，农业人口文化程度低，曾抑制高等教育的发展
	培训	完善，鼓励社会合作，终身学习	建立职业教育体系和课程实用性评估机制，鼓励终身学习	再就业培训覆盖面广，在职培训认识度不足	建立专项基金扶持
	职业介绍	网络化、信息化；完善	就业安全制度；完善	劳动部门与私人中介相结合；不断改进中	就业公共服务体系；不断改进中
收入分配及体制因素	概况	存在收入差距，各成员国基尼系数不同，在0.2～0.3之间；工资水平高，市场调节，劳工组织力量较强，存在工资刚性	存在收入差距，基尼系数 0.31；工资水平高，市场调节	存在收入差距，基尼系数0.496；工资水平低，市场调节	收入分配严重不公平，贫民窟现象，基尼系数0.6；工资水平低，市场调节
	制度体制	高福利制度，社会保障措施完善	社会保障制度完善；就业保险制度的作用	社会保障体系不完善；户籍制度、行政制度等的限制	改革养老金制度；劳工保障基金和扶持劳动者基金

资料来源：笔者根据参考文献的相关资料整理而成。

随着经济开放的发展，发展中国家廉价的商品流入欧盟，挤占了当地企业的市场份额，企业不断缩小经营规模，失业率上升。为了扭转竞争劣势，增加利润，企业通过FDI将劳动密集型产业转移到劳动成本低廉的发展中国家。贸易逆差和资本的流出，使欧盟内部资本量减少，失业率上升，高福利的资金来源减弱。人口老龄化造成劳动力短缺，东欧国家低水平劳动力的流动对西欧国家造成了压力。高福利制度下自愿失业现象严重，各国失业率居高不下。

1994～2009年欧盟15国失业率呈微W形变动，如图18.1所示。这一方面说明了开放经济对劳动力市场的影响较大，另一方面也肯定了各成员国劳动力政策的积极作用。欧盟通过宏观政策、产业政策、福利措施、教育培训等几个方面的影响劳动力市场，通过分析各成员国对劳动力市场的政策，探讨欧盟经验。

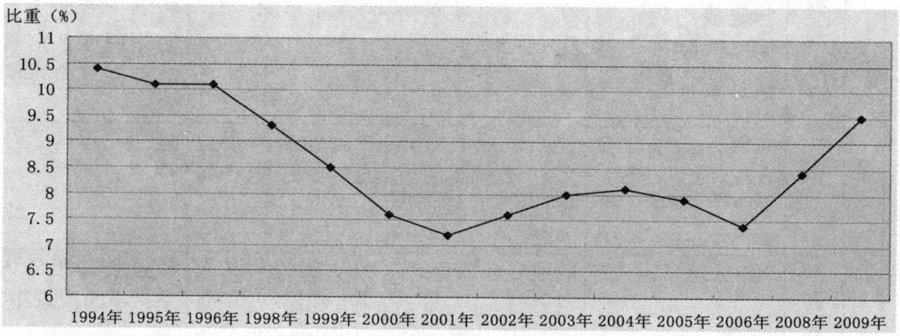

数据来源：欧盟统计局，LFS数据，2009（Eurostat网站http://epp.eurostat.ec.europa.eu/）。

图18.1 1994～2009年欧盟15国失业率

1. 积极的就业政策

将就业政策与宏观经济发展相结合，通过财政拨款，增加对就业的投入。1996年欧盟投入就业相关项目的资金占国民经济的1.2%，丹麦、爱尔兰、比利时等国达到1.5%。英国新政时期，除了财政正常拨款之外，还组织专项筹款35亿英镑进行就业服务和职业培训。

针对经济周期内的高失业问题，政府发展社会公共设施建设。通过修建铁路、公路、民用建筑和维护文物古迹等设施提供就业岗位给劳动者。这种政策具有临时性和短期性的特点，如瑞典的公共工程就业政策为职介所未能推荐工作和培训的求职者提供 6 个月以内的临时工作。

通过这些政策，创造了大量的就业岗位并提供培训机会，使劳动者能够维持工作或学习的状态，提高了劳动者的技能水平和熟练程度。

2. 劳动税改革

欧盟各国通过减少就业者的个人所得税，特别是低工资、低技能的劳动群体的纳税标准，提高劳动者就业的积极性，增加了劳动者的收入；改革增值税征收标准，对创造就业岗位较多的企业提供税收优惠，减轻企业的税负，降低生产成本，增加对劳动力的需求，提高企业在国际贸易中的竞争力。部分成员国对劳动税的改革情况如表 18.2 所示，意大利、荷兰、爱尔兰等国都直接降低了个人所得税；英国、法国和瑞典实行只针对低收入者的特殊课税或者纳税基数扣除的政策；另外，还对企业设立了免税的标准，减少员工社会保险税等措施。

表 18.2　欧盟部分成员国劳动税政策改革的情况

税收水平	降低个人所得税			不实行改革或增加个人所得税的标准
	针对普通收入者	针对低收入者	同时增加增值税	
高	意大利、匈牙利	比利时、法国、瑞典、意大利	意大利	芬兰、波兰
较高			荷兰、德国	
低	爱尔兰、英国	爱尔兰、英国		

资料来源：OECD Economic Surveys。

3. 加强产业结构调整，发展新兴产业，吸引外资流入

第三产业对劳动力的吸纳作用显著。欧盟第三产业发达，就业比重在 60%以上。西班牙为了缓解就业压力，积极调整产业结构，大力发展劳动力容量较大的第三产业，不仅扩展了就业领域，每年还创造了接近 300 万个就业岗位。

英国重视新兴产业的发展，积极发挥高新技术产业对相关行业和服务性岗位的关联效应，通过提供信用保证、鼓励私人投资、降低税收标准，以及鼓励学校等研究机构和部门向企业提供科研支持等方式，推动

新兴产业发展计划。瑞典从2000～2004年投资10亿美元用于建设宽带网络，这一信息产业的发展提供了170万个就业岗位。

英国还对开发区内投资的外商给予赠款，金额的多少由其创造和保护就业机会的情况决定，同时提高市场透明度，改善投资环境，降低劳动力成本，减免税收和雇工限制，吸引外国资本。1980年以来，外国直接投资为英国提供了20多万个就业岗位。外资制造业提供的就业岗位占总数的14.6%。1990～1995年，英国吸引外国直接投资1 290亿美元。

4. 促进中小企业的发展，鼓励创业和灵活就业

中小企业可以促进经济的繁荣，增加对劳动力的需求量，活跃市场环境。欧盟成员国支持中小企业的发展，简化了创建企业的行政手续，降低行政管理费用，在技术、信息和经营管理方面提供咨询服务，并组建工作组协调各成员国的政策，消除社会保障制度中阻碍小企业创建的因素。德国政府为中小企业提供低息抵押贷款，将免税额由2.5万马克增加到3.2万马克，对增加就业岗位的企业提供补贴，并帮助企业出口；北莱茵—威斯特法伦州在中小企业竞标国家项目时还提供了咨询服务和贷款担保。

欧盟鼓励创业和劳动者自我雇佣。德国提出“我的小企业”计划和税收优惠政策，帮助失业人员创业。开发大学等研究机构的科研成果，并向全社会推广，提高高科技成果的应用度。在高中课程中加入创业培训的内容，指导学生写作创业计划，了解相关政策，并学习如何创业。

实行灵活的弹性工作制度，提高就业率，降低企业成本。法国将每周工作时间减少到35个小时；意大利推出劳工出租制，劳动者与劳务租赁公司签订合同，企业向劳务租赁公司租用工人以满足生产高峰期的用工需要。

中小企业的发展和创业的增加，创造了大量的就业机会，增加了社会生产规模，比大企业更具灵活性，同时弹性工作制度也增加了就业方式的多样性，促进了劳动者就业。

5. 将社会福利改革与职业培训相结合

限制失业救济金的发放条件，降低给付金额、缩短救济时间，将节

省下的救济金用于提供职业培训和就业服务。波兰实行工作适应性测试，只有满足失业救济最低要求的劳动者才能领取救济金。瑞典降低失业保险的标准，将部分费用用于职业培训和对失业者创业的补贴。英国规定劳动者必须参与就业、创业或职业培训中的一项，如果拒绝合适的工作岗位，则会取消对其失业救济金的发放，避免劳动者对高福利的依赖。

另外，各国还对工资体系进行了改革。英国限制工会的力量，削弱工会对工人工资水平和再就业条件的过多干涉，使工资水平由市场进行调节。工会开始与政府和企业进行协商合作，减少罢工的次数和规模，减弱了工资的刚性，使企业乐于增加劳动要素的投入。

在职业培训方面，欧盟鼓励社会合作，建立终身学习的体制。对青年失业的问题采取预防性的措施，进行职业指导，并在失业的六个月内进行多种技能培训以及提供工作实践的机会。这极大的丰富了青年的工作经验，提高了技能的熟练程度，有利于促进青年在最短的时间内找到工作。

6. 发挥职业介绍机构的作用

通过就业服务体系，建设职业信息网络，规范职业介绍机构的作用，加强企业和劳动者之间的沟通，节约搜寻成本。瑞典将全部职业介绍机构国有化，为失业者免费提供就业信息、就业指导和劳动市场报；企业的职位空缺情况需要及时传递给职业介绍所，裁员信息需要在6个月之前提供给服务机构；就业服务机构安排失业人员在求职期间始终接受职业培训。荷兰实行“简历和个人行动计划存档”的方案，将经过培训的劳动者定向安置或者直接推荐到企业工作。德国出台《就业支持法》，通过互联网和电话咨询沟通信息，将就职指导、职业培训和失业金的领取集中到同一个场所，为求职者提供便捷式服务；还引入私营的职业介绍机构，形成政府独立机构、公益性自治机构、私营就业服务机构相结合的就业服务体系。

通过就业服务体系，将与培训相联系的社会福利改革落到实处，使劳动者始终维持就业或者学习的状态，加强了企业与劳动者之间的沟通，规避了信息的不对称性，促进了劳动力市场的供需均衡。

7. 劳动力流动方面的政策

欧盟积极推进统一的劳动力市场，打破成员国之间的壁垒，增强劳动力在成员国之间的流动性。通过《欧洲经济共同体条约》、《欧洲联盟条约》和其他法规从法律层面上进行了规定，主要政策包括：

流入其他成员国的劳动者享受居住、工作和参加工会的权利，以及接受教育、培训和社会福利的权利；协调各国技术认证标准，逐步建立在欧盟内部公认的学历和职称制度；为成员国劳动者提供信息服务，与本国劳动者享受同等的职业介绍服务；启动语言培训计划，提高劳动者的外语技能。

根据不同的国内状况，部分国家实施过渡性劳动力市场保护政策，减轻东欧廉价劳动力流入对本国劳动力市场的冲击。在德国，其他国家劳动力的流入需要获得德国劳动局的认可。奥地利规定了工作认可和流入配额制度，规定流入的人口不得超过本国劳动人口的 8%。荷兰对专业技能和低技能劳动者实行不同的工作许可制度，引入双轨政策。

劳动力自由流动为成员国带来了经济利益，提高了劳动者素质，解决了劳动力短缺的情况。没有采取过渡性安排的英国、爱尔兰、瑞士等国引进了许多国内短缺的专业劳动者，经过一段时间的发展，国内就业率反而得到了提高。

通过这些政策的实施，欧盟劳动力市场正在积极的调整和完善之中。

（二）韩国的经验

韩国国土面积狭小，资源匮乏，人口众多。经济起步初期以农业和轻工业为主，重工业和基础工业落后。20 世纪 60 年代初期，韩国转向外向型经济发展战略，通过对外贸易、劳务输出和吸引外资等方式推动经济开放。1963～1996 年之间，GDP 增速达到 8.5%，并且根据比较优势的变化灵活调整产业结构，使出口产品由劳动密集型变为资本、技术密集型，产业结构不断升级，是新兴工业化国家的典型代表。

下面以韩国在 1963～1996 年期间对劳动力市场的政策调节为例，探讨韩国经验。

1963～1972 年，韩国实行外向型发展战略。20 世纪 60 年代初期，韩国人口以从事农业为主，存在大量农村剩余劳动力，产业结构不均衡，城乡收入差距较大。为了扩大出口，利用劳动力比较优势发展工业，建立工业基础。政府通过对外贸易拉动经济增长，创造就业机会。

主要措施：将就业作为宏观经济政策的首要目标，大力发展劳动密集型产业。

将优势资源和劳动要素集中到工业生产部门，以牺牲农业为代价发展工业，鼓励出口，利用国内劳动力成本低廉的优势发展外向型经济。通过国际贸易的积极作用，经济快速增长，工业生产部门在短时间内吸收了大量的劳动力。10 年之间，制造业的年增长速度达到 19%，失业率由 8.2%下降为 4.1%，就业增长中由出口增长创造的占 32.7%。①

通过产业结构调整和劳动力转移，改善劳动要素的分配情况。农村剩余劳动力迅速转移到工业发达的大城市，城镇就业人口增加，就业结构随着产业结构的变动而日趋优化，劳动者收入水平也有所提高。农业生产落后，粮食依靠进口来满足，中小城市以及农村的非农产业发展水平较低，工业城市出现交通拥堵、环境污染等“大城市病”。

1973～1986 年，韩国经历了两次世界性石油危机，经济和劳动力市场受全球经济危机的影响较大。从 1973 年开始，韩国将经济发展的重心转移到重工业生产部门，发展资本密集型产业，就业结构随之调整。由于重工业对资源的依赖程度较高，在 1973 和 1979 年的石油危机中，资源匮乏和外资流入减少等因素使韩国经济备受打击，出现典型的周期性失业。1973～1975 年，经济增长率不断下降，失业率上升，在 4%上下浮动；1980 年，经济增长率降到最低点-5%，出现负增长，失业率也达到最高点 5%，如图 18.2 所示。

① 李光哲，《中韩两国城镇就业政策及其有效性研究》（硕士学位论文），首都经济贸易大学，2004。

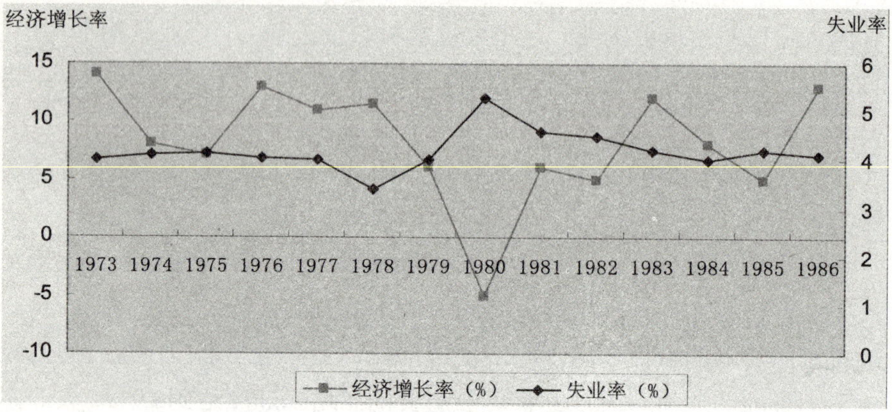

图 18.2　1973～1986 年韩国经济和就业情况

数据来源：1987 年《韩国劳动统计年鉴》。

主要措施：

①劳务输出

为了缓解短期内失业人口激增的局面，作为应急的临时就业措施，韩国向中东国家大量出口劳动力，促进劳动要素国际流动。1978 年，韩国在外承包工程的公司总数 122 个，营业额 56 亿美元，比 1966 年增加了 508 倍。通过劳务输出，增加了就业岗位和外汇收入，扩大了国内的资本投入，缓解了经济形势。以对外承包工程的方式配置劳动力要素，取得了显著的效果。20 世纪 80 年代，除了在建筑等领域承包工程之外，韩国还积极发展机械、石油化工、造船和技术密集型工程项目，对外输出不同技术水平的劳动力。①

②职业介绍

韩国政府在这一时期实行“就业安全政策”，通过政府建立职业介绍机构，为劳动者提供就业信息，减少搜寻成本，保证企业获得充足的劳动要素，实现劳动力供给与需求的平衡。这些机构预测市场对劳动力的需求，对劳动者进行技能评价，根据地域、产业和技术水平等多重因素合理安排劳动力。然而，由于社会观念等因素，劳动者认为就业介绍所

① 徐建平，《韩国的劳务市场》，《国际经济合作》，1999（3）。

提供的工作岗位层次较低，企业又认为在介绍所登记的劳动者素质偏低，劳资双方都存在着偏见，政府扶持的就业安全机构作用有限。

1987～1996 年，韩国主要面临结构性失业问题。出口贸易和固定资产投资带动了经济发展，10 年间失业率降低了 1.8%，到 1996 年为 2%，实现了充分就业。[①]劳动力市场出现简单技能劳动力短缺和高学历人口失业并存的现象。

主要措施：

①职业技能培训

为无技能的求职人员提供短期的职业技能培训，开发职业能力，并提供一定的生活补助，增加简单技能劳动力的供给。

②对高学历失业者的政策

企业对专业技术人才的需求高于对理论性高学历群体的需求，大学毕业生就业困难。劳动部加强对这部分失业者的就业指导和职业教育，向中小企业推荐大学毕业生，提供平等的就业机会，并促进地方性大学的毕业生本地就业。

③就业保险制度

韩国在 1992 年组建就业保险计划委员会，并于三年后出台《就业保险法》。就业保险制度作为社会保障措施之一，包括就业安全制度、职业技能开发制度和失业救济。就业安全制度给予积极提供就业岗位的企业 6 个月的补贴，促使企业扩大规模，增加就业机会，预防失业。职业技能开发制度为企业在职培训，提高劳动者职业能力提供所需费用，保证在职教育的普及度和质量。失业救济为失业者提供基本生活保障，并且通过全国就业保险网络，为失业者提供企业招聘信息，促进再就业。

通过就业保险制度和职业技能培训，配合针对大学毕业生的政策，韩国结构性失业问题得到缓解，就业数量和质量有所提高。

中国劳动力市场受到的冲击与 1963～1996 年韩国劳动力市场曾出现的问题类似，韩国劳动力政策坚持了以就业为目标的一贯性原则，并

① 李光哲，《中韩两国城镇就业政策及其有效性研究》（硕士学位论文），首都经济贸易大学，2004。

且根据经济和国际环境的实际情况灵活的进行调整。综合上述各个时期的政策以及1996年之后的调整举措，韩国的劳动力市场政策可归纳为以下几个方面：

1. 推行以就业为目标的宏观经济政策，发挥开放经济的作用

制定经济发展计划时，将经济发展的目标建立在增加就业的基础上，推动国内比较优势产业的发展，促进就业结构合理变动。

大力发展外向型经济，通过出口带动经济的增长，重点建设具有国际竞争力的比较优势产业，增加就业机会，调整就业结构。积极吸引外资，允许外资兼并韩国企业，促进国际资本流入，建立出口加工区。如马山出口加工区，区内企业以劳动密集型的轻工业为主，为农村剩余劳动力提供了大量的就业岗位。

增加对基础设施和社会公共事业的投入，创造外资流入的软环境，增加就业岗位。

2. 优化产业结构，促进产品结构调整和就业结构的优化，促进中小企业和新兴产业的发展

通过外资和国际产业转移的作用，韩国发挥本国比较优势推动产业结构的优化。20世纪60年代初期大力发展劳动密集型产业，出口具有国际竞争力的轻工业制成品，促使农村劳动者向非农产业转移。70年代开始重点发展重工业和化学工业部门，通过投资增长拉动就业，发展资本密集型产业。80年代后，技术密集型的新兴产业与资本密集型产业成为国民经济的主要构成，第三产业也随之发展起来。劳动者从第一产业大规模向二、三产业转移，促进了工业城市的繁荣，实现了工业化。

颁布小企业特别法，鼓励建立新企业，减少了行政规定和企业注册的流程，建立顾问机构并在大学设置实验性研究课程，为企业提供咨询服务和培训。改善企业的工作环境，与学校联系，提供实习基地，吸引人才。扶持企业进入国际市场，增加出口，政府优先采购中小企业产品。通过中小企业管理局为企业提供融资支持，鼓励技术和信息化进步。重视风险中小企业的建立。

3. 通过人口分布计划均衡城市化发展

韩国经济发展初期，大力发展城市工业，农村剩余劳动力涌入大城市，出现地域发展不均衡和“大城市病”。通过制定人口分布计划，引导劳动力合理流动，均衡发展大中小城市，控制人口过度向大城市集中。例如，20 世纪 70 年代，为了控制首尔的人口规模，将新增的 400 多万劳动者转移到其他工业中心，并且限制在首尔地区扩建和新建工厂，鼓励企业迁移到其他城市；在南部地区建立新的工业中心，改变劳动力的流动方向；限制首尔地区的大学无序扩张。①

4. 劳务输出

韩国积极谋求在各个领域的国际劳务合作，承接建筑、造船、石油加工和技术型密集型的工程项目，通过对外承包工程和纯劳务输出，引导劳动力在国际间流动。不仅向外输出成本低廉的低技能劳动力，还提供各种技术人才，增加了营业利润和就业岗位，并通过海外锻炼提高了劳动者的技能水平，也带来大量的外汇收入。韩国最初将劳务输出作为应对经济危机的临时举措，取得的效果显著，成为劳动力市场的重要发展策略之一。

5. 推行雇佣许可制管理外国劳动者

随着经济发展和人口老龄化，韩国出现劳动力短缺的现象，不得不向外国引进劳动力。出于各种因素的考虑，韩国尚未完全开放劳动力市场。对外国劳动力的引进和管理，初期是通过产业研修制进行的。2003 年 7 月制定了《外国人劳动者雇佣》等法案，确定了最低工资标准，并且规定外籍劳工可以获得《劳动基本法》中关于就业和劳动保障等三项权利，享受国民待遇。2007 年开始推行“外国劳工雇佣制”，通过雇佣许可制引进和管理外国劳动力，填补本国就业缺口。

6. 职业教育和培训方面

（1）提高职业教育的社会地位，改变人们轻视体力劳动的思想观念

韩国对小学四年级以上的学生进行“一人一技”的技能教育，授予考核

---

① 李光哲，《中韩两国城镇就业政策及其有效性研究》（硕士学位论文），首都经济贸易大学，2004。

合格的学生技能勋章，并且在未来的升学、就业和学费方面给予支持，使未来的劳动者从小重视技能的培养。

（2）建立职业教育体系，鼓励终身学习

韩国教育部推行的初级学院和职业高中的“2+2”改革，将二者两年之间的课程联系起来。职业高中的学生可以根据成绩和兴趣自由选择继续深造还是直接就业，普通学校的学生也可以接受职业学校的教育，国家为教育机构提供资金支持。

通过《职业培训促进法》和《终身学习法》，建立“学分银行”，对接受职业教育的人员进行分数累计，鼓励终身学习，对任意时期的技能学习给予认可。劳动者所拥有的职业技能学分是企业招聘时参考的重要因素。

（3）通过企业对职业教育课程的评估，加强技能培训的实用性。

学校与企业建立合作关系，通过企业评估制度了解课程设置的实用性，改革课程设计使学生学以致用；增强企业对教育物质资源的支持，加强与企业的沟通，促进了毕业生的就业。

另外，韩国根据国际标准改革本国技术资格鉴定标准，对劳动者进行职业技能认证。政府还为企业的在职培训提供资金补贴，提高在职教育的强度和质量。

7. 就业服务

韩国积极推行就业安全政策，不断发展职业中介机构，降低劳动者的搜寻成本，加强信息的完备性。在大城市，政府设立“人才银行”，通过网络实现信息共享，在最短的时间内为求职者提供合适的岗位信息。在地方，建设由政府管理的“每日就业中心”，提供就业信息服务。另外，政府还鼓励建设民办的职业中介所，通过媒体、市民团体等民间机构，加强信息的传递效应，促进就业。

8. 社会保障措施

韩国的社会保险主要包括就业保险、工伤保险、养老金和医疗保险四种，社会保障体系比较完善。以就业保险为例，政府通过提高最低保障金额，延长失业救济支付时间等措施，保证失业者的基本生活。除此之外，还提供职业介绍和技能培训，促使失业者提高职业能力，在最短的时间内实现就业。

韩国经济快速发展的重要因素之一，就是对劳动力资源的合理开发和有效配置。韩国由农业经济为主的落后国家，通过开放经济、产业结构调整，使出口产品由劳动密集型变为资本、技术密集型，产业结构不断升级。通过以上八个方面的政策措施，韩国劳动力市场的供求关系、就业结构和质量，以及收入水平得到了改善，在灵活的政策调整下，开放条件下的劳动力市场在不断的完善和发展之中。

（三）巴西的经验

巴西是开放程度较高的发展中国家，经济发展依赖外资和外债的投入，受世界经济危机的影响大。20 世纪六七十年代经济增长速度超过 10%，伴随经济奇迹而来的是国内严重的通货膨胀和贫困化。在石油危机的影响下巴西进入“失去的十年”，国家发展陷入“拉美化陷阱”。经济自主权的缺失和收入分配严重不公，限制了产业升级和就业结构的合理发展。

20 世纪 90 年代以来，巴西积极推进宏观经济改革，寻求适合国情的发展道路。通过分析巴西在经济发展过程中的教训和改革的成果，探讨巴西经验。

1. 宏观经济政策方面

巴西长期依靠外部力量发展经济，通过负债增加国民经济的投入；除了核心工业部门，对外资的进入几乎没有限制；国际贸易很长的历史时期内实行进口替代战略，在经济发展明显迟滞时才转向外向型战略。90 年代初推行新自由主义，转变国家直接干预为市场主导的模式。

理论和经验表明，进口替代型发展战略不利于国际贸易顺差的产生和劳动力市场的长期发展。对外资和外债的过度依赖，容易丧失国家产业主导权，使国民生产被束缚在产业链的底层，不利于技术水平和工资收入的提高。新自由主义在增加开放度的同时，使国家受世界经济危机的冲击较深，片面强调市场的作用，宏观调控作用缺失。巴西在宏观经济政策方面的突出问题就是未能根据国家经济状况和就业情况的变化灵活进行调整。

改革措施：经济发展战略从经济增长优先转变为就业优先。2003年公布了"工业、技术和外贸政策指导方针"，将软件、半导体、医药中间体和资本货确定为优先发展的战略行业，给予企业税收、信贷、科研等方面的优惠政策。受益企业必须完成约定的出口目标，并且增加就业岗位，带动地区经济发展。

在经济开放政策方面，坚持出口导向型外贸战略，发展外向型经济，通过出口带动就业岗位的增加；以优惠的政策吸引外资，通过建立开发区在地域分布等方面进行引导；加强与国际金融机构的合作，并根据国内实际情况减少贷款，增强独立性。

改革政策效果显著，2004年巴西经济全面复苏，经常项目产生100亿美元的盈余，是国际收支统计体系自建立以来最好的记录。贸易额开始大幅增加，2003年首次成为世界十大贸易顺差国之一。经济发展促进了劳动市场的发展。

2. 产业结构方面

巴西工业体系建立的较早，第二产业发展迅速。但是片面强调工业的发展以及对外资的严重依赖，使农业和第三产业的基础薄弱，难以为第二产业提供有效的支撑。在世界经济危机的影响下，外资流入急剧减少，外债情况恶化，严重影响了产业的发展。巴西在80年代出现"逆工业化"现象，工业发展出现倒退，国民经济不得不依靠农业和第三产业来拉动。

巴西就业结构与产业结构发展不均衡，与类似于发达国家的"三二一"型的产业结构相对应的是"三一二"型就业结构，第一产业的就业比重是其产值比重的2倍，而第三产业较高的就业比重是非正规经济发展的结果，劳动者集中于传统服务业部门，从事现代服务业的比重较低。

改革措施：通过宏观政策引导，实行"新巴西计划"，增加工业生产的产品质量和品牌效应，增加出口。进行税收改革，减轻企业和出口部门的税费负担。2004年工业恢复较快增长，全年的工业产值增加了6.5%。

引导非正规经济的发展。非正规经济主要包括个体劳动者、微型企业和家庭服务，是解决农村劳动力城镇就业问题的主要部门，产值占

GDP 的 40%，就业比重达到 56%。政府引导非正规经济的发展方向，在城市为这些劳动者提供营业场所，提供税收优惠和信贷支持，并鼓励从事同种服务的劳动者建立行业协会，规范服务并保护自身的权益。

3. 发展信息产业，支持中小企业的发展

政策措施：巴西政府逐年增加对科技研究的投入，并鼓励私人企业增加研发费用。20 世纪 70 年代末，巴西实行发展高技术产业尤其是信息产业的一系列政策，引导资金流向信息和电信部门，积极发展计算机产业，并且重视传统经济部门和高科技产业的结合，将微电子和数字控制技术应用于传统制造业部门。20 世纪 90 年代，巴西软件业的出口额超过 5 600 万美元，从事 IT 业的劳动者达到 10 万人，其中进行科研工作占 10%。这极大的带动了相关产业的发展，提高了劳动者的就业水平，培养了大批的高科技人才，同时制造业产品的科技含量。

在鼓励中小企业发展方面，政府为企业提供信贷支持，由巴西银行、联邦储蓄银行等金融机构向其提供低息贷款。2000 年生效的《鼓励微小企业发展法》明确规定了在雇工、信贷、税收、社会保障资金和营业场所租金等方面对中小企业提供优惠。鼓励私人投资，简化新企业登记和进出口方面的手续。巴西每年的新增就业岗位中，有 95%都是中小企业创造的。

4. 平衡地区经济发展和解决城市化问题，引导劳动力合理流动

巴西地区发展不平衡，沿海经济发达人口稠密，内陆地区较少，城乡劳动力市场呈现二元化的特征。巴西农村劳动力转移的原因与中国不同，是政府对农业和农村发展不重视的结果。巴西土地高度集中，1%的农户占有 45%的土地，生产效率的提高使农民失去农业劳动的机会，没有收入来源又缺少社会保障的农民为建筑业和制造业所吸引，大规模涌入城市，造成巴西“过度城市化”。

改革措施：重新规划地区生产分布，在内地建设新的经济增长点。巴西政府在内陆地区兴建自由贸易区，通过减免税费、国民待遇等优惠政策吸引国际资本流入。如玛瑙斯自由贸易区的建立，带动了周围地区经济的发展，增加了就业岗位，引进了技术和管理经验，提高了劳动力

的技能水平，发展成为巴西第三大自由贸易区。这种地区发展战略，有利于引导劳动力流动的方向，平衡地区经济发展，增强内陆地区经济实力，减轻大城市和沿海地区的就业压力。

巴西解决城市化的问题，一方面从城市内部着手，引导非正规经济的发展创造就业机会，并且建立新的工业中心促进劳动力的转移；另一方面积极的改革农村经济体制，通过农业现代化和非农经济的发展治疗城市过度膨胀的问题，并通过劳务输出有效的解决农村剩余劳动力的就业问题。具体措施包括：

第一，推行土地改革政策，开发中部地区扩大耕地面积，为农民分配土地，还为中小农户提供补贴。20 世纪 90 年代推出新农业政策，通过增加投资、低息贷款、关税优惠等政策促进农产品出口，增加农民收入，保证就业与产值水平协调发展。

第二，通过国际劳动组织的资助，支持农业合作社的发展，增加就业岗位和农民的收入。2003 年，巴西有 1 624 个农业合作社，入社农民约 500 万，间接受益人口达到 1 500 万人。

第三，巴西通过税收、贷款等政策的支持，积极促进非农经济部门的发展。非农产业的发展，不仅繁荣了农村经济，为农业和农民提供了服务，而且创造了大量的就业机会，减少了农村劳动力外流，进而减轻了城市就业压力。20 世纪 90 年代，农村劳动人口外流减少了 900 万，在非农产业工作的劳动力占农村劳动力总数的 40%，近年还出现了农村劳动力回流的现象。

第四，巴西利用地缘优势和南方共同市场的相关条款，发展对外承包工程，向国外输出劳动力。巴西劳务输出的主体是农村劳动者，流动的方向主要是美国和拉美国家。这虽然没能在根本上解决贫困问题，但是减轻了当地的就业负担，也增加了劳动者的工资收入。

5. 收入差距问题和社会保障措施的改革

巴西收入分配严重不公平，在大城市随处可见贫民窟现象。1993 年约有 40%的人口收入水平在贫困线以下，20%的人口拥有 58.7%的国民收入；到 2002 年，全国没有土地的农民超过 2 000 万，放弃学业做童工的16岁以下的青年达到92万，城市的贫民窟生活着2/3的贫困人口。巴西基尼系数长期高于0.5。

无地或少地的农村劳动力在城市一旦失业就彻底失去生活来源，他们的技能水平不高，对工资的要求也较低。而企业管理者和专业技术工人的工资水平较高，享受的社会福利完善，在国企改革和外资流入的过程中又获得了大量的利润。收入差距不断扩大，贫困化和贫民窟现象严重。

改革措施：巴西自20世纪90年代开始推进社会保障改革，将反贫困作为社会政策的重点。国家对社会进行投资，1999年社会支出占国民经济总量的20%。2003年实行“零饥饿计划”，政府成立社会发展和消除饥饿部门以及政治协调秘书部，推广社会资助计划，如发放食品卡、食品券、奖学金等。削减社会保障基金赤字，尤其是公务员的养老金赤字，改革养老金制度。

此外，巴西还通过平衡地区发展，促进非农经济增长，普及教育增加培训等方式提高劳动者就业机会和劳动技能，增加工资收入，降低贫富差距。虽然巴西收入差距仍然较大，但是这些政策缓解了这种趋势的继续扩大。

6. 建立就业公共服务体系

政策措施：劳工部规定地方政府设立专门的就业中介机构，为劳动者和企业提供劳动力供求信息，推广“全国工作体系”。各级地方劳动局都专门成立了公共就业协会，建立人才网络系统，利用媒体和信息网络，为企业和劳动者建立起沟通的渠道，降低搜寻成本，增加就业。

作为补充政策，各级劳动部门还成立部门专门管理手工业等技术含量较低、就业人口较多的行业。出台专门适用于青年劳动者的政策，对青年创业给予低息贷款和培训，对于招聘没有工作经验的青年劳动者的企业给予补贴和税收优惠政策。

7. 教育和培训方面

巴西城镇教育普及度较高，但是农村人口的受教育程度普遍偏低。在巴西的历史上还曾经出现过抑制高等教育发展的情况，20世纪90年代限制联邦大学的发展，曾经冻结教师的工资并且减少研究基金，教育部倡导大学自理资金并且减少研究人员的数量，限制了高等教育的发展和科技的进步。

政策措施：巴西对基础教育进行大众化改革，强调对教育的投资，提高中小学的教育水平，并加强大学与企业之间的科技合作。20世纪90年代提出普及科学技术教育，在里约热内卢建立了拉丁美洲最大的科普网站“拉丁美洲和加勒比科学技术普及网”，包括了70多个科普中心，提高国民的知识水平。2000年文盲率为13.16%，低龄儿童就学率87%，基础教育在校生约3 580万，高等教育在校生190万人。

在职业培训方面，巴西国家社会福利局设立了劳工保障基金和扶持劳动者基金，为劳动者接受职业培训提供了资金上的保证。利用保障基金，劳工部推行“全国工人职业培训计划”，针对经济困难的劳动者，尤其是低收入、低学历、受社会歧视、长期失业和在职业中介系统中登记的人员以及享受公共政策照顾的劳动者进行职业技能培训，提高劳动者的技术水平，增加就业机会和收入水平。2003年巴西为该计划投资了5 200万雷亚尔，约12万人参加了培训，完成培训的大部分劳动者找到了合适的工作岗位。

虽然巴西对外部资金和技术的依赖以及贫富差距问题还没有得到有效的解决，但是政策调整对经济和劳动力市场的发展有良好的促进作用。

三、典型国家政策经验小结

如表18.3所示：

表18.3　典型国家的经验总结

政策措施	相同点	欧盟	韩国	巴西
宏观政策	宏观政策以增加就业为目标；发展外向型经济，重视出口的作用，建立经济开发区，积极吸引外资；建设基础设施和社会公共事业；进行税收改革；通过财政拨款、减免税收、信贷优惠等措施增加对就业的投入			

续表

政策措施		相同点	欧盟	韩国	巴西
产业发展		积极发展第三产业，重视新兴产业的发展；政府提供信用担保、税收优惠，鼓励私人投资	鼓励学校和科研部门向企业提供科研支持，将科研成果向全社会推广	灵活调整产业结构，发挥比较优势，由劳动密集型转变为资本密集型和技术密集型	重点发展信息产业，增加政府和私企的科研投入；将新技术应用于制造业，加强传统经济部门和高科技产业的结合
中小企业		鼓励新企业的建立，简化行政手续，提供咨询服务，帮助企业增加出口，提供资金方面的支持	组建工作组协调各国政策，消除社保中阻碍企业创建的因素	设立顾问机构和大学实验性课程，成为实习基地，改善工作环境；政府优先采购；提供融资支持；重视风险企业的发展	《鼓励微小企业发展法》，提供雇工、社会保障资金和营业场所租金方面的优惠；鼓励私人投资，简化进出口方面的手续
灵活就业		鼓励和引导各种形式的灵活就业，鼓励创业	鼓励创业和自我雇佣，实行弹性工作制度；实行劳工出租制，减少周工作时间；在高中课程中加入创业的内容	支持灵活就业	引导非正规经济发展，提供营业场所、税收优惠和信贷支持，鼓励建立行业协会
劳动力流动	国内（包括城市化问题）	引导劳动力流动，平衡地区发展	统一劳动力市场，打破成员国壁垒；各国劳动者享有同样地居住、工作和参加工会的权利，以及接受教育、培训和社会福利的权利；建立盟内工人的学历和职称制度；提供信息服务，进行语言培训，部分成员国采取过渡保护措施	人口分布计划控制人口过渡集中于大城市；限制首尔扩建和新建工厂，鼓励企业转移到其他城市；在经济欠发达地区建立工业中心；限制大学无序扩张	在内地建立自由贸易区，对外资减免税费、提供国民待业。引导非正规经济发展；通过农业现代化和非农经济的发展治疗过度城市化问题；推行土地制度改革、资助农村合作社发展、支持非农经济部门发展

续表

政策措施		相同点	欧盟	韩国	巴西
劳动力流动（续）	国际（流出）	劳务输出	低技能劳动力流出现象较少	积极开展各个领域的国际劳务合作，海外承包工程包括工程和技术密集型项目；对外输出低技能劳动力和技术人才；应对经济危机的临时政策，效果显著	发展对外承包工程，农村劳动力主要流向美国和拉美国家
	国际（流入）	限制低技能劳动力流入，吸引专业技术人才和高级管理人才	盟外国家的劳动力流入受到的限制很大，成员国的劳动力满足不了时才可以引进	通过产业研修制、雇佣许可制等引进外籍劳工，给予就业、劳动保障、最低工资标准的国民待遇；对高级人才推行出入境优惠卡制度，无签证配额	
教育和培训		提高教育和培训水平	利用社会保障资金发展就业培训，强制劳动者在失业期间参加技能培训；鼓励社会合作，建立终身学习体制	改变民众对职业教育的认识，建立教育体系，增强职业学院和普通教育之间的流动性；建立学分银行，鼓励终身学习；企业评估学校课程体系的实用性；改革技术资格认证标准	基础教育大众化改革，提高中小学教育水平，加强大学和企业的科技合作；普及科学技术教育，建立拉美最大的科普网站。建立劳工保障基金和扶持劳动者基金，推行全国工人职业培训计划
就业服务		发挥职业介绍所的作用，职业信息网络化	规范职业介绍机构的作用，引入私营职业介绍机构；企业将职位空缺情况和裁员信息提供给职介所；职介所建立失业人员档案，并在其求职期间提供培训	就业安全政策；在城市设立人才银行，在地方成立政府管理的每日就业中心；鼓励民办职业中介所，发挥市民团体和媒体的作用	各级地方政府设立专门的就业中介机构，成立公共就业协会，建立人才库；针对青年和低水平劳动者的补充政策

续表

<table>
<tr><th>政策措施</th><th>相同点</th><th>欧盟</th><th>韩国</th><th>巴西</th></tr>
<tr><td rowspan="2">社会保障制度</td><td rowspan="2">改革方向为促进就业，增加社会福利</td><td>限制事业救济金的发放条件，降低给付金额、缩短救济时间；实行工作适应性测试，强制参加就业或培训；限制公会的作用，改革工资体系</td><td>提高最低保障金额，延长事业救济支付时间</td><td rowspan="2">反贫困作为社会政策的重点，零饥饿计划，政府进行社会资助，改革养老金制度，削减社会保障赤字</td></tr>
<tr><td colspan="2">利用保障金为失业者提供职业介绍和技能培训；对增加就业岗位和提供培训的企业给予补贴</td></tr>
</table>

注：劳动力流动方面，将欧盟视为一个国家。

第十九章　针对我国的政策建议

根据前面篇章的理论和经验分析结果，本章我们将在本课题研究结论和借鉴国际经验基础上，结合我国的贸易发展、招商引资以及劳动力市场的发展状况及存在的问题，提出系统的应对措施和政策建议。我们认为无论发展对外贸易还是利用外资都要立足于中国的具体国情，发挥自己比较优势的同时还要充分考虑到对外开放对我国劳动力市场的影响及二者的互动关系，将对外开放政策和劳动力市场政策相结合，利用外需调整劳动供求关系，根据经济发展程度适当调整贸易结构以优化就业结构，合理引导外资流向并对外资进行管理，借鉴他国的经验进行劳动力市场制度变革，缓解对外开放对劳动力市场的冲击和压力。在整体宏观经济政策方面确立就业优先的目标，区域政策、产业政策、教育政策相配合，促进经济社会全面和谐发展。

第一节　贸易政策与引资政策

一、贸易政策

在全球化背景下，国际贸易规模的扩大和国际分工的细化决定了参与国际市场、发展对外贸易对我国经济发展的重要性。正是国际市场对劳动密集型产品的需求，成就了我国世界第三大贸易国的地位。我们应该高度重视对外贸易对扩大我国就业的积极作用，应该继续积极提升对外贸易水平，促进出口增长，降低对外贸易的成本，充分发挥对外贸易促进就业的积极作用。

（一）发展贸易与促进就业相结合，促进劳动力流动，提高劳动力市场一体化程度

改革开放以来，国际贸易通过减小地理障碍、交通障碍、信息障碍和制度障碍等因素增加劳动力在区域内和区域间的流动，大大促进了我国区域劳动力市场内部和区域劳动力市场之间的劳动力迁移。各个地区和区域之间商品市场的交流和合作频繁，带来了交通的便利和信息的顺畅，原来严格的户籍政策也在一定程度上出现了松动，推动了劳动力的跨地区流动和劳动力市场一体化程度的提高。此外，国际贸易还可能导致国内各地区的劳动力市场对本地区以外的劳动供需敏感性增加，从而促进我国劳动力市场的整合和一体化进程。我国应当继续促进国际贸易的发展，充分发挥国际贸易促进就业、推动劳动力流动和劳动力市场发展的积极作用。

（二）积极发展对外贸易，充分重视外部需求，合理调节劳动供求

虽然国内市场是拉动经济增长的重要支撑，但必须认识到，发展中国家经济发展过程中，外需在相当长的阶段所起的作用难以轻易被替代，同时闭关锁国的经济政策在经济全球化时代是行不通的，因此我国参与国际分工是历史的必然选择。国际分工和比较优势的理论告诉我们，我国依托劳动密集型产业和生产环节优势争取外部需求是正确的举措。我国是一个人口大国，在非熟练劳动丰裕和非熟练劳动密集型产品生产具有比较优势的同时，某些类型的熟练劳动也相对丰裕和廉价，因此也可以充分发挥某些技能劳动密集型产品生产的比较优势，依据比较优势开展对外贸易，可以增加对熟练劳动和非熟练劳动的需求。同时，适度引入国际贸易的竞争效应和技术溢出效应，优化劳动供给结构，提升我国劳动禀赋和人力资本积累。这样根据我国的具体国情积极发展对外贸易，利用国际贸易的就业促进效应可以适度缓解我国劳动力供求不平衡状况。

（三）优化贸易结构，改善就业结构

根据我们前面所做的关于贸易结构变化对就业结构影响的实证分析，可以认为，贸易结构变化主要体现为资本技术密集型部门贸易比重的上升和劳动密集型部门贸易比重的下降，因而对就业的不利影响主要体现在低技能劳动上，并导致就业结构出现熟练劳动偏向。贸易结构的变化对就业结构产生了偏向熟练劳动的影响，意味着我国非熟练劳动的就业压力有所增大。这需要我们在贸易结构调整中不可片面强调资本技术密集型部门扩张或抑制劳动密集型部门，同时贸易政策的制定要与产业政策相结合，鼓励服务业部门的迅速增长以吸纳更多的低技能劳动力，始终将就业目标视为发展政策制定和实施的重要考虑因素，此外对非熟练劳动群体增强社会保障也是刻不容缓的任务。

（四）通过发展国际贸易与国际并轨，加快劳动力市场制度变迁和完善

国际贸易的迅速发展，推动了我国加入了世界贸易组织（WTO）和国际劳工组织（ILO）等国际组织，国际劳工组织（ILO）通过国际劳工公约在世界范围内推行国际劳工准则，世界贸易组织（WTO）则通过社会条款推动国际劳工标准与贸易挂钩。中国作为国际社会和世界贸易的成员，必须以积极的态度应对国际组织在劳动者权益保护和劳动标准等方面的规定，进行劳动力市场制度改革。我国应当将贸易发展和由此带来的相关国际组织的标准和要求，作为推进劳动力市场发展和完善的外部催化剂。

（五）完善法律法规和社保体系，应对国际贸易对我国劳动力市场的压力

无论依据课题的理论研究还是相应的实证检验，都表明对外开放会加大我国的劳动力市场需求弹性，从而对劳动力市场产生较大压力。同时，沿海地区是我国对外开放程度最高的地区，其近年来的“用工荒”等现象充分反映出我国劳动力市场灵活性与稳定性的非良性互动关系。我国应该完善相关法规，防止企业将其所应承担的各种非工资劳动成本向工人转嫁，建立健全失业和低收入救济制度、完善社会保障体系，保

证宏观经济平稳较快增长，并注重对劳动密集型产业和企业的适当支持等，以更好地应对国际贸易对我国劳动力市场的冲击。

二、FDI 政策

（一）合理调整 FDI 的区位分布，缓解东部地区就业压力

由于不利的自然地理环境和经济条件落后等原因，与东部地区相比中、西部地区在吸引外商直接投资方面处于严重劣势。外商直接投资在东部沿海地区的集中，形成东部沿海地区的产业集聚，并使得企业的劳动就业也都集中在沿海地区，导致中、西部地区的劳动力大规模的进入东部地区寻找就业机会，加剧东部地区就业压力。这种就业区域分布的不均衡，加剧了东、中、西部地区经济发展差距，应适当加大对中、西部地区的政策扶植力度，进一步完善中西、部地区的基础设施建设，引导外商直接投资向中、西部地区转移，例如不仅给予具有吸引力的税收和土地使用权方面的政策优惠，而且要通过国家的财政转移支付，或直接给在中、西部地区投资的企业一定的补贴，资助或者奖励，以此引导外商直接投资向中、西部地区转移，解决我国就业的地区分布不均衡问题。

（二）合理引导 FDI 的产业布局，优化就业产业分布

坚持以劳动密集型产业和技术密集型产业利用外资并重，以劳动密集型扩大就业，以资本、技术密集型优化就业结构的政策。近一段时期以来我国引资似乎出现了一个明显的变化，就是大力倡导引进西方发达国家的外商直接投资，特别是跨国公司的投资。据统计，这些跨国公司的投资大多分布于资本，技术密集型行业。跨国公司的资本和技术密集型产业的投资有利于我国经济结构的改善，但其所创造的就业岗位有限，而且对劳动者素质要求很高，这对于优化我国就业结构具有重要意义。但从扩大就业角度来讲，我们应该对劳动密集型产业进行合理定位，继续把劳动密集型产业以及第三产业作为利用外商直接投资的重要领域以及今后政府政策的重点。

（三）注重引资质量，倡导公平竞争，减少内资企业熟练劳动力流失

根据前面篇章的研究，我们认为 FDI 流入可能导致其对我国本土企业产生的劳动资源竞争效应并进而对我国产业结构和在国际分工中的地

位产生影响，尤其体现在对熟练劳动资源的竞争。由此我国应在招商引资的过程中，除对向中、西部投资或向新兴行业节能行业等投资的跨国公司给予适当的政策扶植外，取消超国民待遇，引导公平竞争，以此缓解我国本土企业由于竞争实力不够强而导致竞争中缺乏技能劳动资源的现象。同时，调整地区政绩考核标准，更加注重外资的质量，鼓励自主研发和创新，避免将主要精力放在参与产品生产的加工工序从而导致在国际分工中地位和产业结构的不利地位难以得到有效改变。

（四）注重外资管理，完善社保体系，缓解劳动力市场压力

FDI 的大量流入在我国产生了明显的竞争促进效应，外资企业可能通过增加最终产品市场的需求弹性和推动劳动力要素与其他要素之间替代弹性升高等加大我国劳动力市场需求弹性。同时，在较为强势的资本压力之下，在实践中可能出现劳动力市场规制和就业保护立法或执法的放松，导致劳动力市场灵活性增加稳定性减弱。在这种形势下，我们应该强化对利用外资的管理，提高其对就业的社会责任要求，借鉴其他国家的经验，进一步完善社保体系，可以利用保障金为失业者提供职业介绍和技能培训，对增加就业岗位和提供培训的企业给予补贴等，以此缓解劳动力市场压力。

第二节　劳动力市场的相关政策

一、改革二元劳动市场，促进国内劳动市场一体化

二元户籍管理制度造成了分割的二元劳动力市场，使农民和城市居民在就业市场上地位不平等，这制约了农村人口向城市的转移，阻碍了劳动要素的最优配置，影响了我国的就业与经济发展。虽然近些年户籍制度进行了改革，但只是显著放松了高学历人口的自由流动，对低技能劳动力的流动仍然限制较多。有必要采取措施逐渐消除分割的二元劳动力市场。我们可以借鉴欧盟等国家和地区的经验，统一国内劳动力市场，打破地区壁垒，统一接受教育、培训和社会福利等，建立平等的城乡就

业准入制度。逐渐消除由于户籍制度造成的限制性和歧视性就业制度，取消针对农民工的不合理收费和证卡，降低农村劳动力进城务工的门槛，加快劳动力在地区之间、行业之间的自由流动。在就业进入制度的制定上，实行城乡统一的就业登记和用工管理制度，确保城乡居民在进入就业市场具有平等的地位。对户籍制度和地方行政政策进行改革，取消地区限制性政策，使外地务工人员在就业、生活方面与本地劳动者享受同等的待遇，减少流动成本，促进劳动力在市场调节下的自由流动。

二、增强劳动市场灵活性

由于二元经济的存在，中国的劳动力市场也可以分为两部分：一部分是以国有企业和政府机关为代表的正式单位，在这类单位中工人的雇佣和解雇均较为程序化和制度化；另一部分是以私营企业为代表的非正式单位，在这类单位中由于缺乏完善的人事制度，尽管近年来新劳动法的出台在一定程度上规范了这类单位的人事行为，但是在这类单位中工人的雇佣和解雇成本均较低。中国劳动力市场最大的特征正是在于这两部分的分割，非正式单位的员工非常难转入正式单位，因此尽管非正式单位的劳动力市场较为灵活，总体而言中国劳动力市场仍然是缺乏弹性的。虽然规范的劳动法体系有利于保障劳动者的利益，但是在中国现阶段，中国目前的劳动力政策应着眼于增加劳动力市场的弹性，其重点应当是改革国有企业和政府机关的人事制度。

除此之外，我们应当继续鼓励灵活就业。灵活就业的增加是劳动力市场发展的重要趋势。我国正处于工业化发展阶段，经济发展水平有限，低素质劳动力数量庞大。灵活就业作为促进就业的重要渠道，具有低成本的优势，因此要提高就业的灵活性来促进就业。鼓励劳动者通过非全日制、临时性、季节性、弹性工作等灵活多样的形式，进行自主创业、自谋职业和灵活就业，发展非正规劳动组织实现就业。政府或行业协会可以建立国有的劳务公司，专门向企业出租劳动力，解决企业生产高峰期对劳动力需求的暂时增加，创造工作岗位。通过这种方式增加劳动者的就业途径，提高就业率，降低就业风险，保护灵活就业者的权益。完善灵活就业方面的制度法规。我国政策对灵活就业的关注还不够，政策调整目标多集中在正规就业。应该将灵活就业纳入现有制度和法律体系的保护之中，不断完善制度，为灵活就业者提高法律保障，使之享有与稳定就业者相应的工资待遇和社会福利保障，保护灵活就业者的合法权益。

三、健全社会保障体系

提升劳动市场的灵活性也可能带来一定程度的就业不稳定。在开放经济条件下，随着劳动需求弹性的增加，劳动需求的冲击会带来更大的工资和就业波动，尤其是在工资向下调整存在黏性的情形下，负向需求冲击更多的反映在失业者的增加方面。因此，有必要加强我国失业保障体系的建设。重视城乡二元化的改革，加快完善城乡社会保障体系，扩大城镇职工基本养老保险、基本医疗保险和城镇居民基本医疗保险覆盖面，积极开展农村社会养老保险试点，制定农民工养老保险办法，切实保障农村贫困家庭。我国的社会保障体系尚未实现全国甚至省际层面的统筹，这严重地阻碍了劳动力的优化配置，应当研究和推出全国统一的社会保险关系转续办法。在就业保险中，除了支付给失业者的生活保障金之外，安排一定比例的金额作为就业服务体系和培训政策的资金来源。同时，根据通货膨胀率更新最低工资标准，保护劳动者的基本收入。通过健全社会保障体系，减少收入分配差距，维护社会公平。

四、发展就业服务体系

增加对积极劳动力市场政策的财政投入。积极的劳动力市场政策帮助失业者重返劳动力市场。政府要增加对就业培训的投入，从公益的角度为失业者提供有效的技能培训。重点建设覆盖全国的职业信息网络化系统，各级劳动部门、人才市场、私营中介、企业都要将所掌握的需求信息提供到网络化系统；建立失业人员档案和人才库，使劳动力供求双方随时掌握所需要的信息，减少信息不对称性。重视政府与私营机构的合作，提高就业服务工作的效率，鼓励企业将招聘信息反映到网络化系统中，通过专业机构进行人员招聘。完善税收优惠政策，鼓励企业吸收失业人员，鼓励失业人员自主创业。改革各层级的人才市场，注重对日常就业信息的收集和社会培训质量的改进。加强对私营机构的监管，防止乱收费、虚假就业信息等现象的产生。

五、合理提升劳动者地位

与资本等要素所有方相比，劳动要素的所有方在讨价还价中处于弱势地位。近年来，我国劳动的收入份额不断下降，这反映了劳动要素所有者的相对地位在不断下降。第十五章的研究也表明，开放导致了劳动需求弹性上升，这意味着劳动供给方的地位相对削弱，劳动需求冲击将带来更大的工资和就业波动。因此有必要提升劳动者的地位。需要注意的是，劳动者地位的提升能带来工资的上升和劳动的收入份额的提高这一命题，仅仅适用于封闭经济。在我们所处的开放经济中，资本是可以跨国流动的，如果企业的经营成本过高，企业会选择搬迁到成本更低的国家去。这样，劳动者地位的提升不一定会提高劳动的收入份额。特别是在中国，劳动密集型中小企业和外商直接投资企业吸纳了大量就业，在制定政策时，更是应当考虑到这一点。所以，提升劳动者的地位也要适度，要兼顾企业的生存与发展，否则，可能得不到所希望的效果。以最低工资标准的设定为例，这是保护劳动者权益的重要措施，但其设定必须与我国现阶段的国情相适应，否则过高的最低工资标准会增加企业的负担，进而影响到就业与经济发展。

第三节　其他相关政策

一、宏观经济政策

建立以就业为目标的宏观经济政策，在财政、货币、收入等经济调节政策的使用中，坚持就业优先，通过增加就业带动经济增长。将扩大内需作为经济发展的长远方向，在坚持外向型发展战略吸引外资扩大出口的同时，充分重视内需对就业的拉动作用。与受国际经济形势影响较大的外部需求相比，中国国内需求的发展潜力更大，市场稳定性更高，其发展壮大不仅有利于缓解就业压力还可以提高国民福利。

二、区域经济政策

根据各地区的比较优势和经济发展的基础，建立地区发展战略。东部地区经济发展水平较高，可以增加资金投入，生产附加值较高的产品，引导产业过渡到资本、技术密集型；中西部地区劳动力资源丰富、经济欠发达，可以将东部地区的劳动密集型产业转移过来，完善相关基础设施建设，提供适当的优惠政策吸引外资，促进区域间经济平衡发展和就业合理布局，缓解东部地区产业过度集聚、就业过度集中的现状。进行相应的户籍政策和社会保障政策改革，打破地区间的流动壁垒，给予外地劳动者同等的就业服务和福利保障，保障外来劳动力的权益，在市场的调节下促进劳动力在区域间的流动。

三、产业政策

资本密集型的重工业和技术密集型的高科技企业能够反映一个国家的经济实力，具有重要的战略意义。我国作为一个大国应当利用其规模经济优势来发展资本密集型和技术密集型行业。然而，资本密集型和技术密集型行业吸纳的就业非常有限，作为一个劳动资源充裕的国家，劳动密集型行业的意义十分重要，我国仍然要靠劳动密集型行业来为剩余劳动力提供就业岗位。因此现阶段仍需高度重视劳动密集型产业的发展，并对劳动密集型产业进行合理定位。利用技术改造与文化渗透促进劳动密集型产业向纵深发展，在增加附加值的同时，不减少劳动力的需求。此外，应当协调劳动密集型行业、技术和资本密集型行业的发展。根据比较优势的变化情况，灵活调整产业发展政策，增加资本和技术的有效投入，优化产业结构，积极发展第三产业，尤其是现代服务业。特别需要注重在产业结构优化的过程中不能以牺牲就业为代价。

四、教育政策

从前面篇章的研究结果我们还发现我国存在熟练劳动力相对稀缺、非熟练劳动供给相对过剩、劳动力结构亟待升级和劳动力市场压力大等问题，这需要我国改革教育体制，发展职业教育，重视培训对人力资本提升的作用。改变民众传统的就业理念，提高技术工人的地位；改革基础教育体制，建立职业教育体系，将高中纳入义务教育体系中，强制接受义务教育；对高中的课程进行改革，增加能力培养的课程；改革大学和职业学院的课程体系，使其具有为经济和产业发展服务的实用性；增加学生实习的时间，积累社会工作经验，将学历型教育变为能力型培养，将理论知识的学习转化为理论技能的实践；建立学分和职业技术认证体系，实行网络化管理，鼓励终身学习；将培训所获得的技能学分作为再就业时企业参考的主要因素之一，鼓励企业对员工进行培训，对有定期培训行为的企业给予政策支持，如信贷优惠、税收优惠等；规定外企最低培训时间，将其作为获得其他优惠政策的前提条件；政府可建立培训基金，专门用于支持失业人员再培训等措施，切实提高劳动者技能，增加熟练劳动比例，促进就业结构优化，缓解劳动力市场压力。

五、收入分配政策

前面篇章的研究表明，国际贸易虽然具有促进我国工业部门劳动收入份额上升的效应，但国际贸易总体上有增大我国行业间同质劳动收入差距的作用，同时具有扩大我国工业部门熟练劳动与非熟练劳动工资差距的效果，存在加大我国收入分配差距的作用。因此我国在开放之下的经济发展过程中有必要高度重视收入分配问题，并通过收入分配政策维护社会公平，减少收入分配差距。具体而言，需要限制行业垄断程度，调控不同行业之间的收入差距；通过法规制度保护提高劳动者在收入分配中的讨价还价能力；进一步完善有关最低工资标准，并可以根据通货膨胀适时适度更新最低工资标准；提高劳动在初次分配中的比例，保护劳动者的基本收入；将灵活就业方式纳入到就业指导的范畴，使之享有与稳定就业者相应的工资待遇和社会福利保障；适度提高个人所得税起征点，保障低收入群体的工资收入等措施来提高劳动收入份额。

参考文献

[1] Acemoglu, D. Labor-and Capital-Augmenting Technical Change [J]. *Journal of the European Economic Association*, 2003 (1): 1-37

[2] Acemoglu, D. Technical Change, Inequality, and the Labor Market [J]. *Journal of Economic Literature, American Economic Association*, 2002, vol. 40 (1): 7-72

[3] Acemoglu, D. Why do new technologies complement skills? Directed technical change and wage inequality [J]. *Quarterly Journal of Economics*, 1998 (2): 1-30

[4] Acora, P., and Hewings, Geoffrey J. D. Migration and Regional Labor Market Adjustment: Chile 1977-1982 and 1987-1922 [J]. *The Annals of Regional Science*, 2002 (36): 197-218

[5] Addison, J. T., Schnabel, C., and Wagner, J. The (Parlous) State of German Union [J]. *Journal of Labor Research*, 2007, 28 (1): 3-18

[6] Ammermueller, A., & Lucifora, Claudio, & Origo, Federica, & Zwick, Thomas. Still Searching for the Wage Curve: Evidence from Germany and Italy. IZA Discussion Paper, No. 2674, 2007 (3)

[7] Arellano, M., and Bond, S. Some Tests of Specification for Panel Data: Monte Carlo Evidence and an Application to Employment Equations [J]. *The Review of Economic Studies*, 1991 (58): 277-297

[8]Arellano, M., and Bover, O. Another Look at the Instrumental Variable Estimation of Error-Components Models [J]. *Journal of Econoetrics*, 1995 (68): 29-52

[9]Armington, Paul S. A Theory of Demand for Products Distinguished by Place of Production. *IMF Staff Papers*, 1969 (16): 159-176

Arpaia, A., Pérez, E., and Pichelmann, K. Understanding Labour Income Share Dynamics in Europe [J]. *Economic Papers*, 2009: 379

[10]Avalos, A., and A. Savvides. The manufacturing wage inequality in Latin America and East Asia: Openness, technology transfer and labor supply [J]. *Review of Development Economics*, 2006 (4): 553-576

[11]Baldwin, Richard E. Core-periphery Model with Forward-looking Expectations [J]. *Regional Science and Urban Economics*, 2001 (31): 21-49

[12]Baldwin, Richard E., & Forslid, R., & Martin, P. *et al*. *Economic Geography and Public Policy* [M]. Princeton University Press, 2003

[13]Bell, Brian D., and Pitt, Michael K. Trade Union Decline and the distribution of wages in the UK: Evidence from Kernal Density Estimation. Oxford Bulletin of Economics and Statistics, Department of Econmics, University of Oxford, 1998, vol. 60 (4): 509-528

[14]Bentolila, S., and Saint-Paul, G. Explaining Movements in the Labor Share [J]. *Contributions to Macroeconomics*, 2003. 3, article 9

[15]Berman, E., Bound, J., and Grilicher, Z. Changes in the demand for skilled labor within U.S. manufacturing industries: evidence from the annual survey of manufacturing. NBER Working Paper, No. 1050. 1993

[16]Bernard, A., and Jensen, J. Exceptional exporters performance: cause, effect or both? [J]. *Journal of International Economics*, 1999 (47): 1-25

[17]Bhagwati, Jagdish, & Dehejia, Vivek H. Free Trade and Wages f the Unskilled: Is Marx Striking Again? In Bhagwati, Jagdish, and Kosters, Marvin H. (eds.). *Trade and Wages*: *Leveling Wages Down*? Washington:

American Enterprise Institute, 1994

[18]Bin, Xu, and Wei, Li. Trade, Technology, and China's Wage Inequality, mimeo, China Europe International Bussiness School, 2007

[19]Blundell, R., and Bond, S. Initial conditions and Moment Restrictions in Dynamic Panel Data Models [J]. *Journal of Economitrics*, 1998, 87 (1): 115-143

[20]Boeri, T., and Garibaldi, P. Two Tier Reforms of Employment Protection: A Honeymoon Effect? Mimeo, 2006

[21]Bojas, George J., & Freeman, Richard B., & Katz, Lawrence F., Dinardo, John, and Abowd, John M. How Much do Immigration and Trade Affect Labor Market Outcomes? [J] *Brookings Papers on Economic Activity*, 1997 (1): 1-90

[22]Boyle, G., and Pauline, M. Trade and technological explanations for changes in sectoral labour demand in OECD economies [J]. *Applied Economics*, 2002 (34): 617-635

[23]Braunerhjelm, P., and Svensson, R. Agglomeration in the geographical location of Swedish MNEs. In: Braunerhjelm, P., Ekholm, K. (Eds.). *The Geography of Multinational Firms*. Kluwer Academic Publishers, 1998

[24]Campbell, John Y. Inspecting the Mechanism: An Analytical Appreoach to the Stochastic growth Model [J]. *Journal of Monetary Economics*, 1994 (44): 463-506

[25]Chenery, Hollis B., and Strout, Alan M. Foreign Assistance and Economic Development [J]. *The American Economic Review*, 1966 (9): 679-733

[26]Deardorff, A. U. Effects of Trade Liberalization on the Members of a Common Market: A Lumpy Country Analysis. Working Paper, No. 354. Research Seminar in International Economics, University of Michigan. 1994

[27]Dinardo, John, & Fortin, Nicole, & Lemieux, Thomas. Labor Market Institution and the Distribution of Wages, 1973-1982: A Semiparametric

Approach. *Economitrica*, 1996 (64): 1001-1004

[28]Dinopoulos, E., Syopoulos, C., and Xu, B. Intra-Industry Trade and Wage Income Inequality, mineo, University of Florida, 2001

[29]Dixit, A. K., and Stiglistz, J. E. Monopolistic Competition and Optimum Product Diversity [J]. *The American Economic Review*, 1977 (67): 297-308

[30]Downes, Andrew, & Gomez, Rafael, & Gunderson, Morley. The Two-way Interaction Between Globalization and Labour Market Policies [J]. *Oxford Development Studies*, 2004 (3): 135-152

[31]Enright, Michael J. Regional Clusters and Multinational Enterprises [J]. *International Studies of Management & Organization*. Summer 2000 (30): 114-130

[32]Ethier, Wilfred J. National and International returns to Scale in the Modern Theory of International Trade [J]. *American Economic Review*, American Econpmic Association, 1982, vol. 72 (3): 389-405

[33]Faini. Increasing returns, migrations and convergence [J]. *Journal of Development Economics*, 1996 (49): 121-136

[34]Feenstra and Hanson. Globalization, Outsourcing, and Wage Inequality [J]. *American Economic Review*, 1996 (86): 240-245

[35]Feenstra, and Hanson. The Impact of Outsourcing and High Technology Capital on Wage: Estimates from United States, 1979-1990 [J]. *Quarterly Journal of Economics*, 1999 (114): 907-941

[36]Feenstra. Foreign direct investment and relative wages: Evidence from Mexico's maquiladoras [J]. *Journal of International Economics*, 1997 (42): 371-393

[37]Fernando, Alexandre, & Pedro, Bacao, & Joao, Cerejeira, & Migual, Portela. Employment, Exchange rates and Labor Market Rigidity. NIPE Working Papers, 2/2010. NIPE－Universidade do Minho

[38]Frankel, Jefrey A., and Romer, David. Does Trade Causes Growth?

[J]. *The American Economic Review*, 1999 (6): 379-399

[39] Fujita, M., Krugman, P., and Venables, A. J. *The Spatial Economy: Cities, Regions, and International Trade*. MIT Press, 1999

[40] Fukao, K., and Benabou, R. History Versus Expectations: A comment [J]. *Quarterly Journal of Economics*, 1993 (108): 535-542

[41] Ghatak, S., Levine, P., and Price, S. W. Migration Theories and Evidence: An Assessment [J]. *Journal of Economic Surveys*, 1996 (10): 159-197

[42] Glickman, Norman J., and Woodward, Douglas P. *The New Competitors*: *How Foreign Investors Are Changing the U. S. Economy.* Basic Books, Inc. New York, 1989

[43] Gollin, D. Getting Income Shares right [J]. *Journal of Political Economy*, 2002, 110(2): 458-74

[44] Gordon, R. Where Did the Productivity Growth Go? NBER Working Paper, No. 11842. 2005

[45] Guillaumount, P. *Economie du developpement*, Tome 2. Paris: Presses Universitaires de France, 1985

[46] Hafner, Kurt. *Industrial Agglomeration and Economic Development*. 2004

[47] Hamermesh. *Labor Demand*. Princeton University Press, Princeton, 1993

[48] Hanson, Harrison. Trade liberalization and wage inequality in Mexico [J]. *Journal of Development Economics*, 1999 (52): 271

[49] Harrigan, James. International Trade and American Wages in General Equilibrium, 1967-1995. In Feenstra, Robert C. (ed.). *The Impact of International Trade on Wages*. Chicago: University of Chicago Press, 2000

[50] Harris, John R., and Todaro, Michael P. Migration, Unemployment and Development: A Two-Sector Analysis. *American Economic Association*, 1970 (60): 126-142

[51] Harrison, A. E. Has Globalization Eroded Labor's Share? Some Cross-Country Evidence. UC Berkeley and NBER Working Paper. 2002

[52] Hasan, Mitra, Ramaswamy. Trade Reforms, Labor Regulations and Labor-Demand Elasticities: Empirical Evidence from India. NBER Working Paper, No. 9879. 2003

[53] Heckman, James J. What Has Been Learned About Labor Supply in the Past Twenty Years? [J] *American Economic Review*, 1993 (83): 116-121

[54] Hendry, D. F., and Ericsson, N. R. *Understanding Economic Forecasts*. Cambridge, Mass: MIT Press, 2001

[55] Hicks, J. *The Theory of Wages*. London: MacMillan, 1972

[56] Hsieh, Chang-Tai, and Woo, Keong T. The Impact of Outsourcing to China on Hong Kong's Labor Market [J]. *American Economic Review*, 2005, 95 (5): 1673-1687

[57] Hu, Dapeng. Trade, Rural-Urban Migration, and Regional Income Disparity in Developing Countries: A Spatial General Equilibrium Model Inspired by the Case of China [J]. *Regional Science and Urban Economics*, 2002 (32): 311-338

[58] Jansen, K. The Macroeconomic Effects of Direct Foreign Investment: The Case of Thailand [J]. *World Development*, 1995 (23): 193-210

[59] Jorgenson, D. W. Surplus Agricultural Labour and the Development of a Dual Economy [J]. *Oxford Economic Papers*, 1967

[60] Jorgenson, D. W. The Development of a Dual Economy [J]. *Economic Journal*, 1961 (71): 309-334

[61] Juhn, C., and Murphy, K. Wage Inequality and Family Labor Supply [J]. *Journal of Economices*, 1997 (15): 72-97

[62] Katz, L. F., and Murphy, K. M. Changes in Relative Wages, 1963-1987: Supply and Demand Factors [J]. *Quarterly Journal of Economics*, 1992 (107): 35-78

[63]Kearney, I. Estimating the demand for skilled labour, unskilled labour and clerical workers: a dynamic framework, ESRI mimeo, Dublin. 1998

[64]Koeniger, Winfried, & Leonardi, Marco, & Nunziata, Luca. Labor Market Institutions and Wage Inequality. IZA Discussion Papers 1291. Institute for the Study of Labor (IZA). 2004

[65]Koeniger, Winfried, and Prat, Julien. Employment Protection, Product Market Reguation and Firm Selection [J]. *The Econpmic Journal*, 2007, vol. 117, Issued 521: 302-332

[66]Krishna, Mitra, and Chinoy, Trade Liberalization and Labor Demand Elasticities: Empirical Evidence From Turkey. [J] *Journal of International Economics*, 2001 (55): 391-409

[67]Krugman, Paul, and Livas Elizondo, Raul. Trade Policy and the Third World Metropolis [J]. *Journal of Development Economics*, 1996 (49): 137-150

[68]Krugman, Paul. Increasing Returns and Economic Geography [J]. *The Journal of Political Economy*, 1991 (99): 483-499

[69]Krugman, Paul. Increasing Returns, Monopolistic Competition and International Trade [J]. *Joumal of International Economics*, 1979 (9): 469-479

[70]Krugman, Paul. Technology, Trade and Factor Prices [J]. *Journal of International Economics*, 2000, 50 (1): 51-72

[71]Krugman, Paul. Trade and Wages, Reconsidered, mimeo, Brooking Institute, Spring Meeting. 2008

[72]Lee, E. S. A Theory of Migration [J]. *Demography*, 1966 (3): 47-57

[73]Lewis, W. A. Economic Development with Unlimited Supply of Labour [J]. *The Manchester School of Economic and Social Studies*, 1954 (47): 139-191

[74] Li, Haizheng, and Zax, J. Labor Supply in Urban China [J]. *Journal of Comparative Economics*, 2003 (31): 795-817

[75] Lipsey, Robert E., and Sjoholm, Fredrik. Foreign Direct Investment and Wages in Indonesian Manufacturing. NBER Working Paper, No. 8299. Issued in May 2001

[76] Liu. Earnings, Education, and Economic Reforms in Urban China [J]. *Economic Development and Cultural Change*, 1998 (46): 697-725

[77] Lucas, R. E. B., and Stark, O. Migration, Remittances, and the Family [J]. *Economic Development and Cultural Change*, 1988 (36): 465-481

[78] Lucas, R. E. B., and Stark, O. Motivations to Remit: the case of Botswana [J]. *Journal of Political Economy*, 1985 (93): 901-918

[79] Luger, M., and Shetty, S. Determinants of Foreign Plant Start-ups in the United States: Lessons for Policy Makers in the Southeast. *Vanderbilt Journal of Transnational Law*, Spring, 1985: 223-245

[80] Machin, S., Ryan, A., and van Reenen, J. Technology and changes in skill structure: evidence from an international panel of industries, CEP, LSE Discussion Paper, No. 4. 1996

[81] Magnani, M. Labor Share Dynamics: A Survey of the Theory? Working Papers from Department of Economics, Parma University (Italy), No 2009-EP07. 2009

[82] Mehmet, Tavakoli. Does Foreign Direct Investment Cause a Race to the Bottom? [J] *Journal of the Asia Pacific Economy*, 2003, 8 (2): 133-156

[83] Michiewicz, T., & Radosevic, Slavo, & Varblane, Urmas. Foreign Direct Investment, Structures of Employment, and Job Creation in Central Europe During Economic Recovery (1993-1996). University of Tartu, Faculty of Economics and Business Administration, 2000

[84] Mincer, Jacob. *Labor Force Participation of Married Women: Aspects of Labor Economics* [M]. Princeton University Press. 1962

[85]Morel, L. A Sectoral Analysis of Labor's Share of Income in Canada. Working Paper of Research Department Bank of Canada. 2005

[86]Murphy, Kevin M., and Welch, Finis. The Roe of International Trade in Wage Differentias. In Kosters (ed.). *Workers and Their Wages: Changing Patterns in the United States*. Washington, D.C.: The American enterprise Institute Press, 1991. pp. 39-69

[87]Nachum, Lilach, and Keeble, David. MNE Lingkages and Localised Clusters: Foreign and Indigenous Firms in the Media Cluster of Central London [J]. *Journal of International Management*, 2003 (9)

[88]Pencavel, John. Labor Market Under Trade Unionism: Employment, Wages, and Hours. *Industrial Relations Journal*, 1991

[89]Piketty, T. and Saez, E. Income, wage and wealth inequality in the United States, 1913-02. In Atkinson, Anthony B., and Piketty, Thomas (eds.). *Top Incomes over the Twentieth Century: A Contrast between continental Eurpean and English Speaking countries.* Oxford and New York: Oxford Unversity Press, Oxford. 2007

[90]Piketty, Thomas. Top Incomes over the Twentieth Century: A summary of Main Findings. In Atkinson, Anthony B., and Piketty, Thomas (eds.). *Top Incomes over the Twentieth Century: A Contrast between continental Eurpean and English Speaking countries.* Oxford and New York: Oxford Unversity Press, 2007. pp. 1-17

[91]Poncet, S., and Zhu, N. Globalization, Labor Market and Internal Migration: Evidence from China. Finland: Paper for the 43rd European Congress of the Regional Science Association. 2003

[92]Prasad, Eswar, and Wei, Shang-Jin. The Chinese Approach to Capital Inflows: Patterns and Possible Explanations. NBER Working Paper, No. 11306, National Bureau of Economic Research, Inc., 2005

[93]Puga. The rise and fall of regional inequalities [J]. *European Economic Review*, 1999 (43): 303-334

[94] Ranis, G., and Fei, J. C. A Theory oi Economic Development [J]. *The American Economic Review*, 1961 (51): 533-565

[95] Raul Livas Elizondo, Paul Krugman. Trade Policy and the Third Metropolis. NBER Working Paper, No. 2238. 1992

[96] Ravenstein, E. G. The Laws of Migration [J]. *Journal of the Royal Statistical Society*, 1889 (52): 241-305

[97] Ravn, Morten O., and Uhlig, Harald. On Adjusting the Hodrick — Prescott Filter for the Frequency of Observations [J]. *The Review of Economics and Statistics*, MIT Press, 2002, vol. 84 (2): 371-375

[98] Redding, S., and Venables, A. J. Economic Geography and International Inequality [J]. *Journal of International Economics*, 2004, 62 (1): 53-82

[99] Robbins, L. On the Elasticity of Demand for Income in Terms of Effort [J]. *Economica*, 1930 (29): 123-129

[100] Robertson and Raymond. Wage Shocks and North Amertican Labor-Market Integration [J]. *American Economic Review*, 2009, 90 (4): 742-764

[101] Rodrik. *Has Globalization Gone Too Far?* Institute for International economics, Washington, D. C., 1997

[102] Scheve, Slaughter. Economic Insecurity and the Globalization of Production [J]. *American Journal of Political Science*, October 2004, 48 (4): 662-674

[103] Schiff, M. Labor Market Integration in the Presence of Social Capital. The World Bank Working Paper. 1999

[104] Schiff, M. Trade Policy and International Migration in the Short and the Long Run [J]. *Revued' Economie du Developpement*, 1995 (1): 3-25

[105] Schiff, M. Trade, Migration and Welfare: The Impact of Social Capital. The World Bank Working Paper. 1998

[106] Schultz, T. W. Migration: An Economist's View. In Micneill, W.

H., and Adams, R. S. *Human Migration: Pattern and Policies*. London: Indiana University Press, 1978: 375-386

[107] Sebastian Galiani, Pablo Sanguinetti. The Impact of Trade Liberalization on Wage Inequaliry: Evidence from Argentina [J]. *Journal of Development Economics*, 2003 (72): 497-513

[108] Shang-Jin Wei, Yi Wu. Globalization and Inequality: Evidence from within China. NBER Working Paper，No. 8611. 2001

[109] Sjaastad, L. A. The Costs and Returns of Human Migration [J]. *The Journal of Political Economy*, 1962 (70): 80-93

[110] Slaughter, M. International trade and labor-demand elasticities. NBER Working Paper, No. 6262. 1997

[111] Slaughter. International Trade and Labor-Demand Elasticities [J]. *Journal of International Economics*, 2001 (54): 27-56

[112] Stark, O. *The Migration of Labor*. Oxford: Basil Blackwell, 1991

[113] Stark, O. Urban-to-rural Remittances in Rural Development [J]. *Journal of Development Studies*, 1980 (16): 369-374

[114] Stark, O., and Levhari, D. On Migration and Risk in Less Dveloped Countries [J]. *Economic Development and Cutural Change*, 1982 (31): 191-196

[115] Stolper, Wolfgang F., and Samuelson, Paul A. Protection and Real Wages [J]. *The Review of Economic Studies*, 1941: 58-73

[116] Tan, H. Technological Change and Skills Demand: Panel Evidence from Malaysian Manufacturing, Working Paper, the World Bank Institute. 2000

[117] Thompson, Edmund R. Clustering of Foreign Direct Investment and Enhanced Technology Transfer: Evidence from Hong Kong Garment Firms in China. *World Development*, 2002 (30): 873-889

[118] Todaro, M. P. A Model of Labor Migration and Urban Unemployment in Less Developed Countries [J]. *American Economic Association*, 1969(59):

138-148

［119］Turner, Philip, and Dack, Josef van't. Measuring International Price and Cost competitiveness. BIS Economic Paper, 1993, No. 39, BIS, Basle

［120］Williams, David. Explaining Employment changes in Foreign Manufacturing Investment in the UK [J]. *International Business Review*, 2003 (12): 479-497

［121］Williams, David. The Employment Impact of Foreign-owned Firms in the UK. University of Derby, Economics Division Discussion Paper. 2000

［122］Wood, A. The Factor Content of North-South Trade in Manufactures Reconsidered [J]. *Weltwirtschaftliches Archiv*, 127, 1991:719-743

［123］Wu, Xiaodong. Foreign direct investment, intellectual property rights, and wage inequality in China [J]. *China Economic Review*, 2001 (11): 361-384

［124］Ying Ge. The Effect of Foreign Direct Investment on the Urban Wage in China: An Empirical Examination [J]. *Urban Studies*, 2006 (9): 1439-1450

［125］Zhao, Yaohui. Foreign direct investmentand relativewages: The case of China [J]. *China Economic Review*, 2001, 12(1): 40-57

［126］Zhu, Nong. The Impacks of Income Gaps on Migration Decisions in China [J]. *China Economic Review*, 2002 (13): 213-230

［127］Zhuang, Hong. Foreign Direct Investment and Human Capital Accumulation in China [J]. *Journal of Chinese Economics and Finance*, Issue 3, 2011: 28-37

［128］敖荣军．制造业集中、劳动力流动与中部地区的边缘化．南开经济研究，2005（1）

［129］巴尔［英］著．郑秉文译．福利国家经济学：对中国社会保障制度建设的一些建议．国外社会科学，2002（3）

［130］白重恩，钱震杰．国民收入的要素分配：统计数据背后的故事．经济研究，2009（3）

[131]包群，邵敏，Jack Hou．企业出口是否提高了员工收入？基于制造业微观数据的经验研究．经济研究，2011（9）

[132]包群，邵敏．出口贸易与我国的工资增长：一个经验分析．管理世界，2010（9）

[133]蔡昉，都阳．我们需要什么样的劳动力市场制度．吉林大学学报，2005（5）

[134]蔡昉，王德文．外商直接投资与就业——一个人力资本分析框架．财经论丛，2004（1）

[135]陈才兴．“二战后”巴西与韩国工业化发展道路比较研究．中国拉美史研究会济南年会论文．2007（9）

[136]陈晓红，李武珍．劳动力流动与中东部就业替代研究．现代商贸工业，2009（4）

[137]陈仲常，臧新运．农村劳动力转移的区域差异与跨区流动度的估量．经济问题，2006（1）

[138]程培堽．FDI 对国内投资挤出（入）效应研究——来自中国的经验．2008 年博士学位论文．中国优秀博硕学位论文全文数据库

[139]戴枫．贸易自由化与收入不平等——基于中国的经验研究．世界经济研究，2005（10）

[140]邓传军，李轩．FDI 对我国就业结构效应的理论分析．时代经贸，2007（11）

[141]丁纯．欧盟劳动力市场的困境、成因与改革．国际经济评论，2006（11）

[142]丁仁船．宏观经济因素对中国城镇劳动供给的影响[J]．中国人口科学，2008（3）

[143]丁仁船．转型时期中国城镇劳动供给影响因素研究．（上海）华东师范大学 2007 年博士论文

[144]都阳．贫困地区农户与非农户工作的决定因素研究．农业技术经济，1999（8）

[145]都阳．影子工资率对农户劳动供给的影响——对贫困地区农户

劳动力配置的经验研究. 中国农村观察，2000（9）

[146]俄林. 区际贸易与国际贸易. 北京：华夏出版社，2008

[147]樊纲.扩大内需关键在于解决收入结构失调.价格与市场,2009（9）

[148]范爱军. 中韩劳务合作的互补性与政策推进. 理论学刊，2005（7）

[149]范剑勇，朱国林. 中国地区差距的演变及其结构分解. 管理世界，2002（7）

[150]范剑勇，王立军，沈林洁. 产业集聚与农村劳动力的跨区域流动. 管理世界，2004（4）

[151]范剑勇.市场一体化地区专业化与产业集聚趋势——兼谈对地区差距的影响. 中国社会科学，2004（11）

[152]傅娟. 中国垄断行业的高收入及其原因：基于整个收入分布的经验研究. 世界经济，2008（7）

[153]盖文启，王缉慈. 论区域的技术创新型模式及其创新网络——以北京中关村地区为例. 北京大学学报（哲学社会科学版），1999（5）

[154]郭继强. 农民劳动供给行为的统一性解读. 经济学家，2008（3）

[155]郭继强.中国城市次级劳动力市场中民工劳动供给分析[J].中国社会科学，2005（5）

[156]国家人口和计划生育委员会流动人口服务管理司.中国流动人口发展报告（2010）. 北京：中国人口出版社，2010

[157]何先平，陈硕，韩丹. 基于协整理论的 FDI 对我国就业的影响分析和实证检验. 长江大学学报，2008（9）

[158]何雄浪. 专业化产业集聚、要素流动与区域工业化——克鲁格曼中心——外围模型新发展. 财经研究，2007（2）

[159]何璋，覃东海. 开放程度与收入分配不平等问题——以中国为例. 世界经济研究，2003（2）

[160]贺灿飞，魏后凯. 信息成本、集聚经济与中国外商投资区位. 中

国工业经济，2001（9）

[161]华丹，李黎．韩国职业教育改革及成功经验．视野，2006（5）

[162]黄春梅．西方发达国家劳动就业政策的比较研究及其启示．求实，2005（4）

[163]黄惠萍，朱金生，柳云．论外商直接投资对中国就业结构的影响．经济与管理，2006（1）

[164]黄先海，徐圣．中国劳动收入比重下降成因分析．经济研究，2009（7）

[165]黄燕．入世后我国就业问题的变化研究．江西财经大学 2002 年硕士学位论文

[166]江小涓．吸引外资对中国产业技术进步和研发能力提升的影响．[167]国际经济评论，2004（4）

[168]姜岩．跨国公司对华直接投资区位选择战略研究与借鉴．人文杂志，2003（3）：109～111

[169]金剑．我国人口劳动力参与影响因素的实证分析（1978～2000年）．河北经贸大学学报，2004（3）

[170]金玉国，宋廷山．所有制垄断因素对转型时期行业劳动力价格的影响．理论探索，2002（7）

[171]金玉国，王晓红．我国行业工资差异之演进及其原因．经济管理，2001（3）

[172]金玉秋．2008～2020 年我国劳动力供给与需求预测．统计与决策，2009（6）

[173]孔德威．劳动就业政策的国际比较研究．北京：经济科学出版社，2008

[174]孔泾源．中国劳动力市场发展与政策研究．北京：中国计划出版社，2006

[175]赖德胜．欧盟一体化进程中的劳动力市场分割．世界经济，2001（4）

[176]李稻葵，刘霖林，王红领巾．GDP 中劳动份额演变的 U 型规

律．经济研究，2009（1）

[177]李刚，任志安．区域空间分工、产业转移与我国劳动力流动新趋势——兼论东部沿海“民工荒”问题．平顶山学院学报，2008（5）

[178]李琪伟．产业集聚对外商直接投资区位选择影响的研究．哈尔滨工业大学 2009 年硕士毕业论文

[179]李瑞林，李正升．巴西城市化模式的分析及启示．城市问题，2006（4）

[180]李仙娥，王春艳．国外农村剩余劳动力转移模式的比较．中国农村经济，2004（5）

[181]李向阳，魏佳琪．劳动合同期限对企业劳动关系的影响分析．商业时代，2010（25）

[182]梁琦．中国制造业分工、地方专业化及其国际比较．世界经济，2004（12）

[183]林毅夫，李永军．对外贸易与经济增长关系的再考察．国际贸易，2001（8）

[184]刘金钵，朱晓明．跨国直接投资技术溢出效应实证研究．世界经济研究，2004（8）

[185]刘乃全．中国区域发展进程中的产业聚集现象之研究．上海财经大学学报，2004（2）

[186]刘维林，胡晓鹏．论跨国公司的就业效应．世界经济研究，2005（12）

[187]刘跃斌，黄琳．德国的失业保障政策研究．德国研究，2003（3）

[188]鲁晓东．我国对外开放与收入差距：基于地区和行业的考察．世界经济研究，2007（8）

[189]罗长远．卡尔多“特征事实”再思考：对劳动收入占比的分析．世界经济，2008（11）

[190]罗浩．中国劳动力无限供给与产业区域粘性．中国工业经济，2003（4）

[191]罗茜. FDI 对我国劳动力市场均衡发展的积极效应. 经济问题，2008（7）

[192]牟俊霖．外商投资对中国就业影响的实证分析．经济与管理，2007（4）

[193]聂盛．我国经济转型期间的劳动力市场分割：从所有制分割到行业分割．当代经济科学，2004（11）

[194]邱晓明. 外商直接投资的就业效应变迁分析. 中国软科学，2004（3）

[195]任熙男. 韩国劳动力市场灵活稳定性状况研究. 人口学刊，2010（3）

[196]桑百川. 外商直接投资企业对我国的就业贡献. 开放导报，1999（4）

[197]邵敏，包群. 出口企业转型对我国劳动力就业与工资的影响. 世界经济，2011（6）

[198]盛斌，牛蕊．贸易、劳动需求弹性和就业风险．世界经济，2009（6）

[199]石美遐．非正规就业劳动关系研究．北京：中国劳动社会保障出版社，2007

[200]孙莹莹．贸易自由化和产业集聚．（南京）东南大学 2006 年硕士毕业论文

[201]汪同三，蔡跃洲．投资、净出口拉动经济增长的深层次原因从收入分配视角的分析．东北大学学报（社会科学版），2007（1）

[202]王德文，蔡昉，高文书．全球化与中国国内劳动力流动：新趋势与政策含义．开放导报，2005（8）

[203]王燕飞，蒲勇健. 中国对外贸易的就业效应：贸易结构视角. 国际贸易问题，2009（3）

[204]王剑．FDI 与中国对外贸易的向量误差修正模型．数理统计与管理，2005（9）

[205]王金营，蔺丽莉．中国人口劳动参与率与未来劳动力供给分

析．人口学刊，2006（7）

[206]王燕飞，曾国平．FDI、就业结构及产业结构变迁跨国公司与国际投资．世界经济研究，2006（7）

[207]王振．发达地区乡镇企业的劳动力供求与工资决定．中国农村观察，1999，（4）

[208]王祖强．论FDI对我国劳动力市场绩效的影响．生产力研究，2007（8）

[209]吴丰．外商直接投资的集聚效应和吸引外资的新取向．外国经济与管理，2001（11）

[210]吴芹．欧盟失业问题研究——高失业率持久化市场障碍分析．（上海）复旦大学2007年博士学位论文

[211]吴晓琪．积极的劳动力市场政策在治理失业中的作用研究．厦门大学2009年博士学位论文

[212]夏先良．追求最大限度充分就业——中国进口贸易宏观分析与政策选择．国际贸易，2002（3）

[213]谢冰．外国直接投资的贸易效应及其实证分析．经济评论，2000（7）

[214]徐长玉．中国劳动力市场培育研究．（陕西）西北大学，2008年博士学位论文

[215]徐建平．韩国的劳务市场．国际经济合作，1999（3）

[216]许和连，亓朋，李海峥．外商直接投资——劳动力市场与工资溢出效应．管理世界，2009（1）

[217]杨和清．中国劳动经济蓝皮书（2009）．北京：中国劳动社会保障出版社，2010

[218]姚先国，谭岚．家庭收入与中国城镇已婚妇女劳动参与决策分析．经济研究，2005（7）

[219]杨云彦．中国人口迁移的规模测算与强度分析．中国社会科学，2003（8）

[220]杨云彦，朱金生．经济全球化、就业替代与中部地区的“边缘

化”. 中南财经政法大学学报，2003（9）

[221]易苗，周申. 中国经济开放对国内劳动力流动的作用——新经济地理学的角度. 现代财经，2011（3）

[222]俞会新，薛敬孝. 中国贸易自由化对工业就业的影响. 世界经济，2002（10）

[223]曾湘权. 世界就业趋势及各国就业政策. 求是，2003（18）

[224]詹晓宁. 投资与企业发展的未来趋势及政策演进. 国际经济合作，2011（5）

[225]张长春. 我国要素密集型行业划分与优势区分布. 中国工业经济研究，1994（7）

[226]张车伟，吴要武. 城镇就业、失业和劳动参与率：现状、问题和对策. 中国人口科学，2003（12）

[227]张二震，任志成. FDI 与中国就业结构的演进. 经济理论与经济管理，2005（5）

[228]张帆，郑京平. 跨国公司对中国经济结构和效率的影响. 经济研究，1999（1）

[229]张耿. 转型期中国经济波动的福利效应研究——基于行为经济学的个体偏好视角. 上海交通大学 2007 年博士学位论文

[230]郑江淮，高春亮，张宗庆，刘健. 国际制造业资本转移：动因、技术学习与政策导向——以江苏沿江开发区产业配套为例的实证研究. 管理世界，2004（11）

[231]钟辉. FDI 对中国就业影响的动态分析. 世界经济研究，2005（12）

[232]周申，李春梅. 工业贸易结构变化对我国就业的影响. 数量经济技术经济研究，2006（7）

[233]周申，李可爱，龚雪娇. 中国工业行业间“同质”劳动收入差距问题. 云南社会科学，2012（1）

[234]周申，李可爱，鞠然. 贸易结构与就业结构：基于中国工业部门的分析. 数量经济与技术经济研究，2012（3）

[235]周申，漆鑫. 经济开放、劳动市场与二元经济结构转变. 财经科学，2009（11）

[236]周申，宋扬，谢娟娟. 贸易自由化对中国工业就业和工资波动性的影响. 世界经济研究，2007（6）

[237]周申，杨红彦，李可爱. 贸易、技术、制度与中国工业部门工资溢价. 中国经济问题，2012（1）

[238]周申，杨红彦. 国际贸易、技术变动对我国劳动收入份额的影响. 国际经贸探索，2011（5）

[239]周申，易苗，王雨. FDI、外包与中国劳动需求弹性. 经济经纬，2010（1）

[240]周申，易苗. 中国劳动力市场一体化及经济开放的作用. 中南财经政法大学学报，2010（6）

[241]周申，张亮. 经济开放会影响我国的熟练劳动供给吗？山西财经大学学报，2011（9）

[242]周申. 贸易自由化对中国工业劳动需求弹性影响的经验研究. 世界经济，2006（9）